FIVE YEARS
2009～2014

谨以此书纪念

中国林业信息化全面推进五周年

中国林业信息化丛书（Ⅱ）

中国林业信息化
政策解读

POLICY INTERPRETATION
OF CHINA FORESTRY INFORMATIZATION

李世东 ▣ 主编

中 国 林 业 出 版 社

图书在版编目(CIP)数据

中国林业信息化政策解读 / 李世东主编. —北京：中国林业出版社，2014.10

(中国林业信息化丛书. 第2辑)

ISBN 978-7-5038-7711-7

Ⅰ. ①中… Ⅱ. ①李… Ⅲ. ①林业－信息化－林业政策－中国 Ⅳ. ①F326.2-39

中国版本图书馆CIP数据核字(2014)第250679号

中国林业出版社·生态保护出版中心

策划编辑：刘家玲

责任编辑：刘　慧　刘家玲

出　版：中国林业出版社(100009 北京西城刘海胡同7号)

E-mail：wildlife_ cfph@163.com　　电话：83225836

发　行：新华书店北京发行所

印　刷：北京中科印刷有限公司

版　次：2014年11月第1版

印　次：2014年11月第1次

开　本：787mm×1092mm　1/16

字　数：525千字

印　张：24.75

定　价：78.00元

《中国林业信息化》丛书编纂委员会

《中国林业信息化政策解读》编辑委员会

序

党的十八大做出了新型工业化、信息化、城镇化、农业现代化“四化”同步发展战略决策。2014 年 2 月 27 日，习近平总书记在中央网络安全和信息化领导小组第一次会议上指出“没有信息化，就没有现代化”、“没有网络安全，就没有国家安全”，再次将信息化提升到前所未有的战略高度。

建设生态文明是林业的总目标，发展生态林业民生林业是林业的总任务。建设生态文明，迫切需要切实转变经济发展方式、优化调整产业结构，着力推进绿色发展、循环发展、低碳发展，这些都要依靠信息科技为支撑，实现更透彻的感知、更全面的互联、更深入的智能、更高效的利用、更科学的决策。发展生态林业民生林业，改善生态改善民生，迫切需要利用信息技术对林业各种资源要素和生产过程进行精细化、智能化控制，加强专业化、科学化管理，充分挖掘林地潜力，全面提升质量效益，为经济社会发展提供更多更好的生态产品、物质产品和生态文化产品。改善生态，我们必须加快信息化；改善民生，我们必须强化信息化；建设生态文明，我们必须依靠信息化。没有林业信息化，就没有林业治理能力现代化。

国家林业局高度重视林业信息化工作，将其作为创新发展的重要平台、提升效益的重要抓手、服务基层的重要途径、展示形象的重要窗口，重点部署、全面推进。各级林业部门按照“加快林业信息化，带动林业现代化”的总要求，认真落实《全国林业信息化建设纲要》，坚持五个统一，努力融合创新，秉承智慧引领，在迎接挑战中前行，在克服困难中成长，林业信息化取得了一系列重大突破，结出了一串串丰硕成果，呈现出全面提升的良好态势，整体水平位列部委先进行列，对提升林业地位和影响力发挥了重要作用，为生态林业民生林业发展做出了重要贡献。

2014年是林业信息化全面推进五周年，也是国家林业局信息化管理办公室成立五周年，为了更好地指导各地林业信息化建设，推广林业信息化优秀案例，提升林业信息化影响力，将五年来林业信息化建设各类成果进行了系统总结和全面梳理，编著了中国林业信息化丛书，包括《中国林业信息化政策解读》、《中国林业信息化标准规范》、《中国林业信息化示范建设》、《中国林业信息化绩效评估》、《中国林业信息化政策研究》等。相信丛书的出版，将为全国林业信息化建设提供有益借鉴，为发展生态林业和民生林业、建设美丽中国和生态文明做出新贡献。

全国绿化委员会副主任
国家林业局党组书记、局长

2014年11月15日

凝聚智慧　成就梦想

（代前言）

五年前的2009年1月，《全国林业信息化建设纲要》颁布实施，国家林业局信息办正式成立，掀开了林业信息化全面推进的新篇章。五年后的今天，我们满怀自豪地回顾一起走过的峥嵘岁月，共同展望令人向往的美好明天。

过去的五年，是充满艰辛和汗水的五年，是共享成功和喜悦的五年，是值得每一位林业信息人引以为荣的五年。五年激情岁月，我们共同走过；五年创业诗篇，我们共同谱写；五年辉煌成就，我们共同拥有！五年来，我们怀着光荣与梦想，在迎接挑战中奋进，在克服困难中成长，取得了“五大跨越”的骄人业绩，在林业现代化征程上谱写出精彩华章！

五年来，我们实现了从被动落后到部委领先的跨越。五年前，林业信息化默默无闻，鲜为人知，部委排序几十名以后，大家都在摸着石头过河，跌跌撞撞前行。五年来，我们先后印发了《建设纲要》、《技术指南》、《指导意见》等多个纲领性文件，连续召开了三届工作会议和三届主任会议，从上到下领导小组全面建立，专职机构日趋健全，标准制度接连出台，重点项目纷纷上马。尤其是我们打造了纵向到底、横向到边，集数千个子站于一体的中国林业网站群，2011年首次进入部委网站前十名，2012年首次进入部委网站前五名，2013年首次进入部委网站前三名，在发展水平上实现了从落后到领先的跨越，前来调研学习者络绎不绝，演讲台上林业人频频登场。

五年来，我们实现了从分散无序到集约统一的跨越。五年前，林业信息化网出多路、机房散乱，“烟囱”林立、各自为政，“信息孤岛”遍布、共享“堪比登天”。五年来，我们始终坚持“五个统一”，贯通内外、扬弃结合，以示范省建设和全国林业一张图建设为抓手，强力推进信息资源整合，大力完善信息基础设施，信息高速公路不断延伸，国家和省级统一平台成效显著，“平台上移、应用下移”、“统一开发、分级部署”等理念深入人心，互联互通局面显著改观，集中运维体系不断完善，信息化规模优势日益凸显，在建设方式上实现了整体加快推进、节约集约发展。

五年来，我们实现了从外围低端到核心高端的跨越。五年前，林业信息人的工作被认为是查网线、装电脑、搞维修，对管理和决策的显性支撑作用很小，可以说都是一些边边角角的工作。五年来，我们的工作重点转向了摸需求、搞设计、做系统、定标准、建制度上来，信息技术广泛渗透到各业务环节，森林、湿地、荒漠、野生动植物资源监管和营造林管理系统、林业灾害监测防控系统、林权管理系统等支撑林业核心业务的信息系统纷纷建成上线，信息化与林业核心业务实现了深度融合，服务功能得到了充分发挥，奏响了信息服务林业、信息支撑林业、信息改变林业的主旋律。

五年来，我们实现了从电子政务到“三位一体”的跨越。五年前，林业信息化仅局限于电子政务的部分零星应用，电子商务、电子林区只是一个模糊概念。五年来，我们在大力推进电子政务的同时，通过政策引导和资金扶持，林业电子商务实现了从无到有、从弱到强，涌现出了南方等林权交易市场、“义乌购”等林产品交易平台，信息技术应用已逐步拓展到林业种植养殖、林产品加工、林产品检疫追溯、森林旅游等产业领域。同时，在各级政府的支持下，电子林区建设取得了重要进展，也带动了相关产业的发展。在工作领域上，林业信息化实现了电子政务、电子商务、电子林区“三位一体”全面发展的新局面。

五年来，我们实现了从数字林业到智慧林业的跨越。五年前，数字化是林业信息化的建设主题，技术基础主要是计算机、互联网、数据库等现代信息技术。五年来，我们先后启动了智能林业物联网应用示范、云计算平台建设试点、电子标签等物联网应用、林木测土配方移动应用、移动办公系统、移动客户端、微博微信、在线植树、智慧果园、智慧花木、智慧旅游、中国信息林、中国林业数据库等项目建设，云计算、物联网、移动互联网、大数据、智慧城市等新一代信息技术广泛应用，显著改变着人们的思维方式和工作模式。以《中国智慧林业发展指导意见》发布和第三届工作会议召开为标志，林业信息化由“数字林业”步入“智慧林业”发展新阶段。

伟大的事业孕育伟大的精神，伟大的精神推动伟大的事业。林业信息化是破解林业发展难题、创新林业发展平台、转变林业发展方式、提升林业质量效益的突破口，没有林业信息化，就没有林业现代化。在推进林业信息化进程中，我们历尽艰辛，众志成城，凝聚了“雷厉风行，甘于奉献，坚持不懈，敢为人先，追求卓越”的林业信息化“五大精神”。

雷厉风行是我们实现五大跨越之要。五年前，林业信息化沉寂角落，群龙无首，百业待举，有限的条件能否突破困境？能否开创新局？这一切都是未知数。五年来，我们丢掉拖泥带水的陋习，树立立说立行的新风，完成了一个又一个看似无法完成的任务。我们不会忘记，用不到一年的时间，筹划、建设、培训、启用了OA系统，开创了林业无纸化办公新时代；用不到一月的时间，成功筹备、组织召开了首届工作会议，开启了林业信息化建设新阶段；用不到一周的时间，构思、制作、演出了《2020》精彩剧目，打造了一道靓丽的新风景。雷厉风行作风的历练与养成，使我们具备了强大的执行力，使我们用5年时间走完了通常需要10年甚至20年的征程，提前跨入了

“三步走”战略的第二阶段。

甘于奉献是我们实现五大跨越之源。林业信息化服务性强、技术性高、涉及面广、协调难度大，工作任务十分繁重，人手却普遍严重不足。五年来，我们默默承受、无私奉献、甘于寂寞、勇于担当，才撑起了这片蔚蓝的天空。我们不会忘记，夜晚长明的孤灯；我们不会忘记，假期加班的独影；我们不会忘记，家人心疼的抱怨；我们不会忘记，孩子期盼的目光。一路走来，我们对家人有太多的亏欠，对朋友有太多的愧疚，但为了信息大树的茁壮成长，我们义无反顾，无怨无悔。

坚持不懈是我们实现五大跨越之基。林业信息化的道路布满了荆棘和坎坷，如同登山探险，一山放过一山拦，一山更比一山高。五年来，我们经历了无数的困难，遭遇了无数的挫折，同时也清晰地认识到林业信息化巨大的发展潜力。正是这种对美好梦想的期待，对光辉未来的憧憬，对国家事业的责任，使我们始终坚信“沉舟侧畔千帆过，病树前头万木春”；正是我们坚持不懈的努力，百折不挠的开拓，持之以恒的奋进，才成就了今天的辉煌。

敢为人先是我们实现五大跨越之本。激情是创新的源泉，创新是发展的源泉。没有激情和创新，就不会有信息化。林业信息化是一个多学科交叉的领域，是一项极富开拓性的工作，激情无时不需、无人不需，创新无处不在、无时不在。五年来的实践证明，正是我们不断地唤醒每个人心底的创业激情，不断地激发每个人敢为人先的潜能，想别人没有想过的理，做别人没有做过的事，走别人没有走过的路，激情致力于创新驱动，才取得了几十项突破，获得了几十项第一。

追求卓越是我们实现五大跨越之魂。质量就是生命，细节决定成败，这是千百年来人类实践悟出的哲理。五年来，我们坚持“向质量要任务，向质量要效益”，把精益求精的理念深植于每人的心中，努力做到“凡事有章可循、凡事有人负责、凡事有人监督、凡事有据可查”，既实现了精品迭出，又培养了复合型人才。正是精益求精、质量至上、追求卓越，才使我们先后荣获了上百项殊荣，先后涌现出辽宁、北京、湖南、广东、浙江、江西、福建、湖北、四川、吉林、上海、河南、山东、内蒙古、甘肃等“全国林业信息化建设十佳单位”，福建、北京、上海、四川、湖北、江苏、广东、辽宁、湖南、浙江、河南、江西、甘肃、黑龙江、河北等“全国林业十佳网站”，以及众多单项荣誉，立起了林业信息化座座丰碑！

林业信息化“五大精神”，是以自强不息为核心的民族精神和以改革创新为核心的时代精神的有机融合和生动体现，是我们五年来披荆斩棘形成的最为宝贵的精神财富，是我们召之即来、来之能战、战之能胜的重要法宝，是我们继往开来、取之不尽、用之不竭的最大内生动力！

放眼21世纪的全球发展，一个不争的事实是：信息化是新世纪的主要特征，是推动经济社会变革的主要力量，是国家间竞争的主要阵地，是行业发展的强大动力。纵观“五个层面”的发展形势，信息革命已成为时代的最强音，信息化已成为时髦的代名词，信息人已成为时尚的领跑者，信息引领未来的趋势锐不可挡。

从全球层面看，人类已经进入信息社会。继原始社会、农业社会、工业社会之后，在信息革命的强力推动下，人类已进入充满希望的信息社会。在信息社会，信息资源正成为推动社会发展的第一资源，信息技术正成为促进社会进步的第一技术，信息产业正成为支撑社会成长的第一产业，信息文化正成为引领社会进步的第一文化，信息生产力正成为带动社会前进的第一生产力，信息工作者正成为担当社会繁荣的第一群体。抢占信息高地，建设信息社会，是时代的呼唤，人类的共鸣，历史的必然。

从全国层面看，信息化已成为核心发展路径。党的十八大作出了“新四化”、“五位一体”、“两个百年”的重大决策，把“信息化水平大幅提升”上升为国家战略。信息化是“四化同步”的节拍器，是“五位一体”的融合器，是实现“两个百年”目标的加速器，更是生态文明建设的金钥匙。加快推进信息化，是国家和民族的复兴之路，是实现中国梦的必由之路。

从行业层面看，信息化已成为林业“三大支柱”之一。当前，林业正处在加快发展方式转变、破除体制机制深层次矛盾、实现林业现代化的关键时期。信息化、科学化、机械化已成为林业发展的三大支柱，信息化又是切入点和突破口，如何正确理解信息化要义、科学把握信息化规律，是关系林业科学发展，尽早实现林业现代化的大问题。改善生态，我们必须加快信息化；改善民生，我们必须强化信息化；建设生态文明，我们必须依靠信息化。

从信息化层面看，现在已进入第六次信息革命新时代。回望历史，以语言产生为代表的第一次信息革命，以文字发明为代表的第二次信息革命，以造纸印刷术为代表的第三次信息革命，以电报电话电视为代表的第四次信息革命，以计算机和互联网为代表的第五次信息革命，先后推动了人类文明大踏步前进。今天，以“云物移大智”为代表的新一代信息技术，正以前所未有的力量推动全球进入大融合、大发展、大变革的新时期，形成第六次信息革命，“智慧”离我们已经越来越近、触手可及。

从自身层面看，林业信息化已进入智慧林业新阶段。云计算、物联网等智慧技术已经在林业多个领域得到应用，体系化、规模化、集成化的发展趋势不可阻挡。第三届工作会议发布的《中国智慧林业发展指导意见》，吹响了智慧林业建设的号角，智慧林业建设犹如离弦之箭。我们只有牢牢抓住这一战略机遇，求真务实，埋头苦干，不畏艰难，开拓创新，才能立足于不败之地，才能无愧于时代使命。

“雄关漫道真如铁，而今迈步从头越”。五年后的今天，智慧林业的大门已经打开，绚丽多彩的明天正向我们招手。今后五年，我们要紧紧围绕生态林业和民生林业，坚持“五个统一”，应用“五大技术”，建设“五大体系”，把握“五个环节”，突出“五项重点”，为建设生态文明和美丽中国，实现中华民族伟大复兴的中国梦做出新贡献。

在发展理念上，我们要坚持“五个统一”，形成强大发展合力。统一规划、统一标准、统一制式、统一平台、统一管理是林业信息化建设的基本原则，必须深刻认识，长期坚持，认真执行。一要坚持统一规划。突出共性、兼顾个性，构建有机衔接的规划体系，奠定全国一盘棋的根基。二要坚持统一标准。突出抓好标准立项，加快标准编制进程，搞好标准验收把关，加强标准宣贯施行。三要坚持统一制式。强化共性软件的统一开发与分级部署，减少重复建设，消除信息孤岛，增进业务协同。四要坚持统一平台。大力推进信息资源整合，着力打造国家和省级统一平台。五要坚持统一管理。努力完善体制机制，逐步推行CIO制度，着力构建权责对称、运转协调、激励有效、惩罚有力的运行机制。

在建设实践上，我们要应用“五大技术”，支撑智慧林业大厦。云计算、物联网、移动互联网、大数据、智慧城市是新一代信息技术的“杰出代表”，是智慧林业建设的“重要支柱”，必须充分应用，融会贯通。一要创新应用云计算技术。推进云管端建设，构建虚拟化、高可靠性、高可扩展性的林业信息基础设施和弹性服务模式。二要创新应用物联网技术。以“神经末梢”建设为重点，提高林业感知化、实时化、可视化、智能化水平。三要创新应用移动互联网技术。以服务对象为中心，促进林业业务流程再造和资源优化配置。四要创新应用大数据技术。充分发挥其“方法集”和“工具箱”的独特作用，挖掘林业数据“金矿”，推动林业管理决策科学化、精细化。五要创新应用智慧城市技术。加强集成创新应用，建立林业“智慧之魂”。

在重点任务上，我们要建设“五大体系”，实现完美转型升级。智慧林业是数字林业的升级版，必须以人性化的设计理念，在继承中构筑新的体系聚合体。一要建设智慧感知体系。统筹天、空、地、人资源，加快天、地、人、林四网建设，着力提高立体化的感知能力。二要建设智慧协同体系。推进林业云、网站群和智慧管理决策平台建设，着力提升一体化的管理服务水平。三要建设智慧生态体系。建立完善林业资源监管、营造林管理等核心业务系统，着力保护和改善生态。四要建设智慧民生体系。深化两化融合，扶持电子商务，建设智慧林区，着力发展绿色低碳经济。五要建设智慧保障体系。加强综合保障能力建设，着力消除不平衡、不协调、不可持续的发展顽疾。

在方法步骤上，我们要把握“五个环节”，开启新的文明之旅。从数字林业到智慧林业，是一场深刻的思想变革、技术变革和实践变革，是一轮新的信息文明之旅，必须抓好关键环节。一要抓好顶层设计。各省区市要贯彻《中国智慧林业发展指导意见》，尽快出台本地智慧林业发展规划或指导意见，挖掘潜力、调动智力、激发活力，为掀起新一轮建设高潮做好顶层设计。二要抓好动员部署。各省区市要积极筹备，尽快召开全省区市林业信息化工作会议，对智慧林业建设进行全面动员部署。三要抓好机构队伍。路线确定之后，干部是决定性因素。各省区市要按照《国家林业局关于进一步加快林业信息化发展的指导意见》，健全决策管理机构，配足配强工作人员，提高组织协调和综合服务能力。四要抓好项目建设。争取“金林工程”等重大项目尽早批复启动。各地在推进在建项目的同时，也要积极争取新的建设项目。五要抓好制度保障。要按照简洁实用、相互配套的原则，不断完善、着力构建适应智慧林业发展要求的制度体系。

在近期工作上，我们要突出“五项重点”，夯实科学发展基础。2014 年是全面推进智慧林业建设的开局之年，贯彻全国林业厅局长会和第三届全国林业信息化工作会要求，除以上总体工作外，还要重点抓好五项工作。一要抓落实。加强调研，摸清实情，接地气、沾泥土，感受基层味道，倾听群众呼声。加强政策解读，细化工作安排，加强督促指导，确保工作落实。二要抓网站。实施中国林业网站群扩建和智慧化提升工程，努力打造规模最大、效率最高、影响最强的一流政府网站。三要抓示范。第一批示范省要巩固建设成果，推广成功经验，攀登新的高峰。第二批示范省和第一批示范市、示范县，要加快建设进度，争取早见成效。适时启动第二批示范市县和示范基地建设。四要抓培训。各省区市要尽快全面完成各级各类林业网站群培训，迅速扩大网站群规模。五要抓安全。开展信息安全检查，加强安全应急演练。出台安全定级指导意见，开展信息系统定级备案。

五年的光阴，1800 多个日夜，时光带走了我们的稚嫩，岁月磨砺了我们的意志，年华增强了我们的信心；五年的故事，留下难忘的美好记忆；五年的历程，定格动容的精彩瞬间；五年的积累，奠定坚实的发展基础。

光荣已属过去，梦想催人奋进。今天，我们共同选择了智慧林业发展道路，站在新的历史起点，我们的事业崇高而神圣，我们的责任重大而光荣，我们的理想远大而明确。让我们在党的十八大精神指引下，紧紧围绕生态林业民生林业，抢抓机遇，凝聚智慧，真抓实干，奋勇前进，努力开创林业信息化更加灿烂的明天，铸就无愧于时代的新的辉煌！

李世东

2014 年 1 月 6 日

目 录
CONTENTS

顶层设计

综合政策

网站建设

技术保障

政策指导

FIVE YEARS 2009~2014

政策文件

ZHENGCE WENJIAN

林业信息化
Forestry Informatization

全国林业信息化建设纲要

林办发〔2009〕23号

林业信息化建设是现代林业建设的重要组成部分，是促进林业科学发展的重要手段，是关系林业工作全局的战略举措和当务之急。加快推进林业信息化，逐步建立布局科学、高效便捷、先进实用、稳定安全的林业信息化体系，对促进林业决策科学化、办公规范化、监督透明化和服务便捷化具有十分重要的意义。为加快林业信息化进程，把现代林业推向科学发展的新阶段，特制定本纲要。

一、建设现状与形势分析

20世纪90年代以来，信息化已成为全球经济社会发展的显著特征，并逐步向一场全方位的社会变革演进。当前，与水、电、气一样，信息化已成为人类生活中必不可少的内容，且对人类的未来发展产生着十分巨大的影响。信息化水平的高低已成为衡量一个国家综合实力的重要标志，加快推进信息化已成为带动一个国家经济社会进步、一个民族文明发展的重要途径，成为世界各国的共同选择和长远发展的战略制高点。

党中央、国务院十分重视信息化工作。近年来，我国先后发布了《国家信息化领导小组关于我国电子政务建设指导意见》(中办发〔2002〕17号)、《中共中央办公厅国务院办公厅关于印发〈2006～2020年国家信息化发展战略〉的通知》(中办发〔2006〕11号)、《中共中央办公厅国务院办公厅关于转发〈国家信息化领导小组关于推进国家电子政务网络建设意见〉的通知》(中办发〔2006〕18号)、《国家信息化领导小组关于印发〈国家电子政务总体框架〉的通知》(国信〔2006〕2号)、《中共中央办公厅国务院办公厅关于加强信息资源开发利用工作的若干意见》(中办发〔2004〕34号)等一系列推进信息化建设的重要文件。党的十七大做出了推动工业化、信息化、城镇化、市场化、国际化的战略部署，要求"健全政府职责体系，完善公共服务体系，推行电子政务，强化社会管理和公共服务"，对信息化建设提出了新的更高要求。20世纪90年代以来，国家相继启动了"十二金"重点电子政务工程，为政府部门履行经济调节、市场监管、社会管理和公共服务职能提供了重要手段，通过电子政务治国理政、服务于民的架构已具雏形。

国家林业局及各地林业部门对林业信息化建设高度重视。贾治邦局长亲自担任国家林业局信息化与电子政务工作领导小组组长，将林业信息化与电子政务建设列入了《林业发展"十一五"和中长期规划》，把推进林业信息化作为重点抓的20件大事之一。各地均成立了信息化领导小组，由主要负责同志挂帅，有力地推动了全国林业信息化建设。一是电子政务网络框架正在形成。国家林业局电子政务骨干传输网络基本形成，建立了全国林业视频会议系统，实现了国家到省级林业部门的电子公文传输。各省级林业部门基本建成内部局域网，部分省级林业部门建成了连通省、市、县的林业专网。二是林业数据库建设初步开展。初步形成国家和地方级的数据采集体系，建立了一批数据库。国家林业局实施了全国森林资源数据库试点示范项目，建立了覆盖全国的基础地理空间数据库系统、TM陆地资源卫星图像数据库、全国森林资源连续清查数据库和森林资源分布数据库。森林火灾、荒漠化土地和生物多样性等数据库建设也取得了成效。大部分省级林业部门建立了森林资源数据库及有关专业数据库。三是林业应用系统得到初步运用。国家林业局和部分省级林业部门相继开发了林业重点工程、森林资源管理、森林防火、林业有害生物防治、营造林和林业行政审批等业务管理信息系统，部分省建立了电子办证等系统。四是林业门户网站建设步伐加快。初步形成了以国家林业局门户网站为主体，以省、市、县级林业部门网站为支撑的全国林业门户网站体系。国家林业局和各省级林业部门门户网站经过多次改版，页面设计、结构功能、运行速度等大为改进，信息发布、网上办事、互动交流等功能逐步完善。

但是，全国林业信息化建设还存在以下问题：一是信息化组织机构不健全。大部分地方林业行政部门缺乏专门的信息化机构，存在职能定位不清、专职人才队伍薄弱和建设机制尚不健全等问题。二是缺乏总体规划布局。大部分林业业务应用系统自行建设，自成体系，形成信息孤岛，无法实现信息资源共享，资源浪费严重。区域发展不平衡。资金投入严重不足，建设投资和运维资金得不到保证。三是信息化基础设施建设落后。普遍存在网络建设滞后、设备陈旧、信息安全设备设施缺乏和信息交换手段落后等问题。特别是目前还没有建立起相互物理隔离的内网和外网，安全隐患严重。四是标准化体系建设滞后。现有的林业信息化标准缺乏全面性、系统性和一致性。

从总体上看，林业信息化建设仍处于初级发展阶段，与现代林业建设仍然存在着较大差距，远不能满足林业科学发展的需要。当前，采取强有力措施，加强统筹规划，加快推进林业信息化建设，既有着十分重大的现实意义，又具有十分深远的历史意义。

（一）加快林业信息化是落实党中央、国务院提出的信息化战略部署的迫切要求。 党中央、国务院把信息化作为一项国家战略任务，做出了以信息化带动工业化、走新型工业化道路的战略部署，将信息化列为推进行政管理体制改革、提高政府工作效率和公共服务水平的重要举措。温家宝总理亲任国家信息化领导小组组长，亲自抓信息化工作。党中央、国务院先后印发一系列重要文件，召开多次重要会议，做出一系列重要决策和部署。2008年5月1日实施的《政府信息公开条例》，更是以法规形式对信息化建设做出明确规定。加快林业信息化建设，已成为贯彻落实党中央、国务院重大战略决策的重大任务。

(二)加快林业信息化是全面推进现代林业建设的迫切要求。现代林业是充分利用先进科学技术和信息化手段的林业。高水平的信息化是现代林业的重要标志。国家森林资源清查、荒漠化监测、野生动植物调查、湿地调查和森林火灾监测等由传统依靠人力向利用空间数据信息化技术转变，以及推进无纸化办公、实现整个林业信息资源共享都迫切要求加快信息化建设。但由于林业信息化长期以来缺乏专门机构和总体规划，重复建设、重建设轻管理、标准不统一、信息共享困难、安全无保障等问题十分突出，已成为现代林业建设的重要制约。加快林业信息化建设，已经成为关系林业工作全局的战略举措和当务之急。

(三)加快林业信息化是转变政府职能、提高林业社会服务水平的迫切要求。现代社会是信息化社会，通过信息化手段及时获取信息、了解情况、办理事务，已日益成为人们的生活习惯，也已成为转变政府职能、提高社会服务水平的迫切要求。由于目前林业信息化建设相对滞后，林业信息化服务比较薄弱，难以很好地满足人民群众的诸多需求。特别是随着行政许可、政务公开的深入开展，对林业信息化服务时效和质量的要求越来越高。加快推进林业信息化建设，已成为兴林富民、服务群众的重要任务。

二、基本思路与建设目标

(一)指导思想。以邓小平理论和“三个代表”重要思想为指导，深入贯彻落实科学发展观，按照现代林业建设总体部署，以全面实现林业信息化为目标，以信息资源开发利用为中心，以电子政务建设为重点，以资源整合和信息共享为突破口，以完善体制机制为保障，统一规划、统一内容、统一标准，分步实施，尽快形成布局科学、高效便捷、先进实用、稳定安全的全国林业信息化格局，为发展现代林业、建设生态文明、促进科学发展做出新的更大贡献。

(二)基本原则。

1. **统一规划，统一标准**。按照国家电子政务总体框架要求，由国家林业局统一领导、统筹规划全国林业信息化建设工作，实现统一规划、统一标准，强化顶层设计，防止出现自成体系、重复建设和低水平应用等问题，为资源整合和协同作业打下基础。

2. **统一管理，分级负责**。全国林业信息化系统中基础性、公共性的项目，由国家林业局信息化与电子政务工作领导小组统筹资金安排，统一软件研发，为全国林业系统信息资源整合、共享提供保障。对各业务领域和地方个性化的林业信息化系统，由各业务主管部门和各地林业信息化建设单位依据统一规划与标准，依托各级林业信息化基础平台，分别负责建设实施。

3. **强化服务，面向应用**。林业信息化建设要紧密结合政府职能转变和管理体制改革，围绕林业中心工作，服务林业业务需求，以应用和服务为重点，以林业信息化基础平台为载体，引入或自主开发先进实用的信息化产品，推动信息技术与林业工作的结合，满足林业生产和管理需要。

4. **整合资源，促进共享**。根据当前林业信息化的实际情况，基于林业信息化基础平台，以资源共享为核心，打破资源分散、封闭和垄断状况。充分利用和整合已有的信息资源，加速基础性林业专题数据的标准化改造，防止重复建设，促进互联互通，有效调控增量资源，优化信息资源配置，实现信息共享，提高信息资源效益。

5. **注重实用，适度超前**。信息化建设中要注重实用性、可操作性和先进性相结合，采用成熟、可靠的信息技术来支撑整个林业信息化工作环境，确保系统安全、可靠、高效运行。同时，充分考虑长远发展需要，基础设施建设适度超前，为今后工作拓展空间。

6. **试点先行，稳步推进**。选择条件比较成熟的省份和单位先行试点，取得经验后，逐步推广应用。通过试点示范，探索科学的技术路线，积累经验，指导全国，少走弯路，减少风险，提高效率。

（三）建设目标。

总体目标。建立覆盖全国林业行业的信息化体系，建成国内领先的信息化平台，全面提高林业信息化应用水平，实现信息资源共享，提供全面、快捷、准确的信息服务，增强决策支持和应急处理能力，提升林业管理水平。

2010 年目标。初步建立林业信息应用与服务体系，实现信息技术在林业资源监测、评价、规划、培育、管理、保护与合理利用等各个环节的重点应用，50% 以上的省级单位实现无纸化办公，50% 以上的行政许可项目实现在线处理；基本建成国家级及 50% 以上的省级林业信息化基础平台；建立起全国林业电子政务传输网络，连通全国省级林业部门和国家林业局直属单位；初步建立我国林业信息资源目录体系与交换体系，完成省级以上单位各类林业监测信息及林业专业基础数据的标准化改造和整合，实现林业基础数据资源开发利用和共享；建立信息安全体系，达到国家电子政务安全等级标准；建立林业信息化标准规范体系框架，完成涉及以上建设内容的标准规范的编制。

2015 年目标。完善信息技术在林业资源监测、评价、规划、培育、管理、保护与合理利用等各个环节的应用，80% 以上的省级单位实现无纸化办公，80% 以上的行政许可项目实现在线处理；进一步完善国家级林业信息化基础平台，完成 80% 的省级林业信息化基础平台建设；80% 的省级单位建成国家、省、市、县四级上下互联互通的全国林业电子政务传输网络；完成我国林业信息资源目录体系与交换体系，健全林业信息化标准规范体系，并在全国林业信息化工作中得到应用。

2020 年目标。全面实现林业信息化，林业部门的管理和公共服务能力得到较大改善和加强，形成健全的林业信息化管理和运行机制，全面支撑政务办公、资源监管和公共服务等职能。形成科学、先进的全国林业信息化安全体系和标准规范体系，并得到普遍应用。完成省级林业信息化基础平台建设，建成国家、省、市、县四级上下互联互通的全国林业电子政务传输网络，有条件的地方可延伸到乡级；完成关系林业发展全局的信息资源有效开发和利用。

三、总体框架与建设内容

(一)总体框架。根据《国家电子政务总体框架》，结合现代林业建设实际，全国林业信息化建设采用"四横两纵"的总体框架结构，"四横"为基础设施、数据库、应用支撑和应用系统，"两纵"为支撑"四横"的标准规范体系、安全与综合管理体系如下图所示。

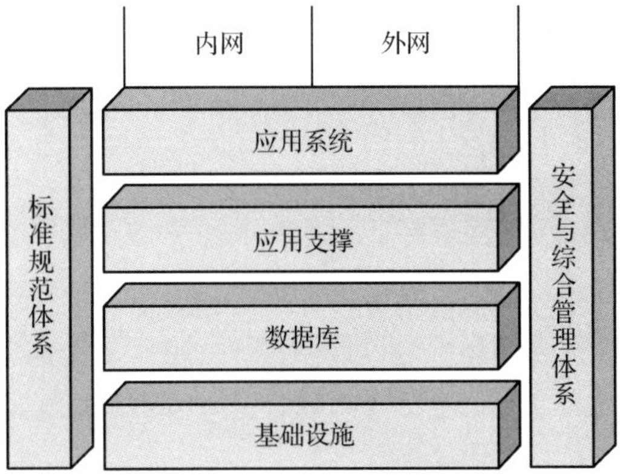

全国林业信息化建设总体框架图

应用系统是林业信息化建设的关键内容。应用系统建设中，服务是宗旨，应用是关键。服务和应用是林业信息化的出发点和落脚点。服务要惠及林业全行业及全社会，为领导决策、部门间业务协同、社会公共服务、信息资源共享等提供支持。在统一的标准规范体系、完善的安全与综合管理体系保障下，进行全国林业应用系统建设。

应用支撑是实现应用系统开发的重要工具。应用支撑从不同的业务流程和功能中提炼出基础、通用的林业业务流程管理、林业数表模型、林业基础组件和林业常用工具软件，形成统一的服务访问接口，为应用系统服务。应用支撑主要是缩短各应用系统建设开发周期，使不同系统完善和扩展遵循统一规范，解决应用系统开发过程中可能出现的低水平重复和信息孤岛问题，支撑跨部门的业务系统之间协同作业。

数据库是实现应用系统功能的重要支撑。通过林业信息资源整合改造和开发利用，建立各种类型的数据库，为各种林业业务应用系统、政务信息资源共享和林业公益性信息服务提供支撑。与国家正在建设的重要基础数据库相互衔接，使林业信息资源成为国家信息资源的重要组成部分，为国家发展战略研究、区域规划、重大项目跟踪及效益评估等提供综合信息支撑和服务。

基础设施是林业信息化建设的物质平台。必须在统一的标准规范体系和安全体系框架下，有序地建设和管理标准统一、功能完善、安全可靠的基础设施。

标准规范体系是林业信息化建设的基础工作。尽快制定林业信息分类、采集、存储、处理、交换和服务等一系列标准与规范，建立完善的林业信息化标准规范体系，为应用系统、应用支撑、数据库和基础设施建设的规划、设计、实施和运营提供依据。

安全与综合管理体系是林业信息化建设的重要保障。结合基础设施建设，配置安全设施，制定安全规章和策略，健全安全管理机制，逐步形成林业信息安全体系，为应用系统和数据库的推广应用提供安全保障。建立健全与全国林业信息化建设要求相适应的管理体制，成立专门机构，充实人才队伍，推动综合管理体系建设，为林业信息化工作健康、持续推进提供组织保障。

总体框架中所有基础性、公共性、对全局影响起关键作用的内容要进行统一建设，形成林业信息化基础平台。

（二）内外网门户。通过林业内外网门户，建立统一的发布窗口，提供信息公开、网上办事、互动交流等服务。

1. **外网**。国家、省、市、县各级林业部门通过统一的对外门户网站，形成“一站式”林业应用和信息服务窗口，以统一的形象对社会公众服务。

扩大信息服务。加大信息发布力度，保证信息质量。大力推进政务信息公开，增强林业工作透明度。积极加强网络视频、音像等信息服务，丰富信息形式和内容。

推进网上办事。大力推进网上服务，加强在线行政审批，提高在线办事效率，强化办事监督管理，保障网上办事安全规范，基本满足社会公众需求。建立突发事件应急预案，保证在线办事稳定可靠。

加强互动交流。开展林业业务网上调查，关注林业热点问题，推进网上信访，实现在线访谈，开通网上领导信箱，提供良好的网上咨询、查询等服务。

2. **内网**。根据国家有关内网建设的要求，在与外网物理隔离的条件下，建设统一的内网办公平台。

推进网上办公。以“一站式”门户网站为窗口，满足行政管理业务需求，实现无纸化办公和网上互动，规范办公流程。

整合业务系统。以林业信息化基础平台为基础，解决资源共享问题，降低资源利用成本，实现林业部门内部协同办公和各个业务系统的互联互通，实现跨部门行政审批，提高办事效率。

加强安全体系建设。基于林业信息化基础平台，加强内网安全体系建设，建立有效的内网管理机制，强化内网安全的技术保障，保障内网信息安全。

（三）应用系统。应用系统分为应用服务系统和业务应用系统两个部分。应用服务系统基于目录和交换体系，以信息资源共享服务、业务协同服务、辅助决策和公众应用服务等形式，通过内网和外网门户为用户提供共享服务。应用服务对象包括各级林业部门、上级国家机关、其他政府部门、企业、教育科研部门及社会公众。应用服务系统的内容包括为企业和林农提供林地管理、林业资源利用、林产品进出口管理等方面的证件办理、特许经营和行政审批服务；为林业管理部门、林业企事业单位和社会公众提供林业政务、林业资源、森林生态、林业产业状况等动态信息；为各级林业管理部门提供部门间政务协同服务；为各级林业领导机关提供科学决策所需的林业信息汇总、分析服务等。

业务应用系统可分为业务类、综合类和公用类三类应用系统。业务类应用系统包括林业资源监管、森林培育经营、防灾减灾、森林公安、林业政策法规、林业执法监督等系统；综合类应用系统包括综合办公、公文传输和视频会议系统等；公用类应用系统包括林业计划、财务、科技、教育、人事、党务、国际交流等系统。

优先开展急需的和基础性的应用系统建设，选择人们关注度高、社会经济效益明显、业务流程相对稳定、信息密集、实时性强的林业业务开展应用系统建设，满足社会公众、企事业单位和政府部门的需要。从实际情况出发，因地制宜进行林业应用系统建设，兼顾国家和地方对林业信息化的需求，做好林业业务的流程梳理和部门间业务协同，坚持把林业信息资源开发利用放到重要位置。有计划地改造和完善已建应用系统，强化已建应用系统的应用。重点建设林业资源监管系统、营造林管理系统、林业灾害监控与应急系统、林业综合办公系统等。

(四)应用支撑。应用支撑为应用系统建设、运行、协同提供统一支撑，包括资源共享、信息交换、业务访问、业务集成、流程控制、安全控制、系统管理等各种基础性和公共性的支撑服务，同时也是应用系统的开发、部署和运行的技术环境，因此应用支撑体系必须具有开放性和扩展性，并能够适应业务需求的动态变化。

应用支撑建设包括目录与交换体系、业务流程管理、林业数表模型、基础组件、中间件和常用工具软件等。应用支撑通过为业务应用系统开发提供各类基础模块和软件工具，提高系统建设效率，同时解决业务应用之间的互通、互操作等问题。

(五)数据库。林业数据库是林业信息的集合。林业信息资源通过采集、交换、汇集、存储等手段在国家和地方各级结点建立各类数据库，这些数据库共同构成全国林业数据库整体。林业数据库分为公共基础数据库(基础地理信息、遥感影像数据库等)、林业基础数据库(森林、湿地、沙地和生物多样性资源数据库等)、林业专题数据库(森林培育、生态工程、防灾减灾、林业产业、国有林场、林木种苗、竹藤花卉、森林公园、政策法规、林业执法、科技、人事、教育、党务管理、国际交流数据库等)、林业综合数据库(根据综合管理、决策的需要由基础、专题数据综合分析所形成的数据库)、林业信息产品库(为各类应用服务生成的信息产品)等。在数据库建设中，需规范各级林业部门的信息资源分类、数据库建设内容，明确数据库更新维护职责和应用权限等。

确定数据库建设重点。国家和地方数据库建设从应用需求迫切程度、应用的深度和广度出发，明确数据库建设的先后顺序、建设规模和数据粒度，优先进行公共基础和林业基础数据库建设。国家和地方数据库都要确定建设、更新、维护技术支撑单位，明确职责，确保数据库的现时性和正常运行。充分发挥信息化管理机构职能和作用，规范数据应用服务权限，提高数据库应用效益，保障数据应用安全。

加强数据标准化改造和整合。对已有数据库进行标准化改造和数据深度加工利用。把加强数据标准化改造、数据加工技术手段和能力建设作为重点，充分利用现有的信息资源实现各级跨部门、跨区域数据共享服务、业务协同和信息资源的深度开发。

提高信息采集和更新能力。加强国家和地方各级林业监测调查体系的信息化建设，协调解决林业资源各种监测标准之间、监测与数据库建设标准之间的冲突，促进林业资源监测、信息采集和数据库建设的协同发展。

支撑林业信息共享和服务。梳理各种林业信息资源汇集源头，建立交换机制和管理制度，利用林业信息资源目录和交换体系，实现林业业务应用纵向、横向的信息汇集与共享、行业间的信息交换与共享，确保数据库建设的更新和扩展。编制林业政务信息公开目录，提高林业信息公众服务能力，促进国家和地方各级林业部门之间、林业各业务部门之间信息共享和服务。

提高空间数据库管理能力。实现林业空间数据和非空间数据的一体化管理。进行分布式管理技术研究，解决林业不同数据格式、不同服务器、不同类型的空间数据的无缝集成和管理。开发数据库建设实用软件，为数据标准化改造、不同尺度的空间数据整合、不同投影坐标空间数据一体化管理提供支撑。研究和开发历史数据库管理技术，实现不同时期各类数据的动态管理。开发数据建库、数据维护、数据更新、数据库管理和服务的软件系统，为各级数据中心的正常运转提供有效支撑工具。

通过以上措施，保障各级信息的一致性、完整性和可靠性，有效解决信息访问的瓶颈和安全问题。

（六）基础设施。基础设施建设与林业数据中心建设相结合。林业数据中心包括国家林业数据中心和省级林业数据分中心。通过数据中心建设，实现国家与地方数据资源的共享和交换，实现各级业务应用的上下联动。基础设施建设包括计算机系统、网络基础设施、机房及配套、安全基础设施。安全基础设施建设内容详见安全与综合管理体系部分。

计算机系统。国家、省、市、县林业行政部门要逐步建立起统一的支持数据服务、数据加工、数据交换、业务应用、数据存储的高效、稳定的主机及存储系统，避免重复建设及设备低效率使用。

网络基础设施。进行统一的网络地址规划，建设和整合全国林业电子政务传输网络，这是林业信息化的主要网络环境，由内网和外网组成。内网建设原则上在国家林业局电子政务骨干传输网络的基础上，将节点扩展至国家林业局各直属单位、各省级林业行政部门和四大森工集团，新疆生产建设兵团林业局。外网与国际互联网逻辑隔离，原则上以国家电子政务外网通道为基础来建立。在国家电子政务外网尚未达到的地方，充分利用已建网络和国家公共通信资源，进一步扩充完善，形成连接国家、省、市、县四级统一的外网通道。加快建设和整合外网，消除林业信息化发展的“最后一公里”瓶颈，满足各级林业部门办公、管理、协调、监督、应急以及决策需要。按照统一标准规范、统一地址和域名，推进林业电子政务网络建设，逐级实现互联互通。

机房及配套。根据实际情况，建立内网和外网机房，保障机房能够在物理空间、位置选择、配电系统、接地系统、空调通风、专用消防、结构化布线、机房安防、机房照明、机房屏蔽等方面符合国家机房建设标准，满足信息安全等级保护的要求及信息化发展的需要。

（七）标准规范体系。参照《国家电子政务标准化指南》的技术参考模型，林业信息化标准规范体系由总体标准、信息资源标准、应用标准、基础设施标准和管理标准组成。按照“面向应用、采标优先、突出重点、轻重缓急”的原则，认真研究国际标准和国内外已有的先进标准，合理引用适合我国林业信息化建设的标准，根据建设需要重点修订完善已有标准，优先制定林业信息化建设急需的、共性的、基础性和关键性的标准，提高强制性标准的比例，鼓励推荐性标准的应用推广。

总体标准。总体标准是标准化体系的基础标准，是其他标准制定的基础，主要包括林业信息标准化指南、林业信息术语、林业信息文本图形符号和其他综合标准。

信息资源标准。主要包括林业信息分类与编码、林业信息资源的表示和处理、林业信息资源定位、林业数据访问、目录服务和元数据等标准。

应用标准。主要包括林业信息资源业务应用流程控制、林业资源成果文档格式、林业资源业务功能建模、林业资源业务流程建模、林业资源业务应用规程、信息资源目录和交换体系等标准。

基础设施标准。主要包括信息安全基础设施和计算机设备等标准。

管理标准。为林业信息化建设和系统运行管理提供管理办法和制度等，包括林业信息化建设中的数据库、应用系统、应用支撑、基础设施建设和运行等方面的管理办法和制度。

（八）安全与综合管理体系。

1. **安全体系**。参照《中共中央办公厅国务院办公厅关于转发〈国家信息化领导小组关于加强信息安全保障工作的意见〉的通知》（中办发〔2003〕27 号）、《关于信息安全等级保护工作的实施意见》（公通字〔2004〕66 号）、《电子政务信息安全等级保护实施指南》（国信办〔2005〕25 号）等文件的要求，在对各级林业内外网安全域划分的基础上，对不同安全域按照等级保护的要求进行相应的安全保护。安全体系包括以下六个部分。

物理安全。主要包括机房内安全域划分，门禁、空调、消防、动力、防雷、接地、机房屏蔽、线路屏蔽建设，以有效保障林业信息化系统的物理载体安全。

网络安全。保护林业基础网络传输和网络边界安全。在内部和外部网络的边界配置加密机、防火墙，上下级网络边界部署安全网关，核心交换配置入侵防御系统，实现网络的安全访问控制、数据的保密传输。

数据安全。解决林业资源数据丢失、数据访问权限控制问题。要求数据库管理系统增设复杂管理密码、专人专管。国家和省级单位要统筹规划，利用存储备份恢复软件进行重要数据和系统的本地多种方式备份，逐步实现异地数据备份，并具有完全恢复功能，建设电子政务应急响应与灾难备份恢复预案。

系统安全。通过建设覆盖林业全网的分级管理、统一监管的病毒防治、终端管理系统，第三方安全接入系统，漏洞扫描和自动补丁分发系统，提高系统对网络攻击、病毒入侵的防范能力和网络失泄密的检查发现能力，保障系统的高可用性。

应用安全。在国家林业局的内外网建立林业数字证书认证中心，并与国家电子政务认证体系相互认证。各省级林业部门内外网建立数字证书发证、在线证书查询等证书服务分中心，并逐步解决先期建设的省级单位认证体系与国家林业局认证体系的相互认证，实现数据的保密性、完整性。基于信任服务体系搭建统一身份认证、授权管理系统，实现用户访问应用系统行为的责任认定、不可抵赖性。外网门户平台采用网页防篡改技术，防止恶意攻击修改网站。

安全制度。各级林业行政部门按照“谁主管谁负责，谁运行谁负责”的要求，建立信息安全组织体系，确定组织机构及岗位职责，定期对管理及技术人员进行安全知识、安全管理技能培训。建立健全信息安全及信息发布审批等管理制度，并根据信息技术的发展情况进行网络安全的调整和改造。

2. **综合管理体系**。建立各级林业信息系统的综合管理体系，紧扣信息技术与林业业务的融合这一关键问题，强化林业信息化建设阶段和运行阶段的管理。为了保证信息系统的可管理、可监控，各级林业部门要设立信息化管理运行维护专门队伍，并采用先进技术和设备，实现对各级应用系统、数据库、网络、人员的全程管理。

四、行动计划

为切实落实全国林业信息化建设各项内容，需要以全国林业信息化建设骨干工程为龙头，带动全国林业信息化建设。同时，各省区市在国家统一框架下，全面开展地方林业信息化建设工作。实施骨干工程是全国性的重大林业信息化建设行动，近期建设重点是资源监管、营造林、灾害监控与应急管理、综合办公等行动计划。

（一）林业资源监管系统建设行动计划。林业资源监管系统以统一的林业资源空间分布信息为基础，用于森林资源、荒漠化土地资源、湿地资源和生物多样性资源管理等业务，将全国林业数据落实到山头地块，提供从宏观到微观多级林业资源分布信息，及时准确掌握林业资源历史、现状和动态信息，提高国家对资源利用的监管能力，形成对“三个系统和一个多样性”的有效监管，解决“林业资源分布在哪里”的问题，为规范林业资源管理提供技术保障，为科学决策和依法行政提供现代化手段。

森林资源监管系统包括林地管理和林木管理，支持开展林地资源和林木资源的监测、管理、监督工作并进行决策和分析。荒漠化土地资源监管系统主要用于全国荒漠化和沙化土地资源监测和管理，包括荒漠化和沙化监测、荒漠化和沙化治理工程的规划、进度管理、投入产出效益评价和生态效益评价等。湿地资源监管系统用于全国湿地资源监测和管理，包括全国湿地调查、国家重点湿地监测与管理、国际重要湿地监测与管理、湿地履约、湿地重点工程管理等。生物多样性资源监管系统用于野生动植物资源调查、物种监测、极度濒危物种拯救工程、动物驯养繁殖、珍稀植物繁育、自然保护区管理等工作。

继续扩大森林资源数据库系统建设，加快荒漠化、湿地和生物多样性等资源数据库系统建设，使林业资源监管系统具备为林业及其他行业提供林业资源基础信息服务的能力，为制定国家政策、重大工程规划等提供详实可靠的林业资源信息。

实施此项行动计划，国家林业局工作重点是制定和完善森林资源、荒漠化土地资源、湿地资源和生物多样性资源等监测相关的数据标准、业务流程标准和接口技术规范等；确定全国的系统框架、建设目标，明确国家级监管的各项系统需求，包括国家级和对省级以下各级监测信息系统的功能需求、信息需求等内容；研发林业资源监管系统软件。各省区市在国家提供的林业资源监管系统软件基础上，根据本地实际需求，扩充研发省级以下各级林业资源监管系统，并保证与国家级系统之间实现无缝衔接。

（二）营造林管理系统建设行动计划。以实现营造林全过程信息化管理为主线，建立国家和地方营造林管理系统，对国家实施的重点工程等营造林的规划、计划、作业设计、进度控制、检查验收和统计上报等各环节实行一体化管理，实现对营造林建设现状和发展动态的信息化管理，解决“治沙治在哪”的问题。

此项行动计划中，国家林业局建设重点是掌握国家林业重点工程营造林信息；制定和完善营造林信息管理与监测等相关数据标准、业务流程标准和接口技术规范等；确定全国的系统框架、建设目标，围绕全国层面上的营造林规划、计划、设计、种苗供需、工程实施、检查验收、统计汇总、决策分析等工作，明确国家级和对省级以下信息系统的功能需求、信息需求等内容；研发和推广营造林管理软件。

省级单位建设重点是在国家统一规划和标准规范下，围绕省、市、县不同层次的需求，确定本地系统的建设目标和需求，在国家统一开发的管理软件基础上，扩充开发省级以下系统，重点实现符合本级管理层面需求的营造林各环节功能，并保证与国家级系统实现无缝衔接。

（三）林业灾害监控与应急系统建设行动计划。以提高林业行业灾害应急管理水平为目的，在国家和地方建设森林防火监控和应急指挥系统、林业有害生物防治管理系统、野生动物疫源疫病监测管理系统，在国家和相关省级单位建设沙尘暴防治等林业灾害管理系统，为林业灾害的监测、预警预报、应急处理、损失评估和灾后重建等提供支撑。

森林防火监控和应急指挥系统主要为国家和地方森林防火工作服务，提供林火监测、预测预报、火险预警、林火行为仿真、调度指挥、损失评估与统计等功能。林业有害生物防治管理系统主要用于国家和地方林业有害生物防治管理，包括林业有害生物调查、监测预报与预警、预防与除治、灾害监测与评估、检疫、数据管理等。野生动物疫源疫病监测管理系统主要用于国家和地方野生动物疫源疫病监测和应急管理，包括野生动物疫源疫病监测、监测信息网络管理和疫情预警等。沙尘暴防治管理系统包括沙尘暴灾害监测预警、灾情评估、信息传输、应急处置等功能，目的是建成以沙尘暴灾害信息实时监测为基础、以灾情结果准确评估为重点、以监测信息快速传输为保障、以应急指挥及时处置为目标的沙尘暴灾害应急信息系统。

此项行动计划中，国家林业局建设重点是制定和完善相关的数据标准、业务流程标准和接口技术规范等；确定全国的系统框架、建设目标，围绕全国层面上的灾害监测、预警、应急指挥、灾害评估、决策分析等工作，明确国家级层面的系统需求，包括国家级和对省级以下信息系统的功能需求、信息需求等内容；研发灾害监控与应急管理系统软件。

各省级单位建设重点是在国家统一规划和标准规范下，围绕省、市、县不同管理层次的需求，确定本地系统的目标和各项系统需求，在国家统一开发的系统软件基础上，研发省级以下各级信息系统，重点实现符合本级管理层面需求的灾害监测、预警、现场指挥、灾害评估与分析等功能，并保证与国家级系统之间实现无缝衔接。

（四）林业综合办公系统建设行动计划。用2～3年时间，建立起一套完整的林业综合办公系统，实现行业内各部门间互联互通，改善林业政务协同工作环境，利用内外网门户网站实现信息查询和服务。

综合办公系统主要实现文件办理、会议办理和事务办理的办公信息化，具体包括公文简报、政务信息、值班、会议、督查、信访、工作安排、档案管理、政务公开、行政审批、业务协同、电子办证等内容。

对于已经建立的各级各类林业部门网站进行改造和整合，建立统一的林业内外网门户系统，实现内网、外网的统一门户管理和信息服务。

加强综合办公系统应用力度，实现综合办公系统在林业各级管理部门，尤其是省级以上林业管理部门的全面推广应用，并根据林业部门政府职能和业务管理需求的变化不断改进和完善。

（五）林业信息化基础平台建设行动计划。在林业信息化建设过程中，为了避免重复建设和新一轮信息孤岛的产生，总体框架中所有基础性、公共性、对全局影响起关键作用的内容需要进行统一建设。

林业信息化基础平台建设内容包括基础设施、数据库、应用支撑、应用系统等多个层次。在基础设施层，通过网络汇接为各级林业网络建设提供统一的网络接入、汇聚等功能，实现全国林业系统网络基础设施互联互通，形成国家和地方整体的网络体系。在数据库层，以地理空间信息为主要依托，为各类林业数据库提供统一的存储架构环境以及统一数据库访问基础。在应用支撑层，通过面向服务体系架构的服务组件、业务流程定义以及信息交换，为应用系统建设提供一个快速搭建和运行的支撑平台，同时为应用系统之间的无缝集成提供信息交换和业务协同。在应用系统层，构建统一的门户系统，以信息资源共享、业务协同、辅助决策和公众服务的模式，为政府、企业、社会公众提供服务。

建设国家级和省级林业信息化基础平台。林业信息化基础平台提供面向应用系统和面向用户的两类服务。依托各级统一的平台，各级林业部门各自负责建设其专题数据库和业务应用系统，这样既充分体现了基础性、公用性功能，为所有的信息资源和应用提供服务，又充分体现各级林业部门的专有和个性化应用系统的建设自主权，既符合国家信息化建设的要求，又符合信息化建设的发展趋势。通过各级林业信息化基础平台建设，为林业内网、外网建设提供统一、稳定、先进、高效的运行环境。

（六）林业产业发展与林业经济运行系统行动计划。通过林业产业信息化建设，提高林业产业发展预测、预警能力，做好重点林产品的监测分析、林业行业重点企业和市场的动态监控、林产品市场产销存预警预报等工作，为政策制定提供决策依据。建立全国林业产业基础数据库，制定数据采集规程和标准，规范产业基础信息的采集和应用，全面掌握全国林业产业发展情况，为林业产业管理提供信息支持。

通过建立公平、透明、开放的林业产业信息交流平台，提供丰富的网站交互功能，为用户在林产品流通过程中提供所需要的信息服务。建立主要林产品市场的信息连通机制，为形成全国性林产品流通大市场，实现交易集约化和市场规模化，保证市场高度的透明性和公平性提供信息服务。

（七）生态文化与教育培训系统行动计划。加强生态文化传播与宣传，不断推动生态文化体系发展和完善。通过林业信息化建设，普及生态知识，提高公民生态意识，加强生态法制教育，促进生态文化发展。

把信息化技能教育培训体系建设作为林业信息化建设的一项重点工作来抓，用2～3年时间，在全国开展多层次的林业信息化技能培训，整体提高从业人员信息化应用水平。建设国家林业信息化培训中心，地方建设相应的培训基地。建设覆盖全国的现代化远程教育系统，加强面向偏远林区和老少边穷地区的信息化知识和技能教育服务。组建适应于林业信息化建设的培训队伍，编写全国林业信息化系列培训教材。建设林业数字图书馆，加强知识普及和技术推广。

建立林业信息化技能等级考核制度和岗位资格制度。组织开展不同等级的林业信息化技能考核，完善信息化工作任职条件和岗位资格要求，使全国绝大多数的林业从业人员均具有一定程度的信息化应用能力。

广泛开展国内外技术交流、科学考察、技术培训等活动，学习国内外先进技术与经验，掌握信息技术前沿趋势。充分依托现有信息化建设技术支撑单位、高等院校、科研院所、社会力量和其他培训机构，培养和输送具有林业和信息化知识的复合人才，形成林业信息化人才梯队，以满足林业信息化建设的人才需求。

（八）林业信息技术自主创新行动计划。加强林业信息技术创新基地与创新体系能力建设。落实《林业发展“十一五”及中长期规划》和《林业科学技术发展中长期规划(2006～2020年)》，组织实施林业信息化科技工程，依托国家和地方科技力量，形成一批国家和区域林业信息技术科学中心或科技创新基地，加快技术创新的条件设施建设，形成全国林业信息技术创新体系。

实施林业信息技术创新工程。配合林业信息化建设工程的需要，优先研究和制定一批具有自主知识产权的林业信息标准，规范林业信息化建设。建立林业科学数据中心，实现林业科学数据共享，全面提供林业科研成果、技术、科技基础数据、图书文献资料等信息共享服务，为林业科技创新和行业管理提供支撑。在涉及林业信息化自主发展能力的关键技术领域，瞄准国际创新前沿，加大投入，突出自主创新，突破关键技术。

开展林业信息技术产品研发与应用推广。在林业信息化关键技术创新的基础上，积极鼓励和推动林业信息技术领域的产学研结合，加快林业信息化技术成果转化和信息产品研发，通过政策引导和资金扶持，加快信息技术产品的推广应用，促进林业信息化建设。

五、保障措施

（一）加强林业信息化组织机构建设。建立健全各级林业信息化组织管理机构。各级林业部门要成立信息化工作领导小组，由主要负责同志任组长，成员由所属相关单位主要负责人组成，形成国家、省、市、县四级林业信息化组织体系。组建各级林业信息化建设管理机构，明确职能、编制，落实人员、经费，充分发挥其在林业信息化建设管理工作中的重要作用。

明确国家和地方林业信息化建设的关系，建立上下联动的林业信息化工作机制。全国林业信息化建设分国家、省、市、县四级，有条件的地方可根据实际工作需要扩展到乡级。国家和地方在统筹规划、分工合作的原则下进行联动共建。各级信息化建设具体工作由本级信息化主管部门负责。

理顺信息化部门与业务部门的关系。公共基础、跨部门和综合性的信息化建设工作，由信息化建设管理部门负责，如林业信息化基础平台、公共资源数据库和基础设施、通用基础软件、内外网门户网站和跨部门业务协同系统的建设，以及综合管理和运行维护等，防止出现部门各自为政、重复投资和低水平应用问题。业务部门负责业务应用系统的需求分析和建设，负责与本部门业务相关的信息化建设工作。

（二）加大林业信息化资金投入力度。各级林业管理部门设立信息化专项资金，争取将国家和地方林业信息化建设工作纳入国家和地方信息化总体规划，争取国家和地方政府的政策和资金扶持。

建立全国林业电子政务规划、预算、审批、评估综合协调机制。加大各级林业部门电子政务建设资金投入，同时加强对电子政务建设资金的审计和监督。明确已建、在建及新建项目的关系和业务衔接，逐步形成统一规范的全国林业电子政务财政预算、基本建设、运行、维护管理和绩效评估制度。

积极开辟各种资金渠道，鼓励林业科研教育部门、企事业单位积极申请国家、地方相关科研课题和信息化建设项目，扩大各级各类建设经费支持。同时，在市场化效益明显的领域，积极吸收社会投资，加快林业信息化建设步伐。

资金投入要“建设和运行”并重，在加大信息化建设投资的同时，加强系统运行维护、基础设施、应用系统升级换代以及培训等年度专项投资，为信息化建设提供长效必要资金保障。

（三）建立健全林业信息化政策机制。要始终坚持“建、管、用”并重，在建设、管理、应用推广和运行维护等方面建立一套健全的机制，为林业信息化的可持续发展提供保障。在立项阶段，要把好项目建议书、可行性研究报告、初步设计和投资概算等审批关。国家和地方共建项目要广泛征求地方意见，地方建设项目要遵循经上级林业主管部门审批过的地方林业信息化建设规划或总体方案要求。在建设阶段，应建立健全项目管理制度，明确项目责任人，严格执行国家招标投标、政府采购、工程监理和合同管理等制度。项目建设后期要做好项目验收和后评价工作，对未实现项目目标和未达到预期效果的要提出整改要求。

建立健全各级林业信息化系统建设与运行考核评估机制，根据全国统一的考评标准，对各级林业信息化系统（包括林业信息化基础平台、基础设施、数据库、应用系统、门户网站等），在建设和运行中的标准规范性、格式统一性、系统稳定性、服务多样性、资源共享性等方面进行考核评比。

（四）积极引入社会信息化技术力量。在发挥行政和事业单位优势的同时，鼓励相关企业参与，共同合作开展林业信息化工作。各级林业部门要建立一套科学的市场机制，建立准入制度和监督管理、软件质量、工程质量验收制度，对参与林业信息化建设单位的综合实力进行严格把关，保障林业信息化建设质量。

建立国家和省级运行维护中心，鼓励第三方专业服务机构参与运行和维护，实行服务外包。运行维护实行流程化管理，制定并推行故障处理、变更管理、投产项目交接管理等流程，使管理工作步入科学化、规范化的轨道。搞好基础设施的修、管、用工作，使其处于良好状态。强化运行维护保障，形成激励约束有效管理机制，推进运行维护工作的规范化、自动化、集中化管理。

（五）加快林业信息化人才队伍建设。林业信息化人才队伍建设要本着“科学编制、整合资源、严格筛选、用管一致”的原则进行。下大力气普及信息技术知识，提高工作人员素质。林业信息化建设单位要注重技术队伍的建设，加大人才培养力度，采取切实有效措施，努力提高管理水平和技术水平。促进高技术人才的合理有序流动，吸引高素质的信息技术和管理人才。建立有利于吸引人才、留住人才的激励机制和用人机制，造就一支规模和结构能够适应林业管理现代化需要的信息技术队伍。

（六）加强信息化国内外交流与合作。实现行业内部信息化工作定期交流和互动。重点加强国家和地方林业信息化部门之间、各地方林业信息化部门之间工作交流，形成良性交流机制。充分借助林业信息化科研、教育、企业的技术力量，在合作交流过程中提高林业信息化管理水平。

加强与其他相关行业、国外相关同行的交流与合作。结合自身业务需求和信息技术特点，积极创造条件，加强同世界林业信息技术先进国家的战略合作，提高对关键技术、先进管理经验等方面的消化吸收能力，不断提高我国林业信息化水平。

国家林业局
2009 年 1 月 22 日

全面加快林业信息化步伐 为现代林业建设提供强大支撑

——在首届全国林业信息化工作会议上的讲话

贾治邦

（2009 年 3 月 24 日）

信息化是当今时代的重要特征，是推动经济社会变革的重要力量。为认真贯彻落实党中央、国务院关于大力推进信息化建设的重大决策和战略部署，全面落实《全国林业信息化建设纲要》，我局决定召开全国林业信息化工作会议，主要任务是：深刻分析林业信息化建设面临的新形势，研究部署当前和今后一个时期的林业信息化工作，统一思想，提高认识，交流经验，全面加快林业信息化建设步伐，为促进现代林业科学发展提供强大支撑。刚才，工信部有关部门负责同志作了很好的讲话，这对加快推进林业信息化具有重要指导意义，大家要认真学习领会。会议还表彰了全国林业信息化工作先进单位和个人，评选出了全国林业信息化标识，举办了全国林业信息化建设成就展，今天下午和明天上午还要举办专家论坛、交流典型经验，大家要认真学习借鉴。借此机会，我代表全国绿化委员会、国家林业局，向长期以来大力支持林业信息化工作的中央和国务院有关部门表示衷心感谢，向受到表彰的单位和同志表示热烈祝贺！下面，我讲四点意见。

一、全国林业信息化建设做了大量工作，取得了显著成绩

我国林业信息化建设起步较早，自 20 世纪 80 年代初林业部门引入计算机技术起，到今天信息技术在林业部门的广泛应用，历经 20 多年，走过了一条不断探索、不断进步的发展历程，大致分为三个阶段：一是起步探索阶段，自 20 世纪 80 年代初至 90 年代初，这一时期以单机使用为特征，主要应用于森林资源清查、专项调查等。二是初步应用阶段，自 20 世纪 90 年代初至“十五”末，这一时期以局域网技术在林业部门的应用为特征，林业信息化在重点业务应用领域不断拓展。三是加快发展阶段，进入“十一五”以来，以互联网技术在林业部门的应用为特征，林业信息化发展步伐不断加快，各级林业政府部门门

户网站集中建立，林业电子政务进入主要应用领域。经过多年的努力，林业信息化建设取得了明显成效。

（一）网络建设稳步推进，林业信息化发展架构初步形成。国家林业局连接省级林业部门的主干网建成运行，全国林业门户网站体系基本形成，办公局域网积极推进，林业数据存储体系建设扎实开展，为林业信息化发展奠定了基础。河南、山东、江苏等10多个省区已将网络连接到地市林业部门，辽宁、浙江、河北等省已经延伸到县级林业部门，湖南、江西、福建等省还进一步延伸到重点乡镇和林场。北京、天津等约1/3的省级林业部门还建立了连接当地政府的政务专网。全国省级以上林业部门基本建成办公局域网，部分省市已实现无纸化办公。国家林业局和绝大部分省级林业部门建立了门户网站，形成了以国家林业局门户网站为龙头，以省、市、县级林业门户网站为支撑的全国林业门户网站体系。国家林业局门户网站连续多次被评为国家部委优秀政府网站，并涌现出行政许可、政务公开、计划与资金、湿地保护、公安防火、绿色摄影、退耕还林、应急管理、竹藤花卉、林木种苗等十大优秀栏目。河南省林业厅门户网站连续4年位列河南省省直机关门户网站前6名，连续3年入选全国农业网站百强榜。北京、山西、辽宁、吉林、安徽、江西、河南、湖北、湖南、四川等省市林业厅局的门户网站内容丰富，特色鲜明，享有良好的声誉。国家林业局和省级林业部门相继建立了森林、湿地、荒漠生态系统和生物多样性监测等基础数据库，以及天然林保护、退耕还林、森林防火和有害生物防治等专题数据库，初步形成种类较多、布局较为合理的林业数据存储体系。

（二）应用领域不断拓展，林业重点业务工作能力明显提高。林业资源管理信息化全面推进，信息技术应用范围从森林资源清查逐步拓展到森林、湿地、荒漠和生物多样性保护等重点业务领域，大大提高了资源监管能力和办公办事效率。营造林管理信息化成效开始显现，利用全球定位系统、地理信息系统和网络技术等，加强了营造林各个重点环节的监管，提高了营造林水平。应急管理信息化作用日益突出，我国从上到下已建立了较为完善的森林火灾预警预报系统和辅助决策系统，显著提高了快速反应能力和综合防控能力，使我国森林防扑火工作发生了根本转变。沙尘暴灾情监测系统开始发挥作用，初步形成了对沙尘暴的实时监测和评估，使沙尘暴防灾工作开始进入到主动防灾、科学防灾的新阶段。有害生物防治和野生动物疫源疫病监测信息管理系统建设扎实推进，为实现灾害的科学防控和应急处置奠定了基础。森林资源数据库建设有效推进，浙江、湖南、山西、内蒙古等12个省区的数据库示范试点县，已将森林资源监管布控到山头地块，取得了良好成效。湖南省实现了重点工程网上作业设计，使营造林管理从平面向立体空间拓展。陕西、四川两省基本实现大熊猫生存状况的信息化监测。黑龙江省对湿地自然保护体系进行了信息化管理，提升了湿地保护和建设水平。

（三）电子办公快速发展，林业服务社会能力日益增强。林业信息服务水平不断提升，在线办事服务成效显现，网上互动服务日益增强。各地各单位利用网络发布信息的意识和主动性大幅提高，信息内容不断丰富，数量快速增长，质量明显提高。国家林业局政府网每年发布信息5万余条，位居国家部委前10名。各地各单位认真落实《政府信息公开条例》，做到了能公开的信息全部上网发布，积极举办网上新闻发布会，增加了政府工作的透明度，扩大了林业信息覆盖面，保障了社会公众的知情权。政府门户网站已经成为林业部门发布信息的主平台，成为社会公众获取林业信息的主渠道。国家林业局实行了行政许可网上受理和公开，启用了公文传输系统，完善了档案管理系统，建成了视频会议系统，3年来共节省开支8000多万元，大大提高了工作效率。辽宁、福建、江西、浙江、湖南等省开通了绿色办事通道，建立了“一站式”办事大厅，实现了采伐许可证、木材运输证、林权证等事项的在线办理，大大缩短了办理时间，降低了成本，方便了群众。据福建省林业厅统计，仅南平市电子办证一项每年就节约经费1500多万元。江西省搭建了林地林木流转交易平台，林农足不出户就可以了解市场行情，进行网上交易，产生了很好的经济和社会效益。吉林、江苏、安徽、福建、广东等省大部分门户网站开辟了领导信箱、网上答疑、在线论坛、在线调查、在线访谈、投诉建议等互动栏目，服务内容不断充实，服务形式日益多样，建立了公众反映情况、解决问题、表达意愿的畅通渠道。国家林业局围绕建设生态文明的主题开展了网上大讨论，最近又在线征集“两会”意见和林业信息化标识，增强了社会公众的生态文明观念和参与热情。在去年南方低温雨雪冰冻灾害期间，开展了科技专家网上“坐堂应诊”活动，使广大林农与科技专家实现了“零距离”接触，专家围绕灾害自救和恢复重建等，解答了数百个技术问题，为降低灾害损失、搞好生产自救和灾后重建发挥了重要作用。

(四)组织管理体系初步建立，林业信息化保障能力逐步增强。国家林业局和各省级林业部门均成立了信息化工作领导小组，加强了对信息化工作的领导。国家林业局专门成立了信息化管理办公室，河北、山西、上海、内蒙古、新疆等10个省区市成立了专门的林业信息化管理机构。大多数单位配备了信息化专门工作人员，基本做到了事情有人管、工作有人干。北京、辽宁、浙江、福建、江西、河南、湖南、四川、云南等省市林业厅局和大兴安岭林业集团主要负责同志高度重视信息化工作，亲自抓、亲自推动，成立了专门机构，配备了精干人员，在较短时间内发生了根本变化，取得了显著成绩，为各地各单位做出了榜样。在多年来的工作实践中，涌现出一批林业信息化建设先进集体和先进个人，造林营林、资源保护、森林防火、有害生物防治、规划设计等业务部门逐渐形成了一批信息化骨干力量，科研院所培养储备了一批信息化技术专家。建立完善了网站管理、网络安全、信息发布、保密管理等制度规定，逐步规范了信息化工作。成立了全国林业信息数据标准技术委员会，研究拟订了数据采集、平台建设等相关信息化标准。编制颁发了《全国林业信息化建设纲要》和《全国林业信息化建设技术指南》，形成了指导当前和今后一个时期全国林业信息化工作的纲领性文件，全国林业信息化工作开始进入统一规划、全面加快的新阶段。

虽然林业信息化工作取得了显著成效，但也存在不少突出问题：一是认识不到位，领导重视不够。一些单位对林业信息化工作认识不足、观念落后，缺乏以林业信息化带动林业现代化的全局意识和创新意识，对林业信息化工作不管不问，对信息化技术不学不用，思想上重视不够，工作上力度不大，导致目前仍然存在管理机构不健全、技术队伍不完善、运行机制不顺畅、工作进展不迅速，难以解决43亿亩林地的动态管理、营造林重复投资等问题。二是各自为政，低水平重复建设。不少单位信息化建设缺乏统一规划、统一管理、统一平台，谁想抓谁就抓，想干什么就干什么，一些领域重复建设突出，一些领域又严重缺位，各单位自成体系，形成了一个个“信息孤岛”，大量的信息不能共享，造成林业信息资源效益低下和严重浪费。三是投入不足，基础设施落后。信息化建设更新换代较快，资金需求较大。长期以来，林业信息化投入渠道不畅，投入资金不多，信息化基本建设和运行维护都存在很大缺口。现有设备陈旧老化，存储空间小，运行速度慢。网络体系不完整，配套设施不齐全，信息交换手段落后。四是标准制度与网络安全问题突出。截至目前，林业信息化还没有建立起一个科学、权威的国家标准体系，不少领域没有标准，有标准的也自成体系、相互不能对接。信息化制度建设滞后，管理和技术都缺乏规范。网络安全防范能力弱，不少单位没有防范设备和防范措施，存在着被攻击、失泄密等诸多隐患。这些问题已经严重制约林业信息化的健康发展，成为影响国家信息化发展战略目标实现、维护国家信息安全的重大政治问题，必须引起我们的高度重视，尽快逐步加以解决。

二、深刻认识林业信息化建设面临的新形势，切实增强责任感和紧迫感

20世纪80年代以来，信息技术的快速发展和广泛应用，引发了一场新的全球性产业革命。信息化成为当今世界经济社会发展的大趋势，信息化水平已是衡量一个国家和地区现代化水平的重要标志。抓住世界信息技术革命带来的机遇，大力推进信息化，是加快我国现代化建设的必然选择，也是加快现代林业建设的必然选择。

（一）人类社会已进入信息技术时代，加快信息化已成为时代发展潮流和最显著的时代特征。物质、能源、信息是支撑人类社会发展的三大资源。回顾人类社会的发展历程，可以用“三化”来概括，即农业化、工业化和信息化。公元前9000年至公元前1500年，人类社会经过农业革命，由游牧社会进入农业社会，人类文明开始了“农业化”进程，这个进程的核心资源是物质资源。1775年工业革命发生后，人们开始利用蒸汽机、汽车、飞机等工业产品，拉开了人类利用煤、石油、天然气等自然能源的序幕，人类文明开始了“工业化”进程，这个进程的核心资源是能源。1946年人类社会第一台电子数字计算机的发明拉开了当代信息革命的序幕，随着计算机、信息高速公路、互联网等技术的出现，人类开始有效利用信息资源以促进人与自然的高度和谐、推动生产力的快速发展，根据著名的“摩尔定律”，计算机的处理能力大约每18个月就要翻一番，信息化发展速度之快，已

经远远超出人们的想象，并以巨大的变革力量将人类全方位引入"信息化"时代，这个时代的核心资源是信息，信息化已经成为21世纪最重要的经济发展模式和最显著的时代特征。与农业化、工业化一样，信息化也是一个动态变化的过程。这"三化"的最基本特征是在全社会范围内采用和推广当时最先进的人力工具、动力工具和智力工具。当今社会，信息已成为除自然资源、资本和劳动力以外的最重要的生产要素。信息技术和信息资源相结合，以网络为依托，构成了新的最活跃的生产力，驱动着全球经济增长方式快速转变。信息革命之所以能够导致生产力的飞速发展，其根源在于在机械化、电气化、自动化的基础上实现了数字化、智能化和网络化，使产品更新速度提高了数百倍。信息革命还带来了信息全球化，信息全球化又使金融全球化、生产全球化、物流全球化、经济全球化成为可能。加快信息化发展，已成为世界各国的共同选择和长远发展的战略制高点。认识信息化，驾驭信息化，以信息化推动现代化，已成为每个国家在信息时代必须关注的重大主题。美国高度重视信息化，将其作为国家的一项重要战略，于1991年实施了"信息与通信"高新技术发展计划，为其保持全球技术领先地位提供了重要支持；1992年克林顿政府上台后，其治国理念的重点之一就是打造一个"电子政府"；1993年开始建设国家信息高速公路，推动了美国"新经济"持续强劲增长；1999年美国提出了"数字地球"的战略构想；2004年美国又投入巨资推行包括信息技术在内的、被称为"美国创新的基础"的重大研究发展计划，确保了其在全球信息产业核心技术方面的领先地位。信息产业在20世纪70年代兴起，80年代得到高速发展，90年代已成为全球发展速度最快、从业人员最多、规模扩展最为迅速、创造财富最多的产业，是全球经济新的增长点。21世纪初，西方发达国家的信息产业增加值已占国民生产总值的一半或一半以上。美国目前拥有世界上最强大的信息产业，自2000年以来，每年以32%的速度保持增长，为美国GDP增速的数倍。2008年美国信息产业约占美国GDP的1/3，远远超过了汽车、建筑等传统产业，成为美国经济最大的支柱产业，标志着美国已经进入了信息社会。事实证明，信息化发展是21世纪最重要的发展，信息技术竞争是21世纪最激烈的竞争。谁抢占了信息化发展的制高点，谁就掌握了发展的先机，赢得了发展的主动权。顺应时代发展潮流，融入世界发展格局，要求我们必须加快信息化建设，否则，就会与时代脱节，就会被历史淘汰。

（二）我国已进入了以信息化带动工业化的新阶段，加快信息化是林业融入国家发展大局的重要途径和根本举措。党中央、国务院高度重视信息化建设。邓小平同志早在20多年前就深刻指出："开发信息资源，服务四化建设。"江泽民同志多次强调："四个现代化，哪一化也离不开信息化。"胡锦涛同志在许多重要讲话中都要求，要大力推进国民经济和社会信息化。党的十五届五中全会决定，"要把推进国民经济和社会信息化放在优先位置"，作为"覆盖现代化建设全局的战略举措"。党的十六大把大力推进信息化作为我国在新世纪前20年改革发展的一项主要任务，做出了"坚持以信息化带动工业化，以工业化促进信息化"的战略决策。党的十七大做出了推动工业化、信息化、城镇化、市场化、国际化的战略部署。近年来，在党中央、国务院的坚强领导下，我国信息技术不断得到应用，信息基础设施不断完善，信息服务水平不断提高，信息产业快速增长，信息网络规模已跃居世界首位。据最新数字，我国各类网站已达到191万个，家庭上网计算机数达到8470万台，域名总数已超过1190万个，年增长93.5%，互联网网民已超过3亿户，信息产业主营业务收入达6.3万亿元，已成为国民经济的支柱产业。信息产业的发展，正在深刻影响和改变着我们的生产方式、工作方式、生活方式、思维方式、贸易方式，电子金融、电子商务、电子社区、电子认证、电子娱乐、网上购物、移动办公、视频会议、远程教育等已成为现代社会的鲜明特点。从1993年起，我国政府相继实施了"金卡"、"金关"、"金盾"、"金土"、"金农"、"金水"等"十二金"工程，有力促进了相关行业的信息化建设，使这些行业发生了根本性变化。"金卡"工程的实施，极大地提高了工作效率，方便了人们的生活，改变了人们的生活方式，实现了网上轻松理财。"金盾"工程实施后，公安系统实现了全国联网，现在掌握流动人口流向、查办大案要案在网上就可轻松实现，节省了大量的人力物力，对人口管理、维护社会治安发挥了不可替代的作用。"金水"工程从2001年开始实施，到2006年已建立起具有国际先进水平的国家防汛抗旱指挥系统，在防洪抗旱、抢险救灾中发挥了不可替代的作用，大大减少了灾害损失，保障了人民群众生命财产安全。比较而言，林业信息化发展虽然已取得显著成效，但仍然相对滞后，不仅制约了林业自身发展，而且还成为国家信息化发展中的短板，影响林业融入国家发展大局。如果我们不深刻认识这一点，不迅速迎头赶上，势必会被滚滚前行的时代浪潮所遗弃，势必会被持续快速发展的经济社会边缘化。

（三）建设现代林业是全国林业工作的主题和方向，加快信息化是现代林业科学发展的三大支柱之一。现代林业是坚持以人为本，全面、协调、可持续发展的林业，是大力构建林业三大体系，充分挖掘林业多种功能，努力提升林业三大效益，不断满足社会多样化需求的林业。发展现代林业，建设好三大体系，必须要用现代科学技术提升林业，用现代物质条件装备林业，用现代信息手段管理林业，实现林业发展的科学化、机械化和信息化。这"三化"是支撑现代林业大厦的三大支柱，相辅相成，缺一不可。信息化是现代林业发展的重要突破口，对优化林业资源配置、提高经营管理水平、促进林产品流通和提升劳动力素质、推动林业科技进步都具有重要作用。只有加快林业信息化，才能将全国林地、湿地、沙地和生物多样性等基础林业资源数据落实到山头地块，解决好"资源分布在哪里"、"林子造在哪里"、"治沙治在哪里"等问题，形成对三个系统和一个多样性的全面有效监管，建设完善的生态体系，维护国土生态安全；只有加快林业信息化，才能构建四通八达的市场网络信息体系，及时了解企业和市场，掌握行业发展情况，为政府科学决策提供支持，为社会公众提供优质服务，促进林业产业又好又快发展，建设起发达的林业产业体系，实现兴林富民；只有加快林业信息化，才能建立强大的信息网络，把我们的声音更快更好地传达出去，构建全方位的宣传阵地，普及生态知识，培育生态意识，树立起牢固的生态文明观。林业工作点多面广，涉及千山万水，加快推进信息化对林业来说尤为迫切，已成为发展现代林业的当务之急。

（四）电子政务已成为政府行政管理改革的主要方向之一，加快信息化是提高林业行政能力的重要保障。当前，随着现代信息技术的快速发展，人类社会发展的各个领域正经历着前所未有的冲击和洗礼，政府作为一个掌握最多信息资源和最大的信息发布公共组织，也迎来了一个全新的、以互联网在政府管理与服务中普遍应用为特征的电子政务时代。积极建设电子政务是转变政府职能、提高行政效率、推进政务公开、促进政府管理现代化、密切政府与企业、政府与公众关系的有效手段，是建设服务型、责任型、法治型、廉洁型政府的重要途径，也是世界各国政府行政管理改革的一个主要方向。20世纪90年代信息技术的迅速发展，特别是互联网技术的普及应用，使电子政务的发展成为当代信息化最重要的领域之一。越来越多的政府认识到只有接受全新的信息技术和管理理念，才能在全球经济一体化逐步形成的今天有所作为。据联合国教科文组织调查，1996年全球只有不到50个政府部门建立了自己的网站，到2008年全球政府网站已超过150万个，12年时间增长了3万倍。据联合国经社事务部《2008年度全球电子政务调查报告：从电子政务到整体治理》，欧洲电子政务整体发展水平居世界首位，以下依次为美洲、亚洲、大洋洲、非洲，从国家排名看，瑞典跃居世界第一，以下依次为丹麦、挪威、美国，加拿大、澳大利亚、新加坡和英国等国家也取得了显著成效，成为全球电子政务的领跑者和创新者。我国把电子政务作为政府管理体制改革的重要举措，提出了必须“紧紧围绕提高治国理政能力，推行电子政务”的要求，做出了一系列重要部署。党和国家领导人多次做出重要批示，要求加快电子政务建设，推进行政管理体制改革，提高政府工作效率和公共服务水平，为公众参与经济社会活动创造条件。特别是2008年胡锦涛总书记通过人民网与网民进行了亲切交流，今年“两会”前，温家宝总理通过中国政府网和新华网又与网民在线交流。这些都充分表明，中央领导同志已将电子网络作为与人民群众沟通交流的重要渠道，率先垂范推进电子政务建设。目前，电子政务发展速度日益加快，我国建立的各级政府网站已超过2万个。林业是事关人民群众生存环境和生活质量的公益事业，是事关亿万农民就业增收的基础产业，林业执政能力的高低直接影响着政府的形象和百姓的福祉，社会关注度很高。但林业的网上办事能力还不强，服务还很滞后，远远不能满足人民群众的需要。我们只有加强林业信息化建设，实现办公电子化、管理信息化、决策科学化，才能建立起行为规范、运转协调、公正透明、廉洁高效的行政管理体制；只有加强林业信息化建设，实现服务网络化、办事便捷化，才能为人民群众提供更加优质的服务，建立起执政为民的新型政府机关。实践表明，提高林业行政能力必须加强信息化建设，这是我们迫在眉睫的一项十分重要的任务。

（五）信息化是统筹城乡经济社会发展的重要措施，加快信息化对促进林农群众就业增收必将发挥重大作用。我国城乡之所以形成较大差距，原因是多方面的，其中主要一条就是信息不对称。农民获取信息的手段落后、渠道不畅，严重影响了农民就业增收。信息贫穷导致物质贫穷，这既是城乡经济社会发展不协调的反映，又会进一步加剧城乡发展失衡，导致互为因果的恶性循环。改变农民贫穷落后的状态，最重要的一条就是要解决好农民获取信息的问题，这是提高农民就业增收能力的一条重要途径。从当前看，林业是劳动密集型产业，经营林业和我国农民的文化、技能、素质相适应，是农民最熟悉、最直接、最适宜的就业方式，特别是实行了集体林权制度改革的地区，农民经营林业的积极性空前高涨，他们迫切需要了解消费需求、供求走势、价格行情等市场信息，及时调整生产走向，准确把握市场商机，有效回避交易风险，充分实现对土地、人力、资金和物化投入的有效配置，同时他们也迫切需要先进实用的林业科学技术，提高生产经营水平。尤其是随着国际金融危机的加深，大量农民工返乡，返乡农民获取林业就业信息，参与林业的意愿日益强烈，迫切要求我们提供大量及时准确的信息服务。大力推进林业信息化，能够很好地解决这些问题，满足农民群众的要求。从长远看，林业具有地处边远、小而分散、生产力水平低、经营粗放等特点，加快林业信息化可以彻底改变传统的林业生产方式，有效降低生产成本，促进农村劳动力结构的调整，从而大幅度提高林业生产效益和农民收入水平。同时，推进林业信息化，还可以利用计算机网络进行多媒体教育、现代远程教育和虚拟现实教育，使先进的科学方法和实验条件等优质教育资源在广大农村地区实现共享，极大地促进农村教育事业的发展，提高农民素质和技能，促进新农村建设。从这方面讲，促进农民就业增收，缩小城乡差距，要求我们必须加快林业信息化建设步伐。

总的来看，林业信息化与国家信息化发展的进程相比，与建设服务型政府的要求相比，与现代林业发展的需要相比，还存在很大差距，仍然处于信息化发展的初级阶段。特别是随着全球信息化的快速发展，这种差距有可能越拉越大，这已经成为我们当前必须正视和必须解决的重大问题。我们只有切实增强责任感、紧迫感和使命感，认真贯彻落实中央的决策部署，采取更加有力的措施，更加扎实有效地做好工作，精心谋划，齐心协力，全面加快林业信息化建设步伐，现代林业才有生机与活力，也才有前途和希望。

三、准确把握林业信息化的总体思路和工作重点，全面加快建设步伐

林业信息化建设是现代林业建设的重要组成部分，是实现林业科学发展的重要支撑，是关系林业工作全局的战略举措和当务之急。当前，我们必须下定决心、持之以恒，采取强有力的措施，加强统筹规划，全面加快林业信息化建设步伐。

（一）当前和今后一个时期，林业信息化建设的总体思路。以邓小平理论和“三个代表”重要思想为指导，深入贯彻落实科学发展观，按照现代林业建设总体部署和《全国林业信息化建设纲要》的要求，以全面实现林业信息化为目标，以电子政务建设为重点，以“四横两纵”为架构，以信息资源开发利用为中心，以资源整合为突破口，以完善体制机制为

保障，统一规划，统一标准，统一管理，分工负责，尽快形成布局合理、科学高效、先进实用、安全稳定的林业信息化格局，充分发挥信息化支撑发展、推动改革、引领未来的重大作用，为发展现代林业、建设生态文明、促进科学发展做出新的更大贡献。概括为一句话，就是"加快林业信息化，带动林业现代化"。

(二)林业信息化建设的总体目标。到2020年，建立起覆盖全国林业系统的信息化体系，建成国内领先的信息化平台，基础设施明显改善，信息安全保障能力大幅增强，林业信息化发展制度、标准体系基本形成，资源共享和应用水平全面提升，实现林业决策科学化、办公电子化、服务便捷化，为建设现代林业提供强大支撑。按照这一总体目标，分"三步走"：第一步到2010年，完成省级以上单位各类林业监测信息及专业基础数据的标准化改造和整合，省级林业信息化基础平台等各项建设任务完成50%。第二步到2015年，省级林业信息化基础平台等各项建设任务完成80%。第三步到2020年，全面完成各项建设任务，基本形成技术先进、功能完备、国内一流的林业信息化体系。

(三)林业信息化建设的主要任务。认真落实《全国林业信息化建设纲要》总体要求，按照林业信息化建设"四横两纵"的总体框架，实施林业资源监管系统、营造林管理系统、林业灾害监控与应急系统、林业综合办公系统、林业信息化基础平台、林业产业发展与林业经济运行系统、生态文化与教育培训系统、林业信息技术自主创新等八大行动计划，统筹规划、协调推进，逐步建成齐备的基础设施、强大的数据库、强效的应用支撑、实用的应用系统、健全的标准规范体系、完善的安全与综合管理体系，满足林业信息化建设的各种需求，为发展现代林业提供强大支撑。《全国林业信息化建设纲要》是指导当前和今后一个时期我国林业信息化建设的纲领性文件。"四横两纵"是林业信息化建设需要遵循的总体框架，八大行动计划是林业信息化建设的主要内容。这是我们的长期任务，需要集中力量，有序推进。当前，我们要重点抓好以下六项工作。

第一，搞好统一规划，确保建设质量效益。科学规划是确保事业又好又快发展的重要前提。林业信息化是一个整体性、系统性很强的工作。国家林业局和各地各单位都要以《全国林业信息化建设纲要》和《全国林业信息化建设技术指南》为指导，高度重视，认真研究，抓紧制定修订本地本单位的林业信息化建设规划，明确近期和长期目标、重点内容、主要项目、实施阶段和未来发展方向。规划编制既要立足当前又要着眼长远，既要突出重点又要兼顾全局，确保规划的科学性、前瞻性和可行性，使林业信息化建设做到高起点、高标准、高水平。要根据工作需要，按照轻重缓急选择优先项目，制订项目实施方案，分步实施，逐个突破，使整个信息化工作有序推进。每一个项目的实施都要认真周密地研究应用需求，做出切合实情、兼顾前瞻性的系统需求分析。信息化建设既要加快推进，又要保证质量效益，做到扎扎实实，一步一个脚印。

第二，加大整合力度，促进信息资源共享。根据著名的梅特卡夫定律，"网络的价值与网络结点数量的平方成正比"，也就是说，与传统经济时代的"物以稀为贵"相反，网络时代则为“网以多为贵”，拥有用户越多，共享程度越高，产生的效益就越大，其网络价值就越能得到充分体现。资源整合是解决当前林业信息化存在的资源分散、信息难以共享、浪费严重等突出问题的首要措施。一要抓好基础平台整合。按照林业信息化基础平台建设的要求，对所有基础性、公共性、对全局影响起关键作用的内容要切实加强整合，进行统一建设，形成统一平台，切实减少不必要的重复建设和浪费。二要抓好门户网站整合。国家林业局今年要对各司局和直属单位现有网站进行统一整合，建立国家林业局统一的对外门户网站，形成“一站式”林业应用和信息服务窗口，以统一的形象对社会公众服务，维护林业部门信息发布和对外服务的一致性和严肃性。今年内必须完成这项工作。各省级林业部门也要相应加大整合力度，建立统一的对外门户网站。要搞好门户网站的升级改造，扩大信息服务，推进在线办事，加强互动交流，保障网站内容，提升网站政务办理和社会服务功能。建设内容丰富、服务便民、国内一流的林业政府门户网站。三要抓好内网整合。对各类业务应用系统进行联接整合，建立内网统一门户管理和信息服务，推进政务协同，尽快建设一套完整的、功能强大的林业综合办公系统，实现行业内各部门间信息互通、资源共享。四要抓好数据库的整合。今年国家林业局要完成现有主要数据库的整合工作，实现信息共享。各地各单位要积极主动加强沟通和配合，特别是森林资源、荒漠化资源、湿地资源、野生动植物资源等管理部门，要有大局意识，打破资源分散、封闭和垄断状况，做好数据库的相关整合工作。要及时更新数据，加强管理，优化信息资源配置，提高资源效益。以上各项整合工作，局信息办要统一组织、统一指导、加快推进，各司局各单位要密切配合、维护大局、不讲条件，尽快形成林业信息化建设统一管理、分工负责、资源共享、互利共赢的良性机制。各省区市也要按照要求，积极有效整合，尽快全面完成。

第三，加强基础建设，夯实系统运行平台。基础设施是林业信息化建设的物质平台和必要条件。要抓好网络扩建，今年要完成国家林业局机关与京内外各直属单位和省级单位的网络扩建，实现省级以上林业部门全覆盖，同时要增加带宽，确保信息渠道高效运行、畅通无阻。有条件的省级单位要延伸到市县，甚至到乡镇。要按照国家关于内网、外网物理隔离的要求，尽快完成双网改造。要按照“注重实用、适度超前”的原则，抓好机房及配套设施的布局改造，改善网络运行环境，提升运行效率。要进一步加强基础设施的配备，集中财力购置和更新一批急需的设备，配置高效稳定的主机和存储系统，要确保工作人员有电脑可用，重点部门要确保有比较先进的设备，切实提高林业行业信息化装备水平。

第四，加快重点应用系统建设，提高科学管理水平。信息资源开发利用是林业信息化建设的关键。当前，重中之重是要抓好五大应用系统建设。一是抓好森林资源监管系统建设。就是要实现对“三个系统和一个多样性”的动态监测和有效监管，也就是要解决好“资源分布在哪里”的问题。要继续扩大森林资源数据库建设，加快荒漠、湿地和生物多样性等资源数据库建设。各省区市要根据实际需要，扩充研发省级以下各级林业资源监管系统，并与国家级系统之间实现无缝连接。二是抓好营造林管理系统建设。要围绕营造林工程规划、年度计划、作业设计、核查验收等全过程的一体化信息管理，建设营造林管理系统，实现营造林动态管理，也就是要解决好“林子造在哪里”的问题。特别是强化国家重点林业工程营造林信息的更新和动态管理，做到本底清楚，心中有数。三是抓好林业灾害监控与应急系统建设。要进一步完善森林防火监控和应急指挥系统，扩展层次，加强对接，强化功能。抓紧推进林业有害生物防治管理系统、野生动物疫源疫病监测管理系统建设。加快建设和完善沙尘暴灾害应急和监测管理系统，抓紧建设沙尘暴监测站和预测预报系统。要积极推进其他林业灾害应急管理系统建设，提高林业灾害应急管理水平。要大力推进森林公安信息化建设，拓展业务应用平台，提高森林公安管理效率和处置突发事件能力。四是抓好林业综合办公系统建设。要把加快建立和改造综合办公系统作为林业信息化建设的重要任务，用2～3年时间，建立起一套完整的林业综合办公系统，实现政务协同和无纸化办公。国家林业局今年要完成综合办公系统的升级改造，加强推广应用，系统正式运行后，局里一律按照相关工作流程，实现网上办公。五是抓好林业产业与林业经济运行系统建设。要完善全国林业产业基础数据库，制订数据采集规程和标准，规范信息采集和应用，全面掌握全国林业产业发展情况。建立公平、透明、开放的林业产业信息交流平台，提供丰富的行业信息服务。建立主要林产品市场的信息连通机制，形成全国性林产品流通大市场，实现交易集约化和市场规模化。以这五大应用系统为主体，要尽快组织编制“金林”工程可行性研究报告，要做好与发改委、财政部的沟通协调，争取早日立项。

第五，强化教育培训，切实提升应用水平。信息化建设的成效最终体现在应用上，如果用不好、不会用，信息化建设的水平再高、设施再好，都等于没用，只会给国家财力增添负担，造成浪费。各级林业部门要高度重视，下大力气提高务林人的信息化应用水平，既要将其作为一项十分迫切的任务抓紧抓好，又要将其作为一项长期的工作摆上重要位置。一要抓紧开展计算机基本知识和技能培训。今明两年，国家林业局要对机关公务员和在京直属单位的全体干部进行分批次、分层次的集中培训，司局级干部要带头参加，全部做到会电脑打字、会基本操作、会网上办公。二要抓紧开展信息化从业人员培训。要采取多种形式，有计划、有步骤地对全国林业信息化从业人员进行短期或中长期教育培训，使之能够熟练掌握适应岗位职责要求的应用技能。要研究建立林业信息化技能等级考核制度和岗位资格认定制度，逐步实现持证上岗。三要抓紧开展林业信息化应用技能培训。科技推广部门要把信息化知识和技能培训纳入到林业科技培训和技术推广的范畴，逐步提高广大林农利用信息化手段获取信息、脱贫致富的能力。这几项工作，局有关部门要认真研究，尽快拿出方案，争取用2～3年时间，取得明显实效。各地各单位也要结合实际，制定具体措施，加强培训，切实提高务林人的信息化应用水平。

第六，抓好标准和安全工作，提供坚实有力保障。标准规范是信息化建设的重要前提，信息安全是信息化建设的必然要求。一要抓紧制订标准体系。要按照《全国林业信息化建设技术指南》的要求，本着“面向应用、采标优先、突出重点、有序推进”的原则，研究制订林业信息化总体标准、信息资源标准、应用标准、基础设施标准和管理标准。要充分借鉴国际标准和国内外已有标准，优先制订急需的、共性的、基础性的和关键性的标准。今年要对国家和地方现有各类林业信息化标准进行摸底清理和修订完善。国家林业局有关部门要着手制订总体标准，各地各单位在制订标准时，要做到与国家有关标准的有效对接。一定要做到统一标准，确保互联互通，全国形成一盘棋。二要加强安全防范设施建设。要按照中央有关要求，加强信息安全等级保护工作。抓紧完善机房安全域划分，配备防火、防盗、防雷、防辐射、防泄密等硬件设施，提高物理载体安全。要在内、外网配置防火墙，在重要边界部署安全网关，加强防病毒、防入侵、防篡改等网络安全防御设施建设。要对资源数据实行访问权限控制、专人专管，逐步实现异地灾难备份。要加强保密管理，强化保密意识，坚持“谁主管谁负责、谁运行谁负责”的要求，把安全保密责任真正落实到单位、落实到人头，切实做到安全防范设施齐全、措施过硬，确保不出问题。

四、切实加强组织领导，确保林业信息化各项工作取得实效

林业信息化建设是一场技术革命，更是一场思想革命，情况复杂、涉及面广、难度很大。信息化建设成败的关键在领导，我们一定要把推进林业信息化摆在发展现代林业全局中的重要位置，加强组织领导，确保林业信息化建设顺利推进。

（一）加强组织机构建设。信息化建设是一项十分复杂而繁重的工作，必须有一个强有力的组织机构。一要建立健全林业信息化工作领导机构。各级林业部门都要成立以主要负责同志任组长、有关单位负责同志参加的信息化工作领导小组，统一领导本地本单位的信息化工作。领导小组要切实负起责任，不摆样子，不走过场，认真地、经常性地研究本地本单位的信息化工作，主动有效地解决好困难和问题，发挥好“指挥部”的作用。已经成立信息化领导小组的单位，下一步要按照这次会议精神进行充实完善，予以加强。二要积极组建林业信息化建设管理机构，切实承担起林业信息化建设的具体职责。国家林业局已经成立了信息化管理办公室，加强了对全国林业信息化工作的综合协调和指导管理。各地要积极创造条件，相应地组建信息化管理机构，明确职能、编制，落实人员、经费。对已经成立的，要进一步充实加强，对还没有建立的，要抓紧建立。国家林业局各司局、各直属单位要确保有处室抓、有专人管。三是尽快组建各级林业信息化科技咨询机构。组建林业信息化专家咨询委员会，目的在于请全国顶尖的信息化专家，对林业信息化建设的重大技术问题进行决策咨询，确保林业信息化又好又快发展。各地要根据本地实际，认真研究，尽快成立本地林业信息化专家咨询委员会。

（二）加大资金投入力度。信息化建设投资需求大，必须有充足的资金作保障。一是优先保障信息化建设经费。理顺信息化建设资金投入渠道，实行统一管理，统筹安排，专款专用，确保资金落到实处，用出实效。各级林业部门要积极工作，争取各级政府的支持，建立稳定的信息化专项资金渠道，确保林业信息化建设需要。同时，也要积极通过自

筹资金，加快信息化建设步伐。二是争取将国家和地方林业信息化建设分别纳入国家和地方信息化总体规划，争取国家和地方政府的政策和资金扶持。计资司、信息办要加快"金林"工程立项工作，积极争取中央投资。各地各单位要根据实际项目，争取地方政府的投资。三是积极开辟各种资金渠道，鼓励林业科研教育部门、企事业单位积极申请国家、地方相关科研课题和信息化建设项目，扩大各级各类建设经费支持。四是在市场化效益明显的领域，积极吸纳社会投资，加快林业信息化建设步伐。资金投入要"建设和运行"并重，在加大信息化建设投资的同时，要保障系统运行维护、应用系统升级换代以及培训工作的需要，确保信息化工作顺利实施。

（三）建立健全相关制度。要坚持"建、管、用"并重，在建设、管理、应用推广等方面尽快建立一套健全的制度。一是项目建设制度。要明确项目责任人，把好项目建议书、可行性研究报告、初步设计和投资概算等审批关，严格执行国家招标投标、政府采购、工程监理和合同管理等制度，做好项目验收和后评价工作。要建立市场准入制度和监督管理、软件质量、工程质量验收制度，鼓励相关企业参与，同时对参与林业信息化建设单位的综合实力进行严格把关，保障林业信息化建设质量，保证干部不出问题。二是网络管理制度。林业信息化工作要归口信息化管理机构来管理，抓紧建立健全相应的制度，明确分工和责任，规范管理。三是应用推广和运维制度。要建立激励制度，鼓励全体务林人应用信息技术。要严格运维制度，建立网络维护、信息处理、网络应急等制度，确保事有人管、责有人负，确保网络高效有序运行。

（四）加强工作检查督导。主要负责同志要亲自检查，每年都要拿出一定的时间来检查信息化工作落实情况，特别是信息化重点工作的落实情况。分管负责同志要经常检查督促，确保工作进度和质量。国家林业局办公室和信息办要根据《全国林业信息化建设纲要》和《全国林业信息化建设技术指南》的要求，对各地各单位落实情况进行检查、跟踪督导，今年底前要集中开展一次督促检查，检查情况要予以通报。各地各单位要认真制订落实方案，明确落实时限，确保落实质量。

（五）抓好典型示范带动。一要认真总结典型经验和做法，积极加以推广。哪个省哪个单位做得好，我们就要总结哪个省哪个单位的经验，并认真加以推广。要树立一批典型，发挥好典型的辐射作用。二要在全国范围内选择一批领导重视、成效显著的省级林业部门开展示范点建设。国家林业局在政策和投资上给予倾斜，通过2～3年努力，建立一批水平先进、成效显著、影响力大的示范点，辐射带动全国林业信息化工作。各地各单位也要根据实际情况选择一批示范点，积极扶持，发挥示范带动作用。

（六）领导带头做好表率。一要带头支持工作。各级领导干部要积极创造条件，积极支持信息化部门开展交流与合作，引进先进管理经验和技术，积极支持信息化关键技术的研究开发。二要带头学。各级领导干部要努力增强学习掌握信息化知识的自觉性，提高信息化知识水平。三要带头用。各级领导干部都要带头使用现代信息技术和手段，这是检验大家是否是合格的现代型领导干部的重要标准。四要带头宣传。要采取有效措施，切实提高大家的信息化意识，充分发挥大家的积极性、主动性和创造性，为林业信息化工作创造良好的社会氛围。

林业信息化事关林业发展全局，已经成为现代林业最紧迫最重要的任务之一，影响非常深远，意义非常重大。让我们紧密团结在以胡锦涛同志为总书记的党中央周围，高举中国特色社会主义伟大旗帜，深入贯彻落实科学发展观，按照建设现代林业的总体部署，切实负起责任，采取有力措施，全面加快林业信息化建设步伐，为发展现代林业、建设生态文明、促进科学发展提供强大支撑，做出新的贡献。

加快林业信息化 带动林业现代化

——在第二届全国林业信息化工作会议上的讲话

贾治邦

(2011年5月9日)

这次全国林业信息化工作会议，是继2009年首届全国林业信息化工作会议之后召开的第二届会议。时隔两年，我们对林业信息化工作进行全面总结和部署，充分体现了国家林业局党组对林业信息化工作的高度重视和全力推动这项工作的坚定决心。会议的主要任务是：认真总结"十一五"全国林业信息化工作，全面展示林业信息化建设新成果，学习借鉴辽宁省和沈阳市等林业信息化建设经验，科学分析林业信息化发展面临的新形势，安排部署"十二五"及2011年林业信息化工作，充分发挥林业信息化的带动作用，为推进现代林业科学发展做出新贡献。下面，我讲四点意见。

一、认真总结"十一五"工作，全国林业信息化取得突破性进展

"十一五"以来，各级林业部门深入贯彻中央决策部署，认真按照发展现代林业、建设生态文明、推动科学发展的总体要求，扎实推进林业信息化建设，取得了突破性进展。特别是2009年首届全国林业信息化工作会议以后，各地各单位高度重视，迅速行动，认真落实"加快林业信息化，带动林业现代化"的重要部署，掀起了全面加快林业信息化发展的新高潮。林业信息化呈现出持续快速发展、全面健康推进的良好态势，为全面推进现代林业建设做出了重大贡献。

(一)首抓顶层设计，科学谋划了林业信息化发展蓝图。适应当今信息时代的新变化和现代林业科学发展的新要求，顺应广大林农更多更快更好信息服务的新期待，"十一五"期间，我们经过周密谋划，集中全行业、全社会的智慧，首先组织开展了全国林业信息化顶层设计，创造性地提出了林业信息化建设思路，科学谋划了林业信息化发展蓝图。一是制定颁布了《全国林业信息化建设纲要》及《技术指南》，提出了"四横两纵"总体框架，明确了"八大行动计划"建设任务，形成了指导当前和今后一个时期全国林业信息化工作的

纲领性文献。二是组织召开了首届全国林业信息化工作会议，确立了“加快林业信息化，带动林业现代化”的发展思路，对加快推进林业信息化做出了全面动员部署，标志着林业信息化建设开始步入全面加快发展的新阶段，在林业信息化发展史上具有里程碑意义。三是精心编制了《全国林业信息化发展“十二五”规划》，明确了建设目标、重点任务和保障措施，绘就了今后5年林业信息化的发展蓝图。四是超前开展了中国林业信息化发展战略研究，深入分析了林业信息化的发展趋势、机遇挑战，提出了中长期林业信息化发展的科学方略。这一系列工作的开展，准确把握了林业信息化发展规律，紧密结合了发展现代林业实际需求，充分吸纳了国内外信息化先进成果，既立足当前又着眼长远，既突出重点又兼顾全局，具有很强的科学性、前瞻性和可操作性，确保了顶层设计的高起点、高标准、高水平。

（二）加强基础建设，建成了全国林业信息高速公路主干网。一是全国林业专网节点由37个增至72个，联通了全国各省级林业部门和国家林业局京内外直属单位，建成了集传输文字、视频、语音等各类信息数据的高标准信息高速公路，规模之大，位居中央和国家各部委前列。辽宁、江西、福建、浙江和吉林森工将专网延伸到林场和乡镇林业站，实现了林业系统的全覆盖。二是各级林业部门加快办公内网建设，内部网络联通率显著提高。国家林业局完成办公内网升级改造，实现与互联网的物理隔离、京内外各单位的互联互通。吉林、江苏、山西、陕西等16个省级林业部门已建成内网。林业系统在较短时间内基本形成了上下贯通、左右互联的信息高速公路主干网。三是各地各单位多渠道筹措资金，加大了机房标准化建设力度，集中购置了服务器、计算机和安全监控等设备，明显改善了运行环境和发展条件。北京、黑龙江、山东、云南等省市对机房实施了改造扩建，有的还达到了国家A级标准。

（三）强化政务应用，林业开始迈入无纸化办公时代。各级林业部门以电子政务建设为重点，加快推进办公自动化进程，显著提高了工作效率，降低了行政成本。2010年6月1日，国家林业局正式启用综合办公系统，形成了集工作、信息、学习、生活和交流五大平台于一体的网络化办公大平台，实现了办文、办会、办事等政府机关主要工作的在线办理。今年年初，国家林业局移动办公系统又正式上线运行，彻底打破了传统办公方式的时空界限，实现了随时随地办公的新模式，获得中央移动办公二类成果奖。过去1份文件从起草到送达全部运转过程一般需3周时间，现在仅需1周。过去召开1次会议要支出差旅等各种费用几十万元，现在通过视频会议系统只需支付少许网络租赁费，而且大家足不出户即可参加全国性会议，仅此1项，国家林业局一年就可节支1000多万元。2009年国家林业局因此荣获“电子政务管理效能提升奖”。辽宁、湖南、吉林等16个省级林业部门也实现了无纸化办公。据统计，辽宁林业系统省、市、县三级网上协同办公、行政审批、资源管理等，每年可节约支出8700万元。湖南省林业厅通过无纸化办公，一年可节约纸800多万张，折合木材190立方米。全国林业系统如果都实现网上办公，每年可节约财政支出35亿元，节约纸100亿张，折合木材 24 万立方米，相当于吸收 44 万吨 CO_2，释放 39 万吨 O_2。

（四）狠抓网站整合，打造了中国林业统一的对外服务窗口。针对林业信息化过去存在的各自为政、重复建设、更新滞后等突出问题，各级林业部门实行有效整合、统一管理，有力提升了网站共建共享水平。国家林业局对原有 50 多个司局、直属单位网站和 36 个省级林业部门、5 个计划单列市的林业网站进行了有机整合，新建了森林公园等网站群，同时链接国家部委等有关网站，形成了以中国林业网主站为龙头，以司局直属单位和省级林业部门网站为两翼，以数百个子站为主体的中国林业网大规模网站群，打造了中国林业"网上航空母舰"。建设了中国林业网络博物馆、中国林业网络博览会，向全社会奉献一个内容丰富、形式多样、永不落幕的林业展示盛会。中国林业网经过大规模升级改版，科学构建了信息发布、在线办事、互动交流、林业展示四大版块，增建了繁体版和英文版，设立了中国林业网络电视台，全面提升了信息发布和社会服务功能。在 2011 年中国政府透明度报告中，国家林业局信息公开在中央部委中名列第二。网站功能不断拓展，部分行政审批、数据统计等工作实现了网上办理。开通了我国首个网络森林医院，提供了网络植树平台。实现了在线访谈、在线直播、在线交流常态化，赢得全社会的广泛关注和普遍称赞。国家林业局政府网在中央部委排名中，由 2006 年的第 23 名跃升至 2010 年的第 11 名，年访问量突破 1.5 亿人次，荣获中央部委"优秀政府网站"和"中国政府网站领先奖"。各省级林业部门网站建设水平不断提高，共获得各类奖励 57 项。

（五）优化资源配置，基本建成共建共享的统一平台。一是实施了国家自然资源和地理空间数据库、国家林业局内外网整合改造等重点项目，新建了林业标准、科技成果、林业专家、电子图书馆等一批重点数据库，整合改造了 100 多个林业重点数据库，初步实现了省级以上林业专业数据集中管理和跨部门数据共享。二是启动实施林业资源监管体系建设项目，新建了森林资源、湿地资源、荒漠化资源、生物多样性资源监管信息系统以及林业基本建设管理等重点应用系统，升级完善了森林防火指挥系统、林业行政执法人员管理系统等。三是建设了集基础数据交换、空间数据管理和信息发布于一体的内外网平台，为林业数据库和应用系统整合打造了统一平台。北京、上海、山西、云南等省市投入大量资金用于业务应用系统建设。福建建成了全省林业应急视频会商指挥系统，实现了视听到村、会商到乡。湖南实施"测土配方平台建设"工程，实现了对森林资源档案数据的动态管理。江西开发了林权交易系统，打造了统一的电子商务平台。吉林森工自主研发的经济运行系统、森林防火监控系统，达到国际先进水平。广东积极开展林权管理等业务系统建设，基本实现了信息化与林业核心业务的有效融合。

（六）积极争取支持，取得了金林工程立项等重大突破。积极协调有关部门，认真谋划推进"金林"工程，目前已经得到立项。"金林"工程是推进林业信息化的龙头工程、全局工程，总投资为 100 多亿元，其中一期工程就达 3 亿多元，计划用 2 ~ 3 年完成一期建设任务。工程的实施，必将把林业信息化发展推向一个崭新的阶段，必将有力地带动现代林业大踏步向前迈进。同时，我们紧紧抓住信息化从“互联时代”到“物联时代”发展的良好契机，在国家发改委等部门的大力支持下，国家林业局成为“国家物联网应用示范工程”首批6个试点部委之一，这也是林业信息化建设取得的一项重大成果。国家林业局还坚持点面结合、各具特色、分期分批的原则，确定了辽宁、福建、湖南和吉林森工为首批全国林业信息化示范省。各示范省高度重视，采取强有力措施，加大投资力度，按照示范主题，进行重点攻关，取得了一大批示范成果。辽宁投资9720万元、福建投资1.25亿元、湖南投资5000万元、吉林森工投资1.41亿元用于示范省建设。

（七）完善保障体系，形成了林业信息化良好的运行机制。一是组织机构取得突破。成立了全国林业信息化工作领导小组，国家林业局各司局各直属单位、各省级林业部门主要负责同志为领导小组成员。经中央编办批准成立了国家林业局信息中心，负责组织、协调、指导、监督、管理全国林业信息化建设和电子政务工作，与国家林业局信息化管理办公室两块牌子一套人马。河北、河南、甘肃、龙江森工等2/3的省级林业部门设立了独立信息化机构，专职人员达到295人。湖南14个市级林业部门全部成立了信息化工作领导小组，组建了专门管理机构。二是资金投入得到加强。据初步统计，“十一五”期间，全国各级林业主管部门共投入林业信息化建设资金12.6亿元，平均每年2.5亿元，其中，山西、内蒙古、辽宁、浙江、福建、湖南、广东、广西等8省区和吉林森工总投入均超过5000万元。三是制度标准不断健全。制定了《全国林业信息化工作管理办法》、《中国林业网管理办法》等10多项制度，重庆、四川、贵州、宁夏、新疆等29个省区市制定了145项制度，实现了重要事项有规可依、有章可循。成立了全国林业信息化标准委员会。认真梳理了300多个现行标准，提出了154个推荐使用标准和117个参考使用标准。研究制定了8个急需的基础性标准。江苏、福建、辽宁、湖北等省制定了27个省级林业信息化标准，规范了全省林业信息化建设。四是信息安全保障不断完善。新建了漏洞扫描、安全审计等一批软硬件安全设施。对机房、网络、服务器及应用系统进行7×24小时监控。定期开展信息系统安全检查和应急演练。五是合作交流进一步加强。国家林业局与有关部委、高等院校、科研单位、重点IT企业等建立了良好的合作交流关系，有力促进了资源共享、优势互补、互利双赢。六是管理方法不断创新。发布了首部《中国林业信息化发展报告》，开展了首次全国林业信息化发展水平评测和林业网站绩效评估，组织了年度林业信息化10件大事评选，征集评选了林业信息化标识，举办了首届全国林业信息化高峰论坛，召开了首次全国林业信息化示范省建设工作座谈会，组织了多种形式的信息化培训。

总的来看，“十一五”时期林业信息化建设取得了突出成绩，实现了大步跨越，发生了翻天覆地的变化，呈现出快速发展的良好态势。林业信息化已成为现代林业建设的一大亮点，成为展现林业部门良好形象的一张名片，许多部委和单位纷纷来国家林业局交流学习，对林业信息化取得的成绩给予了充分肯定和高度评价，有力地提升了林业的地位和社会影响力，大大改变了过去林业落后保守的形象。当前，林业已逐渐成为一个信息林业，信息技术正在成为促进现代林业发展最强劲的驱动力量。这些成绩的取得，是中央有关部门大力支持的结果，是林业系统密切配合的结果，是全体信息化工作人员不懈努力的结果。在此，我代表国家林业局党组向所有关心、支持、参与林业信息化建设事业的同志们表示衷心的感谢！

虽然林业信息化取得了突出成绩，但我们也清醒地看到，当前林业信息化仍面临着一些突出问题：一是有些单位特别是领导同志对林业信息化工作的认识还不到位，重视程度还不够，思想上认为信息化工作可轻可重，行动上对信息化工作时抓时放。二是资源整合进展较慢，一些单位只看到自身利益，配合不积极，或讲条件，或有抵触情绪，影响了林业信息化的顺利推进。三是应用系统不健全，制式不统一，与林业核心业务的要求还有较大差距。四是基础建设薄弱，基本投资不足，不少地方网络体系不健全，设施设备落后或缺失，网络安全防范能力不强，有些单位还未建成统一基础平台。这些问题都是前进中的问题，对于这些问题，各地各单位要给予高度重视，认真加以解决。

二、科学分析当前面临的新形势，牢牢抓住加快林业信息化发展的历史机遇

21 世纪是信息化的世纪。迅猛发展的信息技术，已经并将更为深刻地影响人类社会，更为剧烈地改变整个世界。我们必须用世界眼光和战略思维，认真审视信息化发展这一重大课题，深刻认识加快信息化发展的重大意义，积极顺应时代潮流，切实抓住历史机遇，有力推进林业信息化的发展。

(一)从人类文明发展历程看，加快信息化是建设生态文明的必然趋势。人类社会的发展离不开技术进步，重大的技术革命使人类文明发展呈现出阶段性的特征。回顾人类文明发展历程，先后出现了原始文明、农业文明和工业文明三个阶段，目前正在向生态文明迈进，也先后经历了农业革命、工业革命、信息革命三次重大的技术革命。大约 5500 年前，人类以发明“犁”为标志，开始使用耕种工具，引发了农业革命，人类由居无定所的游牧社会开始进入定居发展种植业的农业社会，人类文明也由原始文明进入农业文明。1775 年，人类以发明“蒸汽机”为标志，拉开了工业革命的序幕，机械工具的广泛使用，将人类从简单的体力劳动中解放出来，极大地释放了生产力，推动着人类社会由农业文明进入工业文明。从实质上看，每一次文明的更迭，都是一次生产力的飞跃，而每一次生产力的飞跃，又都缘于一场深刻的技术革命。每一次新的技术革命的发生，都是建立在其发生之前人类文明创造的发展成果基础之上的，都是对前一次技术革命的升华。当前，人类社会已经进入后工业文明时代，以消耗资源、破坏生态、牺牲环境为代价的传统发展模式暴露出种种弊端，越来越不适应经济社会可持续发展的要求。在深刻反思工业文明发展方式的基础上，人类社会做出了建设生态文明的新选择，开始摒弃过去主要依靠消耗资源、牺牲环境来换取经济增长的发展方式，推动社会走上循环经济、绿色经济、低碳经济的发

展新路。而伴随生态文明出现的新技术革命是信息革命。以1946年第一台电子计算机出现为标志的信息革命，构成了新的最活跃的生产力，并以巨大的变革力量推动着全球经济社会的发展。工业革命的核心是资源，信息革命的核心是信息。资源的大量消耗会造成生态破坏，而信息却不会。工业革命的特点是资源独享，而信息革命的特点是资源共享。工业革命延伸的是人类自然力中的体力，而信息革命延伸的是人类自然力中的脑力。人类社会活动无一不用脑，信息化也就无处不在，这正是信息化的生命力之所在。总的来看，以信息技术和信息资源为核心，以数字化、智能化和网络化为特征的信息革命，产生的巨大生产力远远超越了工业革命，特别是解决了工业革命造成的恶果，成为推动生态文明建设的主要技术力量。我们必须深刻认识这一社会发展规律，顺应人类社会发展趋势，加快推进信息化发展，充分发挥信息技术在生态文明建设中的独特作用。

（二）从世界各国发展现状看，加快信息化已成为决定一个国家前途命运的战略选择。信息化的发展以其极强的渗透力和催化力，对人类社会的经济、政治、社会、文化、军事等各层面产生了极为深刻的影响，成为一个国家在未来全球化激烈竞争中赢得生存空间和发展优势的决定性因素。一是对经济发展起着决定性作用。当今世界，信息资源已成为最活跃的生产要素，信息化发展创造了新的经济活动、新的产业部门和新的就业机会。今年年初，美国《时代》周刊评选出的2010年全球十大最佳技术产品全部是信息技术产品。世界银行认为，“发达”与“不发达”的概念将要和“联网国家”与“未联网国家”，“信息富国”与“信息穷国”的概念联系在一起。当前，信息产业已成为全球发展速度最快的新的经济增长点，西方发达国家的信息产业增加值已占国民生产总值的一半或一半以上。同时，信息技术已广泛渗透于各个行业各个领域，使生产效益和工作效率实现了几倍、几十倍以及成百上千倍的提升，对整个国民经济发挥了“倍增器”的重要作用。二是对国家政治产生着深刻影响。国际著名政治学者约瑟夫·奈认为：“一个领导着世界信息革命的国家注定比任何国家都有力量。”在信息时代，信息技术的应用水平和控制能力已成为国家竞争力的重要标志。信息技术的发展为提升治国理政能力创造了机遇，更提出了挑战。特别是互联网的快速发展，推进着治国理政过程的重构，影响着政治力量的再分配，已经成为一个政党或政府必须直面的新情况。绝大多数政党和政府都高度重视这种影响，积极转变执政方式，抢占网络阵地，建立网上政府，扩大网络影响力，提高执政能力。美国总统奥巴马竞选期间建立了专题网站，为他竞选成功起到了关键性作用，赢得了首位“网络总统”的美誉。我国网民已达到4.5亿，互联网普及率也已超过30%的世界平均水平。党和国家领导人高度重视信息网络，胡锦涛总书记、温家宝总理身体力行，多次上网与网民在线交流。“直通中南海”去年上线运行，拓宽了网民参政议政的渠道。“网络问政”、“微博问政”渐已成为政府执政的新趋势之一。会用网络、善用网络已经成为当代领导干部的基本要求之一。当今世界，离开信息化，不可能有一个现代化的政府；而一个不重视信息化的政府，也不可能领导和建设一个走向现代化的国家。政府信息化已成为政府执政建设中一件具有根本意义的任务，也是政府执政能力建设中最重要的一个时代特征。三是对改善社会民生发挥着重要作用。信息技术已走进千家万户，信息服务也丰富多样，深刻改变着人们的思维方式、行为方式和生活方式，成为人们日常生活、工作不可或缺的重要组成部分。现在，离开手机、电脑、网络，人们将无所适从。过去交费、购物、办证需花费大量时间，现在足不出户就可轻松完成。过去获取信息需多方打听，现在鼠标一点就能详细了解。过去参加会议需跑来跑去，现在通过视频系统就可随时随地召开。特别是随着远程教育、远程医疗的快速发展，人们只要坐在家里就可上课学习、问诊看病。四是对文化传播有着巨大的助推作用。信息技术的发展开创了人类文化交流和思想融合的新时代。在信息技术迅猛发展的今天，互联网的快速发展，紧密连接了世界，突破了文化传播的传统方式，加快了传播速度，扩大了文化影响，促进了不同文化之间的交流、共享、融合，使各种文化在广泛传播中得到发展。事实证明，在现代信息社会中，谁将信息网络运用得最好，充分发挥其容量大、速度快、覆盖广的特点，谁就能最大限度地扩大影响力，抢占文化和思想阵地的制高点。五是对国防安全具有制胜的关键作用。网络空间是继海、陆、空之外的第四块战略要地。现代战争就是信息战争、网络战争。在信息时代，战争由“硬战争”扩展到“软战争”，武器由“硬武器”扩展到“软武器”，而且“软战争”更为激烈，“软武器”更具威力。充分发挥信息优势，牢牢掌握“制信息权”已经成为各个国家竭力追求的战略目标。

党中央、国务院对信息化在提升综合国力中的重要作用高度重视，将实现信息化与工业化、城镇化、市场化、国际化一起，作为我国现代化建设的必由之路，摆到了十分重要的战略位置。今年“两会”刚刚通过的我国国民经济和社会发展“十二五”规划，用一个整章描绘出“全面提高信息化水平”的路线图，同时提出把信息产业作为重点培育的战略性新兴产业，把发展新一代信息技术作为科技创新的重点突破口，把信息服务业作为调整国家产业结构的一个重点内容，其篇幅之大、力度之强、措施之实，都前所未有。“十二五”规划的实施，必将使我国迈入一个信息化推动国家现代化的新时代。

（三）从建设现代林业大局看，加快信息化是推动林业科学发展的迫切要求。当前，发展现代林业正面临着四大任务。完成这四大任务，对林业信息化建设提出了新的更高要求。一是实现“双增”目标的要求。胡锦涛主席提出的“双增”目标，是林业部门必须完成的首要政治任务。实现这个目标，一方面要加强现有森林资源保护，最大限度地减少资源损失；另一方面要加快植树造林步伐，扩大森林面积。这两方面都需要现代信息技术来支撑。只有充分利用现代信息技术，建立起林业资源监管系统，解决好“资源分布在哪里”的问题，才能彻底根治乱砍滥伐、乱征滥占等顽症，保证现有资源不减少；只有建立起营造林监管系统，科学回答“林子造在哪里”的问题，才能从根本上解决传统手段长期以来难以根除的重复造林、“年年造林不见林”等痼疾，保证造林绿化成果，从而确保“双增”目标的顺利实现。二是全面深化集体林权制度改革的要求。在集体林权制度主体改革进程中，信息技术就已在四至勘界、林权档案管理、林权交易、证件办理管理等方面发挥了重要作用。集体林改涉及千家万户，关系亿万林农切身利益。信息贫穷导致物质贫穷，我国山区林区之所以落后，一个重要原因就是林农获取信息的手段落后。所以，改变林农贫穷落后的状况，关键的一条就是要大力发展林业信息化，解决好农民获取信息的问题。集体林权制度改革后，农民迫切需要先进实用的林业科学技术，需要了解消费需求、供求走势等市场信息，提高生产经营水平，增强发家致富能力。推进林业信息化，搭建服务林农网络平台，可以把先进实用的科学技术送到林农身边，实现林农与专家的零距离接触；可以为林业企业、林农群众提供价格、交易和物流信息服务，及时调整生产走向，准确把握市场商机，有效解决农民、商户之间的信息不对称问题，实现双方的对接，切实增加农民的收入；可以为林农提供多媒体教育、现代远程教育和虚拟现实教育，提供就业信息，提高农民素质和技能，促进农民就业增收。三是积极应对气候变化的要求。信息技术产业是低碳经济的最佳体现者，利用信息技术改造传统产业，是一种可实现直接减排又不影响GDP 增长的有效手段。信息技术本身是清洁的、绿色的，通过应用信息技术，能够实现生产过程在时间和空间、数量和质量上的精确控制，大大提高生产效率效益，减少资源消耗、空间占用和 CO_2 排放。据全球气候组织和可持续发展组织预测，到 2020 年，通过信息技术应用可减少全球碳排放量 15% 即 78 亿吨，节约 6000 亿欧元的成本。特别是信息技术的广泛应用，推进了无纸化进程，节约了大量纸张等物质资源，从而减少了木材消耗，有效保护了森林资源，增加了森林碳汇，发挥了应对气候变化的独特作用。四是加快转变林业发展方式的要求。加快转变林业发展方式，就是要通过林业的科学化、信息化、机械化，推动林业由粗放型向集约型、由外延式扩张向内涵式提高、由速度数量型向质量效益型转变。根据当前林业实际，“三化”中最有潜力、最有可能、能最快体现成效和发展水平的是信息化。这是因为，长期以来，与其他行业相比，林业信息化应用水平还处于相对落后状态，发展空间还很大。同时，信息化具有典型的“后发优势”特征，只要我们下大力气去抓，就能在较短时间内达到全国乃至全球先进水平，快速提升林业现代化水平。实践证明，没有林业的信息化，就不可能实现林业发展方式的转变，也就没有林业的现代化。即将出台的全国林业发展“十二五”规划，将信息化单独列章，做出“加快推进林业信息化”的战略部署。这意味着我们已将林业信息化与林业核心业务摆在了同等重要的位置，也表明未来 5 年我们要下更大的决心、用更大的力度，加快林业信息化，带动林业现代化。

放眼世界，信息化发展日新月异。着眼当前，宝贵机遇稍纵即逝。在信息化发展的滚滚浪潮中，我们如逆水行舟，不进则退，只有迎难而上，顺势而为，才能牢牢抓住千载难逢之机遇，争取更大更好之作为，不辜负时代赋予我们的历史使命。

三、准确把握“十二五”林业信息化总体要求，扎实推进各项重点工作

根据对林业信息化发展形势的分析判断，“十二五”时期林业信息化建设的总体要求

是：高举中国特色社会主义伟大旗帜，围绕“发展现代林业、建设生态文明、推动科学发展”这个中心，按照“加快林业信息化，带动林业现代化”的总体思路，坚持工程带动，强化应用服务，推进资源整合，拓展工作领域，完善体制机制，努力形成“统一规划、统一标准、统一制式、统一平台、统一管理”的建设格局，大力提升林业信息化水平，为加快转变林业发展方式、全面推动现代林业科学发展做出新贡献。

“十二五”时期林业信息化建设的总体目标是：完善国家级林业信息化基础平台，80%的省级林业部门建成信息化基础平台，80%的省级单位建成国家、省、市、县四级上下互联互通的林业电子政务传输网络；完善信息技术在林业核心业务中的应用，核心业务信息化覆盖率达到80%以上，省级以上林业部门无纸化办公率达到80%，在线处理行政许可项目达到80%以上；建成全国林业信息资源目录与交换体系、安全管理体系，建立健全林业信息化标准规范体系，实现林业信息化与林业业务的全面融合，力争让林业建设的每个层面、每个阶段、每个环节都置于有效监控之下，基本实现林业业务网上办理，为全面实现林业信息化奠定坚实基础。

“十二五”时期林业信息化建设的基本原则：一是坚持统一规划。林业信息化是一项复杂的系统工程，其内部关系相互交织，建设程序环环相扣，实际应用互联互通，整体性、系统性都很强。必须立足全局，通盘考虑，统一规划，分步实施，从基础建设向应用推进，从简单应用向主体业务应用推进，建设一个成功一个，切实发挥应有作用。全国林业信息化发展“十二五”规划已经出台，各地各单位都要在统一规划指导下开展工作，共同抓好规划的落实。二是坚持统一标准。统一标准是林业信息化实现互联互通、资源共享的根本前提。标准不统一，必然形成“信息孤岛”，造成林业信息的破碎化。必须统一建设标准，统一数据采集规范，统一交换模式，为实现基础平台、应用系统的互联互通奠定基础。三是坚持统一制式。制式不统一，各层级、各系统之间就会存在壁垒，林业系统就无法形成完整统一的平台。林业应用软件系统，必须最大限度地统一研究开发，统一升级完善，做到上下统一，有效对接，避免同一业务用多种制式、互不兼容的软件来支撑。四是坚持统一平台。建立统一平台是实现业务融合、资源共享、协调同步的重要基础。基础平台不统一，权限管理不统一，必然造成严重浪费，安全隐患增多。必须统一设计模式，统一权限管理，统一建设平台。只有在统一平台上，才能形成一个完善、规范、可控、高效的信息管理系统。五是坚持统一管理。统一管理是提高效率、规范操作的重要要求。必须树立长远的观点、全局的观点、统一的观点，坚决打破司局、部门、条块的界限和封锁。林业信息化建设要做到统一项目管理，统一数据管理，最终实现数据的快速交换、高效传递，真正实现互联互通、信息资源共享，减少管理和运维成本，提高信息化建设成效。

按照林业信息化发展思路和“五个统一”的要求，“十二五”时期要重点抓好三项工作：

（一）全面加快业务系统建设。以“金林”工程为龙头，全面推进林业核心业务的信息化，重点实施好五大工程：一是林业资源监管系统建设工程。加快建立健全林业资源监管系统，继续强化森林公安警务综合管理系统、国家重点数据库林业分中心建设，完成自然资源数据库一期任务，启动二期项目。逐步将全国林地、湿地、沙地和生物多样性等基础性资源数据落实到山头地块，形成对“三个系统一个多样性”的全面有效监管，从根本上解决“资源分布在哪里”的问题，形成全国林业资源一张图。二是营造林管理系统建设工程。加快建设营造林管理系统，对营造林各环节实行一体化管理，从根本上解决好“林子造在哪里”的问题。继续完善林木种苗管理系统，加快建设林业应对气候变化管理系统，为科学决策提供支撑。三是林业灾害监控与应急系统建设工程。升级森林防火监控和应急指挥系统，完善沙尘暴灾害监测系统，优化林业有害生物防治管理系统，改造野生动物疫源疫病监测管理系统。四是林业产业发展与林业经济运行系统等建设工程。建设木材经营加工管理、重点企业运行监测、林产品市场动态监测等系统，提高林业产业发展市场动态监控和预测预警能力。建设集体林改信息系统，为改革健康顺利推进提供保障。五是生态文化与教育培训系统建设工程。加快现代林业远程教育培训、行业教育培训信息管理与应用、数字图书馆与网络电视等系统建设，积极推进生态文化体系建设。

（二）着力推进支撑系统建设。加快林业信息化发展，必须把支撑系统建设作为重点，与应用系统建设同步规划、同步推进、同步建设，切实提高支撑系统的建设水平和管理水平。一是应用支撑系统。要针对系统难互通、操作难协同、数据难共享等问题，集中有关力量，加大先进成熟技术应用和技术协同攻关力度，争取尽快推出一批符合林业业务特点、技术先进过硬的应用支撑产品，优先解决应用系统开发中基础的、公共的、急需的支撑软件。二是呼叫中心系统。通过功能的科学集成，及时响应服务请求，提升系统应急处置能力。三是监控管理系统。实现林业信息化各系统多方位、全天候监控，进一步增强监控数据的分析与管理能力，及时判断和排除故障隐患。四是服务流程管理系统。建立科学、合理的运维服务流程体系，为林业信息化各业务系统提供统一的维护管理服务。五是数据库管理系统。为数据的有效提取、顺利交换、可靠安全提供支撑，实现高效优质服务。六是完善网站内容保障机制。充分调动各单位积极性，切实搞好内外网内容保障，促进网上办事和互动交流，办出特色、办出水平，努力建设一流政府网站。

（三）突出抓好基础建设。基础建设是林业信息化快速发展的基石，要突出抓好五项工作：一是数据库建设。要进一步抓好林业信息的采集、标准化、建库、更新等工作，确保数据准确、翔实、权威。要根据各级应用需求和管理特点，分别建立国家级数据库和省级数据库。优先建立公共基础数据库、林业基础数据库、林业专题数据库。二是卫星遥感系统建设。加快国家卫星林业遥感应用平台建设，建立国家林业局与国产遥感卫星运行管理单位之间数据获取机制，提高林业遥感监测能力与决策支持能力。加快推进北斗卫星导航林业应用系统建设。三是网络及运行环境建设。加快机房标准化建设，省级林业部门要在2012年底前全面完成。推进网络系统建设，及时扩展各级出口带宽。完成视频会议系统升级改造，加快涉密网建设立项并组织实施。四是标准规范建设。按照“面向应用、采标优先、突出重点、轻重缓急”的原则，认真研究国际国内先进标准，积极采用适合我国林业信息化建设需要的标准，抓紧修订和编制林业信息化急需的、共性的、基础性和关键性的标准和规程，尽快形成较为科学合理的林业信息化标准体系。五是安全系统建设。建立系统病毒防范体系和主动防御体系，提升网络系统的自我防御能力。积极推进网络安全等级认证，加快灾备中心建设，确保林业信息数据和系统安全。

四、切实加强组织领导，全面提升林业信息化建设保障能力

林业信息化是现代林业建设的重要组成部分，是推进林业科学发展的重要手段，是关系林业工作全局的战略举措和当务之急。各地各单位一定要高度重视，认真对待，积极行动，狠抓落实，确保林业信息化建设各项任务全面完成。

（一）提高认识，统一思想。信息化是一场技术变革，更是一场思想变革。当前，阻碍林业信息化发展的最大问题仍然是认识问题。各级林业部门领导干部，特别是主要领导同志，要解放思想，切实提高对林业信息化工作的认识，切实把林业信息化作为带动林业现代化的关键和突破口，加强对林业信息化工作的领导。实践证明，林业信息化必须作为“一把手”工程，才能扎实有效推进。各地各单位主要领导同志对此必须亲自调查研究，亲自动员部署，亲自协调督促，亲自检查验收。要加强学习，带头做一个学习、使用、宣传、推动信息化的现代领导干部。

（二）强化机构，健全队伍。林业信息化建设情况复杂、涉及面广、难度很大，必须有专门的机构和健全的队伍来推进。各地各单位要加强林业信息化管理机构的组建，切实承担起林业信息化的具体职责。已经建立信息化管理机构的省级林业主管部门，要进一步充实加强人员，履行好管理职责；尚未独立组建信息化管理机构的，要加大与当地编办的沟通协调力度，争取尽早成立。要积极督促市级林业主管部门组建信息化管理机构，县级确定专人负责。尽快形成国家、省、市、县林业信息化管理网络，这项工作争取2年内完成。今后，将把有无独立信息化机构作为安排“金林”工程项目、评选先进的必备条件，实行一票否决。

（三）加大投资，积极支持。林业信息化是一项长期的系统工程，必须建立长效的经费投入和使用机制，加大投资力度，确保信息化建设所需。一是各级林业部门要主动协调，积极争取将林业信息化建设纳入本级信息化总体规划，并在同级发改、财政部门设立林业信息化建设专项，形成长期稳定的投资渠道。二是在现有林业建设项目总投资中，力争拿出1%左右的经费，集中用于信息化建设。三是加大现有林业建设项目中信息化投资整合力度，实行统一管理，统筹安排，专款专用，确保资金落到实处。四是在市场效益明显的领域，积极吸纳社会投资，加快推进林业信息化建设步伐。当前，各地各单位要广开资金渠道，积极通过自筹资金，鼓励林业科研教育部门、企事业单位积极申请课题和项目，扩大建设经费来源，加快推进信息化工作。

（四）充分协作，密切配合。林业信息化事关现代林业发展大局，事关各部门各单位利益。各地各单位要牢固树立一盘棋的思想，主动沟通，全力配合。一是加快信息资源整合。国家林业局各司局各直属单位已建的数据库、应用系统和网站，年底之前必须整合到局内外网统一平台上；今后新建的各类信息化项目，必须建在统一平台上，否则项目一律不予批复、不予投资、不予验收。省级林业部门也要打破条块分割，加大整合力度，确保明年底前完成整合。二是强化协作配合。各级林业部门要加强与有关部门的沟通协调，积极争取支持，密切协作配合，不断优化林业信息化建设环境。国家林业局在搞好顶层设计的同时，加大对省市县政策和技术指导服务力度。地方林业部门要主动配合，按照“五个统一”的要求，抓好贯彻落实。各级林业部门信息办或信息中心要做好统一牵头管理，同级各业务部门要积极配合、密切协作。三是加强对外合作交流。坚持走出去、请进来的办法，学习借鉴国外、外部门先进经验和技术，加强与高等院校、科研院所、重点 IT 企业的战略合作，拓宽林业信息化应用领域，全面提升信息资源共建共享和应用水平。

（五）科技引领，强化培训。加快林业信息化建设，科技创新是动力，强化应用是关键。各地各单位要坚持产学研结合，加大林业信息技术应用与创新力度，建立健全林业信息化应用推广机制，加快推进物联网、云计算等先进技术在林业建设中的应用，尽快探索出一批示范成果。要结合各地实际，加强实用技术培训，努力形成人人学、个个懂、全员用信息技术的良好氛围。结合集体林权制度改革后广大农民致富愿望迫切的实际，积极实施林业信息化应用培训工程，广泛开展林业信息技术培训，帮助林农尽快走上信息兴林致富的道路。

（六）典型示范，整体推进。积极开展林业信息化示范省建设，尽早推出一批国际先进、国内领先的示范建设成果，真正发挥“点亮一盏灯，照亮一大片”的典型示范带动作用。要加强示范省建设的动态化管理，对复查不合格者予以警告，直至取消示范省资格。要积极组织开展林业信息化示范市、示范县建设，树立典型，培养典型。要及时总结示范省、示范市县建设中的好经验、好做法，强化推广应用，整体推进林业信息化工作。

艰辛成伟业，奋斗铸辉煌。让我们紧密团结在以胡锦涛同志为总书记的党中央周围，高举中国特色社会主义伟大旗帜，以邓小平理论和“三个代表”重要思想为指导，深入贯彻落实科学发展观，抓住机遇，密切协作，开拓进取，扎实工作，全面提升林业信息化水平，为发展现代林业、建设生态文明、推动科学发展做出新的更大贡献。

全面提升林业信息化水平
为发展生态林业民生林业做出新贡献

——在第三届全国林业信息化工作会议上的讲话

孙扎根

（2013年8月27日）

这次会议是国家林业局党组研究决定召开的。会议的主要任务是：深入贯彻落实党的十八大精神和国务院关于加快推进信息化建设的一系列决策部署，按照全国林业厅局长座谈会要求，认真总结"十二五"以来的林业信息化工作，科学分析林业信息化工作面临的形势，进一步理清思路、明确方向，研究部署当前和今后一个时期的工作，全面提升林业信息化水平，为发展生态林业民生林业做出新贡献。近年来，吉林林业信息化快速发展，已跃居全国前列，为吉林林业发展提供了重要支撑，为全国林业信息化工作提供了有益借鉴。在此，受赵树丛局长委托，我讲四点意见。

一、总结过去，全国林业信息化建设成效显著

国家林业局党组始终坚持把林业信息化作为创新发展的重要平台、提升效益的重要抓手、服务基层的重要途径、展示形象的重要窗口，重点部署，全面推进。各级林业部门按照"加快林业信息化，带动林业现代化"的总要求，坚持"融合、创新、服务、提升"的发展理念，深入实施《全国林业信息化建设纲要》。"十二五"以来，林业信息化队伍建设不断加强，80%以上的省级林业部门设立了专门机构；资金投入持续增加，全国年均投入专项经费5亿多元；网站建设快速推进，形成了国家、省、市、县四级林业网站群；标准制度逐步完善，制定了20多项制度、50多项标准；交流合作日益广泛，促进了资源共享、共同发展；管理方式不断创新，信息安全保障能力大幅提升；示范建设成效显著，建设了13个示范省、25个示范市、50个示范县，推出了一系列国内领先的示范成果。全国林业信息化建设呈现出全面提升的良好态势，为生态林业民生林业发展做出了重要贡献。

（一）林业信息化有效支撑了林业生态建设。一是监测手段不断创新。遥感、物联网、卫星导航通信在生态监测领域广泛应用，森林防火、林业有害生物、野生动物疫源疫

病等应急指挥系统相继建立并投入使用。江苏、浙江、甘肃等建立了森林防火管理系统，江西、山西、福建等建立了森林远程视频监控系统，北京、四川等建立了林业有害生物监测预警系统，内蒙古森工建立了全国第一个以北斗卫星和无人机技术为支撑的林火智能监测指挥系统，吉林森工开发了“森林眼”系统，北京为古树名木挂上了电子身份证。二是管理系统不断完善。开展了林业资源综合监管试点项目建设，开发了森林、湿地、荒漠、生物多样性资源等监管系统。天保、退耕、三北、长防等工程管理平台实现了对生态工程有效监管。湖北、四川等建立了天保工程管理系统，甘肃、陕西等建立了退耕还林管理系统，福建、湖南、云南、贵州、海南等建立了生态公益林管理系统，河南、浙江等建立了营造林管理系统，上海、吉林、青海等建设了自然保护区管理平台。三是信息管理更加完善。“全国林业一张图”建设进展顺利，完成了试点省集林地、湿地、沙地、生物多样性资源为一体的“林业一张图”，全国林地落实了图纸坐标，为林业管理提供了精准高效服务。加强国家卫星林业遥感平台建设，实现了遥感信息资源共享。完成了国家自然资源和地理空间信息库林业项目建设，整合了林业资源信息。湖南、辽宁、吉林、浙江、江西、河南、广东、四川等省建成了林业信息资源共享平台。

（二）林业信息化有效促进了林业产业发展。近年来，信息技术在种苗花卉、造林绿化、林产品交易、森林旅游等多个领域广泛应用。林业电子商务平台快速发展，拓宽了销售渠道，减少了流通环节，降低了交易成本。建立了全国林业产业基础数据库和现代林业产业网，为政府决策提供了科学依据，为企业发展提供了交流平台。吉林、河北等相继建立了林产品信息发布与交易平台，江西、安徽、浙江等建立了林业产权交易电子商务平台，林农和企业足不出户就可以了解市场行情、实现网上交易。北京、上海等建立了生态旅游平台，山东、辽宁、安徽等利用网站为农民解决苗木、果品销售难的问题。湖南建设了林地测土配方平台，林农轻点鼠标，就知道自己的林地适合种什么树、应该施什么肥，3000 万林农享受到网络时代带来的实惠和便利。吉林森工开展了物联网应用示范工程，实现了木材生产、运输、销售等各环节信息可追溯管理。福建建立了远程教育系统，帮助农民依林致富。

（三）林业信息化有效拓宽了生态文化传播渠道。一是打造生态文化传播新载体。坚持集约理念，深化整合创新，打造以中国林业网为主的生态文化传播新媒体。中国林业网在中央 70 多个部委网站中位列第 4，成为中国互联网最具影响力政府网站，获得快速发展型政府网站等多项荣誉。四川、甘肃、上海等整合了本地所有林业系统网站，辽宁、山东、湖北、吉林等省网站群规模均达 100 个，龙江森工、天津、西藏、新疆兵团也加强了网站建设和整合。二是开辟生态文化传播新视角。新建了“美丽中国网”和 1000 多个森林公园、国有林场、种苗基地、自然保护区子网站，多视角、全方位展示大自然的魅力和务林人的精神风貌。建立了中国林业网络博物馆和中国林业网络博览会，对自然生态系统和生态产品进行全天候展示。建设了主要树种、珍稀动物等网站群，积极传播人与自然和谐发展的生态理念。三是开创生态文化传播新方式。建设了中国林业数字图书馆，实现了图书文献的网上共享。建设了中国植树网，开辟了植树造林的新渠道。完善了在线直播、在线访谈、网络电视等功能。开展了全国生态作品大赛、美丽中国征文大赛、信息改变林业征文大赛等活动，组织了两会代表话林业、生态林业铸辉煌、民生林业的脊梁等在线访谈，开展了海南鹦哥岭青年团队等专题报道，在社会上产生了良好反响。

(四)林业信息化有效提升了林业行政服务水平。一是加强服务功能建设。大力推行网上政务公开，开设了公众留言、征求意见、在线调查、局长信箱等栏目，通过互动渠道了解社情民意，充分发挥了网络舆情引导、解疑释惑的作用。组织有关领导和专家进行林业政策解读、技术解答，使林业大政方针和相关知识深入人心。重庆、宁夏建设了网络森林医院、野生动物保护救助呼叫等系统，成为网络服务林农的生动实践。中国林业网和北京、新疆、福建、辽宁等建设了移动门户，通过智能终端为公众提供更便捷的服务。北京、青岛加强网络特色专题建设，推出了更多更好的精品便民服务。省级林业部门每年通过网络为民办事达25万余件、办理行政审批100多万项。二是加强服务平台建设。着手将林业信息化基础平台提升为“云平台”，提高了先进性、便捷性、可靠性。建设了全国林业信息高速公路，联通了各省级林业部门和国家林业局各单位，为各业务系统运行提供了稳定、安全的传输通道。内蒙古、湖北、江西、江苏、广西、云南、甘肃、贵州、吉林森工等实现了专网全覆盖。三是加强办公系统建设。完善了国家林业局综合办公系统，移动办公全线推开。国家林业局机关文件运转周期由3周减为1周，视频会议每年召开30多次，每年节约会议和纸张印刷费用1000多万元。各地纷纷推进电子办公系统，黑龙江、大兴安岭林业集团实现了移动办公，云南建设了林业办公群，约80%以上的单位实现了办公自动化，对降低行政成本、提高工作效率、提升服务水平发挥了重要作用。

实践证明，加快林业信息化建设，是发展生态林业民生林业的重要支撑，是实现林业现代化的必由之路，是关系林业工作全局的战略选择。回顾林业信息化发展进程，我们深感成绩来之不易。这些成绩的取得，是各级领导高度重视的结果，是各有关部门大力支持的结果，是各级林业部门共同努力的结果，在这里尤其要肯定局信息办在推进林业信息化工作中所做的强有力工作。借此机会，我代表国家林业局党组，向长期以来一直关心支持林业信息化发展的各级党委政府和各有关部门表示衷心感谢！向积极投身于林业信息化建设的同志们表示亲切慰问！

二、把握形势，努力开启林业信息化发展新阶段

当今社会，信息已成为重要的战略资源。信息技术在抢占新一轮科技和产业变革制高点、塑造国家发展新优势的作用日趋突出。党中央、国务院高度重视信息化建设。党的十八大把“信息化水平大幅提升”纳入全面建设小康社会目标之一，并提出走中国特色新型工业化、信息化、城镇化、农业现代化道路，促进“四化”同步发展。近期，国务院又相继下发了《关于促进信息消费扩大内需的若干意见》和《“宽带中国”战略及实施方案》。在短时间内，国务院连续下发两个文件，推进信息化建设，充分表明了加强信息化建设的决心。

当前，建设生态文明是林业的总目标，发展生态林业和民生林业是林业的总任务。建设生态文明，迫切需要切实转变经济发展方式、优化调整产业结构，着力推进绿色发展、循环发展、低碳发展。这些都要依靠信息科技为支撑，实现更透彻的感知、更全面的互联、更深入的智能、更高效的利用、更科学的决策，从根本上解决资源约束趋紧、环境污染严重、生态系统退化等问题，推动人与自然和谐发展。发展生态林业民生林业，改善生态改善民生，迫切需要利用信息技术对林业各种资源要素和生产过程进行精细化、智能化控制，加强专业化、科学化管理，充分挖掘林地潜力，全面提升质量效益，为经济社会发展提供更多更好的生态产品、物质产品和生态文化产品。

林业面临的形势和任务为林业信息化创造了良好发展环境，同时也迫切需要信息化提供强大的内生动力，林业信息化建设迎来了难得的历史机遇。刚才，我们发布了国家林业局《关于进一步加快林业信息化发展的指导意见》和《中国智慧林业发展指导意见》，提出了林业信息化建设的总体要求，明确了目标任务，制定了政策措施。这是全国林业系统贯彻落实党的十八大精神的重要举措，是贯彻国务院关于信息化建设一系列决策部署的具体行动，是加快推进林业信息化发展的重要依据。各地各单位要结合实际，抓好落实。

我们所说的智慧林业，就是充分利用云计算、物联网、大数据、移动互联网等新一代信息技术，通过感知化、智能化、物联化手段，构建立体感知、管理协同、服务高效、有效支撑生态林业民生林业发展的林业信息化建设新模式。当前和今后一个时期，全国林业信息化工作的发展思路是：深入贯彻落实党的十八大精神和国务院关于加快信息化建设的一系列决策部署，以统一思想为前提，以应用需求为导向，以融合创新为动力，以重点工程为抓手，以新一代信息技术为支撑，全力推进智慧林业建设，为全面提升生态林业民生林业发展水平，建设生态文明和美丽中国做出新贡献。力争到 2015 年，基本建成集成化、智能化的信息基础设施，建立智能决策、业务协同、便捷高效的政务体系，实现信息化与林业全面融合，为全面建成智慧林业奠定基础。到 2020 年，全面建成智慧林业，有力支撑林业改革发展。

建设智慧林业，要更加注重信息与林业各个环节、各种资源、各项业务的深度融合、集约共享和协同推进。为此，必须重点把握好以下五个原则。一是整合资源，共享协同。以信息共享、互联互通为重点，突破地域、级别、业务界限，充分整合各类信息资源，推进信息化业务协同，提升全行业管理服务水平和信息资源利用水平。二是融合创新，标准引领。集成关键核心技术，创新发展模式和机制。实施应用先行、国际同步的标准战略，抢占标准制高点。三是统筹协调，管理提升。统一顶层设计，推进协同运行，强化各级林业信息化部门在规划引领、统筹协调、应用示范等方面的主导作用，建立统筹管理体系。加强安全技术体系建设，提高林业信息安全水平。四是服务为本，推动转型。面向各级林业部门和林农群众日益多元化的需求，提供随时、随地、随需、低成本的信息服务，以信息化推动林业发展方式和管理方式转型升级。五是循序渐进，重点突破。从组织管理、顶层设计、基础设施以及应用示范工程等多维度切入，循序渐进，讲求实效，找准突破口先行先试，实现重点突破。

三、采取有效措施，扎实推进智慧林业建设

（一）要加快建设智慧林业网络平台。要按照国家信息化发展总体部署，结合林业实际，加快推进林业宽带网络和感知网络建设，为智慧林业发展提供基础条件。一是按照先进、适用的原则，充分利用现有的国家、省、市、县四级网络架构，抓紧建设林业下一代互联网，满足林业物联网接入和大数据量传输等需求。二是积极推进重点林区无线网络建设，有效提高林区网络通信覆盖率，为拓展业务应用提供基础网络条件。三是大力推进林业物联网发展，提高林业生态智能感知、林业资源智能识别、林业灾害智能监测、林业信息智能推送的能力。四是完善以卫星、航空护林飞机等组成的“天网”系统，提高林业空天感知能力和监测效率。五是实施林业应急感知工程，建立全覆盖、多尺度无缝集成的应急地理信息平台，大力推动林火视频监控系统、沙尘暴监测系统、应急通信保障系统等的建设，实现国家、省、市、县林业部门的互联互动。

（二）要切实加强智慧林业协同管理。要加强信息资源融合，建立资源共享的林业信息系统，为各类林业工作者提供网络化、智能化的信息服务。一是按照共建共享、互联互通的原则，大力推进林业基础数据库建设，加快建立信息资源交换共享机制。二是加快中国林业云示范建设，推进办公智慧化和协同化，规范办公流程，降低运行成本，全面提高办事效率。三是适应移动互联快速发展的形势，积极推进林业微门户、微博、微信等平台建设，以更加新颖、活泼、便捷的形式，服务林业、林农和公众。四是建立健全成果共享模式，信息化主管部门负责统一服务平台和信息发布工作，统一管理基础数据资源；各业务部门承担本单位业务信息的内容保障，供有关部门共享使用。

（三）要努力构建智慧林业生态服务体系。一是建设智慧林业营造林管理系统。实现覆盖各级营造林规划计划、作业设计、进度控制、效果监测、统计上报等环节的一体化营造林管理系统，为营造林工程管理决策提供科学依据。二是建设智慧林业资源监管系统。在先期试点的基础上，按照统一布局、共建共享的原则，充分利用新一代信息技术，建立集森林、湿地、荒漠、生物多样性监管于一体的智慧林业资源监管平台，提供多级林业资源分布和动态信息，支撑林业科学决策。三是建设智慧林业野生动植物保护体系。通过对各级各类自然保护区的智能化管理，建设野生动植物资源监测体系和信息管理体系，提高保护管理水平。四是建设智慧林业重点工程监督管理平台。基于新一代信息技术，实现对工程全过程的实时跟踪管理，提高工程管理的科学化水平。

（四）要积极打造智慧林业民生服务体系。围绕全面建设民生林业的新要求，深化信息技术应用，构建面向企业、林农及新型林区建设的综合公共服务平台，努力提升公共服务水平。一是建设智慧林业产业培育工程。加快高新技术与林业的有机融合，促进新技术、新产品和新产业的发展。二是建设智慧生态旅游工程。在智慧生态旅游物联网应用示范的基础上，加强相关信息技术和管理模式的推广应用，促进生态旅游的大发展、大繁

荣。三是建设智慧林业商务拓展工程。建立一批区域性的林权交易平台，打造一批有影响力的林业电子商务平台，为林企和林农提供智能、便捷的服务，促进林业产业的快速健康发展。四是建设智慧林业社区工程。加大林区网络基础设施建设投入，解决林区信息网络“最后一公里”问题。建立智慧林业社区综合管理服务平台，实现社区业务“一站式”办理。

四、统筹协调管理，保障智慧林业建设顺利实施

（一）加强组织领导。各级领导要高度重视林业信息化工作，进一步深化对信息化发展趋势的认识，确保实现智慧林业发展目标。要加强组织领导，将信息化工作纳入重要议事日程，重点部署，重点推进。各省级林业主管部门要建立健全独立的信息化管理机构，市县级林业主管部门也要结合实际，尽快建立起完善的信息化管理机构。要进一步理顺职能、明确责任，确保对林业信息化工作实施统一管理、协同推进。要加强沟通，密切配合，形成林业信息化发展合力，共同推进智慧林业发展。

（二）加大资金投入。要建立智慧林业发展的资金保障体系，算好投入与产出大账，充分发挥政府资金的引导作用。要把信息化机构运行和系统运维的常规资金，纳入林业各级财政预算，确保工作正常开展。要理顺信息化建设资金的投入渠道，重点支持信息化基础设施建设、公共服务平台建设、试点示范项目建设，重点推进主要业务的智慧化应用服务体系建设，提供更多便民、惠民的智慧服务，切实让大家感到智慧林业就在身边。

（三）推进整合共建。要建立信息系统共建共赢的发展模式，充分发挥信息化部门的专业优势。要在坚持“统一规划、统一标准、统一制式、统一平台、统一管理”成功经验的基础上，充分发挥林业信息化领导小组及其办公室的作用，自上而下谋划智慧林业的整体规划，建立智慧林业的统一标准，实现应用集成，促进资源共享。必须始终坚持“五个统一”，不允许出现重复建设、信息孤岛。

（四）提升队伍素质。人才是建设智慧林业的核心。要研究制定和落实好加强高层次人才引进的各项优惠政策，大力引进和使用高水平信息专业技术人才、高技能人才和网络设施与应用经营管理人才。要发挥林业高等院校、培训机构和科研单位的作用，建立多层次的智慧林业人才培训基地。要加强岗前和在岗培训，特别是加强林业信息技术实际应用人员的培训，不断提高广大干部职工信息化意识和信息技术应用能力。

（五）狠抓工作落实。要发挥林业信息化“全领域覆盖、全过程融入、全方位支撑”的作用，在林业项目规划建设中要推进前沿技术、领先成果的应用，在林业管理生产过程中要促进最智慧、最高效手段的应用，在林业绩效考评中要把信息化建设成果作为重要指标。要大力推进标准建设，尽快构建智慧林业标准体系。要加强重点领域、关键岗位的安全保密专项审查，切实执行信息安全“一票否决制”，确保林业信息安全。

建设智慧林业，是一项专业性、技术性很强的系统工程。我们一定要充分认识加快林业信息化发展的重要性和紧迫性，抢抓机遇，奋发有为，全力推进，为发展生态林业和民生林业、建设生态文明和美丽中国做出新的更大贡献。

战略定位

ZHANLUE DINGWEI

林业信息化
Forestry Informatization

科技革命与人类文明演进

人类社会的发展离不开技术进步，重大技术革命使人类文明发展呈现出阶段性的特征。回顾人类社会发展历程，先后经历了农业革命、工业革命、信息革命三次重大的技术革命，也先后出现了原始文明、农业文明和工业文明三个阶段，目前正在向生态文明迈进。从本质上看，每一次文明的更迭，都是一次生产力的飞跃，而每一次生产力的飞跃，又都缘于一场深刻的技术革命。每一次新技术革命的发生，都是建立在其发生之前人类文明创造的发展成果基础之上的，都是对前一次技术革命的升华。

一、人猿揖别与原始文明

（一）人猿揖别。我们的先祖，起初与其他动物在获取食物以维持生命所使用的手段方面并没有太大的区别，也只是用手和牙齿。逐渐地，由于人类智力的发展远超过其他动物，人类便知道使用天然的木棍和石块来获取食物和防卫自己。比如，人类不仅懂得如何用捡来的大石块和木棒来猎取动物，而且逐渐地认识到，在捕获猎物后，不光只是用手和牙齿撕开皮毛和割开筋肉，还用捡来的带锐边的石块进行切割。这样就逐渐地学会了使用工具。在实践中人类又逐渐地认识到，某些石头，比如砾石在石块上摔破时，可以产生带锐边的石块，于是他们就慢慢地懂得了用石头来打击另一块石头，使其产生锐边的石块。这便是历史学家们所说的制造打制石器，也就是古人类制造工具的起源。

凭借手中的技术，人类可以实现自己的许多目的，克服自身的许多障碍，将自然物更多更快地转化为自己在衣食住行方面的有用之物。人凭借手中的锐器，终于在与自己为伍的动物同伴的世界中，取得了支配的地位，成为与一般动物不同的种类。因此远古人类就是依靠原始技术使自己与其他动物区别开来，这是人猿揖别的标志，是人之为人的依据。黑格尔说，人因自己的工具具有支配外部自然的力量。恩格斯说，劳动创造了人，而劳动

※ 该文为国家林业局信息办主任李世东等2013年6月6日在中国林业网作的信息革命与生态文明系列谈（1），收录时略有删改。

是从创造工具开始的。从这个意义上说，技术创造了人，技术使人实现了从动物界到人类的提升。

(二)原始文明时期典型科技成果。人类最早的技术成果——石器。原始社会最早的技术成果是石器。考古发现，旧石器时代主要是用石头相互敲打制造的比较粗糙的石器，大体可分为尖状器、刮削器和砍砸器三类。到了新石器时代，石器的制造技术从打制发展到磨制。经过沙子或砾石磨制后的石器更锋利、形状也更规整。并出现了在石器上打孔的技术，从而制造了诸如石铲、石镰、石锄、石杵、石臼等工具。

人类的“第一发明”——弓箭。大约在距今1.4万年前，人类发明了弓箭。弓箭的发明使人类在狩猎活动中有了远距离杀伤的武器，从而使人类的生产效率大大提高。弓箭的发明是人类的“第一发明”，它是人类第一次把以往的简单工具改革成了复合工具。正如恩格斯在《家庭、私有制和国家的起源》中指出的那样：“由于有了弓箭，猎物变成了日常的食物，而打猎也成了普通的劳动部门之一。弓、弦、箭已经是很复杂的工具，发明这些工具需要有长期积累的经验和较为发达的智力，因而也要同时熟悉其他许多发明……弓箭对于蒙昧时代，正如铁剑对于野蛮时代和火器对于文明时代一样，乃是决定性的武器。”

人类历史上的第一次技术革命——钻木取火。与发明弓箭相比，此后的人工取火是原始社会更重要的技术发明，人工取火技术的发明导致了人类历史上第一次技术革命。早在50万年前，人类就开始使用天然火。然而能人工取火则要晚很多。在长期制造石器工具的过程中，人类逐渐发现打石取火的方法，特别是弓箭发明和推广后，导致人们产生利用弓弦绕钻杆来打孔的想法，从而发明了钻具。人们利用钻具与被钻物之间的摩擦生热发明了“钻木取火”技术。人工取火是人类在原始社会最伟大的发明(吴伯田、吴伟浩，2009)。恩格斯指出：毫无疑问，就世界性的解放作用而言，摩擦生火还是超过了蒸汽机，因为摩擦生火第一次使人支配了一种自然力，从而最终把人同动物界分开。人类使用火以后，改变了人类单一的饮食结构，通过熟食增强了人的体质，促进了人体特别是大脑的发育，使人类的智力得到飞跃性的发展，再一次推动了人类文明的进步。

(三)原始文明特征。原始文明时期，人类只是自然生态系统中的普通一员，人的全部活动都是围绕自然界来进行的。人类的全部生活习惯，生活方式基本建立在依赖周围环境的基础之上。自然界按其固有的规律运行，但是人们已有了一些适应自然的策略，如拿火来取暖、烤食。梅策瑞塔在对中全新世的气候变化与人类活动的研究中发现，中全新世时期，在美国南方的高平原地区干旱非常剧烈，表面与地下水资源变干，并且人类捕食的野牛数量减少。这些导致了人类生活发生了相当大的改变，例如聚落局部废弃，打井以获取地下水，饮食范围变宽。但无论怎样，人与自然保持着一种原始共生的关系。

人类在其产生、发展的漫漫历史长河中，与森林有着血肉难分的关系：人类的祖先由森林动物的一员，逐渐演化成今天的人，人类从森林中走出来，并依靠森林得以生存。早期人类所获得的食物、衣物、栖息地等，均与森林息息相关。刚刚脱离动物界的猿人，抗拒自然灾害的能力很有限，他们对自然的依赖性很大。猿人刚从树上走向地面，对森林的依赖性尤其明显。恩格斯曾指出："人类的童年，人还住在自己最初居住的地方，即住在热带的或亚热带的森林中。他们至少是部分地住在树上，只有这样才可以说明，为什么他们在大猛兽中间还能生存。"事实上，远古先民的衣、食、住、行种种需要，多数仰仗于森林的无私贡献。中国古代就有古之人民"食禽兽之肉，采树木之实"、"构木为巢"、"刳木为舟"等说法（马忠良等，1997）。如上所述，当时的劳动工具、战斗武器也大多取材于森林中的产物，在人类发明用火之前，人们的物质生活主要依赖于森林环境，想要远离森林去谋生，在当时是不可想象的。

二、农业革命与农业文明

（一）农业革命的产生。大约在 1 万年以前，人类开始有意识地从事谷物栽培。他们开辟农田，驯化可食用的植物，标志着人类史上一个崭新的文明时代的开始。阿·托夫勒称之为第一次浪潮。有了农耕，人类的食物才在很大程度上得到了保障，才使人类逐步结束了漂泊不定的游猎生活，建立了一座座的村庄。

农业革命是指人类开始栽培农作物与饲养家畜的崭新的劳动实践活动，以及由此引起的在生产生活方式乃至整个社会制度、思想文化上所发生的一次巨大革命。在长期的实践中，人们逐步观察和熟悉了某些植物的生长规律，慢慢懂得了如何栽培作物。世界各地的人民，在采集经济的基础上，积累经验，各自独立地发明了农业。农业革命的最主要成就在于从此建立起以土地资源开发为中心的种植业和畜牧业，使人类从游牧开始走上定居生活。

（二）农业革命代表科技成果。

青铜器。青铜最早出现在富含铜锡或铜铅等混合矿的地区，比如现今土耳其的安拉托里亚地区。当时的工匠将这样的矿石煅烧，冶炼出了铜锡或铜铅合金。铜锡合金的颜色青灰，故名青铜。青铜的熔点在 700～900℃之间，比纯铜的 1083℃低，且具有优良的铸造性，硬度和强度高出纯铜不少，还有较好的化学稳定性。因此，青铜铸造技术的发明成了人类物质文明发展史上的又一个重要里程碑，给社会变革和进步带来了巨大动力。最早的青铜器出现在两河流域和埃及等地，始于公元前 3000 年。1975 年甘肃东乡林家马家窑文化遗址（约公元前 3000 年）出土一件青铜刀，这是目前在中国发现的最早的青铜器，是中国进入青铜时代的证明（吴汝康等，1978）。青铜铸造术的发明，与石器相比，起了划时代的作用。

铁器（犁等）。地球上铜矿资源较少，铜产量因而不高，广泛使用受到限制。加之铜材料虽然易于加工，但是强度和硬度较差，对于砍伐森林扩大农业生产、开凿和挖掘地下矿藏，尤其是制造更为坚韧锐利的兵器来说，难以满足需要。因此经过长久使用铜材、特别是奴隶社会中连年的战争之后，人们深深地感觉到要想向前发展和取得战争的胜利，必须找到比铜更好的金属材料。人类接触和认识铁材料，是来自天外的天然陨铁。早在公元前4000年，古埃及人及苏美尔人就已经懂得利用天然的铁来制作矛及饰物。铁材料的发明和使用是人类发展的又一个了不起的里程碑，铁器的广泛使用，生产力得到极大的提高。正如恩格斯所说：铁使更大面积的农田耕作，开垦广阔的森林地区成为可能；它给手工业工人提供了一种其坚固和锐利非石头或当时所知道的其他金属所能抵挡的工具。

陶瓷。陶器的发明，是人类文明发展的重要标志，是人类第一次利用天然物，按照自己的意志，创造出来的一种崭新的东西。用泥土烧制的陶器，既改变了物体的性质，又塑造出便于使用的形状。它使人们在处理食物时，除了烧烤之外，又增加了蒸煮的方法。陶器的出现，标志着新石器时代的开端。恩格斯在《家庭、私有制和国家的起源》一书中进一步指出："可以证明，在许多地方，也许是一切地方，陶器的制造都是由于在编制的或木制的容器上涂上黏土使之能够耐火而产生的。在这样做时，人们不久便发现，成型的黏土不要内部的容器，也可以用于这个目的。"

文字。文字是人类记录思想、交流思想的符号，它于1万年前"农业化"开始以后萌芽，随着人类由野蛮向文明过渡，是由先人们在生产和交换的过程中，经过了无数年月的不断创造和改进而形成的。文字在发展早期都是图画形式的表意文字。1959年，在山东大汶口出土了一些陶器，上边刻有一些符号，可以看成是早期的雏形文字。文字突破口语受到时间和空间的限制，是人类可以在书面语的基础上完整地传承人类的智慧和精神财富，使人类能够完善教育体系，提高自己的智慧，发展科学技术，进入文明社会。

造纸。造纸术是中国四大发明之一，是人类文明史上的一项杰出的发明创造。东汉元兴元年(105)蔡伦改进了造纸术。他用树皮、麻头及敝布、渔网等植物原料，经过挫、捣、抄、烘等工艺制造的纸，是现代纸的渊源。造纸术首先传入与我国毗邻的朝鲜和越南，随后传到了日本。公元751年，中国造纸术通过阿拉伯人向西传播之后，欧洲各国便有了手工纸，到19世纪中国的造纸术已传遍五洲各国。

印刷术。印刷术与丝绸紧密相关。最早的印刷术是在汉代，用在丝绸上的。而汉代才出现在纸上的雕版印刷。7世纪传到日本，8世纪传到阿拉伯、12世纪由阿拉伯传入欧洲。从而推动了人类信息的传播和文化的交流。雕版印刷约在公元6世纪的隋唐之际出现，到唐宋时期已大量用于印刷佛经和书籍。到北宋庆历年间，工匠毕昇发明了胶泥活字印刷术，使印刷技术发生了巨大的飞跃。在12世纪和13世纪，活字印刷术在亚洲广为传播。

(三)农业文明特征。在农业文明时期，人类对自然有了初步的认识，人的主观能动性有了一定程度的发挥。虽然这时候还是以自然界为主体，但人的能动因素相对增加，对于自然的活动已造成了自然的某些反应。例如，人类的发展造成了大量森林的减少，增加了山地的侵蚀速率，河谷中的沉积速率加剧，同时引进了外来物种而导致天然物种的消亡。总之，在很长一段时间内自然处于主导的地位。人们在生产力提高的情况下，一方面改造着身边的自然环境为人类造福，一方面却在破坏着自然环境(鲍润辽，2010)。如我国自秦汉开始，西北地区的气候逐渐变干燥，而在这时人们又开始了对西北地区大规模的农业开发。农耕日益扩大的总趋势，加剧了西北地区由气候变干导致的生态环境恶化，并使之再也恢复不到原来的状态。但总体而言，人与自然尚能保持和谐。

就"农业革命"而言，它对人类历史产生的影响无疑是重大而深远的。农业革命不仅是社会文明与人类原始野蛮状态的最显著的历史分水岭，而且是人类文明赖以迅速成长的巨大驱动器。与原来粗陋的"采集经济"和"狩猎经济"中自发的生产生活方式不同，农业革命给人带来了较为精致的农业经济与畜牧经济，开始了自觉的生产生活方式。人类由过去的那种简单、被动的自然资源的索取者，逐渐转化为有头脑的、主动的自然资源的开发者、生产者，并进而获得了稳定的生活来源。由此，人类的人口数量急剧增长，分布的区域空间扩展，相应的产品交换与社会分工也就必然要发生，村庄、城镇、城市的建立才成为可能。

总之，正是农业革命使得人类最终与动物界彻底分离，真正开始了文明历史的演进过程，也正是农业革命的强大张力，为人类社会文明不断发展奠定了坚实的基础。从原始社会开始，经奴隶社会到封建社会这一漫长的整个前资本主义时期，整个人类的文明史实际上也是一部围绕着农业而发展交替的社会文明史，从而传统农业文明向近现代工业文明的演进更新，实际上也是以农业文明的发展变革为历史前提的。

三、工业革命与工业文明

（一）工业革命的产生。在18世纪后期，开始了一场积累达几个世纪之久的经济结构大变革。这种变革打破了以往传统农业生产的一统天下，代之以工业制造业的兴起，并展现出提高人类社会生产水平的广阔前景。这一变革就是人们所熟知的工业革命。

18世纪从英国发端的技术革命是技术发展史上的一次巨大革命，它开创了以机器代替手工工具的时代。这场革命是以蒸汽机作为动力机被广泛应用作为标志的。这一次技术革命和与之相关的社会关系的变革，被称为第一次工业革命。从生产技术方面来说，工业革命使机器工厂替代了手工工厂，用机器代替了手工劳动；从社会关系来说，工业革命使依附于落后生产方式的自耕农阶级消失了，工业资产阶级和工业无产阶级形成和壮大起来。

（二）工业革命与工业文明进程。工业文明第一阶段。瓦特不仅发明了蒸汽机，还与他人合伙开办发动机厂，从而把技术—生产—经营连为一体，使他的发明迅速变为产品，很快在生产中得到应用，推动了技术的产业化。1764年，詹姆斯·哈格里沃斯发明了一台纺织机——珍妮机，一开始就能用12～14个纱锭。在此之前有人发明了脚踏的双锭纺纱车，但能同时纺两根纱的纺纱能手几乎像双头人一样罕见。珍妮机却能利用同一工作机同时纺十几根纱，这说明工具机一开始就摆脱了人使用手工工具所受器官的限制。几乎同时，理查德·阿克莱德发明了水利纺织机。水利的利用导致了工厂的建立。不久塞缪尔·

克朗普顿便将珍妮机与水利机的特点结合起来，发明了“骡机”（走锭纺纱机），使生产细棉布等这类高级棉布的近代棉纺织业得以确定。这样，从18世纪80年代开始，在纺织业首先开始了机械化的进程。18世纪末，蒸汽动力在纺织业的应用，加快了纺织业生产机械化进程的步伐，并使机械化进入其他行业。面对工具机日益增长的需求，人们认识到必须利用机器生产机器，这既促进了工作母机的生产和机械制造业的形成，又进一步加速了机械化的进程，实现了生产的初步机械化和社会的初步工业化。

工业文明第二阶段。1867年，德国西门子公司的创始人西门子制造了一台大型自激式发电机，最终导致火力发电厂和水电站的建造，出现了大规模电力工业，掀起了新的一次能源革命，迎来了中级工业社会。西门子与瓦特不同，他将理论与实践相结合，既写下了论文《不用永久磁铁，而把机械能转化为电能的方法》，为获得强大电流寻找依据，又在实践中采用电磁铁制成了自激式发电机。但就其作用与意义而言，西门子的发电机可与瓦特的蒸汽机相比拟。从此，工业社会文明由蒸汽时代进入电力时代。19世纪末叶，爱迪生发明灯泡后就着手火电厂设计，不久美国、英国和欧洲大陆的火电厂和水电站开始运转，并且可以长距离输电。20世纪初，高压输电减少了能量损耗，可以把电能输送到更远的地方，使城市和农村的联系更为密切，进而把农村也纳入工业社会的轨道。很快，电气超过蒸汽，连铁路也实现了电气化，进入电气时代。

工业文明第三阶段。19世纪30年代，先是法国人发明了试验电报机，进行短距离的传信；后是英国人又发明了一种电报机，架设了商用电报线路。这是最早的电信。1860年铺设贯穿大西洋海底的通信电缆，1876年贝尔和格雷同时发明了电话，1895年意大利人马可尼和俄国人波波夫同时发明无线电，海陆空立体通信的电信时代终于到来。20世纪20年代是无线电广播和电视兴起的年代，先是广播，后来电视接踵而至。1925年和1927年，电视分别在英国和美国先后公开播映。美国于1928年首次试播机电式彩色电视节目，1937年率先开始全电子电视节目。

（三）工业文明特征。工业革命极大地促进了生产力的迅速发展，创造出了以前无法比拟的物质财富；工业革命广泛地推动了机器工厂的建立，排挤和取代了以前的家庭手工作坊和手工工厂，促使资本主义生产从手工业工厂过渡到机器大工业大工厂；工业革命使资本主义制度建立在强大的物质技术基础上，从而最终战胜了封建制度而居于统治地位；工业革命加速了工业资产阶级和工业无产阶级的形成和发展，使它们成为资本主义社会最主要的两大对立阶级，社会面貌从此有了根本性改变；工业革命使欧美国家实力猛增，其发展大大加速，从此西方拉大了与东方的差距。

工业文明造就了人类征服自然、改造自然的巨大社会生产力，把人类社会从农业时代推进到工业化时代，促进了人类社会的进步与发展。蒸汽机的发明，让货轮和火车等交通工具迅速出现并为人类服务；电的发明，使电灯、电话等电器被广泛应用到人类生活当中。工业文明立足于人类的创造力和人类自身的生存需求，以人类征服自然为基本的价值取向。正是在这种人定胜天的价值取向驱动之下，工业化以前所未有的速度为人类社会创造了大量的物质财富。“资产阶级在它不到一百年的阶级统治中所创造的生产力，比过去一切世代创造的全部生产力还要多，还要大”。卢梭曾对使工业文明过分膨胀的工具理性侵蚀了人的道德理性、破坏了人与自然和谐的可能性和危害性发出警告。马克思、恩格斯也对资本主义工业文明所导致的人与人、人与自然的异化现象，做出过深刻的反思。如恩格斯在《自然辩证法》中所说的，我们不要过分陶醉于我们对自然界的胜利。对于每一次这样的胜利，自然界都报复了我们。每一次胜利，在第一步确实都取得了我们预期的结果，但是在第二步和第三步都有了完全不同的、出乎意料的影响，常常把第一个结果又取消了。并且指出：要实行人与自然关系的协调，仅仅认识是不够的。这还需要对我们迄今为止存在过的生产方式以及和这种生产方式在一起的我们今天整个社会制度的完全的变革。

四、信息革命与信息社会

（一）信息革命。1946 年电子计算机的发明揭开了现代信息技术革命的序幕。埃尼阿科（ENIAC）是美国制造的世界上第一台计算机。它采用了 18000 只电子管，是一个庞然大物，足足占满 10 米宽、15 米长的大厅，重达 30 吨。它不仅体积大，而且能耗惊人，相当于 180 台酒吧电炉。1978 年出现的仅用几块大规模集成电路片组装的微型电脑 F8，功能和埃尼阿科相当，体积却只有它的 1/300000，重量不到 500 克，耗电量不足 3 瓦，而可靠性却提高了 1 万倍。

随着计算机的普及，许多科研机构、学校及其他机构将所拥有的计算机连接成网，以实现资源共享。在 20 世纪 80 年代，人们开始尝试将不同的局域网连接起来，形成互联网络。1993 年 9 月 15 日，美国克林顿政府为了重振美国经济，增强国际竞争力，正式推出国家信息基础设施（简称 NII）工程计划。NII 的俗称就是信息高速公路，它是在高性能的计算机和通信基础上提出来的，真正的科学技术含义是指多媒体信息交互高速通信的广域网。互联网络是网络的网络，基于互联网络的信息高速公路是一项跨世纪的综合型总体工程。信息高速公路的关键在于高速：一是超高速计算机；二是网络宽带化；三是多媒体数字化。因此信息高速公路的建设还是投入巨资建设的基础设施。现在，信息技术已经成为代表现代技术发展方向的主导技术，并对国民经济和社会生活产生了翻天覆地的变化。

（二）信息时代主要标志。在信息时代，信息是比物质和能源更为重要的资源，信息的产生、发布、使用、整合将成为经济活动的枢纽，并对全社会的政治生活、文化生活都产生重要的影响。美国作为全世界信息技术最为发达的国家，也是最早迈进信息时代的国家。1946 年第一台计算机在美国问世，这可以视为人类社会进入信息时代的起点。互联网的普及，是美国社会开始全面迈进信息时代的标志（涂子沛，2012）。20 世纪 80 年代以来，在发达资本主义国家以信息技术为核心的高科技革命迅速发展，它推动着工业经济正在转为信息经济，目前这些国家的产业结构已完成从劳动密集型到资本密集型，再到技术密集型和知识密集型的转变，总的趋势是整体经济结构转化，以此为基础，整个社会也正在转变为信息社会。追踪人类社会进步的足迹，可以找出划分信息时代的主要标志：

第一，信息处理技术的革命性变革。电子计算机代替人脑进行快速的信息加工处理，这是一个划时代的创造。半个多世纪以来，电子计算机已经经历了五六代的进展。其信息处理速度已突破每秒万亿次，或更高上千倍；其功能从高速化向智能化、网络化、系统化发展；其机型则面向实用，向大、中、小、微多个方面齐头并进。计算机在全社会的普及，显示出它已成为社会信息化的核心和基础。

第二，劳动者队伍的构成发生了根本变化。据统计，1956 年美国历史上第一次出现了白领工人总数超过蓝领工人总数。它标志着人们的劳动方式开始出现了决定性的转变，以传统的体力劳动生产实用产品为主的劳动者人数越来越少，而以脑力劳动处理信息为主的管理型劳动者人数越来越多。这就导致了劳动者队伍构成和素质的根本转变，并且成为社会信息化的必要条件。

第三，全球性通信的实现。1957 年，苏联成功地发射了人类历史上第一颗人造地球卫星，成为人类宇航事业的开端，而且把无线电通信设备装载到地球卫星上，使它成为无线电通信最大的空间中继站，为实现全球性通信提供了可能。卫星通信技术实现了在全球范围内任何两地的联系与沟通，给正在蓬勃发展的电信事业，插上了无可阻挡的双翼，成为推动全球信息化的重要技术基础和强大动力。

第四，信息产业的崛起。信息产业是指利用现代微电子技术、通信技术、计算机技术等手段，通过信息采集、存贮、传递、加工、利用等环节，所进行的以信息服务、技术开发以及信息产品的制造为主要目的的产业。当人们对信息的认识越来越深刻，当信息同物质和能源一起成为经济活动中的战略性资源，并且日益显露出它在推动整个经济发展和改变人类生活面貌方面的巨大作用时，信息产业的创立与发展就是客观必然的了。它一旦形成就以传统产业无可比拟的速度迅猛发展，并且很快地成为信息经济的先导，成为信息社会的支柱产业。

第五，生产方式和生活方式的改变。通信和信息技术的发展，武装了国民经济各个部门，改变了工作和生活的各个环节。利用计算机管理系统对工农业生产、商业经济、交通能源、科研教育、政治军事乃至家庭生活等各个领域进行自动化管理，从根本上改变了传统的人工管理信息的局面，从而把人类社会的进程推向了信息时代。

（三）信息革命与信息社会的演进。第一，人类快速发展的需求推动信息技术的出现。数字计算机的发明，开创了人类文明史上一个现代信息技术唱主角的新纪元。60 多年来，现代信息技术飞速发展，数字计算机在人类社会生活中的角色不断演变和扩充，在人类社会生活的各个方面引发了一系列的技术改进。显然，信息技术是信息化的“根”。

第二，信息技术的发展积淀导致信息革命的产生。信息技术的飞速发展和无处不在的应用，使得人类生产体系的组织结构和经济结构产生了一次新的飞跃，导致了信息革命的发生。恩格斯最先给出了产业革命的定义，他说："产业革命是指生产体系的组织结构和经济结构的一次飞跃。"

第三，信息生产力引发了全球性的信息化进程。正像工业革命催生了工业生产力，在全球引发了一场工业化的历史进程一样，信息革命催生了信息生产力，在全球引发了一场信息化的历史进程。工业革命发生在英国，工业化将英国的工业革命推向世界；信息革命发生在美国，信息化将信息革命推向全球。

第四，信息化将人类社会引致信息社会。就像工业化的进程将人类社会由农业社会引致工业社会一样，信息化的进程促使人类社会由工业社会步入信息社会。信息社会因而也成为与时俱进的"现代化"概念的基本方向和目标。

第五，信息社会的演进催生了信息文明和信息主义。

因此，信息化理论体系的基本逻辑关系是：信息技术→信息革命→信息生产力与信息化→信息社会→信息文明与信息主义。

信息革命的产生与发展

信息是物质世界的一种普遍属性，是物质的存在方式和运动规律的反映，是事物的动向、情况或状态的表达，是物质与意识的中介。信息是人类生存的先导要素，是现代社会发展的核心资源。信息社会是信息革命与人类发展内在需求自然耦合的必然结果，一方面是社会的发展在不断提出一些新需求，同时也不断遇到一些新难题，信息革命恰好发生发展并不断变化，适应了这种需求。正如工业技术革命将人类带入工业社会一样，信息革命正在将人类带入信息社会。

一、信息革命的含义

信息革命就其一般含义来说，是指信息手段或信息技术的革命，是人类信息功能发展的结果，而人类信息功能的发展，根本就在于信息技术的发展。从这一意义上说，信息技术是其他各个领域发展的先导和核心，人类社会一切文明发展的步伐都是与信息技术的进步分不开的。

现代电子信息技术的巨大变革所引起的新的技术变革及其带来的社会经济结构的质的飞跃，是信息革命的主要内容。信息革命不仅为人类提供了新的生产手段，带来了生产力的大发展和组织管理方式的变化，还引起了产业结构和经济结构的变化。这些变化将进一步引起人们价值观念、社会意识的变化，从而社会结构和政治体制也将随之而变。例如，计算机的推广普及促进了工厂自动化、办公自动化和家庭自动化，形成所谓“3A”革命。计算机和通信技术融合形成的信息通信网推动了经济的国际化，金融界组成的全球金融信息网使资金可以克服时差，在一昼夜间经全球流通而大大增值；跨国公司已控制着很大部分的生产与国际贸易。同时，信息通信网还扩展了人们受教育的机会，使更多人可以从事更富创造性的劳动。信息的广泛流通促进了权力分散化、决策民主化，随着信息流通便捷

※ 该文为国家林业局信息办主任李世东等2013年6月9日在中国林业网作的信息革命与生态文明系列谈(2)，收录时略有删改。

性的提高，将有更多人参与各种决策，这一形势的发展必然带来社会结构的变革。

二、信息革命的发展历程

（一）第一次信息革命：语言的产生。远古时候，随着人类的进化，语言逐渐产生。语言的产生是从猿进化到人的重要标志，是信息交换的第一载体。语言结束了人们仅以动作作为表达交流意图的手段，使人们的思想、经验得以传播，并促进人脑发达。

（二）第二次信息革命：文字的发明。公元前1600年的殷、商朝时期，中国人发明了甲骨文。公元前220年，秦始皇统一了汉字，二者皆为现代汉字和简化汉字的发展奠定了基础。文字的发明是最重要的信息革命之一，在文字成为信息的载体之后，信息的存储和传递第一次脱离了时间和空间的限制，大大促进了信息的流动。文字是记录压缩存贮信息的符号和代码，是人类信息交流的第二载体。文字使口语传递的信息固定下来，储存在文字里，长期保存，逐步积累，并加以系统化形成知识。其伟大意义在于，它完成了人类文明从以天然物质为载体到以人工符号为载体的飞跃，使人类进入有史文明时代，突破了人类经验总结、保存、传播的时域、地域局限，使人类创造的文明资源能代代相传、永续利用、优化组合、异地共享，也使人类抽象思维能力实现了由第一信号系统到第二信号系统的跨越，从而加速了人类文明的进步与变革。

（三）第三次信息革命：造纸术及印刷术的发明。公元105年，我国汉朝的蔡伦发明了一套较为完善的造纸方法，使造纸技术有了飞跃的进步，并流传至世界各地。东汉末年，我国劳动人民在总结石刻和印章经验的基础上，创造了拓印法，后在隋朝发展成为雕版印刷。公元1041年至1048年间，毕昇发明了活字印刷术，为现代印刷术和印刷机的发展奠定了基本原理，成为印刷术上的一次革命，它使人类文化传播更加深刻久远。纸是纪录文字的载体，因而也就成为信息的存储和传输介质，在交流思想、传播文化、撒播文明等方面是一种有力的工具和材料。印刷术的发明结束了单纯靠手抄、雕刻文献的时期，使得知识可以大量储存和流通，进一步扩大了信息交流的规模和范围，为人类信息大面积的传播提供了更为先进的技术和手段，推动着人类文明在更大的范围内加速交流和传播。造纸术和印刷术传入欧洲，在欧洲文艺复兴运动中成为新教复兴的工具和科学复兴的手段，它们与火药和指南针一起被马克思称为是资产阶级发展的必要前提，这场信息技术革命把人类社会带进了工业时代。

（四）第四次信息革命：电报、电话和电视的发明。1837年，美国人摩尔斯和两个英国工程师库克、怀斯顿几乎同时发明了电报，使得人类历史上第一次有可能克服距离的障碍而达到通信的目的。1877年，贝尔发明了第一部实用电话，其所采用的电声和声电变换技术成为后来各种各样的电子录音设备的基础。1923年，俄国出生的美国人日瓦金发明了光电摄像管和电视摄像机，大大地推动了广播电视技术的发展。电话（点对点传送声音信息）、电报（点对点传送文字信息）、传真（点对点传送图文信息）、广播（点对面传送声音信息）、电视（点对面传送图像信息）逐步取代信件传递成为主要通信方式，由此开始，信息载体是每秒 30 万公里的电磁波。这是一次信息传递手段的革命性变革，成千上万倍加快了信息传递速度，使信息瞬间传遍全球。

（五）第五次信息革命：计算机与互联网的发明。人类社会的第五次信息革命目前正在进行之中，第五次信息革命是以计算机的数据处理技术与新一代通信技术的有机结合为开端的。电子数字计算机的发明开创了数字计算和数字化这个新时代，而当代的信息革命实质上就是信息数字化的革命。20 世纪 40 年代中叶，电子计算机的诞生具有划时代的革命意义，它使劳动工具从体力的延伸发展到脑力的延伸。电子计算机成为 20 世纪信息技术革命的核心技术。由于微电子学、电子计算机与电子通信技术的发展，电信和电脑网络技术在 70 年代取得了重大的发展，这些特定技术领域的突破都提高了信息产生、处理和传输的能力。之后计算机网络在社会生产、生活中的广泛应用引起了从生产工具到劳动对象，到生产的组织和管理的一系列变革，且通过一个新的工业群——信息产业的产生，促进了生产的大发展。至此，信息革命才快速发展。

三、信息革命的发展趋势

当代计算机都是建立在微电子学基础上的，信息技术发展动态主要包括 5 个方面：微电子向着高效能方向发展，计算机向着多极化方向发展，网络向着高级化方向发展，现代通信技术向着网络化、数字化、宽带化方向发展，信息技术将会促使遥感技术的蓬勃发展。综合来看，信息革命中的主要技术有一些共同的发展趋势（郑州市信息办，2010）。

（一）高速大容量。速度和容量是紧密联系的，随着要传递和处理的信息量越来越大，高速大容量是必然趋势。因此从器件到系统，从处理、存储到传递，从传输到交换无不向高速大容量的要求发展。

（二）综合集成。社会对信息的多方面需求，要求信息业提供更丰富的产品和服务。因此采集、处理、存储与传递的结合，信息生产与信息使用的结合，各种媒体的结合，各种业务的综合都体现了综合集成的要求。

（三）网络化。通信本身就是网络，其广度和深度在不断发展，计算机也越来越网络化。数台计算机形成一个信息交互系统，构成一个互联网或信息交换网络。网络化使互联网成为一个相对独立的整体，并采用同一种标准的计算机网络，基本上打破了时间和空间的距离，能够四通八达遍及全球，服务范围广及政府机关、科研部门、学校、医院、企业、商店、金融、保险直至千家万户，从而实现信息资源共享的目的。

（四）数字化。现在数字化发展非常迅速，各种说法也很多，如数字化世界、数字化地球等，而搞数字化最主要的优点就是便于大规模生产和便于综合。

总之，人类将全面进入信息时代。信息产业无疑将成为未来全球经济中最宏大、最具活力的产业。信息将成为知识经济社会中最重要的资源和竞争要素，信息技术也会成为各国研究和发展的重要对象。

四、当代信息革命的影响

与工业革命延伸了人类自然力中的“体力”不同，信息革命延伸了人类自然力中的“脑力”，并由此带来人类政治、经济、社会、军事、文化等各个方面的重大变革（周宏仁，2009）。

（一）经济影响。正像工业革命的最重要的成果是在完成了对传统农业的工业化改造的同时产生一大批新兴的工业部门一样，信息革命最重要的成果是在实现对传统产业的信息化改造的同时，产生了一大批新兴的现代服务产业。信息技术对商业的影响不仅表现在提高商业活动的生产率和效率上，而且导致了商业活动的结构性改变。信息化对社会经济活动的细胞——企业的行为方式，包括生产、经营和管理的方式，同样产生了重要的影响，并因而导致企业发展的思路与工业时代完全不同。工业社会的大规模生产和大规模消费将被信息社会的大规模的客户化生产和客户化消费所代替，成为信息时代的新的规模经济。

（二）文化影响。信息革命对文化系统中的社会组织形态、组织机构以及知识结构均产生了巨大影响。在社会组织形态的影响中，传统的工作正在被知识工作和知识工人所取代，使社会又重新走向分散化的趋势，且这是一种新形态的分散化，是从社会成员无联络、无组织的分散发展到泛联络、泛组织的分散，是一种具有潜在的高易动员性和可组织性的分散。在组织机构的影响中，信息革命导致了传统的“金字塔式”的管理结构中空化。因为有了信息系统，采集到的与本单位有关的信息只要进入计算机就可以提供给所有需要这个信息的人，不需要经过中间层传递。在知识结构的影响中，由于信息社会的到来，获取和利用知识的知识和技能，对于每一个人来说，都是取得成功的一个至关重要的因素。

（三）政治影响。随着信息革命的发展，社会变得更具多样性、分散性、复杂性，也更具有流动性和动态性。对于这样一个处于前所未有的、急剧变化之中的社会，政府不仅必须不断地学习和了解社会的需求，而且还必须不断地在治理和服务上有所创新，才能满足各种不断增长的新的社会需求。同样，对于政治力量而言，在互联网时代，善用或不善用互联网这个新的手段，将改变各政治力量在社会权利分配中的格局。新的政治力量可能崛起，社会政治力量可能重新“洗牌”，从而导致社会政治权力的重新分配。

（四）军事影响。当代信息革命的发展不仅对军队获取准确而完整的信息有着革命性的影响，且正在改变国防和军事活动的战略观和战术观，改变军队的组织和结构，同时对军队在信息时代的任务和功能开拓了新的空间，提出了新的挑战。在信息革命的环境下，军事战略的中心和焦点由注重传统军力的发展和使用转向了在全球信息环境中争夺军事信息环境优势，军队信息化的目标是力求以“信息优势”压倒敌人，达到“不战而屈人之兵”。

（五）生态环境影响。信息革命促进了劳动生产率的持续增长，推动了社会生产力的持续进步，信息革命造福于人类的潜力却远不止这些，它适逢人们生态环境意识的觉醒，必将带给生态文明一种新的动力。信息革命中产生的新思想新技术为人类重新认识地球生态系统提供了新的可能性。而事实上，关注和保护自然、生态和环境等的社会行为从发生发展并最终形成规模，正是在信息革命的推动下完成的。一方面，经由信息革命承载传递自我审视由来已久，人类社会经历了五次信息技术革命，每一次信息技术的飞跃都使得人类更了解自然，从而对自身行为进行反思。另一方面，当代新技术的出现，在设施、手段和周期等方面为科学研究提供了便利。

生态文明的历史必然

文明是指物质生产成果和精神生产成果总和。换言之，文明是人类社会实践活动中进步、合理成分的积淀，文明的发展水平标志着人类社会生存方式的发展变化。大自然孕育了人类，人类则在认识自然、改造自然的过程中，创造了一个又一个光辉灿烂的文明：以石器为标志的原始生产方式培育了采猎文明，又称为原始文明、“自然中心主义”的文明、原始绿色文明；以铁器为标志的手工工具生产方式培育了农业文明，又称为“亚人类中心主义”的文明、黑色文明；以蒸汽机为标志的大机器生产方式培育了工业文明，又称为“人类中心主义”的文明、灰色文明；正在崛起的以高新技术为标志的生态生产方式将培育起生态文明，又称为“生态中心主义”的文明、绿色文明。生态文明也被称为继原始文明、农业文明、工业文明之后的人类“第四文明”。纵观人类历史，原始文明经历 100 万年时间，农业文明有近 1 万年的历史，而工业文明还是近 300 年的事；展望未来，21 世纪是生态文明的世纪。

一般来说，生态文明是人类在改造自然以造福自身的过程中为实现人与自然之间的和谐所做的全部努力和所取得的全部成果，它表征着人与自然相互关系的进步状态。它涵盖了全部人与人、人与社会、人与自然的关系，以及人与社会和谐、人与自然和谐的全部内容。生态文明主要指工业文明之后，为了纠正污染环境、破坏生态、浪费资源的“文明危机”而出现的文明，是拯救人类文明的唯一出路。生态文明建设是一场“绿色革命”，是人类文明史上最严峻的挑战和最伟大的进步。

一、生态文明的中国文化渊源

中华文明的基本精神与生态文明的内在要求基本一致，从政治社会制度到文化哲学艺术，无不闪烁着生态智慧的光芒。生态伦理思想本来就是中国传统文化的主要内涵之一，

※ 该文为国家林业局信息办主任李世东等2013 年6 月14 日在中国林业网作的信息革命与生态文明系列谈(3)，收录时略有删改。

这使我们有可能率先反思并超越自文艺复兴以来就主导人类的“西方文明”，成为生态文明的率先响应者。中华文明在几千年的发展过程中，形成了系统的生态伦理思想。

(一)“天人合一”生态伦理思想。在中华传统文化中，人与自然的关系被普遍确认为“天人关系”，这个与生态保护紧密联系的哲学命题，各家学说多有论述，其中以道、儒、佛三家最为丰富精辟。道、儒、佛的生态智慧产生于遥远的古代，却具有跨越时代的价值，道、儒、佛三家一系列关于尊重生命、保护自然的智慧，为我们今天建设生态文明提供了不可多得的思想来源。

道家首倡“天人合一”生态伦理学思想。《道德经》首次系统阐述“天人合一”的思想。道家理论创始人老子在2600多年前，为世人留下了一本主导中国文化哲学发展方向的旷世佳作《道德经》。从总体上看，老子的《道德经》是一部天人关系的政治哲学。《道德经》81章分为两大部分，1～37章为道经，讲述道的理论，道是指天道，是世界万物运动的普遍规律；38～81章为德经，德是指人道，是人类行为伦理的规范。因此，《道德经》是一部“天人合一”的专著。老子首倡“道法自然”的生态伦理。老子在《道德经》第25章中说：“人法地，地法天，天法道，道法自然”，第一次提出人与自然的关系以及如何处理人与自然之间关系的朴素观念，在世界上最早提出了生态思想。《道德经》第25章还说：“道大，天大，地大，人亦大。域中有四大，而人居其一焉。”说明在道大、天大、地大、人大等宇宙四大的顺序中，道最大，是大中之大。《庄子·齐物论》更鲜明地提出“天地与我并生，而万物与我为一”；《庄子·秋水》则认为，“以道观之，物无贵贱”。这些都明确地表达了道家对人与自然平等关系的看法，反对人类凌驾于自然界，主张以道观物，以达到天人和谐。道观是道教践行“道法自然”的场所。道教作为中国的原生宗教，尊老子为教祖太上老君，奉老子《道德经》为教义，表现出一种强烈的自然崇拜思想和观察自然欲望。道教士修炼的地方不叫寺，也不叫庙，而是叫观。道观按照古人的书写方式，应为观道，因而有“道观观道”之说。老子提倡行为自律。道家认为，要保持人与自然和谐相处而不违反自然规律，必须做到知足不辱、知止不殆。《道德经》第46章曰：“祸莫大于不知足，咎莫大于欲得。”老子认为，天下最大的祸患莫过于不知足，最大的罪过莫过于贪得无厌。庄子也主张“常固自然”、“不以人动天”，使自己的欲望顺应自然法则，以保持人与自然的和谐统一。儒家倡导“天人合德”的生态伦理学思想。佛家提倡“众生平等”生态伦理学思想。

(二)“尊道贵德”的生态哲学。道家首倡“遵道贵德”的天人关系哲学。老子首次从哲学本体论的角度，来看待“天人关系”，强调在天道与人道关系中，天道是本体、本根、本底，人道要无条件服从天道，首次明确提出了“天道决定人道、人道服从天道”的文化定式。这一点几乎从老子《道德经》的每一个章节都能看出，老子惯用的一种表述形式是“先天道、后人道”。从道经与德经关系看，道经是德经的基础和本体，德经是应用道经的结论。可以说，《道德经》是一部依据天道的普遍规律，来指导人道行为的著作，其依据就是“天道决定人道、人道服从天道”哲学定式(陈鼓应，2001)。老子倡导的“遵道贵德”的人类行为准则，也是现代生态哲学的先驱。老子对“遵道贵德”思想的经典论述有：《老子》第21章曰：“孔德之容，惟道是从”，意为大的道德形态，唯道是遵。《老子》第51章：“是以万物莫不尊道而贵德。道之尊，德之贵，夫莫之命而常自然。”老子在《道德经》中反反复复的说明人类的行为准则，告诫圣人统治者，最高、最大、最好、最善的德，就是尊道的行为。2008年10月20日在河南省召开的老子国际文化节，其主题是“遵道贵德·和谐发展”。

（三）道家对生态文明的杰出贡献。道家是生态文明的鼻祖。老子早在2600年前首次提出天人合一、遵道贵德、道法自然等思想。据《史记》记载，老子比儒家创始人孔子大整整20岁，孔子曾3次向老子求教。老子比先秦诸子百家争鸣时代早了近200年，老子提出天人合一、阴阳论、道生论、有无论等思想，特别是“尊道贵德”、“推天道立人道”等本体论思想，第一次使“道”摆脱了一切形而下的感性色彩，使之成为具有普遍性的最高哲学概念。从此，中国哲学便以“天道决定人道、人道服从天道”这个定式为基石，进而发展出各种形态的理论体系。可以说，自老子开始，中国才有真正的本体论，才有了天人关系哲学。对此，法国后现代主义哲学大师德里达说：“整个西方思想与民族精神，都以逻各斯为中心概念。逻各斯是西方民族精神的最高概念，道是中华民族精神的最高概念，二者惊人的相似，可以说是‘逻各斯与道同在’。”

道家道法自然、遵道贵德、天人合一等思想，与“建设生态文明”、“实现人与自然协调发展”的思想不谋而合。老子和道家思想主张人与自然万物是连续一体的，自然存在具有深刻的价值，人类应当尊崇自然，关注自然，与自然和谐相处。老子所勾勒的世界蓝图是万物和谐，充满生机的协调世界，这正是全球正在努力实现的生态文明社会的伟大理想。

道家生态哲学思想的独特性。老子第一个提出生态哲学观，而且是一种非常独特的生态哲学观。人类行为的准则是什么呢？老子认为是道，“天道决定人道，人道服从天道”。事实再次证明，老子以道为德之本体论的思想，是一种先知先觉的思想。众所周知，西方个人主义至上，行为准则的根据是个人需求至上。亚洲国家集体主义至上，行为准则以集体或国家的需求至上。老子的高明之处在于，他跳出了人事圈子，站在宇宙演化、自然发展的高度，认为自然界、自然规律就是人类行为的模板，是人类行为的本体。总之，道家“道法自然”、“遵道贵德”的哲学思想，具有划时代的意义。道家这种以“道法自然”思想为核心价值体系，提倡人与自然的和谐统一，正确地解决了人与自然的关系，又纠正了西方“人本主义”文化破坏自然生态的弊端，对人类的生存和发展都有重大意义。英国科技史学家李约瑟博士，在《时间与空间中世界精神的方方面面》一文中说：“道家思想在某种程度上代表了人心渴望从整顿社会秩序回到自然界的沉思。”

二、生态文明的提出和发展

生态文明是迄今为止人类文明发展的最高形态。提出建设生态文明，正是基于生态环境问题日益突出、资源生态保护压力不断加大的新形势。工业革命以来，人类经济社会发展成就巨大，也积累了不少矛盾和问题，突出表现为经济发展主要依赖投资和增加物质投入，这种粗放型增长方式使能源和其他资源的消耗增长过快，生态环境问题日益突出，以牺牲生态环境来换取经济增长的发展模式难以为继。建设生态文明，既继承了中华民族的优良传统，又反映了人类文明的发展方向，具有极其重要和深远的意义。

（一）生态文明的提出背景。从国际上来看，生态问题成为人类生存与发展的最大威胁，建设生态文明成为延续人类文明的必由之路。进入工业文明后，在社会生产力得到极大发展的同时，也带来了严重的生态危机。1840 年以来“第一次变局”的难题还未彻底解决的同时，世界格局又产生了新的更深刻更广泛的变化——西方文明把全世界推到了地球生态系统承受能力的边界——第二次变局（李工有，2005）。随着气候变暖、土地沙化、湿地缩减、水土流失、干旱缺水、物种灭绝等生态危机日益严重，国际社会对生态问题给予了前所未有的关注，成为全球政治议程的重大主题。总之，生态危机已成为人类文明延续的最大障碍，已成为众多国际组织、政治家、科学家关注的重点，最近两届诺贝尔和平奖连续颁给了关注生态问题的个人或组织，全球范围内已经兴起了一场可持续发展的绿色革命。

从国内形势看，经济社会发展对生态需求急速增加，我国生态环境问题日趋严峻。由于历史原因、人口众多和资源依赖型的经济高增长，我国森林稀少、土地沙化、水土流失、湿地破坏、干旱缺水、物种濒危等生态问题也十分严峻，特别是我国 CO_2 排放严重，生态负荷日益加重。只有加强生态建设，才能有效维护国土生态安全、木材安全、物种安全、能源安全、淡水安全、粮食安全，改善当代人的生存发展条件；只有加强生态建设，才能不断增强可持续发展的能力，为后代留下生存发展的空间；也只有加强生态建设，才能不断增加森林碳汇，提升应对气候变化的能力，为全球应对气候变化做出更大贡献。物质产品、文化产品和生态产品是支撑现代人类生存和发展的三类基本产品。改革开放以来，经过几十年的发展，我国物质产品短缺的时代已经结束，生态产品开始成为当前最短缺、最急需大力发展的产品，生态问题已成为制约我国经济社会发展的最大瓶颈，生态差距已成为我国与发达国家的主要差距，生态十分脆弱与经济高速增长的不协调已成为落实科学发展观最突出的问题之一。

（二）生态文明的提出。党的十七大自新中国成立以来第一次提出了建设生态文明思想，并作为我国全面建成小康社会目标的新要求之一，这是继党的十六大提出建设物质文明、政治文明、精神文明之后提出的一种新的文明建设要求，是根据我国国情、顺应社会发展规律而做出的正确决策，是对人类文明发展理论的丰富，是国家治国理念的新发展。

它体现了党和政府对新世纪我国发展阶段性特征的科学判断和对人类社会发展规律的深刻把握。党的十八大报告根据国情、民情、党情、世情发生的重大变化，从新的历史起点出发，勾画出生态文明建设的宏伟蓝图。

生态文明的提出，涉及生产方式、生活方式和价值观念的变革，是不可逆转的发展潮流，是人类文明形态和文明发展理念的重大进步。它将通过多种渠道对人类社会的生存和发展进行重大的引导和调整，进而指引我国走上科学发展的轨道。

（三）生态文明是一种高级文明形态。从人类的发展历程看，或者说从纵向的角度看，在人类社会漫长的发展中，生态文明是继原始文明、农业文明和工业文明后的一种更高级的人类文明形式和社会形态。它既是理想的发展境界，也是现实的发展目标。关于生态文明的历史继承发展问题，专家学者的研究很多，但结论都是一致的，即生态文明是继原始文明、农业文明和工业文明后的一种高级文明形态。在整个人类文明发展进程中，森林的兴衰发挥着无可替代的重要作用，森林是人类文明的摇篮，森林是推动人类文明进步的基石。

总之，生态文明就是按照以人为本的发展观、不侵害后代人生存发展权的道德观、人与自然平等和谐相处的价值观，在推动经济、政治、文化、社会建设的同时，在人类社会的生产方式、消费方式、生活方式等各方面构建起新的社会文明形态。

三、建设生态文明意义重大

（一）建设生态文明是文明形态的进步。人类社会在过去 300 年中所获得的工业文明是人们创造的结果。但是其所获得的巨大成果在很大程度上是以牺牲和破坏生态环境为代价的。当传统工业文明形态的缺陷和束缚日益暴露，全球性的生态危机使地球没有能力支持工业文明的继续发展时，就表明它是一种不可持续的文明形态了，人类需要开创一种新的文明形态来延续它的生存。生态文明就是取代传统工业文明的一种最合理的文明形态。作为对工业文明的一种超越，它代表了一种更高级的人类文明形态，代表了一种更美好的社会和谐理想。

（二）建设生态文明是社会发展目标的完善。我国历来高度重视社会发展目标的制定，新中国成立以来，已先后制定了 12 个国民经济和社会发展五年规划，并在党的历次代表大会上对我国未来发展蓝图做出了重要战略部署。党的十八大报告从理论与实践结合的基础上，对如何应对生态环境与资源领域的挑战作了科学而明确的回答，不仅从更广泛的领域提出了保护生态环境的具体措施，而且更是把“建设生态文明”大篇幅写入党的政治报告中，将其升华为全面建成小康社会的新目标，提到了前所未有的高度。可以说，这是对我国社会发展目标的一种完善和升华。

（三）建设生态文明是文化观念的提升。建设生态文明以科学发展为主旨，摒弃了长期以来人们所形成的“人类中心主义”观念，它告诉人们，在人类社会发展的进程中，不仅人是主体，自然也是主体；不仅人有价值，自然也有价值；不仅人有主动性，自然也有主动性；不仅人依靠自然，所有生命都依靠自然，倡导人与自然和谐发展。这是一种蕴含着平等、均衡、互补、和谐的文化价值观念，这种观念的形成会极大地推动人们对人与自然关系认识的提升。应该说，对于这种文化观念是否接受以及接受的程度如何，决定着我们建设生态文明的水平以及生态文明建设的道路会走多远。

（四）建设生态文明是经济发展方式的转变。建设生态文明，需要采取健康文明的经济发展方式，这种经济发展方式就是积极推动经济发展对社会正向作用的方式。它不仅注重经济数量的扩展，更注重经济质量的提高；不仅注重经济指标的单项增长，更注重经济社会生态的综合协调发展。采取这样一种经济发展方式，就必须把以往经济增长与生态环境保护脱节甚至对立的发展方式转变过来，在经济发展中，正确处理好经济增长速度与提高发展质量的关系，处理好追求当前利益与谋划长远发展的关系。

数字世界与自然世界的融合

21 世纪是网络空间支撑的世纪。我们正生活在一个以创造和分配信息为基础的信息网络时代，人类的整个生存状态正发生着根本性的变革。网络世界扩展了我们的生存空间，消除了地理空间的障碍，使人们相距万里却如近在咫尺，给生活带来极大的便利与快乐。自然世界在地球处于混沌期之时就已存在，是看得见摸得着的，而数字世界则是随着人类智慧的不断增长、在历次信息革命的推动下逐渐产生的。自然世界为人类生存和发展提供了各种必需品，而数字世界的产生则使得人类的生产生活变得更加便捷。对人类而言，数字世界与自然世界都是非常重要的，唯有充分发挥人类的聪明才智、充分利用信息技术，使数字世界与自然世界深入融合，才能促进生态文明的最终实现。

“古往今来曰世，上下四方曰界”，世界就是全部时间与空间的总称。但现在世界只指空间，通常指人类所生活居住的地球。世界的其他名称有天地、天下、人间、世间、万物、世上等。中国古代形容大千世界则多用“天下”一词，并无世界，盖因世界乃佛教名词，如今被广为用之。“世”为时间意，“界”为空间意，涵盖了时间与空间不可分割的道理，这正符合了爱因斯坦的相对论。

一、网络打通了数字世界与自然世界的界限

数字世界与自然世界融合是社会发展的必然。数字世界以信息技术为依托，信息技术每一次飞跃推动着数字世界大步向前，同时改变着我们的生活。当前，信息技术已成为经济发展的战略资源和独特生产要素，通信与信息服务业作为最积极、最有生命力的新兴社会生产力的代表，正日益成为经济和社会发展的强大动力，现代通信技术、计算机技术的发展及其相互融合，拓宽了信息技术的应用范围，使全世界人民实现随时随地获取和交换数字信息成为可能。加快融合数字世界与自然世界、建设信息社会是世界各国的必然选择

※ 该文为国家林业局信息办主任李世东等2013 年6 月18 日在中国林业网作的信息革命与生态文明系列谈(4)，收录时略有删改。

和共同任务。

网络把现实世界与虚拟世界的界限变得模糊了，从根本上改变了人的认知方式。网络把对过去的再现、现实的模拟、未来的想象全部呈现在虚拟时空中，丰富了人们的思维时空，它帮助人们实现了现实生活中根本不可能完全实现的欲望，对人类精神的解放带来了最大限度的满足。网络根植于现实生活之中，与现实生活的各个因素发生着千丝万缕的联系。网络不仅是现实世界的模拟，而且是现实世界的延续和现实世界本身。网络交往是社会交往的一种现代形式，如电子商务、政府网页、网络警察、虚拟银行、虚拟社区、虚拟旅游、电子咖啡厅等本身就是现实生活的一部分。

可见，计算不再只是和计算机有关，它决定我们的生存。在一个“数字化生存”的时代，在建构社会主义和谐社会的语境中，在建设绿色和谐网络的需求下，我们应该充分关注、积极应对、冷静分析网络所承载的崭新思维方式，这对人类生存状况的改善、科学技术的发展、意识形态的灌输、思想政治工作的深入具有重要意义。

二、信息科技带来了更多便利

信息技术还不只体现在信息交流方面，先进的信息技术也为我们的生活提供了便利。例如网上支付、手机支付，以及日益普及的智能化城市管理，都让我们体会到了信息技术带来的便利。

信息技术的发展已经融入到人们日常生活的各个方面，信息技术超越了前所未有的时空距离，数字化、网络化、智能化生存已成为人们不可或缺的生活模式和生存方式。公交卡，数字电视，通信，网络，媒体，办公，超市，图书管理等都需要用到信息技术。世博会为信息技术的展示提供了一个很好的舞台。在世博场馆入口处，游客可通过刷手机完成检票；在世博园区游览时，可以刷手机购买饮料；在园区购买午餐时，也可以刷手机，省去不少付钱和找零的等待时间；用户只需将手机贴近 POS 机具感应区，即可完成手机支付。

手机已经从早期的语音传输延伸到短信、彩铃、音乐下载、手机报、搜索引擎、游戏、手机定位、手机支付等多元化应用，从耳、嘴和眼等人类器官功能的单一发挥，演变为多器官多功能发挥同时进行。短信、飞信聊天、炒股、买彩票……新技术为移动办公和休闲娱乐提供了不少便利。

与个人一样，各类单位也离不开沟通。在政府机构、企事业单位云集的城市当中，信息沟通的变迁也让人惊叹。网上办公、网上交易、网上查询等一系列的互联网应用，使电话、宽带成为不可缺少的活动手段，不仅方便政府部门处理日常事务实现政务公开，同时便于公众网上办事，能够更好地与政府沟通。

三、信息技术正逐渐改变世界

人类社会已经历了几千年的农业社会和几百年的工业社会阶段。在农业社会人类认识到物质资源的重要性；在工业文明阶段，人类学会了大规模开发和利用能源。现在随着计算机的普及和互联网的兴起，人类又开始学会大规模地处理和利用信息，信息作为物质与能量之外的人类赖以生存发展的第三种战略性资源，受到了高度的重视。这种发展，对世界经济、科技和社会文明产生了巨大的影响，促使人类社会正从工业社会向信息社会过渡。

现代社会是一个信息技术迅速发展的社会，在我们的日常生活中，由信息技术所衍生的一系列高科技产品随处可见。通过移动设备登陆并连接到网站是再平常不过的事情了，或许此时此刻有人就在用这些设备和办公室的同事和客户，或者同朋友和家人进行沟通、洽谈生意、聊天，也就是说如果没有这些数字工具，我们将无法正常地工作、生活。可以这样说，信息与生活息息相关，离开了生活，信息技术只是一纸空谈；而离开了信息技术，我们的生活也很难得到实质性的改善。人类正以惊人的速度走出工业文明，步入信息时代。信息时代的来临不仅改变着人们的生产方式和生活方式，而且改变着人们的思维方式和学习方式。

社会的发展、世界的进步越来越依靠数字世界，人们可以依靠身边的网络更加便捷地获取新闻、服务，可以通过网络与政府部门沟通、处理身边的事情，可以通过信息技术与亲友良好沟通。信息技术缩短了人与人之间的距离，突破了地理空间的限制，而物联网的应用从技术上将自然世界中的“物”与数字世界紧密联系起来，使得物体成为数字世界中的一员，使得整个数字世界与自然世界成为一个有“生命”的“地球村”。

四、信息技术是数字世界与自然世界联系的纽带

数字世界与自然世界本质上是物质与虚拟的对立，但随着科技日新月异，特别是新一代信息技术——物联网、云计算等的出现，数字世界与自然世界的融合以更崭新的形式出现，并且两者之间的界限在逐渐模糊化。

以计算机的诞生为代表的第五次信息革命由键盘创造一个虚拟的世界，反过来再作用于自然世界。信息技术的创新不断催生出新技术、新产品和新应用，而这些新技术、新产品和新应用，部分本身就已属于自然世界的一部分，另一部分则通过人类的使用作用于自然世界。

信息革命的产生往往以创造性的信息技术的出现为标志。新一代信息技术包括下一代通信网络、物联网、三网融合、新型平板显示、高性能集成电路和以云计算为代表的高端软件等。法国卡诺研究所一份名为“智能网络化对象与物联网”的白皮书中提到，“我们现在看到了新一代网络化对象对海量应用程序通信、感知和行动力（无线信息传输网络、无

线射频识别、广域网存储等)的部署。对象的相互连接有先进的处理方法，并且连接能力预期能够带来一场在服务创新和可得性方面的革命，这将深刻地改变我们与环境相互影响的方式。简单来说，物理世界将被数字/虚拟世界同化”。可见信息技术的革新将加速物理世界被数字世界“同化”的趋势，新一代信息技术对这种自然世界与数字世界融合的方式带来了促进作用。

信息技术的未来发展趋势是多元化、网络化、多媒化、智能化、虚拟化，它将把人们带入一个“身临其境”的数字化世界。新一代信息革命的到来，加快了人们进入数字化世界的脚步，自然世界与数字世界的距离越来越近了。

五、物联网——数字世界与自然世界融合的完美路径

在物联网出现以前，互联网一直无法走进自然世界的范畴，原因在于自然世界是看得见摸得着的实物组成的复杂世界，而互联网是平行存在于自然世界之外的一个虚拟的世界。但自从物联网产生以后，互联网找到了通向自然世界的路径，数字世界亦找到了影响、融合自然世界最佳的途径。

(一)物联网连接数字世界和自然世界。在物联网的概念里，使用互联网以及无线网络将物与物之间联系起来是最基本的概念，这就给了数字世界和自然世界融合的基础和前提。而维基百科对物联网的定义是：“物联网指的是将唯一可识别的物体与他们的虚拟代表在一个类似因特网的结构中联系起来。”唯一可识别的物体来自自然世界，而虚拟代表来自数字世界，就这样，物联网将数字世界和自然世界联系了起来。物联网重要的传感技术使得物品可以通过射频识别等信息传感设备与互联网连接起来，实现智能化识别和管理。由此不难看出，物联网正恰恰完美地诠释了数字世界与自然世界融合的状态。几乎所有物联网的应用案例都是一个可窥数字世界与自然世界融合的窗口。

物联网的问世打破了之前的传统思维。过去的思路一直是将物理基础设施和 IT 基础设施分开：一方面是机场、公路、建筑物，而另一方面是数据中心、个人电脑、宽带等。而在物联网时代，钢筋混凝土、电缆将与芯片、宽带整合为统一的基础设施，在此意义上，基础设施更像是一块新的地球工地，世界的运转就在它上面进行，其中包括经济管理、生产运行、社会管理乃至个人生活——一个融合了数字与自然的新世界仿佛诞生。与过去互联网时代的数字世界与自然世界分离的状况不同的是，物联网时代的数字世界与自然世界成为融合的状态。一个是数字世界，一个是自然世界，数字世界靠 01 序列代码进行传输，但物理世界中有很多事物无法用 01 序列代码描述，必须借助各种传感设备，因而最终联成物联网。当一个小小芯片附着在无线存储产品上，传送和接收实时信息时，数字世界和自然世界的界限就开始被模糊了。

(二)物联网使物品具有“智慧”。当驾驶员出现操作失误时汽车会自动报警，公文包会提醒主人忘带了什么东西，衣服会“告诉”洗衣机对颜色和水温的要求，等等，当这些物

品都能够智能地“告诉”人类要怎么做时，物联网的时代就来临了。物联网是使物变得“智慧”的一种方式。无线射频识别技术和二维码技术等均是物联网的重要技术组成部分。而在赋予物以“智慧”的过程中，这些技术功不可没。如智慧物流中的食品物品可追溯系统的建立，通过编码、射频识别技术达到追溯物品流通、运输的全过程。编码信息属于数字世界，而物品属于自然世界，运用物联网，物品从“出生”就可以拥有独立的档案，当它到达消费链的最终端时，它可以通过数字信息向消费者“传达”它的出生。装在牛身上的传感器可以追踪它们从出生到屠宰场的全过程，智能电表可以向发电厂输送实时电力使用数据……这些看起来使得物品具有“主动性”更智能化的技术属于物联网技术。物联网通过技术介质形成的数字信息搭成沟通桥梁，联通了自然世界和数字世界，让自然世界中的物品有了“诉诸于口”的方式，因而自然世界变得更加“智慧”。

(三)物联网促使数字世界和自然世界更好的融合。数字世界是一个符号化的、虚拟的世界，然而自然世界不是一个所有实体都可以被符号标记的世界，因此数字世界与自然世界的融合存在着盲区。但是，当基于传感技术的物联网用于自然世界后，数字世界与自然世界融合的盲区便消失了。任何自然世界中的物品几乎都可以用传感技术进行读取，通过无线网络技术传递给另一物品或者人类，这样的相连相通使得数字世界与自然世界几乎实现了“无缝链接”。

以物联网为代表的信息获取技术的突破，从虚拟信息空间、人人互联发展到对现实物理世界的感知，从而将人与人之间的沟通连接扩展到了人与物、物与物之间的沟通连接，智能化、网络化的生活将使得人们工作、生活更加便捷和人性化。国务院发展研究中心研究员陈宝国认为，物联网不仅仅是万物相连，它还是物理世界和虚拟世界的相互沟通和联系，物联网更能够使得物理世界的信息自动被虚拟世界所接受，使物理世界的智慧和信息能够和人交流，以达到人发展智慧的目的。当自然世界中的“物”的信息能够主动给数字世界所接受时，数字世界和自然世界的融合更是踏出了一种新的方式，物联网使得数字世界和自然世界能够更好的融合、沟通。

十大信息技术与生态文明

随着信息革命的不断发展和深入，信息技术更新周期不断缩短，所发挥的效能不断增加，信息技术的飞速发展直接对人类的生产方式、生活方式和社交方式产生了巨大而深刻的影响。在当前信息革命进程中，10项主要信息技术都对生态文明建设产生了范围广泛、作用深刻的影响：作为一种新兴的信息服务模式，云计算突出的虚拟和动态存储计算能力为生态文明建设搭建了信息化平台；物联网技术实现了生态文明中各主体要素和各环节的充分、实时感知；下一代互联网为生态文明中各主体要素的信息交流和传递营造了更加便捷的空间；人工智能技术为生态文明建设中的科学决策提供了有效的技术保障；虚拟现实与可视化技术促进了数字世界和自然世界融合的实现；多媒体技术为精彩展示生态文明创造了条件；"3S"集成技术与北斗卫星导航系统为生态环境的远程、实时、动态感知创造了条件；移动通信技术进一步缩短了生态文明建设中人与人、人与物之间的距离，为便捷、互联、智慧的生活奠定了基础；微电子技术是实现生态文明的基础；网络安全技术为生态文明建设提供了基础的技术保障。

一、云计算

（一）云计算的由来。21世纪初期，Web2.0的兴起，让网络迎来了一个新的发展高峰期。MySpace、YouTube等网站的访问量，已经远远超过传统门户网站。如何有效地为巨大的用户群体服务，让他们参与时能够享受方便、快捷的服务，成为这些网站不得不面对的一个问题。

同时，一些有影响力的大公司为了提高自身产品的服务能力和计算能力开发大量新技术，例如，Google凭借其文件系统搭建起了Google服务器群，为Google提供强大的搜索速度与处理能力。于是，如何有效利用已有技术并结合新技术，为更多的企业或个人提供强

※ 该文为国家林业局信息办主任李世东等2013年6月20日在中国林业网作的信息革命与生态文明系列谈（5），收录时略有删改。

大的计算能力与多种多样的服务，就成为许多拥有巨大服务器资源的企业考虑的问题。

正是因为网络用户的急剧增多并对计算能力的需求逐渐旺盛，而计算机等 IT 设备公司、软件公司和计算服务提供商努力满足这样的需求，云计算便应运而生。

（二）云计算海量存储和超级计算能力为生态文明建设奠定了扎实基础。云计算作为一种新兴的计算模式被提出，并迅速从概念走向应用，成为应对大数据的利器。在云计算时代，“云”会替我们存储和计算。届时，只需要一台能上网的电脑，不需关心存储或计算发生在哪朵“云”上，但一旦有需要，人们可以在任何地点用任何设备，如电脑、手机等，快速地找到这些资料。Google 公司 CEO 施密特做了一个形象的比喻，他说，云计算就仿佛银行的自动取款机，人们出门再也不用随身携带大量现钞，可以根据需要随取随用。Google 的一位工程师这样解释云计算：个人电脑时代好比每个人要用电，都得自己购买发电机，而云计算时代，每个人不必拥有发电机，直接从大型发电厂买电就行了。使用云服务可将以文字、图片、语音、视频等多媒体形态存在的海量数据进行 PB 级的采集、存储、处理和复杂分析，突破数据仓库的局限，很大程度上方便信息资源的存储、加工和利用。云存储具有成本低廉、数据安全可靠、服务不中断、易于扩容与管理等优点。云计算的分布式数据库技术为海量数据处理提供了极为重要的技术手段，其在物理上分布，逻辑上统一，能够有效实现分布式查询与数据更新，极大地节约资源能源，为推动生态文明建设发挥重大作用。

（三）云计算为生态文明的繁荣带来了新机遇。高性能云计算发展及应用水平已经成为一个城市乃至一个国家综合实力的重要标志之一。在高性能计算领域处于领先地位就等于占领了未来发展的制高点，能够迅速提高综合竞争力。作为标志性的 IT 基础设施，云计算中心是集政府公共服务中心、电子政务云中心、信息处理中心等多功能于一体的复合型计算中心，它的建设拥有重大的社会意义。

云计算中心的建设还可以作为吸引、引进高端人才的硬件条件，有效提升当地的教育科研水平。云计算中心的建设对支柱产业如汽车工业、电子信息制造业、生物医药业等也将起到很好的提升和支持作用；对于发展高新技术产业，尤其在新材料产业、环保新能源产业、动漫创意产业等方面提供强大的支持；对改造提升传统工业，包括钢铁工业、机械装备制造业、轻纺服装工业等方面提供科研创新的平台。

云计算中心的建设在重大建设项目和重要社会活动中将发挥不可替代的作用，将会带来巨大的社会效益。总的来说，云计算中心的建设对于区域乃至国家的发展都将起到不可估量的影响。建成后的云计算中心将为社会经济建设起到重要的推进作用。

二、物联网

（一）物联网的产生。物联网比较正式的提出是 2005 年 11 月 17 日在突尼斯举行的“信息社会峰会（WSIS）”上，国际电信联盟发布了《ITU 互联网报告 2005：物联网》。该报告指出：无所不在的物联网通信时代即将来临，世界上所有的物体(从轮胎到牙刷、从房屋到公路设施等)都可以通过互联网进行数据交换。射频识别技术、传感器技术、纳米技术、智能嵌入技术等将得到更加广泛的应用。

物联网是以感知为目的，实现人与人、人与物、物与物全面互联的网络。其突出的特征是通过传感器等方式获取物理世界的各种信息，结合互联网、移动通信网等进行信息的传送与交互，采用智能计算技术对信息进行分析处理，从而提升对物质世界的感知能力，实现智能化的决策和控制。物联网就是把感应器嵌入或装备到电网、铁路、桥梁、隧道、公路、建筑、供水系统、大坝、油气管道等各种物体中，然后将物联网与现有的互联网整合起来，实现人类社会与物理系统的整合，使人类可以更加精细和动态地管理生产和生活，达到“智慧”状态，改善人与自然之间的关系，提高资源利用率和生产力水平。

(二)物联网先进的感知能力为生态文明建设提供了重要支撑。传感器的水平是衡量一个国家综合经济实力和技术水平的标志之一，它的发展水平、生产能力和应用领域已成为一个国家科学技术进步的重要标志，可以说谁支配了传感器，谁就支配了这个时代。现代传感器技术能构建传感器阵列和网络，匹配移动传感器等研究，为生态文明建设提供技术支撑。无线传感器网络则进一步将网络技术引入到无线智能传感器中，使得传感器不再是单个的感知单元，而是能够交换信息、协调控制的有机结合体，实现物与物的互联，把感知触角深入世界各个角落，因此必将成为生态文明建设的重要组成部分。

现代科技，如无线通信、物联网、网络地理信息系统等技术，为及时、高效、低成本开展生态环境监测与分析奠定了良好的基础。例如，基于“GPRS”网络和紫峰(Zigbee)无线传感器网络的远程监控系统由于其低功耗、无需布线等特性，特别适合于复杂条件下的生态环境信息采集，可以实现远程在线自动监测，具有经济、高效、实时、便捷、节能等特点，对促进生态文明事业的发展具有重要意义。

(三)物联网有助于生态文明建设繁荣发展。物联网带动相关产业共同发展。物联网应用涉及的软件、硬件与整合型技术范围相当广泛，遍及智能交通、环境保护、城市安全、精致农业、生产监控、医疗护理、远程教育等许多领域，将衍生出大规模的高科技市场。

据美国研究机构 Forrester 的预测，物联网所带动的产值将比互联网大 30 倍，将形成下一个万亿元级别的通信业务。据物联网应用高峰论坛分析，物联网产业在未来的 3 ~ 5 年中市场规模将达到 3000 亿元。物联网带来的社会效益更是无可估量。面对这个即将来临的市场机会，美国、欧盟、日本、韩国及中国等纷纷提出相关的发展策略规划并投入大量资源。近几年将是物联网快速发展时期，尽管整个物联网仍然处于环境的孕育和准备阶段，离大规模应用普及尚有一段距离，但未来不论在技术、芯片、产品和解决方案上都有相当多的应用与发展机会，值得各领域持续关注，做好准备。

在物联网普及后，用于动植物产品、工业机器和人类衣食住行生活物品上的传感装置数量将成百倍地超过现有手机数量。按目前的需求，在近年内就需要数以亿计的各类传感器和电子标签，这将大大推进信息技术元器件的生产，同时大大增加就业机会。数据显示，2008 年全球 RFID 市场规模已从 2007 年的 49.3 亿美元上升到 52.9 亿美元，这个数字覆盖了 RFID 市场的方方面面，包括标签、阅读器、其他基础设施、软件和服务等。RFID 卡和相关基础设施占市场的 57.3%，达 30.3 亿美元。其他类型的设备市场也极其可观，如市场调查公司 InStat 估计，仅微机电系统在移动手持式装置中的市场 2010 年就达 10 亿美元。

通过多层次的物联网传感器网络检测系统，可以对畜家禽、水产养殖、稀有动物的生活习性、环境、生理状况及种群复杂度进行观测研究，同时也可以应用在精准农业中监测农作物的害虫、土壤的酸碱度和施肥状况等。采集、分析和控制土壤湿度、土壤成分、pH 值、降水量、温度、空气湿度和气压、光照强度、CO_2浓度等来获得作物生长的最佳条件，将生物信息获取方法应用于无线传感器节点，及时掌握影响环境的一些参数，并根据参数变化适时调控灌溉系统、保温系统等，确保农作物有最好的生长环境，以提高产量、保证质量。

生态型园区是生态文明建设的有效载体，是开展理论与实践相结合的基本对象，将物联网优势与生态园建设与管理有机结合是现阶段有效集成物联网的最佳渠道。按照生态园内物物相连的基本思路，通过多元化、多功能传感器，主动、被动相结合地感知生态系统，从而实现从传感器到信息中心的信息流的管理。应用园区型物联网技术，构建“高效率、高稳定性、低成本、低能耗”传感器布设技术方案，将使生态园的生态链得到最大效能的发挥。

三、下一代互联网

（一）从互联网到下一代互联网。互联网起源于苏联和美国冷战时期。苏美两国在冷战时期的高科技及军备竞赛催生了许多新的科学技术。当时苏联航空技术处于领先地位，美国感到安全受到了很大威胁，认为有必要建立内部情报网络传输系统。1958 年，美国国防部成立了“国防高级研究项目署”，其目的是建立一个全球电脑网络，开发出一套能够传递超文本文件的 NLS（网络）系统。

2001 年以后，与互联网相关的技术有了质的提升。如宽带网络技术、无线网络传输技术、网络语音技术、网络音像传输技术和网页设计技术等都有重大突破。互联网已由专业技术人员、网络公司为中心转变成以互联网用户为中心。这些变化使得互联网功能更为强大，应用范围更加广泛。

下一代互联网是指以 IPv6 为基础和核心，通过对现有互联网技术的创新以及网络体系架构的改进，更好地支持未来丰富的融合业务以及信息应用发展的互联网络。

（二）IPv6 为生态文明时代的网络化生活带来契机。下一代互联网除了海量 IPv6 地址空间外，还涉及网络架构、移动性、地址自动分配机制、端到端透明等特性，有利于各种新型业务的诞生和发展。下一代互联网将更方便更及时，真正的数字化生活会伴随IPv6同时来临。人们可以用任意一种方式随时随地高速上网，任何可能的东西都会成为网络化生活的一部分。

移动互联网应用包括无线搜索、手机导航、手机IM、手机钱包、手机阅读等。可以预见，未来几年移动互联网的应用将越来越多地呈现到用户面前，移动终端全面支持IPv6，率先走向产业化将是不可逆转的趋势。移动互联网应用将借助IPv6得到极大推广，同时也将推进下一代互联网的商用进程。

随着PDA、智能手机等个人终端联入互联网，越来越多的电子设备都有了联网功能的需求，包括个人智能终端、工业传感器、自动售货机、汽车等，由此将产生巨大的IP地址的需求，IPv6的“即插即用”的地址分配方式及巨大的地址空间可以满足智能终端的需求(电子工程世界，2011)。

(三)IPv6为生态文明时代的绿色网络带来历史机遇。伴随着网络容量的日益增长，构建超级核心路由器及路由器集群的电子元器件的能耗问题日益突出。目前，低碳发展已成为时代潮流。大力发展低碳技术是目前中国向低碳经济转型过程中面临的最大挑战。IPv6的发展将在新的技术平台上不断加入新的思想和元素，技术的发展和创新将为建设节能减排的绿色网络带来历史机遇。

由于要降低碳排放，网络对于可持续发展的创新贡献会变得非常重要。下一代互联网将促进节能减排。以基于IPv6的云计算为例，网络连接方式不再是一台计算机和一台服务器或一个数据中心相连，而是整个连接对象分布在云里面。通过虚拟化技术将服务器整合，把原来4到16台服务器的业务整合到一台服务器上，可降低能耗75%。由此可见，伴随技术进步，下一代互联网建设会推动设备的高效利用，实现整个社会的低碳运转和节能减排。

四、人工智能

(一)人工智能的产生。人工智能是研究开发用于模拟、延伸和扩展人的智能的理论、方法、技术及应用系统的一门新的技术科学。人工智能是计算机科学的一个分支，它力争了解智能的实质，并生产出一种新的能以人类智能相似的方式做出反应的智能机器，该领域的研究包括机器人、语言识别、图像识别、自然语言处理和专家系统等。

“人工智能”一词最初是在1956年提出的。从那以后，研究者们发展了众多理论和原理，人工智能的概念也随之扩展。人工智能研究的一个主要目标是使机器能够胜任一些通常需要人类智能才能完成的复杂工作。但不同的时代、不同的人对这种“复杂工作”的理解是不同的。例如繁重的科学和工程计算本来是要人脑来承担的，现在计算机不但能完成这种计算，而且能够比人脑做得更快、更准确，因此当代人已不再把这种计算看作是“需要人类智能才能完成的复杂任务”，可见复杂工作的定义是随着时代的发展和技术的进步而变化的，人工智能这门科学的具体目标也自然随着时代的变化而发展。它一方面不断获得新的进展，另一方面又转向更有意义、更加困难的目标。

（二）人工智能在第一产业中的应用。人工智能在农业方面的应用主要是专家系统，专家系统是人工智能的一个分支，主要目的是使计算机在各个领域中起人类专家的作用。它是一种智能程序子系统，内部具有大量专家水平的知识和经验，能利用仅人类专家可用的知识和解决问题的方法来解决该领域的问题。它是一种计算机程序，可以用专家的水平完成一般的、模仿人类的解题策略，并与这个问题所特有的大量实际知识和经验知识结合起来。专家系统一般由知识库、数据库、推理机、解释部分、知识获取部分 5 部分组成。

目前，人工智能技术在林业中的应用主要为林业信息采集系统、林业信息处理/管理系统、林业决策支持系统、林业专家系统、林业预测支持系统。

（三）人工智能在第二产业中的应用。人工智能技术已在冶金行业、铸造生产、服装生产等工业生产领域广泛应用。人工智能新技术可以有效地解决冶金工业生产中许多无法用数学模型精确描述的工艺过程，以及利用传统数字计算机难以获得令人满意效果的诸多问题，在冶金行业应用中已表现出了很大的优势。铸造生产是机械工业的重要基础，人工智能已经在铸造生产中的质量控制、工艺设计优化缺陷分析等方面发挥了巨大的作用，降低了生产成本，提高了铸件质量，创造出了更高的经济效益。随着网络技术、智能技术的发展和应用，一个以信息流为核心，从设计制造、生产管理到市场营销数字化、集成化的新型生产模式正在成为服装工业的发展方向。

（四）人工智能在第三产业中的应用。人工智能在第三产业中已有很多应用。医学人工智能是人工智能发展出来的一大分支，它将为医学诊疗问题提供解决方案，研究最多成果最显著的是医学专家系统。大约有 140 个以经验为主的中医专家系统相继研发。医学专家系统可以解决的问题一般包括解释、预测、诊断、提供治疗方案等。高性能的医学专家系统也已经从学术研究开始进入临床应用研究。随着人工智能整体水平的提高，医学专家系统也将获得发展，正在开发的新一代专家系统有分布式专家系统和协同式专家系统等，其在医学领域的应用将更有利于临床疾病诊断与治疗水平的提高。

新的智能化信息技术构架将由以无线网络为主体的基础设施、以无界面计算机为主体的硬件、以信息分析和决策支持为主的软件、以功能实现为主的网络应用这几部分组成。这种新的信息化基础设施将以实现“三无”为目标，即无线网络、无界面计算机和无键盘输入。让计算机和网络的使用不受时间和地点的限制，不受文字输入的限制，也不受固定使用方式的限制，这充分体现了人工智能技术的应用。

五、虚拟现实与可视化技术

（一）虚拟现实与可视化技术概述。虚拟现实是在 20 世纪 80 年代初提出来的，具体是指借助计算机及最新传感器技术创造的一种崭新的人机交互手段。1992 年美国国家科学基金资助的交互式系统项目工作组的报告中对其提出了较系统的论述。可以认为，虚拟现实技术综合了计算机图形技术、计算机仿真技术、传感器技术、显示技术等多种科学技术，它在多维信息空间上创建一个虚拟信息环境，能使用户具有身临其境的沉浸感，具有与环境完善的交互作用能力，并有助于启发构思。所以，沉浸－交互－构想是其三个基本特性，其核心是建模与仿真。

可视化是利用计算机图形学和图像处理技术，将数据转换成图形或图像在屏幕上显示出来，并进行交互处理的理论、方法和技术。它涉及计算机图形学、图像处理、计算机视觉、计算机辅助设计等多个领域，成为研究数据表示、数据处理、决策分析等一系列问题的综合技术。可视化技术最早运用于计算科学中，并形成了可视化技术的一个重要分支——科学计算可视化。

（二）虚拟现实技术与生态文明建设。随着计算机技术的发展，虚拟现实技术被广泛应用于城市规划、医学领域、娱乐与艺术文化、卫星与航天工业、室内设计领域、地产开发领域、农村开发管理、虚拟工业仿真领域、应急处理预演、文物古迹还原、产品展览展示、教育学、地址文化研究等各个领域。虚拟现实技术为人们探索宏观世界、微观世界以及出于种种原因不便于直接观察事物的运动变化规律，提供了极大的便利。

（三）可视化技术与生态文明建设。可视化技术与生态建设。面对生态建设海量的空间与非空间数据，提取隐含的信息是信息化建设中需要解决的关键问题之一。将科学计算可视化技术和数据挖掘技术相结合，形成的可视化数字挖掘技术，能够从海量数据中发现潜在有用的信息，并以图形图像的简明形式向用户表达，使用户能够交互地观察数据、挖掘过程及结果。

可视化技术与气象预报。气象预报的准确性依赖于对大量数据的计算和对计算结果的分析。一方面，科学计算可视化可将大量的数据转换为图像，在屏幕上显示出某一时刻的等压面、等温面、旋涡、云层的位置及运动、暴雨区的位置及其强度、风力的大小及方向等，使预报人员能对未来的天气做出准确的分析和预测。另一方面，根据全球的气象监测数据和计算结果，可将不同时期全球的气温分布、气压分布、雨量分布及风力风向等以图像形式表示出来，从而对全球的气象情况及其变化趋势进行研究和预测。

城市景象可视化。城市景象可视化也是一项潜在的有用技术。城市景象是一个扩展的 3D 条状图，其中 2D 域上的标量值表示为一个均匀网格上的街区或大楼。由于信息可视化对日益显著的“数据超载”问题，可以提供近实时的解，它将对商务、金融和通信等领域的信息管理产生重要的影响。

六、多媒体技术

（一）多媒体技术的概念。多媒体技术就是利用电脑把文字、图形、影像、动画、声音及视频等媒体信息都数字化，并将其整合在一定的交互式界面上，使电脑具有交互展示不同媒体形态的能力。它极大地改变了人们获取信息的传统方法，符合人们在信息时代的阅读方式。多媒体技术的发展改变了计算机的使用领域，使计算机由办公室、实验室中的专用品变成了信息社会的普通工具，广泛应用于工业生产管理、学校教育、公共信息咨询、商业广告、军事指挥与训练，甚至家庭生活与娱乐等领域。

（二）多媒体技术推动绿色生产与消费。多媒体技术把电视式的视听信息传播能力与计算机交互控制功能结合起来，创造出集文、图、声、像于一体的新型信息处理模型，使计算机具有数字化全动态、全视频的播放、编辑和创作多媒体信息功能，具有控制和传输多媒体电子邮件、电视会议等视频传输功能。数字声、像数据的使用与高速传输已成为一个国家技术水平和经济实力的象征。多媒体技术可以使人们跨越时空了解天文地理、古往今来的历史文化、高新技术、风土人情。

（三）多媒体技术在城市建设中的应用。多媒体技术的沉浸感和互动性不但能够给用户带来强烈、逼真的感官冲击，获得身临其境的体验，还可以通过其数据接口在实时的虚拟环境中随时获得项目的数据资料，方便大型复杂工程项目的规划、设计、投标、报批、管理，有利于设计和管理人员对各种规划设计方案进行辅助设计和方案评审。运用多媒体技术，我们可以很轻松地进行修改，改变建筑高度，改变建筑外立面的材质、颜色，改变绿化密度，只要修改系统中的参数即可。从而大大加快方案设计的速度和质量，提高方案设计和修正的效率，也节省大量的资金。

（四）多媒体在农林业生产中的应用。运用多媒体技术，可以具体、生动、模拟和全面展示农业科技知识。如果将农作物的整个生长过程制作为录像或电影，通过编辑和合理的剪接，能够缩短其生长过程，使人们能够在较短的时间内清楚地掌握农作物的整个生长周期。

种苗等林业种质资源十分宝贵，结合多媒体技术，将苗木的整套图像和声音存贮于档案管理系统，提供的信息量将会更全面和准确，更有利于对苗木的评估与利用，减少培育及利用的盲目性。

应用多媒体技术还可以直观地比较不同育种方案下遗传进展优劣，帮助筛选最优的繁殖和培育方案。纯养分以及若干环境因素对于栽培效果的影响参数已有报道，生长和繁殖等计算机模拟模型日益成熟，多媒体技术可以在几分钟或稍长的时间内完成长达数周、数月乃至数年的栽培实验，直观且图文并茂地对比不同的栽培效果，极大地节约时间和费用。

七、“3S”集成与北斗系统

（一）“3S”集成技术与北斗系统概述。“3S”集成技术是遥感技术（RS）、地理信息系统（GIS）和全球定位系统（GPS）综合应用的技术，三者的有机结合构成了一个一体化信息获取、信息处理、信息应用技术系统，是一个充分利用各自技术特点的空间技术应用体系。

北斗卫星导航系统(COMPASS)是中国自主建设、独立运行，并与世界其他卫星导航系统兼容共用的全球卫星导航系统，可在全球范围内全天候、全天时为各类用户提供高精度、高可靠的定位、导航、授时服务，并兼具短报文通信能力。该系统主要服务国民经济建设，旨在为交通运输、气象、石油、海洋、林业、灾害预报、通信、公安以及国家安全等诸多领域提供高效的导航定位服务。与美国的GPS、俄罗斯的格洛纳斯(GLONASS)、欧洲的伽利略(GALILEO)并称为全球四大卫星定位系统。2011年12月27日，北斗卫星导航系统开始试运行服务。2020年左右，北斗卫星导航系统将形成全球覆盖能力。

(二)"3S"集成技术与生态文明建设。"3S"技术推动智能交通。在车辆导航与监控系统中，遥感技术以数字图像方式提供了道路与相关因子动态变化信息，它可以在GIS中作为电子数字地图使用，也可以利用遥感图像来及时更新道路数据库。全球定位系统提供了车辆目前所处的精确位置等信息，位置信息可以在GIS支持下，在显示器上以"点"状符号表现出来，直观的向司机指明当前车辆在道路上的位置，同时该车的位置信息可以通过无线集群通信网接入控制中心局域网，地理信息系统可以实现各种车辆信息的管理、显示和分析，为管理人员和司机提供辅助决策，在突发事件时它可以快速在地图上准确标出各个移动车辆的当前位置，为公安快速反应，交通调度管理，车辆报警求援提供帮助。

"3S"技术支撑现代海洋渔业。在GIS支持下，利用遥感技术提供的海洋生态环境参数，结合渔场预测模型和专家知识库，推测海洋鱼群的繁殖、洄游、分布及中心渔场位置，对海洋渔场进行预测、预报。在海洋电子地图上给出中心渔场、渔场边界、鱼群密度分布等信息，并对鱼群维持的时间做出预报。为海洋渔业捕捞提供技术支持。地理信息系统可以将海洋数字地图表现在显示器上，在数字地图上可以看到岛屿、暗礁、洋流、主要鱼群的洄游路线和渔场的分布范围，全球定位系统则提供了当前船只所在的位置，这种以数字形式表示的地理位置信号通过全球定位系统与计算机接口，进入地理信息系统，它可以直观形象的在数字地图上表现为一个箭头或者船只符号，随着船只不停行驶，其航行路线可以记录在地理数据库中，并能够动态地在数字地图上表现出来。

"3S"技术支撑现代精细农业。全球定位系统的优势是精确定位，地理信息系统的优势是管理与分析，遥感的优势是快速提供各种作物生长与农业生态环境在地表的分布信息，它们可以做到优势互补，促进精细农业的发展。GPS和GIS结合提供了科学种田需要的定位和定量进行田间操作和田间管理的技术手段。RS和GIS结合提供了多种数据源，这为建立农田基础数据库奠定了基础。农田基础数据库是农田科学管理的基础。搭载在拖拉机和联合收割机上的地理信息系统可以记录下各种农田操作过程中获得的数据，如作物品种、播种深度、喷洒农药类型、施肥和灌溉，以及收获产量，同时记录下田间作业时的位置与范围，灌溉量、化肥使用量、农药喷洒量、喷施部位、使用时间、当时天气状况，这些都可以记录在数据库内，日积月累，形成农田基础数据库。

(三)北斗卫星导航系统与生态文明建设。北斗卫星导航系统对国家安全战略有重大意义。北斗卫星导航系统包括35颗卫星，其中包括27颗中高度圆轨道卫星，5颗地球静止轨道卫星，3颗倾斜地球同步轨道卫星。它们能提供持续而实时的三维地理空间定位和速度测算。北斗系统拥有有源定位和短报文的特色服务，不仅能提供用户当前的时间和所处的地点，还可以对外发送位置、求助等信息。当前定位精度足以改进中国战略武器的精度，其战略价值不可低估。

北斗卫星导航系统充分保障国民经济稳步发展。目前，北斗导航已成功应用于水利水电、海洋渔业、交通运输、气象测报、国土测绘和公共安全等领域，促进了电子、通信、机械制造、地理信息等相关产业和信息服务业的发展，产生了显著的经济效益和社会效益。北斗导航将成为加快转变国民经济发展方式，推动产业结构优化升级，促进行业增产增收增效的新引擎。

北斗卫星导航系统提高国家减灾救灾应急能力。在多种重大自然灾害和重大活动中，北斗卫星导航定位保障能力经历了全面检验。“5·12”四川汶川特大地震发生后，北斗卫星导航系统发挥了独特优势和不可替代的作用，成为抗震救灾指挥与保障的重要手段。基于北斗卫星导航系统的灾害预警预报应用模式，充分体现了救灾导航的新理念、新要求，构建了一条牢不可破的预警、抢灾、救灾生命线。

八、移动通信技术

(一)移动通信技术的发展。移动通信可以说从无线电发明之日就产生了。1897年，马可尼所完成的无线通信实验就是在固定站与一艘拖船之间进行的。而蜂窝移动通信的发展是在20世纪70年代中期以后的事。移动通信综合利用了有线、无线的传输方式，为人们提供了一种快速便捷的通信手段。由于电子技术，尤其是半导体、集成电路及计算机技术的发展，以及市场的推动，使物美价廉、轻便可靠、性能优越的移动通信设备成为可能。现代移动通信发展至今，主要可分为4个发展阶段：第一代移动通信系统(1G)，第二代移动通信系统(2G)，第三代移动通信系统(3G)，第四代移动通信系统(4G)。

(二)移动通信技术使生态文明进程中人与人的距离进一步缩短。传统的通信仅限于人和人之间的通信，而如今移动通信的发展方向已经逐步趋向物与物以及人与物之间的通信，也就是说今后的网络将会无处不在。移动通信的互联网技术将是对未来造成巨大影响的一项关键技术，因为它是将互联网和移动通信这两种发展最快并且对人类通信技术的发展起着关键作用的技术巧妙地结合起来。互联网的引入大大地推动了移动通信技术的发展，同时为互联网提供了更为广阔的应用平台。

不受时空限制和个性化是移动通信最突出的两个特点，当今高速发展的社会正好需要这样的通信方式。移动互联网技术使人们不论在任何时间和地点都可以与任何人进行无障碍的沟通与交流。

（三）移动通信技术正在改变并将持续改变人们的生产生活方式。从服务的角度看，移动通信最初是为了在移动环境中打电话而发明的。但是21世纪的移动通信绝不是单单为了打电话，它将成为下一代网的一个重要组成部分。下一代网只是手段，下一代服务才是目的。未来移动通信将对我们的生活方式和经济社会活动产生很大的影响。展望未来，移动通信可望在以下领域得到广泛、深入的应用：移动教育、艺术和科学，移动办公，移动商务，移动医疗保健，移动娱乐，移动救灾救助，移动日常生活，移动农业生产，移动林业生产。

九、微电子技术

（一）微电子技术的产生。微电子技术是随着集成电路，尤其是超大规模集成电路而发展起来的一门新的技术。微电子技术包括系统电路设计、器件物理、工艺技术、材料制备、自动测试以及封装、组装等一系列专门的技术，微电子技术是微电子学中的各项工艺技术的总和。

微电子技术是在电子电路和系统的超小型化和微型化过程中逐渐形成和发展起来的，第二次世界大战中后期，由于军事需要对电子设备提出了不少具有根本意义的设想，并研究出一些有用的技术。现代战争将是以集成电路为关键技术、以电子战和信息战为特点的高技术战争。

（二）微电子技术在经济领域的应用。20世纪最引人注目的科技进步，莫过于电子技术。现在集成电路与大规模集成电路技术，已普遍应用于家用电器、机床和汽车产品上。由于集成电路与大规模集成电路集成块生产成本的降低和技术的日臻完善，尤其是可靠性进一步提高，因此在汽车上的应用以非常快的速度在发展，且有后来居上的势头。汽车上的许多电器元件，如电压调节器、分电器、继电器等皆被电子调节器、无触点电子点火等电子产品所替代，近年来，国外汽车应用电子技术的重点转向电子控制燃油喷射、电子控制防滑系统、电子防抱制动、电子控制传动系统等等。由于这些电子技术的应用，不仅降低了燃油消耗，而且大大降低了排气污染，提高了汽车的安全可靠性，即使在结冰的路面上急刹车，也不会发生侧滑现象。所以电子技术受到汽车制造商的高度重视。

（三）微电子技术在社会领域的应用。微电子技术的发展大大方便了人们的生活，随着微电子技术的发展，生物医学也在快速的发展，微电子技术过去在医学中主要应用于各类医疗器械的集成电路，在未来主要是生物芯片。生物芯片技术在医学、生命科学、药业、农业、环境科学等凡与生命活动有关的领域中均具有重大的应用前景。微电子技术与生物医学之间有着非常紧密的联系。随着科技的发展，微电子技术将在医学中得到更广泛的应用。随着微电子技术与生物医学的进一步发展，这两者的相互作用越来越大，微电子技术的发展将为生物医学带来巨大的变革，同样生物医学的发展也将会为微电子技术的创新提供崭新的思路。

(四)微电子技术在军事领域的应用。微电子技术的发展及应用，不仅提升了军事装备和作战平台的性能，而且导致了新式武器以及新兵种的产生。微电子技术的出现改变了传统战争的模式，即从面对面的战斗演变成当今及未来的超视距作战。战争发展的需求和军事系统的发展，促使军事电子产品向着小型化、轻量化和智能化的方向发展，并对微电子技术提出了高性能、高集成度、高可靠等越来越高的技术要求。军用集成电路将在进一步缩小线宽、增大集成度的基础上，寻求在改进集成技术、采用新型材料、研制新概念器件上的突破。先进的微电子技术在军事领域中的广泛应用打破了千百年形成的武器装备唯大、唯多和大规模破坏等传统观念，使武器系统小而轻，功耗低，可靠性高，作战效能和威力增强。如军用通信指挥系统，高空卫星侦察监视，海底导弹发射及海、陆、空各军兵种的配合与联络，靠的都是微电子技术。

十、网络安全技术

(一)网络安全技术的含义。网络安全是指网络系统的硬件、软件及其系统中的数据受到保护，不受偶然的或者恶意的原因而遭到破坏、更改、泄露，系统连续可靠正常地运行，网络服务不中断。网络安全从本质上来讲就是网络上的信息安全。从广义来说，凡是涉及网络上信息的保密性、完整性、可用性、真实性和可控性的相关技术和理论都是网络安全的研究领域。

网络安全技术指致力于解决诸如如何有效进行介入控制，以及如何保证数据传输的安全性的技术手段，主要包括物理安全分析技术，网络结构安全分析技术，系统安全分析技术，管理安全分析技术，及其安全服务和安全机制策略。

(二)网络安全技术保障生态文明建设中各主体的信息安全。网络信息安全问题是一个常新的问题，共享安全信息的通信基础结构要求在所有涉及的系统之间有高级别的信任。消息和事件都必须得到认证，必要时可能还要对数据进行传输加密。数据加密是网络传输数据最基本的安全保障之一，保护数据不被篡改、保持完整、身份确认等。目前网络传输数据使用的加密技术包括密钥共享加密、公开密钥加密和不可逆加密 3 种方式。通过各类网络安全技术的层层保障，生态文明建设进程中产生的大量信息和数据得以安全保存、传输和分析利用。

(三)网络安全技术保障网络生态文化建设的顺利推进。通过运用网络安全技术，国际组织已在解决网络文化安全方面做出巨大努力：如国际电信联盟提供安全而便利的电子网络服务；在垃圾邮件和网上威胁问题上达成共识，共同拟定反措施；鼓励合作并深入各阶层，支持收集并传播涉及网络安全的信息，以便尽量减少、防止网上威胁；鼓励区域和区域间合作，支持适当的能力建设，包括在相关的成员国之间达成谅解备忘录，以便加强网上安全等。

信息革命与当代十大生态危机

当前全球生态危机主要包括森林锐减、土地荒漠化、水土流失、淡水危机、酸雨蔓延、海洋危机、气候变化、垃圾成灾、能源危机、物种危机等。随着信息技术的不断发展和日趋先进，人类借助其应对生态危机的能力也不断增强。可以预见，在信息革命席卷而来时，人类生存、生产和生活环境必将实现可持续、低碳的发展。

一、森林锐减

（一）森林锐减的现状。森林是地球上结构最复杂、功能最强大和最稳定的陆地生态系统。森林是宝贵的自然资源，是人类生存发展的重要支柱和自然基础，被人们誉为地球之“肺”。森林覆盖率是衡量一个国家或地区经济社会发展水平和生态质量好坏的重要指标。这不仅因为森林具有重要的经济价值，又是可更新资源，而且在维持生态平衡和生物圈的正常功能上起着重要作用。

据联合国粮农组织的报告，全球森林从 1990 年到 2000 年每年消失近 1000 万公顷。虽然从 1990 年至 2000 年的 10 年间，人工林年均增加了 310 万公顷，但热带和非热带天然林却年均减少 1250 万公顷，这一减少量在 2000～2010 年期间有所下降，估计每年净减少 520 万公顷。

《2010 年全球森林资源评估》显示，世界森林总面积仅略超过 40 亿公顷，占陆地总面积的 31%，人均森林面积为 0.6 公顷；5 个森林资源最丰富的国家（俄罗斯、巴西、加拿大、美国和中国）占森林总面积的一半以上；10 个国家或地区已经完全没有森林，另外 54 个国家的森林面积不到其国土总面积的 10%。

（二）信息技术对缓解森林锐减的作用。信息技术对缓解森林锐减的作用主要表现在 3 个方面：一是防止森林火灾等自然灾害损坏，二是防止乱砍滥伐等人为破坏，三是加强

※ 该文为国家林业局信息办主任李世东等 2013 年 6 月 24 日在中国林业网作的信息革命与生态文明系列谈（6），收录时略有删改。

监测提高管理水平。信息革命进程中，有诸多技术都直接或间接地对保护森林资源做出了贡献，但最直观的莫过于“3S”技术。

信息技术在防止森林火灾等自然灾害中的应用。近年来，以计算机网络为基础的信息技术在林火管理中迅速普及，极大提高了森林防火的工作效率。为实现林火管理信息系统高速高效、畅通无阻地运行，必须有各种可靠的计算机软件。林火管理部门近年来在这方面取得了很多成果，如林火管理决策综合程序、森林火险预测预报模型、林火发生预测模型、雷击火监测模型、可燃物分类模型、火行为预测模型、森林防火预算分析模型、森林火灾评估模型等，基本满足了现代林火管理的需要。

信息技术在生态监测中的应用。“3S”技术为森林、野生动植物、地表植被等多资源调查提供了有力的技术手段。运用 GIS 技术，可将调查数据、基本地理要素、小班区划界线、专业调查数据等有机地结合起来，应用于森林资源调查、专项制图、资源分析及森林经营管理等森林资源管理活动中；运用 RS 技术可通过不同年度卫片光谱特征性质的分析来进行森林资源的动态变化监测；结合 GPS 可进一步完善森林资源清查、灾害调查、监测与预测预报、森林信息动态的野外调查等。

二、土地荒漠化

（一）土地荒漠化的现状。目前全球沙化土地正以每年 5 万 ~7 万平方公里的速度扩展，有 10 亿以上的人口、40% 以上的陆地表面受到荒漠化的影响。地球上的荒漠化地区主要集中在干旱、半干旱地区，大都是人类最贫困的地区。由于环境恶劣，并且缺乏资金和其他资源，贫困地区的人口被迫加剧开发原已超负荷的土地，如通过无限制放牧、砍伐森林、过度开垦等来维系生存，从而不断加大土地的负载，形成荒漠化与贫困化的恶性循环。据了解，全球每年有上百万的人，因为荒漠化而被迫走上迁徙之路。

陆地占地球面积的 60%，其中沙漠和沙漠化面积占 29%。全球共有干旱、半干旱土地 50 亿公顷，其中 33 亿公顷遭到荒漠化威胁，致使每年有 600 万公顷的农田、900 万公顷的牧区失去生产力。荒漠化已经不再是一个单纯的生态问题，它给人类带来贫困和社会的不安定，成为严重的经济和社会问题。

（二）信息技术对防止土地荒漠化的作用。土地荒漠化具有发生范围广、面积大的特点，因此，使用人工进行地面普查的方法，具有很大的局限性。遥感技术以其信息量大、获取速度快、覆盖范围广、受人力物力的限制小等优点，在过去的 30 多年中，已逐渐成为土地荒漠化监测的重要数据来源和技术手段。20 世纪 70 年代，国外开始使用遥感技术进行土地荒漠化的监测，我国从 20 世纪 70 年代开始利用卫星数据进行资源调查和灾害、环境的监测；80 年代初期开始运用遥感技术进行有关土地荒漠化的资源调查。总之，遥感技术在土地荒漠化监测中逐渐得到广泛应用。

目前在荒漠监测中使用的 GPS 接收器操作简单，可以全天候实时收取卫星信息，提供现地坐标，并可通过导航来找到已知坐标的目的地，在固定样线的调查中，GPS 的使用使样线位置的确定、下期监测样线的复位成为可能。在遥感判读中，GPS 是建立解译标志的主要定位手段，使遥感判读准确可靠。GPS 还协助提供定位属性信息，成为完善荒漠化监测中信息系统的技术手段。GPS 在荒漠化监测中发挥了十分重要的作用。

三、水土流失

(一)水土流失概况。水土流失已成为一个世界性的公害，联合国已将水土流失列为全球重大生态环境问题之一，全球的水土流失存在日益恶化的趋势。据联合国粮农组织估算，全世界约有 2500 万平方公里土地遭受水土流失，占陆地总面积的 16.7%，每年流失土壤 260 亿吨(魏学艳，2005)。全球的农地每年因土壤侵蚀损失 300 万公顷，由河流输送入海的泥沙，从以前的每年 100 亿吨到 20 世纪增至 250 亿吨以上，每年农耕地的土壤流失量约 200 多亿吨。

(二)信息技术在水土流失调查中的应用。20 世纪 70 年代以来，遥感调查已经显示出巨大的优势。遥感调查能在短时期内完成大范围的土壤侵蚀监测，极大地提高土壤侵蚀调查的工作效率和精度。目前，许多国家已将遥感技术应用到水土管理、监测中，中国已经将遥感技术运用到水土流失调查中。遥感也被应用到动态水保监测分析中，利用遥感的多传感器、多时相的特点，通过对同一地区不同时相的遥感数据进行变化信息的提取，为动态水保监测提供了可能。利用实时的遥感图像监测分析土壤侵蚀总量以及年度变化趋势、植被资源动态变化趋势、工程措施治理效益、林草种植措施效益，对水土流失严重地区提出警示。国外在模拟理论和模型建设方面取得了较多成果。

(三)信息技术为水土流失防治建立了坚实的应用平台。地理信息系统在水土保持领域已得到广泛的应用，历次的遥感调查无不利用地理信息系统来分析、综合遥感信息。国内已有多个基于 ARC/INFO、MAPINFO、MAPGIS 等软件平台的水土保持地理信息系统，在水土保持规划、三区划分、小流域规划设计等方面发挥着重要的作用。在小流域综合治理工作中，利用 RS 图片作为底图，在地形控制点用 GPS 进行测量，得出三维地形，在 GIS 中开发一系列设计、制图模块，可完成小流域规划设计工作；借助于网络技术，可以向相邻流域传递有关信息，实现图形信息综合、数据统计汇总等工作，大大改善水土保持工作的方便程度。借助“3S”系统，可以进行水土保持成果的验收，如在“3S”系统中显示出退耕还林还草、新建高标准基本农田的具体分布及面积对比情况，避免出现一个成果多次验收、多次计算的情况。还可监测开发建设项目扰动地表造成土壤侵蚀以及治理情况，监测毁林开荒、滥垦乱伐、过度樵采等情况。

(四)信息技术使水土流失的实时监测成为可能。GPS 测量相对独立，任何一点的测量均是依靠卫星信号定位的，和前后测点无关，因而没有地面通视的要求，也没有误差积累的影响，可以用来测量小范围的水土保持设施或水土流失现象发生的位置、几何特征等，还可监测开发建设项目造成的水土流失情况以及退耕还林的具体面积及分布。把 GPS 的接收主板与计算机的主板集成到一起，形成一个便携式设备，既可在内业完成规划设计工作，又可完成水土保持与生态工程的野外施工放样工作，也可用于施工监理，随时监测工程进度。

四、淡水危机

（一）全球淡水危机概述。据联合国统计，全球淡水消耗量 20 世纪初以来增加了约 6~7 倍，比人口增长速度高 2 倍，全球目前有 14 亿人缺乏安全清洁的饮用水，即平均每 5 人中便有 1 人缺水。

缺水是一个世界性的普遍现象。据统计，全世界有 100 多个国家存在着不同程度的缺水，世界上有 28 个国家被列为缺水国或严重缺水国。再过 20 年缺水国将达 40~52 个，缺水人口将增加 2 倍多，达 28 亿~33 亿人。淡水严重缺少的国家和地区，甚至影响到人们的基本生存。在邻接撒哈拉沙漠南部干旱的国家，因为缺水，农田荒废，几千万人挣扎在饥饿死亡线上，每年约有 20 万人饿死。目前，发展中国家至少 3/4 的农村人口和 1/5 的城市人口常年不能获得安全卫生的饮用水。部分国家已经靠买水满足需求：德国从瑞士买水，美国从加拿大买水，阿尔及利亚也从其他国家进口水，阿拉伯联合酋长国从 1984 年起每年从日本进口雨水 2000 万立方米。

纵览全球，水资源枯竭和污染几乎成为了各国政府关注的首要问题。全球水资源严重匮乏的地区主要集中在东亚、南亚和非洲，而东亚地区缺水的重点是中国，南亚地区缺水的重点是印度。中国能否探索一条合理应用、开发水资源的创新之路，能否实践总结一套行之有效的水资源管理方式，具有非常重要的意义。

（二）信息技术让水资源管理更加智慧。随着科学技术的发展，采用现代化手段，实现水资源的可持续利用，代表了当前世界水资源管理的方向。利用自动监测与远程遥测技术、通信及计算机网络技术、数据库技术、地理信息系统和现代水资源联合调度等专业技术，通过建设水资源管理信息系统，可以动态掌握区域水资源变化及利用情况，最大限度的调控使用效率，由过去粗放式的管理方式变为现代管理方式，实现对水资源动态的、实时的、优化的配置。

由于水资源本身及其管理工作的特点，决定了水资源信息数据量大，各要素间的结构和关系复杂，建立水资源信息管理系统为实现水资源的可持续利用提供了依据。水资源信息管理系统通过对水资源信息的积累，可及时分析和掌握水资源的数量与质量、开发利用与供需状况等动态变化，对加强水资源管理的科学性与及时性，提高水资源管理水平，实现水资源的可持续开发利用，具有重大的科学意义和实用价值。

我国目前在治理太湖时，应用了物联网技术。为了实时获得太湖水质动态，在太湖水域大范围布放传感器和浮标搜集信息，通过无线网络全天候在线监测太湖水质的变化。现已相继投放设立了86个固定、浮标式水质自动监测站。这些监测站不仅为太湖治理提供了有力的数据支撑，而且搭建了一个水质监测预警平台，及时采集太湖水域的水质变化信息，洞悉各种污染源的排污情况，做到水文动态实时监控。

信息技术助力全球拯救水资源行动。近年来，全球各国利用不同技术、不同途径缓解淡水危机。IBM分别在美国、荷兰和爱尔兰建立起三大中心来配合这些国家的治理水污染行动，包括流域保护和区域经济发展、防洪泄洪和海湾生物综合发展。缺水程度最为严重的国家之一以色列，也通过信息化手段有效克服了恶劣的自然条件。该国通过不懈的技术创新，发明了驰名全球的滴灌、微灌技术，在水总量30年来毫无增长的情况下，农业产出却翻了5番，由此带动了该国农业的大飞跃。

五、酸雨蔓延

（一）全球酸雨蔓延概述。目前，全球已形成三大酸雨区。在我国，覆盖四川、贵州、广东、广西、湖南、湖北、江西、浙江、江苏和山东等省区部分地区，面积达200多万平方公里的酸雨区是世界三大酸雨区之一。我国酸雨区面积扩大之快、降水酸化率之高，在世界上是罕见的。世界上另两个酸雨区是以德、法、英等国为中心，波及大半个欧洲的北欧酸雨区和包括美国、加拿大在内的北美酸雨区。这两个酸雨区的总面积大约为1000多万平方公里，降水的pH值小于5.0，有的甚至小于4.0。酸雨对土壤、水体、森林、建筑、名胜古迹等均带来严重危害，不仅造成重大经济损失，更危及人类生存和发展。

（二）信息技术对酸雨的监测应用。酸雨的发生和发展会受到当地气象、地形和地貌因子的影响而改变，特别是气象条件的改变，在很大程度上决定了酸雨沉降的方式、地点以及沉降量。遥感技术的应用增强了对酸雨监测的实时性，基本控制各时段对各个酸性梯度植被的影响，从而保证监测数据的连续性，为后期的分析工作打下良好的基础。以往国内对酸雨的研究主要是采用站点监测方法，环境监测站点以点为基础的监测和研究提供了一些重要的基础性数据。但是，由于监测站点分部少且不均匀，也就决定了基础数据的空间均匀性以及样本总数上的不足，这些限制因子使得数据准确性不够，从而导致分析结果偏差大，利用遥感技术可以有效缩小这些客观差异。

（三）信息技术对酸雨的预警应用。现代通信技术中的GPRS技术具有网络覆盖面广、永远在线、成本低廉等特点，为气象部门提供无线传输解决方案，最大限度地提高了各个采集点传送酸雨数据的效率。并有效解决了分散数据收集的难题，为气象部门提供实时信息，使气象部门能够更快捷地发布酸雨预警信息，使有关部门能及早做好酸雨影响生产的预防措施，减少因酸雨灾害造成的经济损失。短信服务则丰富了酸雨预警信息的提供方式，使酸雨信息价值化，可以为无数用户提供及时准确的酸雨预警信息。

六、海洋危机

(一)全球海洋危机概述。海洋危机是由于自然因素或人类活动引起，发生在海洋领域内并对海洋权益、海洋产业、海洋环境以及相关人员生命财产安全带来严重威胁的公共危机。海洋危机在世界范围内无时无刻不存在，如果解决不好可能会威胁到国家甚至世界安全和稳定。当前海平面上升正在威胁岛国以及沿海城市和乡村的命运。全球海洋物种的种类在过去 50 年中减少了大约 50%，包括金枪鱼、旗鱼、枪鱼在内的许多海洋食肉鱼类都将濒临灭绝。信息化时代的到来对防范和应对海洋危机提供了有利条件，为缓解海洋危机提供了有效帮助。

(二)信息技术在海洋应急监测中的应用。目前，海洋环境与灾害应急天空地遥感综合监测技术系统已经成功应用于我国浒苔监测、溢油监测、渤海环境监测等方面，为保护海洋环境做出了重要贡献。浒苔灾害天空地(海)一体化的应急动态监测技术体系能够及时准确地实现对浒苔分布面积、密集度、重量估算、态势分析和来源追溯等信息的动态监测。海洋溢油污染雷达遥感图像分析与综合解译技术，实现对溢油区域、溢油来源、溢油量、扩散态势的快速精确监测。海洋油气资源遥感综合勘查技术，综合利用雷达卫星遥感、卫星重力、航空磁力数据，实现多元信息复合分析和海洋油气资源远景勘探靶区圈定及其可信度评估。便携式并行计算装置，航空遥感数据快速处理系统，解决无人机平台姿态信息精度不高、海面少控制点等复杂问题，形成野外航空遥感数据综合处理一体化专业装置。卫星遥感环境多要素集群计算技术，实现海上高精度、大范围、覆盖式遥感数据的获取、快速处理、定量反演、专题制图功能，形成从开始处理数据到产出专题图与评估报告 30 分钟业务响应的能力。

(三)信息技术在海洋资源环境保护中的应用。随着物联网技术的发展，所有物体将会具有可识别、感知与被感知、信息共享等特性。海洋渔业生产与物联网技术将越来越紧密的联系在一起，全球渔业资源监控、海洋环境监测等都会出现物联网的身影，海洋环境信息也将向着智能化、自动化、多维度的方向发展。利用新技术、新手段实时监测海洋环境，依托物联网等先进技术手段，通过强大的地理信息分析与处理系统的支持，对获得的信息进行分析、模拟，及时有效地保护海洋环境、资源，预报灾情与突发事件，这些对于缓解海洋危机具有重大意义。海上溢油事故发生后，及时准确地跟踪溢油的位置和预报溢油可能漂移的方向是非常重要的，可以有效降低溢油污染的危害。采用浮标实现溢油的跟踪定位，具有全天候使用和全程监测能力，是一种稳定可靠、成本低廉的技术方法。

七、气候变化

(一)全球气候变化概述。全球变暖指的是在一段时间中，地球大气和海洋温度上升的现象。100 多年来，全球平均气温经历了：冷→暖→冷→暖 4 次波动，总的来看气温为上升趋势。进入20世纪80年代后，全球气温明显上升。

人类燃烧煤、油、天然气和树木，产生大量CO_2和甲烷进入大气层后使地球升温，使碳循环失衡，改变了地球生物圈的能量转换形式。自工业革命以来，大气中CO_2含量增加了25%，远远超过科学家可能勘测出来的过去16万年的全部历史纪录，而且目前尚无减缓的迹象。大气中CO_2排放量增加是造成地球气候变暖的根源。国际能源机构的一项调查结果表明，美国、中国、俄罗斯和日本的CO_2排放量几乎占全球总量的一半。

政府间气候变化问题小组根据气候模型预测，到2100年，全球气温将上升大约1.4～5.8℃。根据这一预测，全球气温将出现过去10000年中从未有过的巨大变化，从而给全球环境带来潜在的重大影响。20世纪全世界的平均温度大约攀升了0.6℃。无论是在发达国家还是发展中国家，全球变暖都是备受关注的重大问题。随着全球变暖日趋严重，如何才能减缓全球变暖？减少碳排放是应对气候变暖的主要办法，利用信息化技术是实现节能减排的重要技术手段之一，信息技术扮演着极其重要的角色。

（二）信息技术为低碳经济插上"智能的翅膀"。从世界各国经济发展的过程来看，持续经济发展对传统能源和物资消耗较大，带来较大的环境污染，并对传统能源和物资具有长期、严重的依赖性。这是发展绿色低碳经济所要解决的根本问题，而解决的主要途径就是开源节流。目前，新能源、新材料的研究开发是从"开源"的方面做出求索，但新能源、新材料在来源、资金、技术等方面存在周期长等困难，而信息技术从更具现实性、可操作性的"节流"角度提供了一个解决问题的有效途径。因此，全面推广应用信息化，实现工业化、信息化充分融合，将最大程度地减少煤炭石油等高碳能源消耗，降低温室气体排放，并为打造绿色低碳经济、实现经济社会发展与生态环境保护的和谐双赢保驾护航，意义重大深远。

当前，一场世界范围内、以绿色低碳化为目标的新技术革命已经到来，各种减碳技术将扮演着新的第一生产力角色。而信息技术产业在这场变革中，无疑将成为减碳、低碳技术的前锋。它可以利用自身优势，重新科学合理最佳配置各种资源，提高各种能源和碳利用效率，充分发挥信息技术在电力行业、工业、交通物流业、建筑业等各领域的节能减排作用，积极主动参与低碳经济建设，以信息化助推低碳化发展。

国际非政府组织"全球电子可持续发展倡议"公布了题为《节能化2020年：在信息时代推动低碳经济》的报告。报告认为，如果将信息通信技术充分用于节能减排，那么在2020年全球温室气体排放量可能比不充分采用该技术减少15%，所节约能源的总价值近9000亿美元。

八、垃圾成灾

（一）全球垃圾成灾概述。全球每年产生垃圾近100亿吨，而且处理垃圾的能力远远赶不上垃圾增加的速度，特别是一些发达国家，已处于垃圾危机之中。美国素有垃圾大国之称，其生活垃圾主要靠表土掩埋。过去几十年内，美国已经使用了一半以上可填埋垃圾的土地，30 年后，剩余的这种土地也将全部用完。我国的垃圾排放量也相当可观，在许多城市周围，排满了一座座垃圾山，除了占用大量土地外，还污染环境。危险垃圾，特别是有毒、有害垃圾的处理问题，因其造成的危害更为严重、产生的危害更为深远，而成了当今世界各国面临的一个十分棘手的环境问题。当前，各类电子废料已经成为快速增长的固体废弃物之一，如废旧电脑、废家电、废通信器材等废弃电器以及制造这些电器过程中产生的各类废料、废物，形成了庞大的“电子垃圾”。而对这些电子垃圾的不合理处置会对环境造成极大污染。

（二）信息技术对减缓垃圾灾害的作用。全球各地根据实际情况，因地适宜，利用新一代信息技术进行垃圾的处理工作，使之更科学，更实用、更节省资金。物联网技术的应运而生为生活垃圾管理更加科学化、规范化、精细化提供了技术支撑。首先，在源头识别上，通过嵌有 RFID 芯片或贴有电子标签的垃圾桶或废物箱，辅以读卡设备，可以掌握垃圾产生源头，从而为垃圾收运作业操作、收集容器的配置和垃圾品质分析等提供参考依据。其次，在中转运输上，通过电子围栏技术的应用，可以对进入有效范围内进行收运作业的环卫作业车进行识别，从而达到了解垃圾来源和清运量的目的；通过 GPS 定位技术，可以了解各类环卫作业车辆的线路轨迹、位置、速度等实时数据，达到对作业、运输过程监督的目的，从而有利于合理安排人员、车辆，及时解决突发问题；通过在中转环节对垃圾的称量并联网上传至数据库，可以了解各中转站及水运码头的中转量。第三，在末端处置环节上，主要是对各个处理场的生活垃圾量以及处理后残渣或副产品进行称量和品质监控，从而了解处理场所的处置负荷量、处置效果等。

九、能源危机

（一）全球能源危机概述。由于石油、煤炭等目前大量使用的传统化石能源枯竭，同时新的能源生产供应体系又未能建立，而在交通运输、金融业、工商业等方面造成的一系列问题统称能源危机。

世界经济的现代化，得益于化石能源，如石油、天然气、煤炭与核裂变能的广泛投入应用。因而它是建筑在化石能源基础之上的一种经济。然而，这一经济的资源载体将在 21 世纪上半叶迅速地接近枯竭。石油储量的综合估算，可支配的化石能源的极限，大约为 1180 亿～1510 亿吨，以 1995 年世界石油的年开采量 33.2 亿吨计算，石油储量大约在 2050 年左右宣告枯竭。天然气储备估计在 131800 兆～152900 兆立方米。年开采量维持在 2300 兆立方米，将在 57～65 年内枯竭。煤的储量约为 13.6 万亿吨，可以供应 300 年。铀的年开采量目前为每年 6 万吨，可维持到 21 世纪 30 年代中期。核聚变到 2050 年还没有实现的希望。化石能源与原料链条的中断，必将导致世界经济危机和冲突的加剧，最终葬送现代市场经济。事实上，近 10 年来，中东及海湾地区与非洲的战争都是由化石能源的重新配置与分配而引发。这种军事冲突，今后还将更猛烈、更频繁；在国内，也可能出现由于能源基地工人下岗而引发许多新的矛盾和冲突。

20世纪90年代以来，中国经济的持续高速发展带动了能源消费量的急剧上升。中国逐步由能源净出口国变成净进口国，能源总消费已大于总供给，能源需求的对外依存度迅速增大。煤炭、电力、石油和天然气等能源在中国都存在缺口，其中，石油需求量的大增以及由其引起的结构性矛盾日益成为中国能源安全所面临的难题。

（二）信息革命对减缓能源危机的作用。保障能源安全供给。各国都加大用现代科技保障能源安全的力度。大停电事件为美国敲响了供电安全的警钟，美国政府随即将电网大停电事故提高到“危及美国国家安全”的高度来对待。2003年，美国能源部提出了构建安全可靠电网的“Grid2030计划”。该计划旨在采用先进的材料技术、超导技术、电力电子技术和控制技术、广域测量技术、实时仿真技术、储能技术、可再生能源发电技术、微型燃气轮机发电技术等构建全美骨干电网、区域性电网、地方电网和微型电网等多层次的电力网络，以保障大电网的安全性、稳定性，供电的可靠性及电能质量。

铺垫节能增效之路。自1973年发生石油危机以来，西方国家为减少对世界不稳定地区石油供应的过分依赖和出于环境保护的要求，都把提高能源系统的效率、节约能源作为其能源战略的重要目标和措施。在这一过程中，信息通信技术始终作为一个重要的手段被应用于节能的方方面面。现代信息通信技术则为需求侧管理提供了有力的技术保障，比如通过信息采集、信息处理、系统构成等实现配电自动化、电能监测等。其中一个典型应用就是通过实施峰谷分时电价、季节性电价、可中断电价等电价政策，引导用户尽可能在低谷时段用电，合理避开高峰时段用电。需求侧管理模式目前已逐渐扩散到加拿大、中国、欧盟国家、日本、巴西等30多个国家和地区，并进一步同现代技术相结合，产生巨大的经济效益。有数字显示，美国自1973年以来通过需求侧管理获得的能源是国内能源供应增长量的4倍，2000年，美国人均一次能源消费与1973年几乎一样，而同一时期的人均GDP却增长了74%。需求侧管理需要建立节能和需求模型，对于信息化手段有着很大的依赖性。

十、物种危机

（一）全球物种危机概述。由于森林锐减，以及人类对地球资源的过度开发，加之环境污染等原因，地球上的各种生物及其生态系统受到了极大的冲击和损害，许多生物濒临灭绝或已经灭绝。而每一种生物都具有不可复制性，一旦灭绝将永远无法再生。生物多样性的减少将使人类处于一种越来越孤立的状态。

人类和地球上其他生物有一种相互依存的生态关系，然而，这一良性关系有被破坏的趋势。据联合国有关报告显示，自工业革命开始，全球已进入最大规模的物种灭绝时代。与地球史上前五次因自然灾害而导致的大灭绝所不同的是，人类在这场过早到来的第六次危机里扮演了举足轻重的角色——因其自身的活动，而把其他物种的自然灭绝速度提高了100～1000倍。据预测，如果按现在每小时3个物种灭绝的速度，40年后的2050年，地球上1/4到1/2的物种将会灭绝或濒临灭绝。

世界自然保护联盟发布的《受威胁物种红色名录》表明，目前世界上还有1/4的哺乳动物、1200多种鸟类以及3万多种植物面临灭绝的危险。而如果没有人类的干扰，在过去的2亿年中，平均大约每100年才有90种脊椎动物灭绝，平均每27年有一种高等植物灭绝。正是因为人类的干扰，使鸟类和哺乳类动物灭绝的速度提高了100～1000倍。

（二）信息技术对减缓物种危机的作用。信息技术与自然保护区管理。随着"3S"技术的发展，配置带保护区地图的GPS定位仪，能使管护人员及时准确地了解和报告保护区的各种变化信息。使用带GPS定位信息的摄像设施，能及时拍摄具有地理位置的影像，可为提高保护区的建设管理服务，也可为分析土地利用变化提供解译标志。随着Google Earth的发展，特别是多时相高分辨率卫星影像的应用，自然保护区土地利用变化、植被变化等信息的获取将更加容易，从而为保护区的精准管理提供便捷的信息平台。

信息技术与野生动物保护。应用GIS进行野生动物生境空间数据库的建立、图形显示以及报告生成，降低了采用人工系统或传统的信息系统进行工作的时间和成本。由于GIS可以提供统一的数据源和参照系，过去难于获得或者得不到正确解释的有关生境信息，现在可以在统一的格式下操作，减少了错误的发生。不同机构中的数据冗余和不一致也可以减少，同时，用专题地图取代数据表格，给数据带来了更好的交互表达形式。过去看上去不能经济有效地解决的问题变得可以解决。以前大多使用的是一维的一般模型，现在则可以使用带有特定数据的二维、三维模型，乃至四维模型，同时激励大家考虑新的研究领域。由于放在统一的空间坐标系下，使得数据具有通用性，这意味着不同学科之间共享数据源和数据结果变得更为简单和有效。RS和GPS技术也已经成功地用在了野生动物生境研究的GIS应用中，并在将来会有更大的发展。未来的GIS将作为野生动物生境保护决策支持系统的组成部分，这样，不仅为野生动物生境模型提供输入数据，进行生境分析和评价，而且还进一步用于对野生动物生境因子及其他有关数据进行综合管理，从而提供有关决策支持。

信息革命与生态文明时代十大产业

生态文明的实现需要切实转变传统的生产方式和发展模式，其中一个重要的方面就是产业结构的调整。生态文明建设要求产业结构朝着更加绿色的方向发展，低污染、低排放、低能耗的服务业所占比重将显著提高，制造业将通过进一步的节能降耗实现清洁生产，整个大农业也将向生态化转变。同时我们也应当认识到，生态文明时代的产业不是也不能简单地退回到原始自然的状态，而是要在现有科学技术的基础上不断与时俱进。随着以信息技术为代表的高新技术的推陈出新，未来的产业不但要越来越“生态化”，还将越来越“智慧化”。本部分主要介绍生态文明时代的十个主要产业，首先是支撑信息社会的战略性新兴产业，包括信息通信产业、智慧节能环保产业、智慧生物产业、智慧新能源产业、智慧新材料产业等；其次是智慧服务业，包括智慧金融、智慧物流和智慧旅游等；再次是智慧采矿业等智慧工业；最后是包括农林牧副渔在内的智慧大农业。

一、信息通信产业

（一）信息通信产业概述。ICT 产业是传统信息产业和通信产业融合而成的新领域——信息通信产业。

今天，ICT 更多地被赋予信息化、智能化的内涵，互联网新业务、云计算操作平台、各类商业应用等将成为“信息”的主要内容，传感网络、智能终端、All - IP 化网络、云数据中心将成为全新形态的“通信”。

ICT 产业将会极大地改变现在的生活方式。可以想象，未来的无线城市将为现代生活创造更多的便利，高速宽带无线技术将覆盖城市行政区域，向公众提供利用无线终端或无线技术获取信息的服务，提供随时随地接入和速度更快的无线网络。人们用手机看电视、打网络游戏、手机视频聊天、参加视频会议、家庭数字网络、无线传输文稿和照片等大文

※ 该文为国家林业局信息办主任李世东等2013 年6 月26 日在中国林业网作的信息革命与生态文明系列谈(7)，收录时略有删改。

件、无线网络硬盘、移动电子邮件，等等。

随着电子信息技术的进步，通信产业与信息服务业在依托的物理平台和提供的服务方面互相渗透、走向融合。新兴的智慧通信技术也已经对传统的通信手段产生了重大的影响和冲击，进一步增强我国在信息技术和通信技术领域的竞争力，促进我国智慧通信产业又好又快发展成为新世纪的重要发展目标之一。

(二)从三网融合到多网融合。三网融合是指电信网、广播电视网和互联网的相互渗透、互相兼容、并逐步整合成为全世界统一的信息通信网络，其中互联网是其核心部分。

三网融合是几十年来现代信息技术不断发展和创新的结果，在当代信息革命的发展史上具有里程碑的意义。三网融合不仅是将现有网络资源进行有效的整合，互联互通，而且会形成新的服务和运营机制，并有利于信息通信产业结构的优化，以及政策法规的相应变革。三网融合将进一步改变人们工作、学习和生活方式，对人类社会先进生产力的发展和社会进步将产生难以估量的重大影响，不仅信息传播，内容和通信服务的方式会发生很大的变化，企业应用，个人信息消费的具体形态也将会有质的变化。三网融合将重绘现代信息通信产业的版图，给信息技术产业，信息内容产业和信息服务产业带来全新的发展(陈浩，2010)。

随着技术的不断革新，信息传输通道将会不断地被整合、被淘汰，物联网、智能电网、智能路网等都将会不断地进行融合。例如，3G 网络的发展和完善不仅加快了终端技术提升、价格变化的过程，而且使得 3G 业务与终端产品的融合成为通信市场发展新的增长点。随着 3G 通信的完善和互联网的不断发展，移动互联网产业发展也逐步进入快车道。与此同时，在三网融合相关政策基础的支撑下，IPTV、数字电视等业务规模迅速扩大、新的业务模式不断涌现。国家对物联网产业的发展继续保持高度重视，将其纳入战略性新兴产业范畴，多个省市政府也纷纷将物联网产业纳入“十二五规划”的发展重点，从而使得感知城市、智能电网、智能医疗、智能家居等示范工程也随之崛起，物联网的行业应用范围不断拓展。可以预见的是，未来的发展趋势必将从三网融合走向多网融合。

二、智慧节能环保

(一)智慧节能环保产业概述。智慧节能环保是借助物联网技术，把感应器和装备嵌入到各种监控对象中，通过超级计算机和云计算将节能环保领域物联网整合起来，实现人类社会与业务系统的整合，以更加精细和动态的方式实现管理和决策的“智慧”。

节能环保产业是我国加快培育和发展的七大战略性新兴产业之一。节能环保产业是指为节约能源资源、发展循环经济、保护生态环境提供物质基础和技术保障的产业，涉及节能环保技术装备、产品和服务等，产业链长，关联度大，吸纳就业能力强，对经济增长拉动作用明显。加快发展节能环保产业，是调整经济结构、转变经济发展方式的内在要求，是推动节能减排，发展绿色经济和循环经济，建设资源节约型环境友好型社会，积极应对气候变化，抢占未来竞争制高点的战略选择。

（二）信息技术促进节能降耗。信息技术是工业节能降耗工作的重要支撑。实现信息技术在节能环保产业中的绿色作用，需要在重点环节、重点企业和重点行业方面下工夫。

第一，在研发设计、工艺过程、生产线管控、运营管理等重点环节推进信息技术的融合与渗透，充分挖掘和释放生产过程中的节能降耗潜能。比如，在工艺过程融入自动智能控制、模型控制、资源综合利用等绿色工业技术，降低原料和燃料损耗，提升成品率和资源回收利用水平，充分释放各工序效能；在生产线管控过程中拓展和扩大制造执行系统的功能和应用范围，提升生产线精益生产和敏捷制造水平，优化用能结构。

第二，通过专业化的能源管理信息化系统在重点企业中的应用，来促进重点行业节能降耗。事实证明，对重点企业的节能目标考核收效明显，而确保这些节能目标完成的可靠性和不反弹，得靠能源管理信息化系统。这就要对企业能源系统的生产、输配和消耗环节实施集中扁平化的动态监控和数字化管理，改进和优化能源平衡，实现系统性节能降耗的管控一体化系统，来进一步完善重点企业节能减排的全流程管理，从而带动整个行业的节能降耗。

第三，电子信息和绿色通信技术在工业节能降耗中的应用，正是信息化和工业化深度融合的典型表现。“十二五”时期，我国要积极推进在线仿真等信息技术应用于重点行业节能，实施工厂能耗数字化、可视化，还要加快建设工业节能减排监测预警信息系统，推进区域性重点用能企业能耗在线监测，研究建立地区、行业、重点企业“三位一体”的工业能耗监测和预测预警体系。

（三）信息技术造就智慧环保。我国在十几年的重点污染源自动监控、环境质量在线监测等系统的建设中，广泛采用传感器、RFID 等相关技术。目前，全国各地在污染源自动监控、环境质量监测等相关环保物联网应用建设方面均取得了初步成效，在政府推动和企业积极参与下，逐步形成了比较完整的面向环境保护的物联网产业链。但由于各种主、客观原因，在环保物联网应用建设项目组织管理、系统运营、数据应用等方面还需要持续改进与完善。

智慧环保的实现，关键是要在原有数字环保的基础上，重点加强感知层与智慧层的建设。一是利用物联网技术，建设实时、自适应环境参数感知的感知系统；二是利用云计算、模糊识别等各种智能计算技术，整合现有信息资源，建设具有高速计算能力、海量存储能力和并行处理能力的智能环境信息处理平台，为最终实现“智慧环保”的各项应用服务提供平台支撑与信息服务。

三、智慧生物产业

（一）智慧生物产业概述。生物技术在医疗保健、农业、环保、轻化工、食品等重要领域对改善人类健康与生存环境、提高农牧业和工业产量与质量都发挥越来越重要的作用。生物技术已经成为现代科技研究和开发的重点。在发达国家，生物技术已经成为一个新的经济增长点，其增长速度大致是在25%～30%，是整个经济增长平均数的8～10倍左右。我国生物产业发展迅速，“十一五”期间全国生物产业年产值从6000亿元升至16000亿元人民币，年均增速达21.6%。预计到2015年，生物产业产值将超过4万亿元，到2020年将达到10万亿元。

生物技术是以生命科学为基础，利用生物的特性和功能，设计、构建具有预期性能的新物质或新品系，以及与工程原理相结合，加工生产产品或提供服务的综合性技术；而信息技术是研究信息的获取、传输和处理的技术，由计算机技术、通信技术、微电子技术结合而成，即是利用计算机进行信息处理，利用现代电子通信技术从事信息采集、存储、加工、利用以及相关产品制造、技术开发、信息服务的新学科。信息技术和生物技术都是高新技术，二者在新经济中并非此消彼长的关系，而是相辅相成，共同推进21世纪经济的快速发展。

权威市场研究机构的报告显示：2011年生物信息技术全球市场需求超过400亿美元，而且在今后几年内都会以每年24%的速度递增，这种需求的迅猛增长将至少持续10年。

（二）信息技术与生物产业。在生命科学领域的研究中，IT技术一直起着催化剂的作用，并随着研究和应用的深入，所扮演的角色越来越重要。计算机在生命科学领域的应用主要包括高性能计算、数据集成与管理、存储管理、咨询服务、知识管理、协作技术等。

在生物产业的研究中，始终不能缺少计算机的工作，如果到基因组测序的研究所去看一看，大量的以超级计算机为基础的测序仪，会使你误以为到了一家信息技术公司。生物产业因计算机的加盟而提速，信息技术产业也因生命科学的需要而得以发展。运用数学、计算机科学和生物学的各种工具，来阐明和理解大量基因组研究获得数据中所包含的生物学意义，生物学和信息学交叉、结合，从而形成了一个新的学科，生物信息学或信息生物学，它的进步所带来的效益是不可估量的。美国已经出现了大批基于生物信息学的公司，希冀在基因工程药物、生物芯片、代谢工程等领域掘出财富，生物信息学工业潜力巨大。可以说，生物技术与信息技术的融合，才是世界经济市场的未来。

在我国，生物信息技术已经露出蓬勃发展的势头。在科技部制定的《“十二五”生物技术发展规划》中，生物信息技术被列为一项需要重点突破的核心关键技术。我国将在中国科学院建设生物信息系统国家研究中心，形成有国际竞争能力的基因组学、蛋白质组学和生物信息学的整体技术平台。

四、智慧新能源

（一）智慧新能源产业概述。新能源技术及产品覆盖面广泛，涉及工业、农业、交通、服务业、公共设施、家庭等几乎所有领域，涵盖能源、材料、装备、日用消费品整个产业链，既能带动传统产业升级更新，又能形成新兴产业，即新能源产业。新能源产业的发展既是整个能源供应系统的有效补充手段，也是环境治理和生态保护的重要措施，是满足人类社会可持续发展需要的最终能源选择。

在我国，可以形成产业的新能源主要包括水能、风能、生物质能、太阳能、地热能等，是可循环利用的清洁能源。新能源产业的发展重点主要在四个重点领域：太阳能、风能和生物质能为代表的可再生能源的广泛应用；煤、油、气等传统能源向清洁化升级；先进核能进入新一轮发展热潮；清洁动力促进汽车技术大换代。

根据国家《新兴能源产业发展规划》，预计到2020年，中国新能源发电装机2.9亿千瓦，约占总装机的17%。其中，核电装机将达到7000万千瓦，风电装机接近1.5亿千瓦，太阳能发电装机将达到2000万千瓦，生物质能发电装机将达到3000万千瓦。

（二）信息技术支撑智能电网。智能化已经成为全球经济发展的新亮点，智能电网建设也将成为全球经济发展的新引擎。智能电网是把先进的传感测量技术、信息通信技术、分析决策技术、自动控制技术和能源电力技术相结合，并与电网基础设施高度集成而形成的新型现代化电网。可以实现电网的可靠、安全、经济、高效、环境友好和使用安全的目标。

国家电网提出了“坚强智能电网”发展规划。“坚强智能电网”以坚强网架为基础，以通信信息平台为支撑，以智能控制为手段，包含电力系统的发电、输电、变电、配电、用电和调度各个环节，覆盖所有电压等级，实现“电力流、信息流、业务流”的高度一体化融合，是坚强可靠、经济高效、清洁环保、透明开放、友好互动的现代电网。因此，“坚强”和“智能”是坚强智能电网的基本内涵。只有形成坚强网架结构，构建坚强的基础，实现信息化的智能特征，才能充分发挥坚强智能电网的功能和作用。

智能电网建设的全面启动，不仅将加快工业发展的进程，而且还会对我国能源产业发展提供更为强劲的动力支撑。在低碳发展已经成为全球化经济发展的趋势下，智能电网在促进低碳发展的各个环节中，都起着至关重要的作用。尤其需要引起重视的是，信息技术需要为智能电网各业务领域信息的高度共享提供平台，为电网各全景信息的采集、分析与高级应用提供支撑，促进电网各环节、各层级信息高度集成和业务深度融合。智能电网不论从发电环节、电网环节还是用电环节，都将产生一定的能效作用，从而推动经济社会的发展实现减排目标。

（三）信息技术支撑智能能源网。智能能源网是指利用先进的通信、传感、储能、新材料、航天、化工、微电子、海量数据优化管理和智能控制等技术，对传统能源的流程架构体系进行革新改造和创新，建构新型能源生产、消费的交互架构，形成不同能源网架间更高效率能源流的智能配置、智能交换，推动现有单向运转的能源体系进化为生产、输送、分配、使用、市场、运行、客户、服务、远期能源价格管理和监管、碳权利与低排放奖励和不同能量网架之间优化整合互动这十要素的流程。形成智能燃气网、智能电网、智能水务网、智能热力网、智能工业管理和智能交互架构管理等子网络建设，实现分行业、多产业的能源智能化，并实现能源产业双网或多网的互动配置、能源总网架优化管理。这个网络的形成可以有效地完成调峰需求、新能源的接入、碳减排等多元化的传统难题，从容地实现阶梯电价、阶梯水价、供热计量、燃气远程管理等能源管理目标，可以使我国能源效率至少提升15%，从而实现能源网络运行的可靠、经济、高效和环保。如果全球主要经济体系推进智能能源网建设，以2009年全球能源消费近110亿吨油当量而论，大约全球每年可节省10多亿吨标准油。

智能能源网推动智能服务网络从传统的能源体系之中独立出来，并构成链式互动能源结构的核心体系，它将包括传统能源系统未曾建立的若干内容：能源引擎服务；气象能源服务；远程能源控制；机器与机器通信协议；基于IPv6的信息基础网络；其他新产业业态。

五、智慧新材料

(一)智慧新材料产业概述。新材料是材料工业发展的先导，是重要的战略性新兴产业。新材料涉及领域广泛，一般指新出现的具有优异性能和特殊功能的材料，或是传统材料改进后性能明显提高和产生新功能的材料，主要包括新型功能材料、高性能结构材料和先进复合材料，其范围随着经济发展、科技进步、产业升级不断发生变化。

《中国新材料产品与技术指导目录》将新材料产品分为新型金属材料、新型建筑材料、新型化工材料、电子信息材料、生物医用材料、新型能源材料、纳米及粉体材料、新型复合材料、新型稀土材料、高性能陶瓷材料、新型碳材料、新材料制备技术与设备等12类。

美国兰德公司研究报告阐述了2015年前生物、纳米、材料技术与信息技术发展趋势。该报告认为，材料技术将使产品、元件和系统变得更小，更智能化、多功能、环境兼容、更加和谐和专业化。这些产品将不仅有益于信息革命和生物革命，而且对制造业、后勤保障和个人生活方式都有好处。报告着重强调了具有敏感和激励能力的智能材料的广泛用途：适应天气变化的衣服，信息系统的各种界面，生命迹象的监视器，药物释放，伤口保护；人身识别和安全系统；随天气变化自动调节环境条件的建筑物和运输工具。报告指出，增加材料的功率、感应和激励特性，或者基于生物模型，使新的更精密的机器人和遥控运输工具成为可能。

进入新世纪以来，我国新材料产业发展迅速，2010年我国新材料产业规模超过6500亿元，与2005年相比年均增长约20%。其中，稀土功能材料、先进储能材料、光伏材料、有机硅、超硬材料、特种不锈钢、玻璃纤维及其复合材料等产能居世界前列。

(二)信息技术促进新材料产业的低碳环保。新材料产业的低碳环保离不开信息技术的支持。新材料产业的低碳环保需要和新技术相结合，才能进一步构建人类低碳环保的未来生活方式。新材料及其技术带来的节能减排主要是通过两个方面来完成的，一是新能源和可再生能源，二是节约和能源的高效利用。提供新能源和可再生能源并不是新材料产业的直接贡献的结果，它只是起到中间支持的作用。新能源比如说太阳能、风能、核能等等，这些能源通过转换才能变为民用，这里的能量转换与储能材料是各种能量转换与储能装置所使用的材料，是发展研制各种新型、高效能量转换与储能装置的关键，包括锂离子电池材料、镍氢电池材料、燃料电池材料、超级电容器材料和热电转换材料等等。这里的储存转换所需的节能材料是能够提高能源利用效率的各种新型节能技术所使用的材料，包括非晶合金材料、超导材料、建筑节能材料等能够提高传统工业能源利用效率的各种新型材料。新材料技术在节能减排工作中正发挥着巨大的作用，无论在增加绿色 GDP 方面，还是产业的绿色转型方面，都扮演着重要角色。新材料技术对于废弃物的循环再生利用、对于大气污染治理和防御等方面也同样发挥着不可或缺的作用。

（三）信息技术促进智慧新材料的应用。随着新材料产业的不断发展，数码电子智能产品的电磁续航能力将会得到很大的改进。锂电池是目前最为广泛使用的电子数码产品所使用的电池，它是一类由锂金属或锂合金为负极材料、使用非水电解质溶液的电池，具有能量高，寿命长，额定电压高、自动放电率低，可以在 -20 ~ 60℃的环境下使用，绿色环保，不论生产、使用和报废，都不含有和产生任何铅、汞、镉等有毒有害重金属元素和物质。近 10 年来得到了很大发展，并以其卓越的高性能价格比优势在移动电子数码电子终端设备领域占据了主导地位，是最新一代的绿色高能充电电池，被认为是在 21 世纪对国民经济和人民生活具有重要意义的高新技术产品。镍氢电池是近年来新开发的一种新型电池，与传统的镍镉电池相比，容量可以提高一倍多且没有记忆效应，对环境没有污染。近日美国斯坦福大学华人师生发明新型镍铁电池电极材料，能在两分钟内完成充电，30 秒内完成放电，提高充放电速度近 1000 倍，为科学家爱迪生在 100 多年前发明的镍铁电池赋予全新生命。面对越来越多电子产品的未来生活，电磁波辐射对人的身体或多或少都会造成一定的伤害。中博讯电磁辐射防护卡是由十几种铁氧体吸波材料及稀有元素复合而成的新型吸收电磁波功能材料，具有高磁导率，强损耗的特性，对于日常家电产生的电磁波具有屏蔽和吸收作用，此卡还具有防磁、防水、耐高温、不易破碎等优良特性，不间断使用寿命超过 6 年。

六、智慧金融

（一）智慧金融概述。智慧金融是以信息技术为基础，通过感知化、互联化、智能化的方式，使现代金融行业在组织结构、业务流程、业务开拓以及客户服务等方面得到全面提升。智慧金融具体表现为：通过动态的 IT 基础架构及时响应金融业务的需求；通过对海量数据的智能分析与优化，提升金融业务决策支持能力；通过感知客户行为模式的变化提供个性化金融产品与服务；通过风险管理规避各类金融风险。

智慧金融的智慧可以解读为以下四个方面：第一，预测客户需求，感知客户行为模式的变化，随时随地通过便捷的渠道提供个性化金融产品与服务；第二，实时、准确地预测及规避各类金融风险，优化内部资本结构；第三，收集、处理海量数据，通过智能分析与优化提升业务决策支持能力，以回应市场环境的细微变化；第四，及时响应业务需求、适应多变商业环境的灵活的IT架构，以满足不同部门、客户和合作伙伴的各种需求。

（二）云金融。云金融是云计算的专业化延伸，是金融机构利用云计算的有益探索。从技术上讲，云金融就是利用云计算机系统模型，将金融机构的数据中心与客户端分散到云里，从而达到提高自身系统运算能力、数据处理能力，改善客户体验评价，降低运营成本的目的。从概念上讲，云金融是利用云计算的模型构成原理，将金融产品、信息、服务分散到庞大分支机构所构成的云网络当中，提高金融机构迅速发现并解决问题的能力，提升整体工作效率，改善流程，降低运营成本。

金融云是专门为金融行业量身定制的数据中心云服务，它打破了传统金融企业数据中心各自建设、各自运营的模式，中小型金融企业将按照按需使用、即付即得的交付模式获得云计算服务，从而节省大量的建设与运营管理成本。与此同时随着云技术的进一步开发，部门与部门之间的信息共享和在线交易也会成为可能。

（三）移动金融。移动金融是指使用移动智能终端及无线互联技术处理金融企业内部管理及对外产品服务的解决方案。在这里移动终端泛指以智能手机为代表的各类移动设备，其中智能手机、平板电脑和无线POS机目前应用范围较广。

银行业的移动金融建设按照服务的用户群可以分为：服务于内部员工的企业应用以及服务于外部客户的产品应用。常见的移动办公就属于典型的企业应用，该类应用的核心价值在于提高企业内部的工作效率、降低企业运营成本，提供更方便的业务流程帮助企业员工带来更高的效益。目前常见的银行内部企业应用类型包含：移动营销、移动客户关系管理、移动办公、移动数据报表和移动信贷。移动银行是最常见的银行提供的对外服务的移动产品，该类应用的核心价值在于增加银行的服务渠道，在提供更方便的服务的同时，不但大大降低了传统渠道的成本还可以带来新的收益，另外通过外部渠道还可以整合其他行业的资源，利用移动智能终端对于用户的随身性便捷性极大的增加边际效益。目前常见的银行外部产品应用类型包含：移动银行、移动掌上生活、移动理财投资和移动支付等。

七、智慧物流

（一）智慧物流概述。智慧物流是以信息技术为基础，通过感知化、互联化、智能化的方式，使物流中的订单、运输、仓储、配送等各环节信息能够共享并协调运作，是精准、高效、经济、绿色的物流发展新模式。智慧物流以更智能、更优化的服务方式，将在生态文明时代的经济社会发展中进一步发挥动脉和桥梁的作用。智慧物流为供方提供最大化利润，为需方提供最佳服务，同时消耗最少的自然资源和社会资源，实现最大范围的信息共享及资源整合，构建现代物流服务体系，推动物流业和相关产业的联动发展。

结合物流行业信息化发展状况，考虑到物流业是最早接触物联网的行业，也是最早应用物联网技术，实现物流作业智能化、网络化、自动化的行业，2009 年 12 月，中国物流技术协会信息中心等提出智慧物流概念。

（二）信息技术支撑智慧物流的发展。目前，很多先进的现代物流系统已经具备了信息化先进技术特征。很多物流系统和网络也采用了最新的红外、激光、无线、编码、自动识别、定位、无接触供电、光纤、传感器、RFID、卫星定位等高新技术，这种集光、机、电、信息等技术于一体的新技术在物流系统的集成应用就是物联网技术在物流业应用的体现，是智慧物流的具体体现。这种高度智能化的物流管理将推动物流企业提高物流效率，降低物流成本，并推动整个物流业的发展。

八、智慧旅游

（一）智慧旅游概述。智慧旅游是利用云计算、物联网等新技术，通过互联网、无线网络，借助便携的终端设备，主动感知旅游资源、旅游经济、旅游活动、旅游者等方面的信息，及时传送和挖掘分析，让人们能够及时了解这些信息，及时安排和调整工作与旅游计划，提升游客在食、住、行、游、购、娱等旅游活动中的自主性、互动性，为游客带来超出预期的旅游体验和无处不在的旅游服务。

智慧旅游不仅能带给游客便利，对旅游管理者和经营者来说，也意味着一场变革。智慧旅游通过信息技术，可以及时准确地掌握游客的活动信息和旅游企业的经营信息，实现旅游行业监管从传统的被动处理、事后管理向过程管理和实时管理转变。智慧旅游的"智慧"体现在旅游服务的智慧、旅游管理的智慧和旅游营销的智慧这三大方面。

新一代信息技术与生态旅游行业企业的有机结合是最直接、最经济、最有效的提高人们对生态旅游认识、加大对生态旅游目的地的宣传、增强人们保护生态意识的方式。它不仅成本低，效率高，还能从中得到极大的经济收益和社会效益。

（二）智慧旅游的基本功能。从使用者的角度出发，智慧旅游主要包括导航、导游、导览和导购四个基本功能。

第一，开始位置服务——导航。将位置服务（LBS）加入旅游信息中，让旅游者随时知道自己的位置。确定位置有许多种方法，如 GPS 导航、基站定位、WiFi 定位、RFID 定位、地标定位等等，未来还有图像识别定位。GPS 导航模块接入电脑，可以将互联网和 GPS 导航完美地结合起来，进行移动互联网导航。

第二，初步了解周边信息——导游。在确定了位置的同时，在网页上和地图上会主动显示周边的旅游信息，包括景点、酒店、餐馆、娱乐、车站、朋友/旅游团友等的位置和大概信息，如景点的级别、主要描述等，酒店的星级、价格范围、剩余房间数等，活动的地点、时间、价格范围等，餐馆的口味、人均消费水平、优惠……智慧旅游还支持在非导航状态下查找任意位置的周边信息，拖动地图即可在地图上看到这些信息。周边的范围大小可以随地图窗口的大小自动调节，也可以根据自己的兴趣点规划行走路线。

第三，深入了解周边信息——导览。点击感兴趣的对象（景点、酒店、餐馆、娱乐、车站、活动等），可以获得关于兴趣点的位置、文字、图片、视频、使用者的评价等信息，深入了解兴趣点的详细情况，供旅游者决定是否需要它。智慧旅游则像是一个自助导游员，有比导游员更多的信息来源，如文字、图片、视频和3D虚拟现实，戴上耳机就能让手机/平板电脑替代数字导览设备，无须再租用这类设备了。导览功能还将建设一个虚拟旅行模块，只要提交起点和终点的位置，即可获得最佳路线建议，推荐景点和酒店，提供沿途主要的景点、酒店、餐馆、娱乐、车站、活动等资料。

第四，等着享受——导购。经过全面而深入的在线了解和分析，已经知道自己需要什么了，那么可以直接在线预订。只需在网页上自己感兴趣的对象旁点击“预订”按钮，即可进入预订模块，预订不同档次和数量的该对象。由于是利用移动互联网，游客可以随时随地进行预订。加上安全的网上支付平台，就可以随时随地改变和制订下一步的旅游行程，而不浪费时间和精力，也不会错过一些精彩的景点与活动，甚至能够在某地邂逅特别的人，如久未谋面的老朋友。

九、智慧采矿业

（一）智慧采矿业概述。随着科学技术的飞速发展，矿山已从原始矿山、人力矿山、机械矿山发展到信息矿山、感知矿山、数字矿山，并将迈向绿色矿山、智能矿山、智慧矿山。

智慧矿山是矿山信息化发展的高级阶段，是新经济、新技术条件下，新型矿山企业转变发展方式、实现科学发展的必经之路。智慧矿山是与先进的科学技术、管理理念、管理方式和管理手段，以及与3G移动互联网、光纤网络、物联网、云计算等新一代信息技术紧密结合，综合考虑生产、经营、管理、环境、资源、安全和效益等各种因素，实现矿山企业管控智能、安全可靠、经济高效、绿色环保和可持续发展等目标。

（二）信息技术在智慧采矿业中的应用。智慧矿业的发展依靠信息技术的应用，信息化是智慧的实质，信息的采集、信息的传输、信息的处理、信息的应用与集成处处都体现着信息技术在智慧采矿业的应用。信息技术是未来煤矿企业的重要战略资源，拥有全面、先进的信息技术是企业提高生产能力，保证安全，提高管理水平、市场应变能力和竞争能力的重要保障。

借助物联网、移动互联网、云计算等信息通信技术，我国不少矿山实现了井下应急调度指挥，如遇突发事件可即时通知到每名井下矿工；瓦斯、温度等关键数据可自动实时监测、超限报警。通过井下无线感应器，智慧矿山系统能实时监测井下瓦斯、风速、温度、负压、一氧化碳等环境参数和各种机电设备开停、断电状态等设备运行参数。与此同时，通过煤矿安全生产管理人员的监控手机，可随时登录智慧矿山系统，整个煤矿的安全生产监测数据一目了然，井下人员定位系统可以实时监测井下的工作人数，还可以采集到某一区域或是某一人周围的工作情况。矿区每个管理人员通过自己的电脑，可以随时了解井下的工作情况，从而实现主动式安全保障。同时还设置报警功能，为安全生产管理提供了实时准确的支撑。另外，通过在井下应用视频监控，井下有异常，在几分钟内就可以对井下人员通知到位并撤离。这个移动视频监控可以对井上井下重点场所、重要岗位实施24小时监控(马清法、逯楠，2011)。

自动化无人工操作开采是井下或危险环境采矿的发展方向，也是保障工作面安全开采的有效途径。综合运用采矿学、自动化技术、通信技术、计算机科学与技术等，进行自动化无人工操作开采的基础理论研究和开发新技术、新装备，使矿山机械将向着机器人化和智能化方向发展。

十、智慧大农业

(一)智慧大农业概述。生态文明时代的农业应当是健康、环保、低碳、安全的生态农业，包括生态种植业、生态牧业、生态渔业、生态农副业等。在信息时代，生态农业不是摒弃先进的科学技术，简单地回归原始的自然农业，而是要充分利用不断发展的信息科技，实现农业的智能化和生态化的统一，发展智慧农业，或者更完整地称之为生态智慧农业。

智慧农业是农业生产的高级阶段，是集新兴的互联网、移动互联网、云计算和物联网技术为一体，依托部署在农业生产现场的各种传感节点和无线通信网络实现农业生产环境的智能感知、智能预警、智能决策、智能分析、专家在线指导，为农业生产提供精准化种植、可视化管理、智能化决策。它整合了农业专家智能系统、农业生产物联控制系统和有机农产品安全溯源系统三大系统，实现农业信息数字化、农业生产自动化、农业管理智能化，从而构建低碳节能、高效高产、绿色生态的现代农业体系。

(二)信息技术为智慧大农业发展带来新契机。云计算、物联网、“3S”集成技术、人工智能技术、虚拟现实技术以及多媒体技术等都对智慧农业的发展起到巨大的促进作用，信息科学技术的发展不仅改变和提高了农业的生产方式、产品质量，也使整个农业发展有了新的契机和源动力，重新塑造了人与农业环境的关系，达到一种和谐共生互利互惠的新型发展模式。

物联网在农业生产中的应用主要有：以开发利用智能专家系统为先导，对气候、土壤、水质等环境数据的分析研判，系统规划园区分布、合理选配农产品种，科学指导生态轮作。基于物联网技术，通过各种无线传感器实时采集农业生产现场的光照、温度、湿度等参数及农产品的生长状况等信息，远程监控生产环境。将采集的参数和信息进行数字化转化后，实时传输网络平台进行汇总整合，利用农业专家智能系统按照农产品生长的各项指标要求，进行定时、定量、定位云计算处理，及时精确地遥控指定农业设备自动开启或者关闭，实现智能化、自动化的农业生产过程。通过在生产加工环节给农产品本身或货运包装中加装 RFID 电子标签，并在运输、仓储、销售等环节不断添加、更新信息，从而搭建有机农产品安全溯源系统。有机农产品安全溯源系统加强了农业生产、加工、运输到销售等全流程数据共享与透明管理，实现农产品全流程可追溯，提高了农业生产的管理效率，促进了农产品的品牌建设，提升了农产品的附加值。

信息技术促使整个农产品生产过程中都实现了信息化智能监控系统实时定量的精确把关，不仅在农作物生产过程中能够检测温度、气候、水分、病虫害等自然条件的变化从而做出相应对策，更能够在农产品质量安全中实现从生产到销售的跟踪监控，将食品安全隐患降到最低。

信息革命与生态文明时代十大社会生活

生态文明的实现同样需要转变传统的生活方式，倡导绿色、低碳、健康、便捷的新生活方式。在崇尚物质主义的工业文明里，高消耗、高消费就是对经济发展的贡献。而生态文明要实现由人类为中心到整个生态的和谐，由人与自然对立到人与自然友好的转变，就需要以实用节约为原则，在保护生态环境的前提下做到适度消费、绿色消费。信息技术的发展为绿色生活方式和消费方式的实现提供了可能。生态文明时代社会生活中的十个方面，包括智慧化的衣食住行用——智慧服装、智慧饮食、智慧建筑、智慧社区、智慧交通、智慧终端，智慧化的医疗——智慧医疗，智慧化的消费——智慧商务，智慧化的工作——智慧政务，以及新型的人际交往方式——网络参与。

一、智慧服装

(一)智慧服装概述。智慧服装是智慧产业与服装产业的有机融合，即在传统服装产业的基础上，运用物联网、云计算、移动商务和电子商务等新兴科技手段对传统服装产业进行网络化、数字化、智能化改造。智慧服装让人与人、物与物更智能、更便捷地交流，智慧服装正让服装越来越“聪明”，服装的设计制造、流通采购、网购网贸采购越来越“便捷”，智慧服装建设正依托云计算、物联网、高端软件、第四代移动通信技术等最新高科技、新技术，为传统服装产业的转型与提升构建起智慧规划、智慧管理、智慧物业、智慧商业、智慧物流、智慧采购、智慧设计、智慧创意等。同时，智慧服装本身也孕育着一批服装产业的新兴业态的涌现和崛起，特别是互动共享、智能服装、数字商铺、电子商务、专业资讯服务等高端信息服务业，使服装产业运转更高效、更便捷、更文明、更低碳。

(二)信息技术在智慧服装中的应用。创新服装面料。服装的生产，面料是关键。在生态文明时代，低碳环保的面料将成为主流。在上海世博会上，由旭荣集团推出的凉爽面

※ 该文为国家林业局信息办主任李世东等2013年6月28日在中国林业网作的信息革命与生态文明系列谈(8)，收录时略有删改。

料是世博特选商品，该面料接触皮肤后可产生降低温度1~2℃的瞬间冰凉感，长时间日光照射可产生降低温度3~5℃的凉感温差，同时具有吸湿排汗、抗紫外线的效果。这种凉爽纤维的回潮率和纤维热扩散速率均好于普通纤维，并且有多种复合天然矿物、玉石等导入，是一款多功能环保高科技面料。穿着该系列服装时，可以将空调调高1℃，据统计，可节省5%~6%的电费，约减少620克排碳量。各国利用信息技术，结合最新的生物技术、纳米技术和微波技术，研制出了各种具有特殊功能的超级织物。

防蚊服装。野外露营的时候，只需穿上一件含有特殊化学成分的纤维制成的“防蚊服”，便可以“百毒不侵”了。无论什么样的蚊虫，只要接触到这件衣服便会晕死过去，而人和小动物接触它时，它和一件普通衣服却没有什么不同。

防晒服装。一家美国公司把陶瓷纤维同合成纤维结合起来制成了防晒服，这种衣服夏天防晒的效率是普通衣服的两倍，同时它还能把有害紫外线反射出去，而陶瓷纤维又能阻止保温的红外线逃逸。

免清洗服装。想过几个星期都没洗的衣服依然光洁如新吗？美国空军科学家研制出一种具有自我清洁功能的纤维。这种新技术利用微波将纳米大小的离子附着在纤维上。这些纳米离子不仅防水、防油还能抗菌。

保温服装。在制造过程中添加某种微胶囊制成的衣服则能使你不再担心寒冬。因为，这种附着在纤维上的微小球状薄膜胶囊中含有一些特殊物质，这种物质在正常温度条件下能储藏热能，在气温降低时则释放热能，从而达到保温的目的。

发电服装。澳大利亚研究人员正在设计一种可从人体收集能量的服装。这种服装中安装了一种能将振动转化为电能的装置，由导电纤维织成的衣物能将电能储存在柔性电池中。德国科学家则希望通过利用太阳能纤维织成“电池布料”达到同样的目的，据说这种布料能承受100℃的高温。

防弹服装。未来用碳纳米纤维丝线织成的防弹衣，将比用“凯夫拉尔”纤维制成的衣服强度更高且更柔软，在加入一种复杂的化合物后，它能使头盔在遭到攻击或碰撞时瞬间变硬。

增加服装功能。在未来几年里，挂在衣柜里的那些东西与其说是衣服，还不如说是计算机、发电机、监测仪或其他什么东西。这些智能衣物是能够读出人体心跳和呼吸频率的“聪明衬衫”；能够自动播放音乐的外套；能够在胸前显示文字与图像的T恤衫……美国科技媒体预测，未来的服装将成为真正的“多功能便携式高科技产品”，一件衣服能同时播放音乐、视频、调节温度，甚至上网冲浪。

提升生产工艺。先进的信息技术能够促进纺织机械设备的升级换代，实现智能化甚至无人化生产。现代服装加工工艺主要包括裁剪、缝纫和整烫3种加工工艺。对应的3大加工设备：裁剪加工设备、缝纫加工设备和整烫加工设备，也是服装企业技术改造的3个环节，这些设备的科技发展使服装生产工艺与应用技术不断提高。

二、智慧饮食

(一)智慧饮食概述。民以食为天，饮食不仅是文化的重要组成部分，更是生活不可缺少的方面，随着信息化的发展，逐渐产生了智慧饮食的概念。饮食，众所周知，有吃喝及饮料、食品两层意思。相应地，智慧饮食就既有智慧地去吃又有食物本身具有某些智慧的特质两个方面意思。智慧饮食系统的构建将实现绿色生态和节能环保的需求，让饮食更丰富、更便捷、更健康。

(二)信息技术为智慧饮食提供全面的平台。智慧饮食系统首先是一个拥有尽可能全面的饮食信息的大共享信息平台，以满足人们不同的饮食需求。

由于先人记录手段与技术的落后，很多关于饮食的信息在历史发展过程中渐渐丢失了，利用信息技术探寻、复原这些历史遗失的饮食信息，将对整个人类的历史与文化起到巨大贡献，更能丰富人们的饮食文化和食物的认识，当人们对饮食有更深更全面的认识时，毫无疑问能做出更具智慧的选择。

智慧饮食系统应该是对所有人开放，而不会受地域和语言的限制。也就是说，一个土生土长的北京人到非洲旅游的时候，不会因为语言不通和环境不熟悉而找不到当地最具特色的饭店和食品。现在，语言的转换已不是问题，对于智慧饮食系统，只需再做整合即可。

(三)信息技术为智慧饮食提供高效灵活的途径。信息时代的一大特征是高效，人们对速度和效率的追求更为强烈，某些程度上可以说高效就是智慧。因此，智慧饮食系统要能帮助人们快速获得饮食信息，快速地做出选择。

为实现这一追求，智慧饮食系统的信息储量将会覆盖所有层次的需求，它的匹配系统要强大到能帮助人快速确定合理的饮食选择，要实现这一目标只有依托互联网共享平台、庞大的数据库以及基于信息科技的人工智能技术。具体来说，推动生产、运输、销售、安全监管等各环节、政商企及行业组织信息化，并将已有但相互独立的平台、数据库和终端整合成大信息共享平台，在此基础上开发足够灵活、简单、智能的选择匹配引擎。

智慧饮食系统的形式是足够灵活的。它可以是个人移动电话上的一个程序也可以是人工智能的家庭饮食终端，它可以是超市里的自助终端也可以是餐厅的查询系统，重要的是它们所携带的信息都是互通的。智慧饮食系统是简单易操作的。无论哪种形式，智慧饮食系统操作起来必须简便易行，工作忙碌的博士可以借此决定自己的午餐，独自在家的6岁儿童也可以借此吃上有趣的晚饭。智慧饮食系统还应具有更高级的功能，代替思考功能。试想一下，智慧饮食系统就像你家专门负责饮食的管家，他自动收集每个家庭成员的各项身体指标，根据家庭成员的营养需求和口味偏好提供合理的饮食建议，还可以在特别的场合时间制定特别的用餐计划。他可以提前为你预定年夜饭，在你喜欢的餐厅，预定你喜欢的菜。在超市购买食物时，智慧饮食系统也可以是专门为你服务的工作人员，他告诉你要买什么，当你拿起一件商品时，他告诉你这件商品的所有信息，从产地到品质评级，从营养成分到菜谱……

(四)信息技术为智慧饮食提供安全保障。智慧饮食最基本最重要的特征是安全，它将具有建立在信息透明基础之上可安全性跟踪功能。特别是在近年食品安全事件频繁发生的情况下，食品安全引起了社会各界的广泛关注。食品安全问题可以分为两方面，一是如何让食品本身更健康；二是如何保证健康的食品经历了流通过程后最终成为餐桌上一道放心菜。但不管是第一类还是第二类，对信息时代的智慧饮食的要求是，利用信息技术追踪、监督和公开食物、食品生产链条上每一个环节的安全信息。从农、林、畜、牧、渔，食品的生产，到食品和原料加工，中间的运输物流环节，食品的销售环节，再到市民的餐桌上，质量监督单位能够协同相关企业和工厂对于这一闭合圈全程监控，确保食品安全。

智慧饮食系统至少要包含食物产品信息、食物生产经营企业信息、食物供需信息、常识法规信息、科技动态信息、食物市场信息、食物营养保健常识指南、重大食物事信息、政策纲要和行动计划、食物质量抽查信息、食品准入单位信息、食物消费提示、食物消费警示、专家咨询和负责食品安全问题的行政部门等，同时要具备两项基本的功能，即信息服务和监督处理功能。

三、智慧建筑

(一)智慧建筑概述。智慧建筑是在建筑智能化的基础上，应用物联网、云计算等先进技术，以实现智能化、人性化、生态化为目标，满足个性需求与节能生态的现代建筑。智慧建筑导入了环境感知与设备自动控制的功能，就如同身体的感知与动作，能够侦测建筑内外各种不同的事件。并且透过自动控制，适时地根据不同的情境做出反应；智慧建筑以人为中心，与人是感知互动的。对外，智慧建筑可以通过感知元件感知外界环境的变化，依据人的需求设定相应的模式，指挥各种设备调节室内环境；对内，智慧建筑的智慧化系统可以通过提供动态的模式选择，为个人提供符合独特个性、习惯的室内环境。

(二)信息技术与智慧建筑。智慧建筑能更舒适地满足居住者的需求，并增加建筑使用的年限。智慧建筑体现出以下特点：一是集成运营数据中心和运营指挥中心。所有专业和系统的数据可以集中在一个平台上，一个中心内，一个数据服务器内。所有系统将是一个整体，各系统间能够联动。二是一个触发，即时获得某一点的所有数据。三是极强的位置数据能力和位置管理能力。所有系统的运营数据与位置相关联，让运营管理者实时获得何时何地发生何事。四是极强的感知能力。对整个建筑物什么地方发生什么值得关注的事情，能及时预警提醒和预防。五是极佳的用户体验。如车库运营，现在只能打卡计费，显示还有几个车位。智慧建筑在车库入口处显示：有几个车位，车位在什么位置，如何走。回来时还能引导你在大车库里找到自己的车子。

智慧建筑与智能建筑相比体现以下特点：先进性，设计采用结构化模式，采用主流的相对成熟的技术；开放性，采用开放式结构，并且可以通过标准的协议和数据库接口，方便用户今后的升级；可靠性，必须是一个可靠性和容错性很强的结构；模块化，集成软件和硬件必须是模块化结构，便于系统扩展和用户需求变化时的变更；可管理性，集成管理系统采用标准化网络协议，实现网络的集中管理；实用性，集成系统的结构模式必须适应物业管理的需求，系统操作简单方便，容易使用；可扩展性，保证今后新系统接入的方便。

建筑智慧化集成不是智慧建筑的目的，而是实现智慧建筑安全、高效、便捷、舒适的工作和生活环境的重要技术方法和技术手段，它服务于智慧建筑的社会效益、经济效益和环境效益，不是为集成而集成，智慧化集成仅仅是一种手段而非最终目的。

（三）智慧建筑的实践——智慧家居。智慧生活是基于信息革命的一种全新的家居生活，通过传感技术、智能标签、无线射频识别、电子数据交换技术、全球定位系统、地理信息系统、智能交通系统等技术手段支持，构建以住宅为平台，兼备建筑、网络通信、讯息家电、设备自动化，集系统、结构、服务、管理为一体的高效、舒适、安全、便利、环保的居住环境。智慧家居系统包含家居布线系统、家庭网络系统、智慧家居控制管理系统、家居照明控制系统、家庭安防系统、背景音乐系统、家庭影院与多媒体系统、家庭环境控制系统等。其中，智慧家居控制管理系统、家居照明控制系统、家庭安防系统是必备系统，家居布线系统、家庭网络系统、背景音乐系统、家庭影院与多媒体系统、家庭环境控制系统为可选系统。家居的每一个单元都是一个相对独立的系统，比如电视控制系统、冰箱控制系统，空调控制系统、安全监控系统等等。每一个独立的系统通过无线或者有限网络传送技术连接到控制中心，通过智能手机、电脑等终端进行控制，达到半智能状态。真正的智能状态时，控制终端或者子系统终端具有感应功能，就是对周围的环境变化，根据主人的设置变化而变化。比如，电视机可以通过人的眼睛或者身体的移动来察觉观看者是否进入睡眠状态或者进入疲劳状态，如果感知观看者已经闭眼入睡，电视机音量减小，屏幕变暗，进入关闭倒计时状态。智能家居的空调通过红外线等技术，可以感知室内是否有人或者人的体温的变化，按照预先的设定自动变化或者进入省电模式。

四、智慧社区

（一）智慧社区概述。智慧社区就是社区的数字化、网络化和智能化，也就是信息技术渗透到社区生活的各个方面，使得人们生活的社区环境变得“聪明”和“便捷”，以促进社区的人流、物流、资金流、信息流、交通流的通畅、协调和高速发展。

智慧社区以互联网生活为背景，借助物联网等技术对社区服务等进行智能化的构建，将多元的信息服务与管理、物业管理与安防、住宅智能化集成，实现快捷高效的超值服务与管理，提供安全舒适的家居环境，从而形成一种新的信息智能化管理形态社区。它可以提供全方位的信息交换，帮助家庭与外部保持良好的信息交流，改变人们的生活方式，提高人们的生活质量。

以人为本，通过技术使人们的生活更加的便捷、更加的人性化、更加的智慧化是智慧社区的目标。智慧社区典型应用包括智慧家居、智慧物业、智慧政务、智慧公共服务。智慧物业利用小区视频监控网络、各种传感器网络及小区宽带网络构成物联网系统，实现智慧的保安消防、垃圾回收清运、停车场管理、日常设备检修与维护、环境监测、电梯管理等智慧服务。智慧公共服务利用信息共享与集成技术，实现社区医疗服务、“一站式”缴费服务、电子商务服务、养老服务。特别是通过智能感知、识别技术使得居家养老和社区养老实现智能化，打破老人独自居家活动的状态，老人的各种诉求被感知：身体健康状况被社区医院和医护人员感知；居家安全和出行安全被社区服务人员和家属感知。智慧政务对部门、科室、社区业务进行科学分类、梳理、规范，创新服务管理模式，提高服务管理的规范化、精细化水平。

（二）信息技术与智慧社区建设。智慧社区是社区管理各个方面和信息技术的具体结合。基于物联网、云计算等高新技术的智慧社区是智慧城市的一个“细胞”，它将是一个以人为本的智能管理系统，使人们的工作和生活更加便捷、舒适、高效。包括电子政务、电子商务、社区智能交通、市政基础设施管理、公众信息服务、教育管理、社会保障管理、社区环境质量监测与管理等几乎涵盖社区生产与生活的所有方面。从技术层面来讲，电子社区管理即以全要素数字地形图、数字正射影像、数字地形模型、社区三维景观模型为空间定位的基本信息数据，结合地下管线、规划、土地、交通、绿化、道路、环境、经济、开发、旅游、房地产、人口、工业、商业、金融、电讯、电力等我们所关心的与空间位置有关的信息，建立数据库。在此基础上，建立各种信息管理系统和监控与决策系统，如综合市情系统，社区规划系统，交通指挥系统，配电管理系统等等。

我国目前所关注的智慧社区是指以社区服务中心为主，联合政府部门、社区服务提供商、银行金融机构和物业管理公司等相关单位，以网络平台、语音平台和平面资讯为载体，以政务服务、商务服务、金融服务、物业服务和资讯服务等为内容，整合各方资源，面向社区居民提供属地化服务的综合服务体系。

五、智慧交通

（一）从智能交通到智慧交通。近几年，伴随着物联网、云计算等相关技术的出现，以及人们对交通系统提出了更为智能化的要求，新一代综合交通体系的概念——智慧交通被提出来。智慧交通是移动互联网、物联网、3G/4G 无线通信网络等技术与产业化的全新演绎。

智慧交通具有鲜明的特点：一是依据新一代的先进技术，在智能交通的各个应用领域都推陈出新。二是在系统建设方面，更加强调系统集成的智能性和协作的灵活性。三是在公众服务方面，更加强调服务内容的个性化以及服务模式的人性化、智能化。四是在物联网的大背景下，强调交通信息系统最大限度地与其他各类信息系统实现互联互通。

智慧交通可以提高交通系统的运行效率，减少交通事故，降低环境污染，促进交通管理及出行服务系统建设的智能化、社会化、人性化水平，有助于最大程度地发挥交通基础设施的效能，提高交通运输系统的运行效率和服务水平，为公众提供高效、安全、便捷、舒适的出行服务。

(二)信息技术与智慧交通。信息服务、数据服务是目前交通行业信息化的方向和重点。云技术在实现了数据集中的前提下进而实现数据共享，达到多方互惠互利、共同发展的局面。比如道路实时监控系统，在北京的主要路口，都安装有摄像头，这些摄像头由交通控制中心集中控制，交通控制中心可以随时得到道路的通行情况。可是这样的系统只有北京上海这样的大型城市才有财力去建设和维护，对于一些中小城市、县城而言则短时间内无法实现。而在云技术的帮助下，设置在各地的摄像头、信息可以集中到统一的道路实时监控系统中来，由于系统是由数据中心负责整合，这样对于中小城市而言，它们不需要投资建设自己的计算机系统，只要把当地的摄像头和此系统相连即可。这样就大大降低了道路实时监控的建设费用，一般的地方都可以负担得起。同时，系统利用公共的因特网和中心连接，由于采用专有的系统，这样一般大众也可以得到道路的实时通行情况，改变道路实时监控系统不能向社会大众开放的弊端。

刷卡已经成为人们生活中出行、消费的快捷、便利的支付手段。全国各大城市都在积极建设和推广城市一卡通，并逐渐把交通卡和金融支付相融合，从而实现公交、地铁、超市购物、小额支付和自来水、供电、煤气等公用事业收费结算等功能，但是这种一卡通往往有很强的地域限制，不可避免地面临着信息孤岛的问题，各大城市的交通一卡通要想互联互通，消除信息孤岛问题，实现全国范围内真正的一卡通，就不得不借助云技术的力量。在保持区域的独立性的前提下，设置数据交换中心，为交通卡之间的互联互通提供数据交换服务。数据交换中心还可以和银行之间实现数据交换，实现交通卡和银行卡的融合。

物联网作为一种融合无线通信技术、微电子传感器、嵌入式系统的新技术，逐渐被用于智能交通系统等需要数据采集与检测的相关领域，给城市智能交通带来了一次全新的升级。现有的城市交通管理基本是自发进行的，交通信号标志仅仅起到静态的、有限的指导作用。这导致城市道路资源未能得到最高效率的运用，而智能的城市交通基础设施可以将整个城市内的车辆和道路信息实时收集起来，并通过智能化动态地计算出最优的交通指挥方案和车行路线。据研究，采用智能交通技术提高道路管理水平后，每年交通事故死亡人数可减少30%以上，并能提高交通工具的使用效率50%以上。

物联网技术不仅可以运用到普通汽车上实现出行、工作的便捷，还可以广泛地运用于出租车、警车、救护车等特种车辆上，比如在出租车上安装RFID标签将实现对汽车油耗、机械部件等进行实时监测，确保安全驾驶，在救护车上还可运用物联网技术来实现视频手术等。

在智慧交通系统发展的过程中，“3S”技术也显示出越来越重要的作用，它能提供必要的空间数据和交通信息的获取、处理、分析以及可视化的理论和技术支持。为交通管理部门进行交通规划、交通诱导、车流量预测提供技术支持，为缓解交通拥堵提供支持。

六、智慧终端

(一)智慧终端概述。智能手机是智慧终端的典型代表。营销大师 Martin Lindstrom 尝试找出对人们影响最大的 10 种声音，他发现手机的震动声是第三位，只排在英特尔音乐和婴儿啼哭声之后。电话诞生 130 多年来，通话是其核心用途，但到今天，只有 10% 的智能手机应用是和语音呼叫相关的，其他 90% 活动包括电子邮件、网上冲浪、购物、发微博、拍照片、看视频、3D 游戏等。不可否认，智能手机正凭借着很多优势吸引着我们。如今，大街上、地铁里、办公室里，随处可见人们拿着手机，除了打电话、收发短信或者邮件，人们更多的是用手机在上网、看电子书、玩游戏……环顾四周，智能手机早已成为人们生活的一部分。

智能手机是由掌上电脑演变而来的，2000 年，摩托罗拉生产的“天拓 A6188”，标志着智能手机的诞生。而智能手机中的“智能”，指的是手机上所运行的应用软件给人们带来的完美体验效果，从这个意义上，智能手机也可以看作是一台微型计算机。

随着移动多媒体时代的到来，手机从简单的通话工具逐渐向智能化发展。智能手机除了具备手机的通话功能外，还具备了 PDA 的大部分功能，特别是个人信息管理以及基于无线数据通信的浏览器和电子邮件功能。智能手机为用户提供了足够的屏幕尺寸和带宽，既方便随身携带，又为软件运行和内容服务提供了广阔的舞台，很多增值业务可以就此展开，如：股票、新闻、天气、交通、商品、应用程序下载、音乐图片下载等等。

(二)信息技术与智慧终端。随着信息技术的发展，移动智能终端成本会越来越低，并向以用户为中心，向更加智能化、环保化、融合化方向发展。在智能终端逐步取代 PC 的时代，智能终端正在以大爆炸的形式推陈出新。而作为其中的佼佼者——智能手机的应用将不再局限于业余生活的休闲娱乐，还将覆盖到更多与办公、医疗健康、文化教育、交通出行、科研等与人们生产生活息息相关的各个方面。

智能手机与汽车。大多数 2011 款通用汽车公司出产汽车的驾驶者都将可能使用一部智能手机，以执行在一个钥匙圈上能够被发现的许多汽车功能，比如说像是远程启动，开启喇叭和大灯，以及远距离的为汽车门上锁和解锁等等。据了解，通用汽车公司已经宣布了该项技术。使用移动电话也就意味着无论汽车驾驶者距离汽车多远的距离，汽车的功能都能够被控制。如果一位旅行者在机场忘记锁车，就能够用手机发送一个上锁的信号至汽车。

智能手机与航空。国泰航空、联合航空、英国航空、三角洲和法国航空等 9 个航空公司，在香港机场开通了智能手机登机服务，乘客无需打印纸质登机牌，只需通过智能手机上相应的 QR 码(二维条码的一种)即可登机。这套登机系统于 2007 年在美国机场推出，2010 年已经成为主流登机方式。

智能手机与医疗。中国工程院邬贺铨表示，在 2015 年，全球将有 5 亿多的用户使用移动医疗应用，他认为移动医疗的发展，与目前手机等移动终端的发展有着非常重要的联系。目前的智能手机在性能上已经达到了 8 年前普通计算机的水平，能够处理一些医疗应用的需求。加之传感器的广泛应用，医生可以远程获取各种数据并给出诊断结果和建议。

智能手机与移动互联网。智能手机的畅销使得互联网用户大幅度增加，无线网络数据流量相应剧增，甚至由此催热了移动互联网这一移动通信与互联网的结合，带给人们巨大的想象空间。3G 让移动互联网时代加速到来，智能手机终端也因此步入高速发展轨道，使其拥有广阔的前景，智能手机的应用将迎来更丰富、更广阔的发展时代，同时智能手机的发展也将进一步推动移动互联网的迅猛发展。值得期待的是，随着智能手机用户的爆棚式增长，现有的 3G 网络一定程度上无法满足人们对移动通信网络的速度需求，所以，智能手机在一定程度上推动 4G 的发展。

人们还将智能手机应用于图书馆，打造移动图书馆平台、与小区的物业管理相结合，提高管理效率的同时也极大地方便了业主，而美国、韩国等国家将智能手机运用于军事作战领域也取得了不俗的成绩。智能手机和平板电脑越来越强大，随身携带的移动终端在移动办公中担当起越来越重要的作用，很多企业也开始鼓励员工使用自己喜欢的移动设备。

七、智慧医疗

(一)智慧医疗概述。智慧医疗旨在解决我国医疗系统中的主要问题，如医疗费用过于昂贵难以负担、医疗机构职能效率低下、缺少高质量的病患看护以及医疗信息和资源缺乏共享等。

智慧医疗可以理解为通过打造区域医疗信息平台，利用最先进的物联网技术，实现患者与医务人员、医疗机构、医疗设备之间的互动，逐步达到信息化。在不久的将来医疗行业将融入更多人工智慧、传感技术等高科技，使医疗服务走向真正意义的智能化，推动医疗事业的繁荣发展。在中国新医改的大背景下，智慧医疗正在走进寻常百姓的生活。

(二)智慧医疗的发展。在治疗环节中。医疗机构服务要通过移动医疗服务，建立国民个人电子健康档案。每个人都有医疗健康档案，通过数据中心交换共享健康信息，当你在社区医院看病时，医生能看到你在别的医院的用药和检查情况；在山区、农村、海岛的病人借助基于物联网技术的远程医疗，能够足不出户享受大医院名医的医疗资源；采用 RFID 技术的智能隐形眼镜和佩戴在病患颈部的小接收器，能随时读出完整的眼压变化数据记录。

在健康监测中。普通人穿上带有传感器的服装，就能定期自动测量患者的重要健康信息，存储并传送到数据库、急救中心和医院；运用手机等移动通信，可以轻松实现健康管理；利用通信网络传输图片、视频会诊、监视生命体征、咨询医疗卫生知识和接入护理呼叫中心等，实现患者与医护人员的较频繁的交互，重视对疾病的预防，减少对门诊的压力。

在病房管理中。一条佩戴在住院病人手腕上的RFID腕带，存储了包括药物过敏史、每天用药和打针情况等在内的病人相关信息，帮助医生或护士对交流困难的病人进行身份的确认；医院的工作人员也佩戴有RFI D胸卡。防止未经许可的医护、工作人员和病人进出医院，并监视、追踪未经许可进入高危区域的人员；在产科病房的出入口布置固定式RFID读写器，每当护士、产妇和婴儿需要通过时，通过读取护士、产妇身上的RFID身份识别卡和婴儿身上的RFID母婴识别带，身份确认无误后房门才能打开，护士、产妇和婴儿的身份信息及出入时间记入数据库。RFID腕带能够防止被调换或除下，确保标识对象的唯一性及准确性。腕带允许医院管理员对部分数据进行加密，即使腕带丢失，也不会被其他人员破解。

在药房管理中。利用各类传感器管理病房和药房温度、湿度、气压，监测病房的空气质量和污染情况。在药品管理和用药环节上：每个药品的RFID标签中部存有药品名称、品种、产地、批次及生产、加工、运输、存储、销售等环节的信息，当出现问题时，可以追溯全过程；在把信息加入到药品的RFID标签的同时，可以把信息传送到公共数据库中，患者或医院可以将标签的内容和数据库中的记录进行对比，从而有效地识别假冒药品。患者也能利用RFID标签，确认购买的药品是否存在问题(朱雅芬、邢黎闻，2010)。

随着物联网、云计算等信息技术的飞速发展，远程医疗具有很大的发展空间，远程医疗市场的前景非常远大。无论从市场需求还是市场容量看，在我国开展远程医疗都具有很大的积极意义。

八、智慧商务

(一)从电子商务到智慧商务。智慧商务是电子商务的新阶段。电子商务出现以来，新的电子商务企业成长起来，传统企业也大举向电子商务拓展。活跃的商务活动向电子商务的功能提出了更多更高的要求，信息新技术为电子商务的发展提供了技术支持。新的要求与新的技术促生了智慧商务。

智慧商务平台将原来电子商务以交易环节为核心的平台延伸到商务活动的全程。它通过云计算和物联网等技术进行市场营销、产品销售、企业运营、社交网络的无缝衔接与整合。同时，新技术支持智慧商务能够实时掌握采购动向，依客户反馈及时调整营销方案，预测仓储与销售。与电子商务相比，智慧商务具备以下新特征：第一，采购方面，要求创建高效的、质量符合需求的、更具性价比优势的采购环节；第二，市场营销方面，提高市场营销的科学化管理；第三，销售过程，应该更多地把销售过程看作是服务提供过程，不能使销售过程过于僵硬，而应该确保正确的时间点送达客户正确的产品或服务；第四，售后服务方面，必须确保培育一个良性的客户关系体系。总体来讲，智慧商务在广度和深度上都拓展了电子商务平台，更方便企业开拓新市场，有效降低运营成本，提高服务质量。就目前的发展现状而言，智慧商务已经成为电子商务未来发展的新趋势。

（二）云计算和物联网推动智慧商务的发展。云计算和物联网是智慧商务赖以建立的技术基础。基于信息技术，云计算实现网络资源集成，物联网实现货物跟踪和移动支付，智慧商务正是基于这个主要功能支柱建立而成的新型电子商务平台。

在智慧商务的应用中，基于云计算的分析软件能对企业定价和采购能力进行优化，预测市场趋势，缩小买卖、供需之间的差距。基于云端的分析软件通过分析顾客线上和线下的消费行为，分析价格、促销等营销行为，发现顾客购买意向的变化趋势，帮助企业确定价格和产品结构。海尔、TCL、创维等传统家电企业租用了云计算服务为他们的上百万终端用户提供丰富的应用、游戏、视频、教育等服务资源。

在零售业，物联网能提高物品可跟踪性和供应链效率，从而降低因无库存、偷窃、损坏、退货等造成的损失。在医药卫生行业，物联网能实现药品和医疗设备防伪、跟踪，病人信息记录和跟踪。在食品加工、烟酒业，物联网能更好地跟踪食品来源和生产过程，提高食品安全和防伪能力。在制造业，物联网能透视生产过程，降低错误率，满足零售商标准。在交通运输业，物联网能跟踪车辆货物和票务信息。

基于云计算和物联网不仅可以实现对物和信息的掌握，更能对企业的社会网络实施有效地控制。企业的电子商务活动所编织的社交网络，包括交易网络和非交易网络、企业外部网络和企业内部网络等，越来越错综复杂。企业为了能及时提供价格合理又符合需求的产品，需要企业内部网络迅速响应，也需要更为紧密的外部合作伙伴关系，很多时候交易网络以外的其他社会资源也是重要战略步骤。电子商务越推进，就越要求企业具备对社交网络的控制能力。网络控制力在交易活动中的重要性并不亚于交易行为本身。电子商务若将注意力集中在交易阶段是远远不够的，智慧商务对商务流程进行预估和优化，强化了企业在供销链、公共关系和市场营销等方面的控制能力。

九、智慧政务

（一）从电子政务到智慧政务。在政府行政领域，智慧政务成为未来电子政务的发展方向。与国家的大部制改革相呼应，电子政务需要一体化改革。基于云计算和物联网的一体化政务平台是智慧政务的主要攻关目标。

智慧政务的目标包括一站式办公、一网式服务、一体化政府、一卡式生活、一线式咨询等。也有观点从城市管理的角度将物联网为基础的智慧政务分成若干公共管理及监控平台，包括网格化城市管理平台，区域智能交通管理平台、自然环境及重大危险源监测预警平台、物流信息服务平台、农业服务平台、医疗卫生和社会保障平台，以及工业领域的物联网平台。

(二)智慧政务的阶段与特征。普遍认为，政府发展必然从服务型走向智慧型。以电子政务为基础的智慧政务以信息化手段降低行政成本，提高政府工作效率和治理能力。欧盟早在2005年就正式提出"i2010"战略。2010年又在《欧洲2020战略》中提出完整的一套智慧城市建设目标。相似的，韩国提出"u-City"建设，将首尔、釜山、仁川等6个地区作为示范区。

智慧政务从无到有经历五个阶段。第一阶段是零阶段，政府没有开始信息化行政。第二阶段是初始化，电子政务正在建设或者已经使用。第三阶段是各地正在构建云计算平台。第四阶段是在第三阶段的基础上搭建公共业务技术数据库，实现部门业务连接和数据共享。第五阶段是以云计算提供有价值的信息为依据，相应地进行智慧决策。

智慧政务特征包括：第一，智慧政务是在区域内提供公共服务并起重要作用或者掌握关键资源的组织，实现区域内数据的更新与流动，推动公共服务，推动社会生产力的核心资源分配。第二，与公共云计算相比，智慧政务中的大量信息来自专业数据的积累。第三，政务涉及国家安全和公共安全，政务平台的安全问题更为突出。第四，智慧政务涉及国家和地方政治体制改革，它的影响将更深远。

十、网络参与

(一)网络参与概述。网络公民社会最主要的组成就是各种开放性的网络公共空间，如网络论坛、BBS、微博群、SNS社区、QQ群、博客圈子等形式存在的网络交流空间，这为趣好相投或具有同样价值观的人们营造了一个共同交流同一话题的沟通平台。网络公民社会突破了现实社会中的公民社会组织在地域交流上的种种制约因素，通过网络通信技术做媒介，使得关系到广大社会民众切身利益的公共性问题的讨论可以在一个更大范围的交流平台上进行，从而给公民社会的发展创造了更为开阔的空间。

(二)信息革命促进网络社会的勃兴。随着信息化和全球化的到来，互联网信息技术的应用对人们的社会生活和思想观念都产生了巨大的冲击和影响，社会的经济、政治和文化也发生着重要的变化，当代公民社会在信息网络社会也有了全新的发展。在西方对信息网络时代的到来进行研究的学者中，最著名的有丹尼尔·贝尔的后工业社会理论，他在《后工业社会的来临——对社会预测的一项探索》中认为人类面临的后工业社会是一个信息社会，信息将处于后工业社会的中心地位。著名学者阿尔文·托夫勒在《第三次浪潮》中认为第三次浪潮是人类思想的又一次大变革，信息技术将成为社会发展的强大动力，人类将进入信息政治时代，人们必须注重研究与信息相关的种种政治问题。

信息革命拓展了全球公民社会参与全球公共事务的技术空间。信息革命使全球建立起普遍的交往方式，以电子技术为后盾的全球公共领域也获得了极大发展。非政府组织通过全球化的网站、论坛、电子图书、杂志等开展沟通与交流，打破了政府与传统媒体对于信息的垄断，以极低的成本传播其思想、扩大影响力。1997 年禁止使用地雷的“渥太华协定”就是全球公民社会利用电子邮件纷纷向各国政府施加压力才得以最终通过的。

（三）数字信息的互动与交流。从贝尔发明第一台电话机，到现在人们可以轻松获得的手机，这些进步无疑都源自于一次次的技术革命。正因如此，在信息革命的推动下，人们的沟通和互动方式逐渐由面对面、实物对实物发展成为了数字化的、虚拟化的、远程的方式。世界信息技术和服务联盟主席丹·伊·邱指出，2011 年全球在信息技术方面的支出达 4.1 万亿美元。如果没有信息技术，生活就无法正常进行。信息技术正取代传统的交流和沟通方式以及贸易与营销手段，以强劲的动力推动实体经济发展。

在信息技术飞速发展的过程中，出现了移动化、依存化、融合化和虚拟化的特征。计算机在朝小型和移动式的方向发展；移动式计算机，特别是移动电话的出现不仅改变了计算机的传统模式，而且重新定义了电子商务的概念，越来越多的人通过信息技术进行商业谈判和营销，无论是效率还是效果都大大超过了以往的传统方法。依存化则是指在信息时代公民的互相依存，联合在一起才能让全世界来分享巨大的资源，比如量子计算机与材料技术发展的相互依存等。传统电视与互联网的融合，传统电视与手机的融合，传统电脑与手机的融合，出版业和印刷业的竞争与融合等。在互联网背景下，传统的读书看报的概念已经变了，取而代之的是电子阅读器的风行。所有原来看似不太现实的想法在信息技术的推动下似乎都可以转化成相互融合的新技术。传统的电脑，一台电脑只能使用一个操作系统，虚拟化的出现使得一台电脑可以同时使用多种操作系统，大大地节省了电脑的使用、资源和能源的使用，发展出了“绿色 IT”的理念，并且提示人们新一代互联网的无数种使用可能。

现今互联网上有 6 亿个网站和近 2 亿个博客。著名社交网站 Facebook 在全球拥有超过 10 亿的用户。YouTube 网站上的视频每日浏览量达到 40 亿次。信息技术已对当今世界人们的生活产生深远影响，同时信息技术可以建立强劲的数字经济，提供新的财富创造机会；提供新的手段和方法，提高人民的生活质量；为更好的民主和更完善的管理提供平台和工具；鼓励创新并营造不断进取的文化氛围；助力人类保护大自然，减少对生态环境的破坏。

信息革命与生态文明时代十大文化现象

正在席卷全球的信息革命使人类社会发生了深刻的变革，人类的生活方式、思维方式和价值观都正在发生翻天覆地的变化。信息革命带来的信息文化也正在取代工业社会带来的工业文化，把人类社会的文化及其生产推进到了一个崭新的阶段。本文主要介绍生态文明时代的新型文化现象和文化产业，包括智慧教育、智慧图书馆、智慧博物馆、智慧公园、数字传媒、数字出版、数字会展、数字艺术、数字电影和网络文化等10个方面。

一、智慧教育

（一）智慧教育概述。2010年7月，中共中央、国务院印发了《国家中长期教育改革和发展规划纲要(2010~2020年)》，明确指出“信息技术对教育发展具有革命性影响，必须予以高度重视”。2012年3月，教育部发布了《教育信息化十年发展规划(2011~2020年)》，提出到2020年实现如下目标：形成与国家教育现代化发展目标相适应的教育信息化体系，基本建成人人可享有优质教育资源的信息化学习环境，基本形成学习型社会的信息化支撑服务体系，基本实现所有地区和各级各类学校宽带网络的全面覆盖，教育管理信息化水平显著提高，信息技术与教育融合发展的水平显著提升，教育信息化整体上接近国际先进水平。

智慧教育兼具“教育”和“信息化”的属性。从教育属性来看，智慧教育的基本特征是开放性、共享性、交互性与协作性。开放性打破了以学校教育为中心的教育体系，促进教育的社会化、终生化、自主化；共享性使得海量的教育资源能为全体学习者所共享，而且取之不尽、用之不竭；交互性能实现人—机之间的双向沟通和人—人之间的远距离交互学习，促进教师与学生、学生与学生、学生与其他人之间的多向交流；协作性为教育者提供了更多的人—人、人—机协作完成任务的机会。从信息化属性来看，智慧教育的基本特征

※ 该文为国家林业局信息办主任李世东等2013年7月2日在中国林业网作的信息革命与生态文明系列谈(9)，收录时略有删改。

是数字化、网络化、智能化和多媒体化。数字化使得教育信息技术系统设备简单、性能可靠、标准统一；网络化使得信息资源可共享、活动时空较少受限制、人际合作易于实现；智能化使得系统能够做到教学行为人性化、人机通信自然化、繁杂任务代理化；多媒体技术使得信息化传媒设备一体化、信息表征多元化、复杂现象虚拟化(何锡涛，2012)。

(二)从数字校园到智慧校园。智慧校园是继数字校园之后的全新概念。智慧校园是以借助新一代的物联网、云计算、泛在感知等信息技术，打造物联化、智能化、感知化的新型校园，是一种将人的因素、设备的因素、环境及资源的因素以及社会性因素，在信息化背景下有机整合的一种独特的校园系统，以物联网技术为基础，以信息的相关性为核心，通过多平台的信息传递手段提供及时的双向交流平台，提供智能的综合信息服务。

智慧校园主要具有以下几个特点。一是智能化，融合物联技术与3G网络的数字化应用平台，使学校管理及服务智能化，减少不必要的人力、物力和财力的损耗，促使办公自动化、沟通快捷化、服务个性化，最大限度提高工作效率，实现教学管理、教务管理、学生管理、校园管理和校园服务等多个领域的信息资源串联互通。例如，“校园一卡通”使多卡合一，实现学生的入学报到、宿舍管理、图书借阅、就餐、购物、乘车等“一条龙服务”的智能化应用。二是感知化，基于互联网，融合计算机技术、网络技术、通信技术，具体包括传感器技术、射频识别技术、智能监控技术、数据挖掘技术等，对校园中与教育、科研、管理和生活服务有关的所有信息资源进行采集、传输、整合、处理和分享，结合校园物联网系统的管理与控制，实现校内考勤、门禁、消费、信息接收和互动等功能的整体感知，提高校园的运行效率。例如，学校自习教室照明设施根据学生人数智能感应操控。三是互动性，通过物联网技术将所有相关的人员、设备、信息管理等互相联系起来，使人、事、物之间方便、快捷、流畅地互相联通。例如，可综合手机短信、互联网和语音技术构建高效的校务管理平台，使老师、家长和学生三方之间信息互动，给学校和家庭提供便捷的家校沟通方式和互动交流空间。四是灵活性，建立有线、无线、移动网络无缝融合覆盖的网络环境的IT基础架构，容量大且可持续扩展，便于海量用户随时随地接入网络，为教学及学校的管理提供高效、灵活、便捷的服务，借助云计算平台在学校中使用网络就像用电一样方便(沈洁、黄宇星，2011)。

二、智慧图书馆

(一)智慧图书馆概述。智慧图书馆就是以一种更智慧的方法，通过利用新一代信息技术来改变用户和图书馆系统信息资源相互交互的方式，以便提高交互的明确性、灵活性和响应速度，从而实现智慧化服务和管理的图书馆模式。智慧图书馆通过物联网实现用户间的通信、用户与图书馆的通信、图书馆间的通信、用户与信息资源的通信以及信息资源间的通信。它的最高阶段就是各部分都由图书馆智慧化地完成，无需人工干预，达到“智慧”状态。作为未来图书馆的新模式，智慧图书馆已经和正在成为图书馆创新发展、转型发展和可持续发展的新理念和新实践。

(二)书书相联、书人相联、人人相联的图书馆。书书相联是智慧图书馆服务与管理的技术基础，利用文献感知服务系统和整合集群管理系统，将某图书馆中的各类文献之间建立起跨系统应用集成、跨部门信息共享、跨库网转换互通、跨媒体深度融合、跨馆际物流速递的服务与管理新形态，并与其他图书馆中的各类文献也同样建立起类似的联系。书人相联是智慧图书馆服务与管理的关键，体现出以人为本的图书馆发展理念与实践，包括文献与馆员的互通相联，文献与读者的互通相联。人人相联是智慧图书馆服务与管理的核心，包括馆员与馆员的相联、馆员与读者的相联、读者与读者的相联。21 世纪初以来，在中国各大图书馆开展的网上联合知识导航站及各类移动服务，开创了图书馆界人人相联的服务新形态。在网络的支持下，这种馆员间的人人相联使服务咨询平台整合了馆内外乃至境内外参考咨询的人力资源，并与读者形成了便捷、专业的互动。这种人人相联的图书馆理念还体现在图书馆的内部管理及专项的读者服务等实践之中，也将为图书馆管理走向社会化营造良好的信息技术环境。

(三)随时随地可用的图书馆。任何时间均可使用是智慧图书馆服务与管理的时间延伸。物理空间的图书馆有闭馆的时间，但虚拟图书馆可以全天候地开放并为广大读者提供服务。有了数字化、网络化和智能化的基础建设，图书馆如同一台便捷式电脑随时可以打开使用，使读者可以在方便的任何时间与知识进行对话。尽管物理空间的图书馆依然会有公共空间的魅力和吸引力，但智慧图书馆会给读者带来网络空间在时间上的更多自由与选择，使原本以图书馆开放时间为逻辑点的服务模式发生变革，让读者感到图书馆随时存在和可即时利用。任何地点均可使用是智慧图书馆服务与管理的空间拓展。传统图书馆给人以建筑的象征，即它是一个空间位置的存在。智慧图书馆则颠覆了这种观念，在泛在城市的信息技术支持下，读者在任何地点都可以利用图书馆，图书馆真正成为广大读者身边的图书馆，让读者感到图书馆的随地存在和便捷利用。

(四)追求绿色发展的图书馆。绿色发展将是未来智慧图书馆的发展战略。绿色发展可以从自然、环保和安全等要素予以观察。从自然要素来观察，绿色发展就是在图书馆建筑中融入自然元素，让读者和馆员更加亲近自然。智慧图书馆的发展战略呼唤资源节约型图书馆的设计和管理，如采用智能型的窗帘和感应式电梯，以节约电能；防止书库的过度装修带来的浪费和环境污染；数字资源的使用率越来越高，从而减少纸张等资源的消耗。从安全的角度来观察，绿色发展就是在图书馆面向读者和馆员的管理中，智慧图书馆可以通过技术手段将方便读者与安全防范结合起来，将美观典雅与卫生安全结合起来，将方便读者与信息安全结合起来(王世伟，2011)。

三、智慧博物馆

(一)智慧博物馆的兴起。智慧博物馆是感知智慧与数字博物馆的结合，能够提供无人值守的智慧化管理和人性化服务。发展智慧博物馆可以在数字化的基础上把博物馆事业提升到新层次。

智慧博物馆重视更透彻的物件感知，利用任何可以随时随地测量、捕获和传递信息的设备、系统或流程，传递博物馆物质元素之间的状态变化，并促发系统适应性的改变；建立更加全面的互联互通，消灭信息孤岛，使人与人、人与物之间形成系统化的协同工作方式；在感知和互联互通的基础上形成深入的智能化运作体系，在数据基础和协同模式的支持下，获取更智能的洞察并付诸实践，进而创造新的价值。这种智慧化的博物馆模式，将传统实体博物馆和虚拟博物馆相融合，推进博物馆进入精细化的运作。

（二）信息技术支撑智慧博物馆的构建。通过物联网、互联网把大量信息汇集起来，把虚拟博物馆深入到家庭电视屏幕、手机屏幕中，成为大众随时可以汲取知识营养的水泵站，并满足观众个性化的观察需求。在实体博物馆内部，综合运用各种硬件设备，如集多种功能于一体的电子门票、导引观众和检索信息的电子触摸屏、配合展览说明的数字播放和投影、可供点播讲解的手持 PDA、可以自助查询服务的电子阅览终端、可以人机交互包括非接触式交互的展示平台、数字特效影院、互联网上的展示和数字文化产品，实现观众在虚拟博物馆和实体博物馆之间的自由穿梭。

综合运用物品上的智慧标签和无线传输网络，通过后台定位管理系统的可视化管理界面向管理人员展示文物的位置和相关信息，实现管理人员实时对藏品当前信息的获取和监控，必要时对藏品非授权的移动进行报警。同时，在馆内必要装置安装固定的电标签阅读器以方便对可移动文物的出入管理。

参观预约是博物馆观众服务物联网应用的敲门砖，即提供博物馆门票、活动、导览租借等服务的线上/线下预约功能，做到客流削峰填谷，参观人群均匀分布，提高博物馆的吸引力和科学管理水平。观众预订成功后，通过短信平台或电子邮件将预订成功后生成的二维码发给用户和检票处。用户在检票处验票成功后即可入场参观。观众手持读写器，系统主动感应观众所在位置，传送所在展示区之文物的资料，介绍文物的相关信息，让参观选择游览项目时更有目的性。此外，将观众手机与智慧门票绑定，可以提供观众对博物馆展品对象关注引起的特殊需求，随时获取展示导航、随身向导、展品赏析、随身微博、纪念品导购、商情资料等个性化服务。

四、智慧公园

（一）智慧公园概述。现代社会为人们提供越来越周到、全面的服务，人们对公园需求的品位也不断提升。为适应大众对休闲游憩的更新需求，除了利用社会发展的物质成果创建更多更优的各类型公园外，要尽快迎接信息革命带来的机遇，借助互联网、物联网等技术手段，提高现有公园的管理水平，改进运营模式，增强游客与景观的互动性，创造更富内涵、更生动的游憩资源，在游览过程中提供更周到、更细致的指引和解说，更方便、更快捷地向一般公众提供信息和服务，逐步向智慧公园的方向发展。

(二)智慧公园的信息技术支撑。在数字化的基础上，进一步引入物联网理念和技术，把覆盖范围从植物园扩展到各种花园、景区、动物园、主题公园，运用新型通信技术进行实时信号传导，在公园中多种物体相应部位放置 RFID 标签，开展物品定位管理、实时观测、信号传输机制建设，在游园服务、资源整合和提供、社会开放等方面实施创新，创建新式的智慧公园。

游客通过网络在网上进行门票预约，通过短信平台或电子邮件得到自动生成的二维码门票，验票后成功后即可入场参观，管理部门可根据游客数量决定是否出售门票以避免过分拥堵。游客入园后，根据手持的读写器了解园区布局、游憩资源及服务设置分布、自身位置，随时从导航系统获得最优的游园路线，避免出现出失、走散情况。游客通过读写器与服务系统保持互动，随时可以提出相关问题并获得解说，使游览更富于主动性，提高公园的知识科普功能。

安置在各处的 RFID 标签不停地接收、发出信息，把更怡人的景色通过系统传递出来，并根据游客发出的指令收集新信息，相当于延长人的感觉系统，让游客能够全方位、多角度地感受美。在动物园、植物园日常管理中，工作人员通过智慧系统及时了解动物、植物的生长情况，适时给予必要的照料，制止个别游客的损坏等不当行为。在各个公园之间实现信息无障碍交流和信息集中，管理人员和科学工作可以及时、全面地收集信息，制定相应的标准、规范，开展科学研究。

公园的各种信息随时通过互联网、物联网向外发布，公众通过 iPad、电脑、数字电视、手机终端等设备接受信息，在家中体验游园的乐趣，随时在不同景区之间进行切换，著名风景名胜区在游客高峰期的接待压力也相对得到减轻。在全球范围内实现智慧公园及相关信息传导系统建设，人们足不出门就能够感受异域风情，减少跨洲旅行引起巨大物质消耗，减轻游客给原生态野生动物园带来的干扰。

五、数字传媒

(一)数字传媒概述。通过计算机存储、处理、传播的信息媒体被称为数字媒体。数字媒体使普通人能够随时方便地获取信息，并参与制造信息，选择性得到极大的丰富。多媒体计算机技术和多媒体网络技术的相互融合，为信息传播插上了翅膀，影响社会的生产方式、生活方式，使现代社会真正成为信息社会。

1998 年，联合国新闻年会把因特网认定为“第四媒体”。以后不久，以手机为视听终端、手机上网为平台的个性化即时信息传播媒体又迅速崛起，成为“第五媒体”。

新媒体延长了人们的感觉器官和思维器官，提高了人们收集信息的全面性、及时性。第三代手机网络已经为移动互联网的发展提供良好平台，搭载 3G 技术的智能手机逐步普及，将在民众中引发上网革命后的另一次传播革命。中国出版科学研究所 2010 年发布的调查报告显示，2009 年国民全年报纸阅读率为 58.3%，比 2008 年下降了 5.6%，期刊阅读率为 45.6%，同比下降 4.5%。80 后、90 后接受信息的方式与前一代人有很大不同，许多年轻人几乎不看电视，更多通过互联网、户外液晶电视媒体、手机、iPad 等方式接受信息。

（二）网络传媒。20 世纪末，中国的互联网开始得到长足发展。1998 年搜狐推出 2.0 版，树立做中国第一网站的目标，网易全面改版，开始建设新的中文网络门户，四通在线与华渊也合作推出新浪网站。它们最初主要提供目录服务及搜索引擎，后来为适应观众越来越丰富的个性化需求不断拓展新业务，陆续增添免费邮箱、聊天室、电子公告牌、影音资讯、电子商务、网络社区、网络游戏、免费网页空间等多项内容，发展成为中国的三大知识网站，引领门户网站发展的潮流。2006 年元旦，中国政府门户网站正式开通，发挥国务院及下属各部门、各地方人民政府在互联网上发布政务信息、提供在线服务的平台作用。

在互联网日益普及的基础上，微博应运而生，创造制造、传播、接受信息的新方式，人们可以作为观众在微博上浏览感兴趣的信息，也可以作为发布者在微博上发布内容供别人浏览。2007 年中国第一家带有微博色彩的饭否网开张。2009 年，新浪网推出“新浪微博”内测版，成为第一家提供微博服务的门户网站。据中国互联网络信息中心报告显示，截至 2012 年 12 月底全国微博用户数达到 3.09 亿，较上一年底增长了 23.5%，网民使用率为 54.7%。

（三）报纸数字化。网络兴起促使报纸等传统媒体转型，向数字化的方向发展。相对于传统纸质报纸，数字化报纸有许多优点。一是信息传播更快捷，时效性更强，省去印刷、发行的时间。二是发行覆盖面更广泛，突破区域限制，在通过互联网做到全球发行。三是可回溯性增强，方便读者轻松找到特定期次的内容和对内容进行管理。四是检索更实用，用户可用关键字搜索查询到相关度最高的文章，迅速解决所关心的问题。五是互动性增强，通过在线评论、邮件等方式在读者和编辑之间形成良性循环。

（四）数字电视。近年来数字电视技术不断得到发展，已逐步体现将电视传媒、互联网乃至物联网技术结合起来的趋势。数字电视和数字家庭产业成为各界公认的朝阳产业。工信部《数字电视与数字家庭产业“十二五”规划》提出要力争在“十二五”末成为全球最大的数字电视整机和关键件开发、生产基地，主要产品产量和质量水平位居世界前列。到 2015 年，以数字电视和数字家庭为主的视听产业销售产值比 2010 年翻番，达到 2 万亿元，出口额达到 1000 亿美元，工业增加值率达到 25%。

数字电视采用双向信息传输技术，增加了交互能力，赋予了电视许多全新的功能，使人们可以按照自己的需求获取各种网络服务。数字电视可以提供视频点播（VOD），改变传统电视向用户单向提供节目的做法，加上了更大的自由度、更多的选择权、更强的交互能力，传用户之所需，看用户之所点，有效地提高了节目的参与性、互动性、针对性。数字电视还提供了其他服务，如数据传送、图文广播、上网服务，能够完成网上购物、远程教学、远程医疗等业务，让用户方便地开展股票交易、信息查询、网上冲浪等活动。

六、数字出版

（一）数字出版的兴起。近年兴起的数字出版给出版业带来新的革命，以其便捷、简易、多元、廉价的特点改变传统的出版模式，在知识经济时代发挥不可替代的作用。它综合利用计算机技术、通信技术、网络技术、流媒体技术、存储技术、显示技术等高新技术，全过程的所有信息以统一的二进制代码的数字化形式存储在光盘、磁盘等介质中，借助计算机或其他终端设备完成信息的处理与接收，目前相关的产品包括电子图书、数字报纸、数字期刊、网络原创文学、网络教育出版物、网络地图、数字音乐、网络动漫、网络游戏、数据库出版物、手机出版物等。在实际运作中，数字出版强调内容、生产模式、运作流程、传播载体、阅读消费、学习形态多方面数字化。

2010 年国内数字出版产业总体收入规模达 1051.79 亿元，比 2009 年增长了 31.97%，其中手机出版 349.8 亿元，互联网广告 321.2 亿元，电子书 24.8 亿元，博客 10 亿元，互联网期刊 7.49 亿元，数字报纸 6 亿元，网络动漫 6 亿元，在线音乐 2.8 亿元。手机出版、网络游戏和互联网广告在数字出版年度总收入中所占比例分别为 33.26%、30.78%、30.54%。

（二）数字出版的技术支撑。技术措施的创新。2010 年 2 月，苹果公司推出 iPad 平板电脑。它不仅可以更轻松地实现 iPhone 的几乎所有功能，还突破了手机屏幕过小的限制，更适于浏览网站和处理日常事务。Wi－Fi 和 3G 弥补了无法接听和拨打电话的遗憾。正趋于“手机化”的网站界面也开始向更干净、更友好、更直接的传统回归。随着互联网、物联网技术的不断发展，电脑、IT 行业和传媒业等相关行业的各类机构将出现更新的大汇流，新的技术手段将层出不穷，传统报业、出版业和广播电视业将加速向手机等终端设备汇聚。数字出版要进一步跟上技术新步伐，早日实现从数字出版到智慧出版的转变。

运营机制的创新。传统出版单位可以利用自身优势拓展服务内容，延伸产业链，开发针对各类移动终端的数字出版产品，如基于互联网、无线通信网、有线电视网、卫星传输等各类移动终端的数字出版产品，利用新兴的云计算技术为顾客提供在线出版、按需印刷等个性化服务，使产品价值最大化。同时，选择与新媒体企业或其他传播企业合作，通过组织间的新媒体技术利用、资源共享，适时搭建传媒集团，进行多方位、立体化的营销推广，实现数字出版内容的顺畅销售，获取数字出版的商业利润。

管理措施的创新。在技术上，重视数字出版物的内容加密和版权管理，采用数字内容注册与管理技术、数字内容分段控制技术、多硬件环境版权保护应用支撑技术、按需印刷版权保护支撑技术，内容交易与使用追踪技术、版权保护可信计数技术等，从技术上把盗版的可能性降到最低。

七、数字会展

随着信息革命的兴起与发展，我们日常生活中的各种会议、展览会、博览会、展销会等活动也逐渐融入了多媒体、计算机、互联网等技术，呈现出前所未有的便捷、生动与形象。会展活动主要包括会议和展览两个部分，数字会展也包括数字会议和数字展览两部分。

（一）数字展览。数字技术正在持续不断地改变着我们的生活方式，这种改变也体现在展览活动中。现如今，各种展馆里随处可见弧形屏幕、激光投影、数字触摸显示器、多媒体音响等电子设备，展览的数字化应用已极为常见。会展传播在新媒体和新科技基础上充满了新的可能性和广阔的创意空间，传统的展示方式已不能满足观众的需求，传统的管理方式已难以适应时代的要求，多媒体展示、数字化管理、智能化展馆的建设已然成为现实的需要。同时，互联网技术也推出了会展活动的另一种崭新的形式——网络展览。人与人之间的交流和沟通已经突破了时间、空间等因素的限制而变得前所未有的直接与简单。

多媒体、计算机、互联网等技术在会展中的应用极大地促进了信息的有效交流，从而更好地实现展览的社会和经济价值。数字展览展示以图像、视频、音频为主要内容，使信息更直观，更容易被受众理解和接受。其最重要的特点就是将展出信息可视化，把文字资料、构想、展品实际状况等通过视觉、听觉等形式直观展现出来。相比文字或者语言而言，节约了大量的时间，一定程度上避免了信息的遗漏和误解，提高了展会的沟通效率。因此，数字展示利用视觉和听觉系统建立起了虚拟信息和现实世界沟通的高速通道，在日后的各种展览中必然会呈现出高速发展的状态，并呈现出各种全新的形式。

数字展览的广泛应用，不仅体现在传播媒介的数字化上，也体现在管理方式的数字化。现代大型会展活动中数据量巨大，种类繁多，涉及展馆、展位、参展商、参展观众、展品、场馆服务、安全保卫等多方信息，种种信息之间又相互关联。因此，传统的管理方式与手段难以胜任如此庞大的管理数据，计算机处理技术的应用，使多方数据处理变得简洁。

2010 年上海世博会的特色之一是“永不落幕”的网上世博会，这给我们呈现了一种与众不同的展览形式——网上展览。网上展览是在一个虚拟的网上展馆上进行的网上展览会，它致力于展会、展品的网上展示、推广及交易的完成，它以多媒体技术、计算机技术的高速发展为基础，在实体展览的时代要求下应运而生。网民数量的急速增长也给网上展览的发展注入了不竭的动力，有关资料显示，目前全球网民数量已超过 23 亿，并以每秒新增 8 个用户的速度在增长，截至 2012 年 6 月底，中国有 5. 38 亿网民，互联网普及率为 39. 9% 。网上世博会、网上博物馆、网上看房、网上看车等应用越来越广。

网上展览较实体展览而言体现出了巨大的优越性。首先，时间上的优越性。实体展览往往三五日便结束了，而网络展览通常可以持续几个月甚至更久，而且可以 24 小时不间断服务。其次，空间上的优越性。作为一个虚拟的网络空间，主办方可以随时根据需要添加不同的展馆或者展位，参展商可以避免展位预订或者展位空间不足的苦恼。再次，受众上的优越性。实体展览往往因为时间、空间、交通等因素的影响，受众是非常有限的，而网上展览突破了时间、空间、交通等一系列影响因素的限制，有需求的受众随时可以通过网络参观展览并进行咨询、洽谈，其目标用户遍及全球而不是某地区。最后，费用上的优越性。一个平常的实体展览展位，一期展览结束，需要成千上万的费用，再加上交通、住宿等费用，更是一大笔开支；网上展览则节约了交通、住宿等所有额外费用，也只需要极低的展位费，极大地节约了参展费用。网上展览所较实体展览囊括了更多的展出信息，可以通过大量的图片、视频、动画等全面展示参展商及展品信息，更利于参展商与参展观众间的信息交流。

（二）电子会议。电子会议又称作数字会议，是基于多媒体实现智能会议的一种交互会议形式，它集计算机、远程通信、自动控制、多媒体、图像处理、扩声、摄录等技术于一体，并通过中央控制系统的控制以实现会务管理的自动化。一个完整功能的电子会议室主要由签到系统、扩声系统、灯光系统、机械吊挂系统、视频显示系统、液晶升降系统、摄录系统、会议讨论系统、会议表决系统、同声翻译系统、无线会议系统、远程视频会议系统、集中控制系统等子系统组成，会议主持人或技术人员可根据会议议程，通过中央控制系统协调各子系统工作，使会议有序、便捷、直观的进行。从会议场所多少的角度，可以将电子会议分为两类：局部电子会议和远程电子会议。局部电子会议下，与会人员是在一个会议室里参加的会议。与局部电子会议不同的是，远程电子会议是用通信网络连接两个以上的会议室，让它们同时进行会议，一般俗称电话会议或通信会议。远程电子会议极大地方便了与会人员的参会，使何时何地都可进行事务的处理，会议的召开与参与。

电子会议的推广与应用将会减少纸质文件的传送，实现无纸化办公。减少因参加传统会议的人员大规模的流动，实现低碳办公、绿色办公。这是经济社会可持续发展的必然要求。电子会议必将逐渐取代传统会议形式，成为政府管理、企业管理的重要方式。电子会议的广泛实施，不仅对提高工作效率、节约运营成本有着重要的作用，同时，在当前倡导人与自然和谐发展的主题下，对减少资源浪费、节能减排，改善和优化人与自然、人与人的关系，建设有序的生态运行机制和良好的生态环境有着重要的意义。科学技术的不断革新，将推动电子会议的发展和成熟，也必将推动会议制度的革新，对管理者提出更多的要求。

八、数字艺术

（一）数字艺术概述。数字艺术是以“数字”作为媒介素材，通过运用数字技术来进行创作的具有一定独立审美价值的艺术形式或艺术过程。广义的数字艺术就是数字化的艺术，包括交互媒体设计、数字影像艺术、虚拟现实设计、新媒体艺术等。有人把数字艺术看作是这样一种艺术形态：即艺术家利用计算机为核心的各类数字信息处理设备，通过构建在数字信息处理技术基础上的创作平台，对自己的创作意念进行描述和实现，最终完成基于数字技术的艺术作品，并通过各类与数字技术相关的传播媒介(以网络为主)将作品向欣赏者群体发布，供欣赏者以一种可参与、可互动的方式进行欣赏，完成互动模式的艺术审美过程。

根据数字艺术的定义，以“数字”作为媒介素材就不同于以“原子”物质作为素材的传统艺术，运用数字技术来进行创作就区别于以手绘为主的传统创作方式。具有一定独立审美价值的艺术形式要求构成数字艺术作品的不是一般的数字内容形式，更不是数字媒介或数字技术本身，而是“有意味的数字形式”。另外，数字艺术所具有的虚拟、交互及网络等特性决定了数字艺术不再是凝固的视觉符号，而是可以随时交互生成的艺术过程。所以说，数字艺术不同于以往的传统艺术形式，首先在原材料上就做到了更加低碳环保、节能便捷。同时也在艺术创作上有了更好的提高。

(二)信息技术与数字艺术。数字艺术开始成为人类一个新的生活方式，是信息时代的必然产物。它会改变我们的时空感：我们交往的方式愈来愈快捷甚至具有同时性，这是一个新的时空观；还有数字时代会带来一个新的伦理观，人和人开始与虚拟人交往，虚拟现实的交往正在改变人与人交往的结构。

信息技术也已经透到艺术的各个方面，给艺术研究带来了极大的改变，产生了一种基于信息技术的一种新的艺术形式——数字艺术。在社会信息化进程越来越快、程度越来越深的今天，信息技术已经成为推动艺术研究发展的新动力。特别是虚拟现实技术和互联网的影响，使得信息化下导致艺术研究的对象、方法和手段都凸显出非物质的特性。随着信息社会的发展应运而生的数字艺术，是科学技术与艺术的结合，体现了科技文化与审美文化的互动和交融，也是科学技术向艺术渗透的一种具体表现。

随着数码产品的日趋广泛的应用，各种各样的“数字阳光”真切地把艺术和美带进了我们生活的方方面面。高清晰度的数码照片可以批量灌入数字化光盘，曾经损坏的老照片可以修复带回美好的记忆，高保真的声音也可经数字复制后永葆动听音符。甚至信息时代已经可以从一个生命还在胎儿时代就留下定格影像，定期的胎儿 B 超检查，也让人们感叹信息时代的神奇和便利。

信息社会的艺术家，也享受着科技进步带来的各种便利，突破空间和时间距离对人的生理上的限制，可迅速通过视觉和听觉获知当今世界的热点、新闻、发明创造、战事、赛况、时尚等图像信息。当今艺术家的视界比以往任何时代的艺术家都要开阔和广博，可以说，今天的艺术家已经离不开数字化技术。换言之，数字化技术其实也是这个时代最伟大的艺术品。

九、数字电影

（一）数字电影概述。进入20世纪80年代，随着计算机技术的飞速发展，为电影产业的发展带来了技术革命，许多传统电影制作做不到的镜头需要借助电脑完成，或者运用了电脑技术会使影片更完美，于是传统电影引入数字技术。作为高科技产物的数字电影，逐渐开始兴起。经过初期阶段的摸索，目前数字电影技术已经很成熟，创作人员已从过去单纯地运用数字特技逐步转化为将其与传统摄制、传统特技融为一体的表现手法。在美国等国家涌现出一大批既掌握现代数字技术又极富艺术品味的创作人员，产生了一大批视听效果俱佳的影片。数字电影的出现，使电影进入了一个全新的高度。

以数字技术为依托的数字电影，使用数字信号记录的图像可以使用光盘进行存储避免出现胶片老化、褪色确保影片永远光亮如新，确保画面没有任何抖动和闪烁。以数字方式传输节目，整部电影在传输过程中不会出现质量损失，不管保存多久，不会对电影画质、声音造成任何损耗。数字电影降低了复制拷贝的费用，增加了放映日程的灵活性，可以在更大的范围内迅速发行；影院加快了新片上映的速度并增强了放映计划的灵活性，使一部电影能出现在更多的影院中，观众则是最大的受益者，他们可以欣赏到更加精彩的画面没有划痕、晃动、斑点，不存在褪色重影，增强了电影的影响力。数字传输技术的保障，使整部电影在传输过程中不会出现质量损伤，确保每一次电影放映的质量。从电影的拍摄来讲，传统电影在拍摄时由于各种因素会使用大量的胶片，大大提高了制作电影的成本，再加上电影洗印的废水，给环境造成了巨大的污染。而在制作数字电影的过程中，对于不满意的镜头可以及时抹掉重拍，没有任何额外的耗费，无需洗印，后期制作全程数字化，有利于提高画面的质量，采用更好的特效。

《泰坦尼克号》的巨大成功，让人们领略了数字电影的魅力，《泰坦尼克号》中主人公在船头迎风飞翔的动作，也是在陆地上拍摄后，与运用数字技术制作的水合成后得到的。从电影的制作商来讲，传统的胶片电影需要巨大资金投入，为了能够收回成本，导演和制片人会更多的考虑市场因素和经济利益，迎合观众的口味。而在数字电影时代，拥有一台轻巧便宜的DV摄像系统，一个带有简捷数码制作体系的多媒体电脑就可以进行独立制片人的工作了。科技的进步降低了电影制作的门槛，越来越多的人进入了影片制作群体，使得电影业开始百花齐放，越来越多的电影人可以更追求电影的艺术因素，在实现自己的梦想的同时，也促进电影艺术不断向前发展。

（二）信息技术丰富了创作手段。数字影视技术的出现，宣布另外一种获得逼真画面手段的诞生。由计算机参与创造的画面不仅能够模拟真实，甚至能够超越真实，实现难以想象的画面效果，极大地拓展了影视艺术的表现空间。现今的影视作品中看到的画面并不完全是由摄影机所拍摄，还有以二进制数据为基本单元由计算机计算所生成的影像，这是一个全新的影像生成的方式和过程。

数字技术为影视艺术提供了新的创作空间。计算机化摄影机的使用，使摄影机的功能超过了人的眼睛，它可以找到许多人眼无法看到的视角，拍摄人眼无法看到的东西，从而可以为我们提供更多的视觉奇观。

（三）数字化改变了观众的观影习惯。数字化的拍摄、数字化的制作、数字化的观影环境，给观众以全新的观看体验。在电视领域，以大屏幕、高画质的等离子体和液晶电视为代表的观看设备正占据主流。以光纤网、宽带网为代表的传输渠道将给电视观众提供大量的频道可供选择，观众观看的视角也不再是单一的，而是可以选择的多维视角画面，看电视的习惯将大为改变。

数字化对电影观众产生的影响更为瞩目。数字化不仅改变了电影自身，更重要的是使电影这种传媒形式的特性发生根本性的改变。数字化正在迅速变革着影视的载体形式和传输手段。电影的发行和放映可以不再以物理的方式进行，他可以以比特流的形式通过光缆或卫星将一部影片直接传到影院，或者随着带宽的加大观众在自己家的计算机前借助互联网络看影视的惬意享受也指日可待。

数字技术还给我们带来了观赏上的全新形式。以数字放映机为主的数字影视院将提供更好的放映环境，声光色影的质量将大大提高，会带给观众一个更精彩、更清晰、更身临其境的观影经历。更有意义的是，互动性、非线性叙事方式的影视作品改变了以往那种单向的观影习惯，给人以全新的视觉感受。

（四）数字化带来了大众视频消费时代。数字 DV 摄像机的普及和廉价带来了影视制作的个人化。它的意义在于使每个人都可以通过自己的作品来与社会交流，而这个过程会很便捷。随着数字影像作品的增多，作品交流欲望的增强，一种新的影视传播方式会孕育而生。

数字化电影为电影的发展提供了新的历史机遇，数字化电影是电影艺术展开创造翅膀的新天地。数字化电影对于防盗版技术的突破使我们拥有了更高的保护技术；数字电影非线性编辑不受时间限制，随意编辑，实现输入系统、图片处理的现代化；软件、辅助设备、输出系统等技术的飞跃都会带给传统电影新面目。数字化将对电影产生深远的影响——由于数字化影片可通过卫星传送，将对电影的放映发行体系产生革命性的影响。更重要的是，电影的数字化将使这种传媒形式的特性发生根本性的改变，以数字形式存在的电影将完全不再是现实的体现，而进入一种虚拟空间。影片的剪辑和修改将更加容易，甚至可以达到一种和观众的互动，观众可以自己控制电影的走向，电影中的人物也可和观众进行交流。电影的数字化宣传打破了它和电视、互联网以及电子游戏之间的物质界限，网络电影、点播电影以及电影式的电子游戏已经出现，在将来会更加普及。可以说，由于数字技术的发展，各种娱乐形式将逐渐走向融合。

十、网络文化

（一）网络文化概述。广义的网络文化是指网络时代的人类文化，它是人类传统文化、传统道德的延伸和多样化的展现。有学者认为，网络文化是指以网络技术广泛应用为主要标志的信息文化，可以分为物质文化、精神文化和制度文化3个要素。物质文化是指以计算机、网络、虚拟现实等构成的网络环境；精神文化主要包括网络内容及其影响下的人们的价值取向、思维方式等，其范围较为广泛；制度文化包括与网络有关的各种规章制度、组织方式等。这些要素不是孤立存在，而是相互制约、相互影响、相互转换，显示出网络文化的特殊规律。

狭义的网络文化是指建立在计算机技术和网络技术以及网络经济基础上的精神创造活动及其成果，是人们在互联网这个特殊世界中，进行工作、学习、交往、沟通、休闲、娱乐等所形成的活动方式及其所反映的价值观念和社会心态等方面的总称，包含人的心理状态、思维方式、知识结构、道德修养、价值观念、审美情趣和行为方式等方面。

网络文化的特点：第一，网络文化是集大成的文化。第二，网络文化的参与性和包容性。第三，网络文化的虚拟性。第四，网络文化的草根性。

（二）网络文化的大众化。无论是从网民数量上看，还是从网络文化内容本身的功能来看，网络文化走向大众化势不可挡。网络文化大众化是相对于精英化而言的，表现为网络文化由最初的少数精英人物所享有转变为多数普通民众所享有。众所周知，网络刚开始产生时是用来进行军事研究的，其使用权只是属于少数科研人员，所以其文化无法在普通民众内得到广泛传播。商业机构介入网络后，迅速地发挥出了其在实时通信、资料检索、客户服务等方面的作用，其文化也随之在普通民众内广泛地传播开来。与传统电视广播、报纸杂志等媒介比较，网络平台具有很大的优越性，首先是自由的交互性，网民可以自由选择自己所关注的信息，并可以提出自己的需求和意见，信息发布方也可以及时的反馈，这种方式更加人性化。其次，平台的开放性，互联网只需网络终端和入网许可，再加一根网线就可以连接互联网，无论你身份的高低贵贱，学历和学识怎么样，都可以通过互联网来发表自己的意见，这一点是促进网络文化大众化不可忽视的要素。第三，超时空限制性，它使得网民可以在任何时间、任何地点自由的选择浏览任何的网站。网络平台的这些优势，使得网络大众化成为必然，网络言论不再是精英文化一枝独秀了，人们可以质疑，可以批评，可以支持自己所支持的言论。

（三）微博时代的到来。2011年7月19日，中国互联网络信息中心发布的《第28次中国互联网络发展状况统计报告》显示，在大部分娱乐类应用使用率有所下滑，商务类应用呈平缓上升的同时，微博用户数量以高达208.9%的增幅，从2010年底的6311万爆发增长到1.95亿，成为用户增长最快的互联网应用模式。微博是微型博客的简称，中国网民给它起了个昵称“围脖”。它是一个基于用户关系的信息分享、传播以及获取平台，用户可以通过 WEB、WAP 以及各种客户端组建个人社区，以 140 字左右的文字更新信息，并实现即时分享。最早也是最著名的微博是美国的推特，截至 2012 年 7 月份，全球推特用户已经超过 5 亿人。2009 年 8 月份中国最大的门户网站新浪网推出“新浪微博”内测版，成为中国门户网站中第一家提供微博服务的网站，微博正式进入中文上网主流人群视野。据互联网监测研究平台 DCCI 互联网数据中心近日发布的《2012 中国微博蓝皮书》，我国微博用户总量已经超过 3 亿人。

微博的到来，满足了人们把自己的所见所想，用不超过 140 个字的几句话或一张照片，通过手机、IM 软件和外部 API 接口等途径向微型博客发布消息与人分享的需求。此外，你还可以任意将自己感兴趣的人添加为“关注”，只要发布了新的博文，彼此就可以在第一时间看到。这逐渐形成网民网络生活中不可或缺的东西，这样的行为习惯逐步上升为一种文化，在网络文化中的重要性越来越大。微博之所以引起人们的关注和使用，与其本身的特点有很大关系：第一，微博门槛低；第二，信息即时性；第三，双向互动性；第四，明显效应。

在微博时代，每个人既是粉丝又是主角，每个人都在传递着信息，关注和关注之间就构筑了一个巨大的新型互联网方式，这里有言论自由，有自由的生活方式，每个个体都成为其中的主角，这对人的行为思维方式，还是在个人交友、品牌营销及文化传播等方面，具有重大的实际意义。

信息革命与十大林业重点问题

进入新世纪以来，我国林业的社会影响力不断扩大，社会地位不断提升。特别是近几年来，资源保护、造林绿化、产业发展、生态文化、应急管理、集体林改、改善民生、国际合作、碳汇林业、科技兴林等林业重点工作，已经成为国家经济社会发展的重要组成部分。而信息化水平已是衡量一个国家和一个行业现代化水平的重要标志，用信息技术解决林业重大问题，是促进林业科学发展的重要手段，也是加快生态林业和民生林业建设的必然选择。

一、资源监管

信息技术支撑林业资源监管，主要应用物联网、云计算、移动互联网、大数据、智慧地球等技术，建立天网、地网、人网、林网和智慧森林平台等四网一平台，以统一的林业资源空间分布信息为基础，用于森林资源、湿地资源、荒漠资源和生物多样性资源管理等业务，将全国林业数据落实到山头地块，提供从宏观到微观多级林业资源分布信息，及时准确掌握林业资源历史、现状和动态信息，提高国家对资源利用的监管能力，形成对“三个系统和一个多样性”的有效监管，解决“林业资源分布在哪里”的问题，为规范林业资源管理提供技术保障，为科学决策和依法行政提供现代化手段。

（一）有效监管森林资源。根据国家、省、市、县四个不同层次的应用要求，应用物联网、云计算、地理信息系统和数据库等技术建立森林资源监管信息系统，包括森林资源监测系统、森林资源利用管理系统、林地林权管理系统、国家级生态公益林管理系统、森林资源监管辅助决策支持系统和境外森林资源信息管理系统等。其中森林资源监管辅助决策支持系统以森林资源各级监测现状数据为基础，以林地林权和采伐利用管理过程中产生的森林资源动态变化数据为更新依据，实现对森林资源现状和动态变化信息综合管理，并

※ 该文为国家林业局信息办主任李世东等2013年7月5日在中国林业网作的信息革命与生态文明系列谈(10)，收录时略有删改。

利用数据仓库和数据挖掘技术，对森林资源结构与变化、森林利用规划、森林资源保护，以及相关人口、社会与宏观经济等数据进行集成、统计与数据挖掘，完成森林资源专题信息提取和加工分析，为森林资源管理政策研究等提供决策支持，实现对全国森林资源的有效监管。

从根源上减少乃至杜绝盗伐、超采、滥挖、私运、倒卖等不法行为，是林业急需解决的一个重大问题，也是提高公共服务水平、保障公共安全的重要方面。充分利用射频识别等技术，建立起完善的森林电子标签系统，并与专门设计的电子货票、运输证、采伐证、采集证、检疫证等结合，可以实现对木材和野生动植物产品生产、运输、贮存、销售等环节的精细管理，大幅提高执法监管和公共服务水平。借助GPS、北斗导航系统、超高频智能标签、移动GIS等先进技术手段，建立森林坐标系统，形成森林网格，提高出入林区人员及车辆的野外定位以及面积测算、距离测算等的准确度，提高工作效率。借助通信卫星网络、广域和宽带无线通信网络、航空护林飞机航线网络和森林网络等，建立覆盖广大林区的通信网络，实现监管信息的及时传递和快速响应。

（二）有效监管湿地资源。湿地资源监管系统以提高湿地资源监测、管理、保护和利用水平为宗旨，在湿地资源数据库建设基础上，建立湿地资源监管应用系统，确保全面及时掌握全国湿地资源现状及湿地征占、变迁等动态变化情况，为湿地保护和可持续利用提供技术支撑和决策支持，实现对湿地资源的有力监管和保护。

湿地资源调查和监测信息管理系统以历次全国湿地调查数据为基础，以国际重要湿地监测、国家重点湿地监测、湿地专项调查、湿地工程管理、湿地自然保护区为重点，对全国湿地信息进行管理，提供完整的全国资源分布和特征信息，为湿地资源管理、工程评估、保护和可持续利用工作提供基础信息。湿地资源保护恢复工程评估系统以各种国家湿地保护恢复工程为对象，实现工程资金管理、项目建设进度管理、档案管理、设备管理、成果管理的信息化作业。湿地资源综合分析评价系统对国际和国家重要湿地资源信息进行提炼加工、综合分析，对湿地演化过程进行动态模拟，实现湿地资源动态变化分析，湿地退化分析、湿地恢复评价以及相关生物多样性保护评价，为湿地资源保护管理和宏观决策提供信息支持。

（三）有效监管荒漠资源。荒漠化和沙化土地监管系统全面掌握荒漠化、沙化现状及动态变化情况，建立荒漠化和沙化土地监测数据库和管理信息库，旨在提高荒漠化和沙化土地监测、防治和管理水平，为防沙治沙、改善沙区生态环境，履行《联合国防治荒漠化公约》提供科学决策依据。包括荒漠化和沙化土地调查和监测信息管理子系统，荒漠化和沙化治理重点工程管理子系统，营利性治沙管理系统，沙区和封禁保护区建设活动管理系统等。

（四）有效监管野生动植物资源。生物多样性监管系统以提高野生动植物资源、自然保护区等监测、管理、保护和利用水平为宗旨，基于生物多样性数据库，建立基于“3S”和北斗系统的的生物多样性监管系统，及时掌握生物多样性现状及动态变化情况，为加强野生动植物保护、管理，履行国际公约或协定，合理开发利用野生动植物资源提供决策依据。

二、造林绿化

通过云计算、物联网、“3S”及北斗系统等信息技术应用，可以实现造林绿化全过程现代化管理，对国家实施的重点生态工程的规划、计划、作业设计、进度控制、检查验收和统计上报等各环节实行一体化管理，实现造林绿化建设现状和发展动态的信息化管理，解决“林子造在哪里”的问题，避免重复造林，做到适地适树，提高造林成果的公信度，杜绝人为舞弊的问题，为扩大森林资源数量、提高森林资源质量、发挥工程建设效益做出贡献。

（一）造林绿化调查规划系统。实现造林绿化林地小班调查空间数据和属性数据的录入、修改、查询、存储；造林地立地条件类型表、造林类型表和经营措施类型表等综合表格的生成、修改、查询、存储和输出；调查规划图件的制作、修改、查询、存储和输出；实现重点生态工程规划统计分析、营造林调查规划数据导入、导出、备份、恢复、上报、接收等功能。

（二）造林绿化计划管理系统。造林计划主要包括营造林生产任务计划、资金计划、种苗供应计划、营造林成本计划和作业计划。通过应用系统输入、处理、分析重点生态工程建设资金的支出、使用等过程中的信息，可为工程建设资金的审计工作提供服务，解决重复投资问题。可以编制和下达各级年度营造林生产任务计划、资金计划、种苗供应计划、营造林成本计划和作业计划；根据实际需要和计划审批管理权限，调整或变更造林计划；编制年度计划表；汇总统计各地营造林生产任务计划完成情况、资金安排和使用情况、苗木生产和应用情况；分析营造林成本构成，为营造林投资提供决策支撑；维护和管理年度营造林工程计划历史数据。

（三）造林绿化设计管理系统。落实年度营造林作业任务，对每个作业区做出具体技术规定，指导营造林施工。系统在建立基础地理数据和林业资源数据以及林业专题数据基础上，以地理信息系统为核心，将营造林作业设计的空间数据和属性数据录入、存储到管理系统。把先进适用的营造林技术安排到山头地块，实行科学造林，达到保证营造林质量、提高造林成活率和林木生产力的目的，是林业生态工程建设不可缺少的环节。主要功能包括营造林地基本情况、设计原则与依据、范围与布局、营造林技术设计、管理措施等信息的录入、修改、查询、存储和输出等；编制营造林地基本情况表、营造林作业设计一览表及汇总表、分树种种苗需求量表、森林保护及配套基础设施年度作业设计表、投资预算表等；落实每个营造林地块的空间位置，核实营造林成果，发现重复造林，虚假造林等各种问题。

（四）造林绿化进度管理系统。通过对造林绿化进度进行监管，确保营造林工程按作业设计进行施工；强化营造林作业工序管理，保证每个环节的施工质量符合设计要求。通过监管和管理各地造林工程建设的质量，为下年度营造林规划和计划的管理提供基本信息和决策支持。实现对各地营造林工程建设的进度登记，根据各地上报落实到小班的工程进度登记表，统计汇总各地的营造林工程完成情况；通过对各地营造林工程建设完成情况进行分析，制作进度图。根据有关规程、标准、细则所规定的生产程序对营造林作业全过程实行质量管理与控制；对营造林工程项目的招投标、合同、监理等信息进行管理，以实际完成营造林工作的数量和质量来控制营造林资金的使用。

（五）造林绿化检查验收管理系统。该系统设计的主要目标是为了加强营造林质量管理，提高营造林质量和成效。检查验收的内容主要包括营造林经费的使用、营造林质量及经营管理等方面。检查验收按营造林工程时段划分，分为年度检查、阶段验收和竣工验收。通过对营造林规划、计划、设计、施工、成果检查验收等过程的数据进行核实和检查，汇总全国检查验收数据，产出各种营造林更新统计分析图表。使国家准确掌握营造林建设现状和发展动态，及时发现营造林工作中存在的各种形式重复虚报成果问题。

三、产业发展

通过建立林业产业和林业经济运行信息系统，对林业重点企业、林产品市场等实行动态监控，实时发布林产品市场信息，提高林业产业发展预测预警能力，推动林业产业健康持续发展。

（一）林业产业管理提升。通过信息技术应用，使林业生产过程和产品管理自动化、网络化和智能化，从而大幅度提高林业生产的精确度，最大限度降低资源的消耗，达到林业生产的高效益。林产品的生产与变化着的气象与病害等相关，形成了生产的不确定性，也通常会因信息掌握不准确或不能采取正确的对策而造成重大的损失。现代技术的运用，将加快新品种的选育，提高病虫害预测、预报和防治水平，减少损失，增加产出，获得更大的效益，减少林业生产的不稳定性。

建立相关生产业务系统和市场监控系统、重点林产品监测分析、林业行业重点企业和市场的动态监控、林产品市场产销存预警报等系统。进行企业业务流程的规范和优化，结合“3S”技术、网络技术、无线通信技术构架企业管理信息化的平台。通过信息系统的建立实现企业管理的信息化和一体化。面向不同的业务，建立网络地理信息系统，为不同层次用户提供信息查询、浏览、上传、下载、发布服务。

（二）林业电子商务系统。通过搭建林业产业电子商务平台，构建林业的一种全新的营销方式，并重新构建市场竞争规则，为用户提供林产品供需和交易服务，让商家和用户紧密结合、良性互动，改变传统集市贸易的弊病，建立现代林产品交易平台。

电子商务主要有三个平台构成：信息平台、交易平台和服务平台。资金流、信息流和物流贯穿其中。信息平台由企事业内部网络信息系统提供，为外部电子商务网提供必要的信息和数据；服务平台包括企事业网上形象宣传、信息发布、客户查询、留言、工作日历等；交易平台使供应链管理一体化，包括原材料采购和库存管理、原材料配送到工位、成品配送到用户的功能，最重要的是做到及时，前提是信息的及时在线订购，销售分销管理、顾客服务管理，还有网上支付，应收应付总账管理等。通过网络，林户可以走向世界，可以实现国际化，这对加速林业国际化进程，延伸市场是一个良好的机遇，引导绿色消费，促进绿色增长，增强林业产业的市场竞争力和社会影响力。

林业企业由于交通运输的不便，往往需要付出更多的交易成本，而电子商务中的采购、营销过程是通过计算机网络实现的，企业建立自己的网站，把企业产品相关信息输入产品数据库，并提供信息的浏览与查询功能，且足不出户就可以访问相关网站，采集设备、原料信息，并通过电子邮件或其他通信手段来完成采购过程。同时消费者通过网络获取商品信息，选择所需产品，完成企业的营销过程，从而增加了贸易机会，降低了贸易成本，简化了贸易流程，提高了贸易效率。尤其是对于林业企业，地域、交通、运输方面的劣势已不存在，交易成本相对降低更为明显。

四、生态文化

信息技术对文化和文化传播具有强大的推动作用。信息技术因其传输的快捷性、传播的广泛性、复制的无限性和保存的永久性，而具有大众性的品格。生态文化的数字化、网络化、智能化推动生态文化的物质层次、精神层次和制度层次三方面的提升。

（一）营造网络生态文化。弘扬生态文化，增强生态意识、生态责任和道德良知，珍爱资源环境，提高利用效率，坚持低碳理念是当前我国生态文明建设的重要内容，利用网络等先进信息技术可以营造崭新的生态文化。通过多层次、多主题的网络文化创新生态文化发展机制，加强生态文化的创作与弘扬，引导全社会牢固树立生态道德观、生态价值观、生态政绩观、生态消费观等生态文明观念。借助网络、移动终端等载体，有助于群众、企业和全社会了解林业在促进生态文明建设中的重要地位和作用，使全社会形成爱护森林资源、保护生态环境、崇尚生态文明的良好风尚，形成人与自然和谐的生产和生活方式。利用国家文化信息资源共享工程，依托虚拟现实、三网融合、移动互联网等技术，以虚拟自然保护区、网上森林公园、网上湿地公园、森林人家等形式，加大生态文化网络体系建设。

（二）建设网络博物馆和网络博览会。通过虚拟现实技术和网上展览技术融合，构造栩栩如生的网上博物馆，将逼真的现场效果，推送至每一位参观者，参观者可在各个专业领域的展厅任意漫游，也可由“虚拟导游”带领按特定路线浏览。穿梭于一个个专题展台前，观赏琳琅满目、五光十色的各种展品，并可以通过虚拟互动技术，与展品实时互动，了解展品的生产加工过程，了解林业对低碳经济的重要作用，参观者仿佛置身于一个真实的林业博物馆世界里。网络博物馆的建立，为企业、公众提供了一座沟通与交流的桥梁。博物馆包括森林馆、花卉馆、野生动物馆、野生植物馆、湿地馆、荒漠馆等，充分展示林业生态文化瑰宝。

林业网络博览会不仅可以反映林业的生态文化属性，又可反映林业产品的商业属性。林业网络博览会作为及时、全面发布林业行业供求信息、项目整合、技术进步和新产品开发的专业平台，是服务于林业终端用户及相关产业、报道国内外最新动态的专业性权威行业平台，覆盖林业相关用户的中高管理层、技术人员以及生产厂商的中高管理层。林业网络博览会基于产品管理系统运行，可实现五类信息的发布浏览检索：新闻资讯、供应商、产品、工程项目、客户；提供整合的B2B站内即时通信系统，实现网站用户和客服人员或者供应商之间的即时沟通，商机洽谈，实现交易。

（三）建设大型生态网站群。随着信息化深入推进，各森林公园、湿地公园、自然保护区、国有林场、种苗基地、主要树种、野生动物、重点花卉等网站群的建设需求愈加强烈。在统一技术构架基础之上，分级管理，分级维护，信息可以实现基于特定权限共享呈送的网站集合。网站群系统技术标准统一，能够互联互通，实行集群化管理，相对一致的网站运行和服务规范。通过群间数据服务，实现同一技术构架、不同数据后台、不同物理位置的网站及网站群间数据交换。森林公园等网站群可以实现多站点管理、多数据共享管理、分级站点管理、统计分析管理、全文检索、信息发布管理等功能。

（四）建设远程教育培训系统。为提高林业队伍的整体素质和公众的生态文明意识，面向有关领导干部、专业技术人员、企业经营管理人员、工人等开展大规模的远程培训，面向公众开展在线生态文化教育，构建一个开放型、多功能、广覆盖、高质量的远程教育培训系统。整个系统按开放性框架体系构筑，普通用户通过浏览器来使用培训系统，可通过数据交换实现跨地域、跨部门协同培训；系统用户界面最大可能简化，以满足不同层次用户的使用需求。主要包括网络教学平台子系统、教学资源子系统、信息管理子系统、行业教育培训信息管理与应用系统。

五、应急管理

近年来，森林火灾、沙尘暴、生物灾害等对林业构成了巨大的威胁。我国林业应急管理信息化作用日益突出，已建立了较为完善的森林火灾预警预报系统和辅助决策系统，有效提高了快速反应能力和综合防控能力。林业有害生物防治和野生动物疫源疫病监测信息管理系统建设逐步推进，沙尘暴灾情监测与评估系统开始发挥作用，沙尘暴防灾工作开始进入主动防灾、科学防灾的新阶段。

（一）森林防火监控与应急指挥。森林火险预警预报。利用先进信息技术、天气预报和实况信息，综合防汛抗旱部门、林区物候和可燃物等情况，开展每周森林火险预测和每日森林火险预报。遇到高度和极度危险天气，及时发布高森林火险警报和预警信号。起到提示危机、化解风险、规范用火行为、防范火灾发生的积极作用。

森林火灾监测。积极采用遥感技术，大力推进卫星林火监测体系建设，并与飞机巡护、视频监控、高山瞭望、地面巡逻、雷电监测等手段紧密结合，形成立体式的监测网络体系，及时了解掌握各地森林火灾的发生情况和发展态势。

扑火指挥。一旦发生森林火灾，借助辅助决策系统，启动预案快速处置，在最短时间内做到组织领导到位、技术指导到位、资金物资到位、扑救人员到位，确保“打早、打小、打了”。

火灾损失评估。以森林资源二类调查数据为基础，结合 GPS、北斗等勘测手段迅速确定火场的过火面积、受害面积等相关数据，对火灾损失进行评估，迅速形成有关报表、报图。

（二）林业有害生物防治管理。林业有害生物监测预报与预警。通过积累和整理主要监测对象预测预报的相关技术因子数据，综合分析监测调查数据，应用数学模型进行预测预报，定期分别发布全国和省级行政区域的林业有害生物短、中、长期趋势预报。林业有害生物监测预报内容：发生种类、分布、传播途径、数量、危害状况等。

林业有害生物预防与除治。制定治理森林病虫害的实施计划，组织除治与防治情况定期检查。对于突发有害生物危害，适时启动防治预案，严格控制，采取科学治理措施；特别是在洪涝、火灾、干旱等灾害过后，加强对林业有害生物的监测和防治，防止病虫的侵染和滋生繁殖，造成二次灾害。

林业有害生物灾害监测与评估。在建立林业有害生物分布、危害、发生情况的基础信息数据库，分层次配备信息传输硬件设备的数字化管理林业有害生物防治信息的基础上，建立遥感手段的灾害多尺度监测技术体系，实现灾害的准实时、宏观、准确监测与评估，实现监测数据自动更新。

（三）野生动物疫源疫病监控。林业主管部门以及各陆生野生动物疫源疫病监测站点，充分应用信息技术，加强陆生野生动物资源调查与监测工作，准确掌握分布及活动规律，并做好必要的物资储备，确保当突发性的疫情出现时，能快速、科学、有序、安全、有效地应对。

（四）沙尘暴灾害应急和监测管理。在沙尘暴灾害多发、频发的地区以及受沙尘暴影响的北京等重要城市，设立沙尘暴灾害信息实时观测站点，建立沙尘暴灾害信息的快速监测网络系统。采取高新手段与常规手段相结合、人工观测与自动观测相结合、定量测试与定性描述相结合的方法，掌握沙尘暴发生发展，以及移动路径不同区域沙尘排放、降落、输送等各种信息，确定沙尘暴发生强度、影响范围、源区沙尘排放量、影响区降尘量，以及对区域社会经济和生态危害状况等各类灾害数据。根据沙尘暴灾害监测数据，结合基础地理信息及社会经济数据库，应用灾情损失评估模型，对灾情损失评估，以保证应急指挥工作的指挥有力、处置及时。

六、林权改革

（一）林权信息管理。随着林改的深入，在生产和管理上产生了大量新需求。林权改革后，林业管理机构需要掌握更多的信息，提高工作效能，才能实现快速决策；林权所有者希望了解周边宗地信息，以兼并来实现生产规模化；林权交易者希望能在投资前更加清晰了解意向宗地的资源和潜力，以降低投资风险；林权改革推动了银行部门和保险部门介入林业领域。银行和保险部门都希望能直观地浏览各林权宗地的抵押现状、采伐档案、宗地面积、树种和树龄等信息。森林公安在林区执法时经常需要能以上网的形式查询宗地权属人、周边地形地貌及环境、公路河流的分布。因作业区域分散、工作难度增大，采伐企业希望能通过地形图以更好地安排集材方式和运输路线。这一切都要求林权信息的透明化、图形化和开放化，需要信息技术的支撑。

（二）农民专业合作组织管理新模式。农民专业合作组织在促进集体林改中起着重要作用。可建立一种以磁卡为载体的农业合作组织信息化管理模式，该模式包括内网和外网两个平台，在不同平台下建立应用系统。通过充分利用网络资源，把握最新的生产信息和市场需求信息，有计划地组织生产和贸易，使农民社员的生产经营观念、经营方式、经营手段和经营效果都有一个质的飞跃，通过充分利用网络教室，有针对性地开展以生产技术为主的各种培训，为农户提供一个互联网应用和实用技术有效传递的场所；通过应用内部办公系统，降低生产成本，提高管理效率，整合各种资源，实现产品入库、检测、包装、出库和销售等过程的系统流程整合；通过使用产品质量追溯系统，加速生产经营的标准化进程，提高产品的质量安全水平，满足消费者的知情权和选择权，提高产品的品牌知名度和竞争力，增加产品的附加值；通过建立网络营销系统，扩展企业销售渠道，提高企业知名度。

（三）林农联防新模式。比较典型的有“十户联防”系统，是指采用现代通信技术、计算机技术、无线通信技术等开发而成的警情快速响应系统，从而达到快速接警、处理与上级部门调度的目的。十户联防就是把分散居住的村镇村民，大约每 10 户左右，按就近居住的原则，归拢成一个联防小组，这个小组作为一个联防群体，成为联手防范单位。在每家每户都装一个既有接收又有发送功能的不同编码的报警装置，也可以叫做紧急呼叫报警器，谁家有意外发生的时候，轻轻一按，其他 9 户都显示出这个发送者的编号，所有其余家庭就同时听到了报警声，听见报警的其他 9 家人就可立即赶去发生警情的家庭去处理警情。

七、改善民生

保护生态、改善民生是林业转型升级的最基本、最重要、最核心的任务和职责。林业正在以其独有的优势，在民生领域扮演着越来越重要的角色。通过大力发展林业来改善民生，已经成为人民群众的新期待和新需求。应坚持为了人民、依靠人民来发展林业，林业建设成果由人民群众共享。在我国人多地少的情况下，增加农民收入，提高农村经济发展水平，既要立足于耕地，又要立足于林业资源和整个国土资源。我国山地面积占国土面积的69%，林业用地面积2.8亿公顷，是耕地面积的两倍多。同时，我国约有1.2亿农村剩余劳动力，他们正在寻找就业出路；我国拥有1000多个经济价值较高的树种，许多都能形成新的产业。

通过信息化建设，实现明晰产权、勘界发证、放活经营权、落实处置权、保障收益权、建立林业投融资机制、加大公众财政的扶持力度、对林业产业给予税收等政策扶持、建立政策性林业保险保障体系、完善商品林林业信贷制度、建立分地域的信贷政策、推进林业小额信贷制度、建立多层次的林业融资渠道、建立林权管理信息系统、建设林权交易平台。通过信息手段满足林业制度改革中农民在确权、流转、采伐和经营的方面的服务需求，把林地、劳动力、树种和林产品市场四大资源很好地结合起来，必将为农村创造出巨大财富。

现代社会是信息社会，通过信息化手段及时获取信息、了解情况、办理事务，已日益成为人们的生活习惯，也已成为转变政府职能、提高社会服务水平的迫切要求。特别是随着林业行政许可、政务公开事项要求的提高，对林业信息化服务时效和质量的要求显著提高。通过金林工程项目建设，可构建四通八达的网络信息体系，实现服务网络化、办事便捷化，解决农民获取信息难、办事难的问题，促进农民就业增收，缩小城乡差距。

八、国际合作

林业国际合作以保护生态环境和实现可持续发展为主线，以制定林业可持续发展国际规则为目的，以资源竞争、技术竞争、资金竞争和人才竞争为焦点，在这些竞争中，信息是关键，只有掌握世界林业和我国林业发展相关信息，才能积极主动地参与林业多边国际合作，履行国际义务，维护国家权益，拓展我国林业发展国际空间。

（一）加强国际合作管理。为确保林业国际合作与交流有序进行，切实在多边场合维护国家权益，必须利用现代信息技术手段加强林业多边合作的归口管理。只有各级林业外事主管部门掌握林业多边合作的信息，利用归口管理网络信息服务支撑，才能有序、协同地做好林业国际合作。

（二）提升履约和谈判能力。加强履约和谈判工作，信息是关键，只有加大信息化支撑工作力度，为履约和谈判人员及时提供信息服务后台支撑，才能有利参与有关国际公约的谈判和履约活动，发挥专业部门的作用，配合好有关部门，作好履约工作，维护国家整体利益。

（三）巩固无偿资金援助渠道。随着我国经济的不断发展，多边无偿援助资金将从我国转向其他发展中国家，在这种情况下，必须加大信息支撑工作力度，有的放矢，巩固现有的多边无偿援助资金渠道，重点抓好与我国林业合作密切的渠道，积极开展工作，争取更多的国际机构关注和支持我国林业，本着积极主动的姿态，为我国林业改革发展提供更多的国外资金和技术支持。

（四）支撑林业国际热点信息服务。营造良好的外部环境，认真把握森林认证、林业碳汇、非法采伐、森林可持续经营标准指标和外来有害生物入侵等林业国际热点信息，积极参与，加强研究，制定对策和规划。

利用网络，全面发布我国林业建设取得的成就、林业发展战略、林业政策、履行国际公约的成绩以及关于国际热点问题的原则立场和所采取的措施，树立良好国际形象，为我国林业发展营造宽松的国际环境。

九、碳汇林业

（一）森林碳汇监测与计量。利用信息技术支撑进行森林碳汇监测计量方法主要分为两大类：一类是与生物量紧密相关的反映碳累积量的现存生物量清查的方法，包括蓄积量法、生物量法和基于蓄积量法、生物量法的生物量清单法。另一类是利用微气象原理和技术测定森林 CO_2通量，然后再将 CO_2的量换算成碳的储量。

（二）基于网络的森林碳汇服务。信息技术可以满足森林碳汇各类参与者的需要，全方位支持森林碳汇贸易的整个过程：为政府部门加强对森林碳汇市场的管理，引导市场的规范发展服务；为森林碳汇的供求双方提供全方位的信息服务，进一步促进森林碳汇市场的发展；为森林碳汇贸易的各支持服务方提供发挥自身优势作用的平台；通过信息服务系统向外界提供一个学习碳汇知识、碳汇政策的窗口，让更多的人能够了解森林碳汇。从森林碳汇贸易的交易流程开始，通过深入了解我国森林碳汇项目运作流程，弄清各参与方的作用，更好地满足用户需求，实现森林碳汇信息服务。

十、科技兴林

（一）科技创新。信息技术、生物技术、新材料技术是现代三大高新技术。信息技术本身就是科技创新的重要内容，同时也是当前推动林业科技创新十分关键的手段。随着信息技术发展的需求，林业科技创新平台建设将更加注重多功能化、人性化，为不同用户专门设立不同的界面，开发利用多种功能，提供多种个性化的科技信息服务，提高信息服务质量。

（二）科技成果共享与推广。通过林业科技成果推广信息共享平台，提高林业科技成果推广成效。该平台可由政府牵头，多部门单位合作建设，统一规划、统一内容、统一标准。同时，制定有关信息收集、存贮、传播的一致性协议，统一信息组织规范，协调信息共享平台运行的整体性。

为了使林业科技成果推广信息共享平台能更好地实现资源共享，促进信息交流与国际合作，必须建立基于 Web 数据库技术的林业成果检索信息系统。该检索信息系统可以提供多种检索途径，如网站检索、数据库检索、网站与数据库复合检索、主题检索、特色资源检索、中英文检索等。通过科技成果信息化，可以为我国提供包括地域分类、年份、分类号、项目名称、完成单位、任务来源等字段的综合检索，有利于林业科技发展。

（三）科技交流与合作。通过建立统一的平台，加强科技交流与合作，避免信息资源的重复建设，鼓励开发具有当地特色的数据库，同时积极扩大与成果完成单位的合作广度和深度，共享信息资源、工作模式和平台条件，提高推广服务的水平与效率。

FIVE YEARS 2009~2014

顶层设计

DINGCENG SHEJI

林业信息化
Forestry Informatization

《建设纲要》与《技术指南》编制说明

国家林业局对林业信息化建设高度重视，经过近一年的努力，目前已编制完成《全国林业信息化建设纲要》（简称《建设纲要》）和《全国林业信息化建设技术指南》（简称《技术指南》）。

一、目的意义

（一）加快林业信息化是落实党中央、国务院提出的信息化战略部署的迫切要求。党中央、国务院将信息化作为一项国家战略任务，做出了以信息化带动工业化、走新型工业化道路的战略部署，党的十七大做出了推动工业化、信息化、城镇化、市场化、国际化的战略部署。温家宝总理亲任国家信息化领导小组组长，亲自抓信息化工作。党中央、国务院先后印发《2006—2020 年国家信息化发展战略》等文件，召开多次重要会议，做出一系列重要决策。今年 5 月 1 日实施的《政府信息公开条例》，更是以法规形式对信息化建设提出明确规定。加快林业信息化建设，已成为贯彻落实党中央、国务院重大战略决策的重大任务。

（二）加快林业信息化是全面推进现代林业建设的迫切要求。现代林业是充分利用先进科技技术和信息化手段的林业。2007 年全国林业厅局长会议将提高林业科学化、机械化、信息化水平作为发展现代林业的总体要求。高水平的信息化是现代林业的重要标志。由于林业信息化长期以来缺乏专门机构和总体规划，重复建设、重建设轻管理、标准不统一、信息共享困难、安全无保障等问题十分突出，已成为现代林业建设的重要制约。加快林业信息化建设，已经成为关系林业工作全局的战略举措和当务之急。

（三）加快林业信息化是转变政府职能、提高林业社会服务水平的迫切要求。现代社会是信息化社会，通过信息化手段及时获取信息、了解情况、办理事务，已日益成为人们的生活习惯，也已成为转变政府职能、提高社会服务水平的迫切要求。由于目前林业信

※ 该文为国家林业局信息办主任李世东 2009 年 1 月在国家林业局办公会议上的汇报发言，收录时略有删改。

息化建设相对滞后，林业信息化服务比较单薄，难以很好地满足人民群众及时获取林业信息，了解林业情况和网上审批、网上办事等诸多需求。特别是随着林业行政许可、政务公开事项要求的提高，对林业信息化服务时效和质量的要求显著提高。目前林业信息化还难以为社会提供高质量、高水平的服务，已成为影响林业部门与群众加强联系的重要问题。

二、编制过程

（一）制订工作方案。2008 年 6 月初，办公室组织召开会议，认真学习领会了 5 月 30 日局专题会议重要精神，由办公室、规划院、林科院、未来公司抽调精干人员，成立了专门工作小组，明确了任务分工，制定了详细工作方案。

（二）深入调查研究。6 月中旬至 7 月下旬，利用一个多月时间，组织多个调研组分 4 个层次进行了全面深入调研。一是省区市调研。赴北京、内蒙古、辽宁、黑龙江、浙江、福建、江西、河南、湖南、广东、云南、陕西、宁夏等 13 个省（区、市）林业部门进行了调研；二是部委调研。赴商务部、民政部、国土资源部、水利部、农业部等 5 个部进行了调研；三是司局调研。赴我局各司局和直属单位进行了实地和书面调研；四是国外调研。组织人员收集了国外林业信息化建设文献资料，对林业发达国家信息化建设进行了调研。通过调研分析，基本上掌握了林业信息化建设现状，探索了林业信息化建设规律，提出了林业信息化发展的总体方向。

（三）研究制定提纲。8 月上旬至中旬，在全面总结分析林业信息化建设调研成果的基础上，依据《国家电子政务总体框架》（国信［2006］2 号）等文件要求，着手开展了全国林业信息化建设顶层设计工作，对林业信息化建设的各个方面、各个层次、各种因素进行综合分析和统筹考虑，提出了编写《建设纲要》和《技术指南》的总体思路及其提纲，并多次召开专家会议进行了认真研究讨论，广泛征求了各有关单位的意见。

（四）起草修改完善。8 月下旬至 10 月下旬，按照局专题会议提出的统一方案、统一规划、统一内容、统一标准的指示要求，结合林业信息化实际情况，方案组全体成员集中研究起草《建设纲要》和《技术指南》，完成初稿后，经过 3 轮内部讨论修改形成征求意见稿，广泛征求各地各单位意见后形成送审稿。

（五）召开专家评审会。10 月 30 日组织召开了专家评审会，邀请国家信息化专家咨询委员会和国务院办公厅、国家发改委、工信部、商务部、国家信息中心等部门的知名专家出席。专家组一致认为：《建设纲要》及《技术指南》指导性强，可操作性好，符合国家信息化发展战略的总体要求和现代林业建设的需求，充分体现了林业信息化的特点，是推进全国林业信息化建设的重要依据。《技术指南》采用吸收了国内外信息化建设先进设计思想，具有创新性。通过评审后，我们按照专家意见，进一步修改完善并征求局领导意见后形成审议稿。

三、核心内容

《建设纲要》和《技术指南》严格遵循国家信息化建设有关法律法规和政策规定，针对我国现代林业建设需求，提出了全国林业信息化建设指导思想、基本原则、建设目标、总体框架、建设内容、行动计划和保障措施，构建了全国林业信息化建设总体蓝图，是指导全国各级林业部门信息化建设的纲领性文件。

（一）指导思想。以邓小平理论和“三个代表”重要思想为指导，深入贯彻落实科学发展观，按照现代林业建设总体部署，以全面实现林业信息化为目标，以信息资源开发利用为中心，以林业电子政务建设为重点，以资源整合和信息共享为突破口，以完善体制机制为保障，统一规划、统一内容、统一标准，分步实施，尽快形成布局科学、高效便捷、先进实用、稳定安全的全国林业信息化格局，为发展现代林业、建设生态文明、促进科学发展做出新的更大贡献。

（二）基本原则。明确了统一规划，统一标准；统一管理，分级负责；需求主导，面向应用；整合资源，促进共享；注重实用，适度超前；试点先行，稳步推进等六项原则。

（三）建设目标。提出了建立覆盖全国林业行业的林业信息化体系，建成国内领先的林业信息化平台，全面提高林业信息化应用水平，实现信息资源共享，提供全面、快捷、准确的信息服务，增强决策支持和应急处理能力，提高科学管理水平的林业信息化总体目标和2010年、2015年、2020年的阶段性目标。

（四）总体框架。提出了全国林业信息化建设内、外网都采用“四横两纵”总体框架结构，“四横”为基础设施、数据库、应用支撑和应用系统，“两纵”为支撑“四横”的标准规范体系、安全与综合管理体系。在技术实现上，总体框架利用面向服务的体系架构思想，实现林业信息系统的横向和纵向集成。在技术选择上，采用国际先进、成熟、符合主流发展方向的信息技术作为核心技术。包括地理空间信息技术、海量数据管理技术、可视化技术、信息交换技术、模型模拟技术、安全访问控制技术等。

（五）建设内容。

一是基础设施。基础设施是林业信息化建设的物质平台。利用交换机标准和网络访问加速等技术，建设标准统一、功能完善、安全可靠的政务信息网络平台。包括以下三个方面：

计算机系统。国家和省级林业行政部门要逐步建立起统一的支持数据库服务、数据加工、数据交换、业务应用、数据存储的高效稳定的主机及存储系统。

网络基础设施。进行统一的网络地址规划，建设和整合全国林业电子政务传输网络。

机房及配套。建立内网和外网机房，保障机房能够在物理空间、位置选择、动力配电系统、接地系统、空调及新风、专用消防、结构化布线、机房安防、机房照明、机房屏蔽等方面符合国家机房建设标准，满足林业信息化发展的需要。

二是数据库。数据库是实现应用系统功能的必要支撑。利用空间数据库、分布式管理等技术，保障上下信息的一致性、完整性和可靠性，有效解决信息访问的瓶颈和安全问题。林业信息资源通过采集、交换、汇集与存储等手段在国家和地方各级结点建立相应的数据库，各级结点的数据库共同构成全国林业数据库整体。林业数据库分为五类：

公用基础数据库（基础地理信息：1 比 400 万、1 比 100 万、1 比 25 万和 1 比 1 万基础地理信息。遥感影像：林业上常用的 MODIS、TM、SPOT5 和快鸟卫星图片等）；

林业基础数据库（林地：森林资源连续清查样地信息和森林资源规划设计调查信息。沙地：全国荒漠化和沙化监测图和放大的局部地区荒漠化和沙化监测图。湿地：湖泊湿地分布图和生物多样性等）；

林业专题数据库（森林培育、生态工程、防灾减灾、综合办公、林业产业、国有林场、林木种苗和森林公园等）；

林业综合数据库（根据综合管理、决策的需要由基础、专题数据综合分析所形成的数据库）；

信息产品库（为各类应用服务生成的信息产品）等。

三是应用支撑。利用标准接口、元数据和面向服务架构等技术，为应用系统建设、运行、协同提供统一支撑，包括应用所需的资源共享、信息交换、业务访问、业务集成、流程控制、安全控制和系统管理等各种基础性和公共性的支撑服务，同时它也是应用系统的开发、部署和运行的技术环境。应用支撑体系建设包括目录体系与交换体系、业务流程管理、林业数表模型、基础组件、中间件、常用工具软件。目录体系与交换体系是整个林业信息化建设基础平台的信息交换核心枢纽，它利用信息交换技术，完成应用系统之间的数据交换与共享服务。

四是应用系统。利用数据快速访问、软件工程等技术建设应用系统。应用系统分为应用服务系统和业务应用系统两个部分。应用服务以信息资源共享服务、业务协同服务、辅助决策和公众应用服务等形式，通过政务内外网，为各级林业部门、上级国家机关、其他政府部门及社会公众提供服务。业务应用系统可分为综合类、业务类和公用类三类应用系统。综合类应用系统包括综合办公系统、公文传输系统和视频会议系统等；业务类应用系统包括林业资源监管、营造林管理、防灾减灾、森林公安等系统；公用类应用系统包括林业计划、财务、科技、教育、人事等系统。

五是内外网。通过内外网门户，提供统一的应用发布窗口。外网建设利用集成门户、网络隔离、协同工作等技术实现公共信息服务、在线办事和互动交流。主要是通过整合改造各级林业部门网站，建立统一的对外门户网站群，国家、省、市、县各级形成“一站式”林业应用和信息服务窗口。扩大信息服务，推进网上办事，加强互动交流，实现多媒体服务。

内网主要是以与电子政务外网和互联网物理隔离的要求，整合分散、独立的业务系统，建设统一的内网办公平台。规范办公流程，整合业务系统，推进网上办公。以“一站式”门户网站为窗口，满足行政管理业务需求，实现林业信息内部网上互动和无纸化办公。

六是安全与综合管理体系。利用入侵防御、漏洞扫描等技术建设安全体系。安全体系是参照中央有关文件要求，在对各级林业内外网的安全域划分的基础上，对不同安全域按照等级保护的要求进行相应的安全保护。安全体系的内容包括：物理安全、网络安全、数据安全、系统安全、应用安全、安全制度等六个部分，其中物理安全和网络安全属于安全基础设施。

综合管理体系主要是对各级信息系统的机房、网络、系统、中间件、应用系统、人员行为、日志和桌面的全程全网分级监控、审计管理，满足可追查性，是网络正常运行的重要保障，其框架内容十分丰富，形成了一个完整体系。

七是标准规范体系。标准是林业信息化建设的最基础工作。按照中央有关标准，结合林业实际，建立健全林业信息化标准体系。标准规范体系由总体标准、基础设施标准、信息资源标准、应用标准和管理标准组成。通过标准体系建设，为互联互通、资源共享奠定基础。

（六）行动计划。为切实落实全国林业信息化建设目标和各项建设内容，以林业信息化建设骨干工程为龙头，带动全国林业信息化建设。共有八项行动计划。近期建设重点是加强资源监管、综合营造林、灾害监控与应急管理、综合办公等信息化建设工作。

一是林业资源监管系统建设行动计划。林业资源监管系统，用于森林资源管理、荒漠化土地资源管理、湿地资源管理和生物多样性资源管理等业务，将全国的林地、沙地、湿地、生物多样性资源数据落实到山头地块，提供从宏观到微观的多级林业资源分布信息，及时、准确掌握林业资源历史、现状和动态信息；提高国家资源利用监管能力，形成对“三个系统和一个多样性”的有效监管，解决“林业资源分布在哪里”的问题，为规范林业资源管理提供技术保障，为科学决策和依法行政提供现代化手段。

二是营造林管理系统建设行动计划。以实现营造林全过程管理为主线，建立国家和地方多级营造林管理系统，对国家实施的重点工程等营造林的规划、计划、作业设计、进度控制、检查验收和统计上报等各环节实行一体化管理，实现营造林部门对营造林建设现状和发展动态的信息化管理。此项行动计划中，国家林业局的建设重点是掌握国家林业重点工程营造林信息，解决“造林造在哪里”的问题。

三是林业灾害监控与应急系统建设行动计划。以提高林业行业灾害应急管理水平为目的，在国家和地方建设多级森林防火监控和应急指挥系统、林业有害生物防治管理系统、野生动物疫源疫病监测管理系统，在国家和相关省级单位建设沙尘暴防治等林业灾害管理系统，为林业灾害的监测、预警预报、应急事务处理、损失评估和灾后重建等提供支撑。

四是综合办公系统建设行动计划。要用 2 ~ 3 年时间，建立起一套完整的林业综合办公自动化系统，实现行业内各部门间互联互通，改善林业政务协同工作环境，利用内外网门户网站实现信息查询和服务。综合办公系统主要实现文件办理、会议办理和事务办理的办公自动化，具体包括公文、政务信息、值班、会议、督查、信访、工作计划安排、档案管理、政务公开、行政审批、业务协同、电子办证等内容。

五是林业信息化基础平台建设行动计划。在林业信息化建设过程中，为了避免重复建设和新一轮信息孤岛的产生，总体框架中所有基础性、公共性、对全局影响起关键作用的内容需要进行统一建设。要建设国家级和省级两级林业信息化建设基础平台。林业信息化建设基础平台的内容涉及基础设施、应用支撑、应用系统、数据库、安全与综合管理体系等。在基础设施层，通过网络汇接为各级林业网络建设提供统一的网络接入、汇聚等功能，实现全国林业系统网络基础设施互联互通，形成中央和地方整体的网络体系。

六是林业电子商务服务行动计划。通过建立公平、透明、开放的林业产业信息交流平台，提供丰富的网站交互功能，为用户在林产品流通过程中提供所需要的信息服务，力求从功能上满足传统商务向电子商务过渡时期的切实需要，逐步实现网上林产品交易，召开网上博览会等功能。切实抓住当前林业产业发展的机遇，加强林业产业信息化建设，从而加快推进林业产业发展，实现由林业产业大国向强国迈进。

七是林业行业信息化技能教育培训行动计划。在2～3年时间内在全国开展一次大规模的林业信息化技能培训，整体提高全行业从业人员计算机应用水平。充分利用现代网络通信手段，建设覆盖全国的现代化远程教育系统，加强面向偏远林区和老少边穷地区开展形式多样的信息化知识和技能教育服务，全面促进林业信息化建设和管理水平的不断提高。建立林业信息化技能等级考核制度和岗位资格制度。建设林业信息化人才梯队，以满足各级林业信息化建设工作中的专门人才需求。

八是林业信息化关键技术自主创新行动计划。加大在林业信息技术创新基地建设方面资金的投入，集中力量组织实施林业信息化科技工程，依托国家和地方科技力量，建立一批国家和区域林业信息技术科学中心或科技创新基地，加强林业信息技术创新的条件设施建设，形成全国林业信息技术创新体系。开展林业信息技术产品研发与应用推广。

（七）保障措施。

一是加强组织机构建设。各级林业部门要成立信息化工作领导小组，组建各级林业主管部门的信息化管理机构，充分发挥其在林业信息化建设管理工作中的重要作用。

二是加大资金投入力度。各级林业管理部门设立信息化专项资金，努力将国家和地方林业信息化建设工作纳入国家和地方信息化总体规划，获得国家和地方政府的政策和资金扶持。

三是建立健全政策机制。完善林业信息化建设、运维管理、市场机制，为林业信息化的健康和可持续发展提供保障。

四是积极引入社会力量。鼓励相关企业参与共同合作开展林业信息化工作。

五是加快人才队伍建设。加大人才培养的力度，建立有利于吸引人才、留住人才的激励机制和用人机制，努力提高管理水平和技术水平。

六是加强国内外交流合作。实现行业内部信息化工作定期交流和互动。加强与其他相关行业、国外相关部门的交流。

总的来看，《建设纲要》和《技术指南》做到了三个结合：即与国家信息化建设总要求紧密结合，与现代林业建设总要求紧密结合，与现有林业信息化基础紧密结合。充分体现了三性：即体现了先进性，国内领先，世界先进；体现了指导性，符合科学和实际，是指导今后5~10年的总纲；体现了可操作性，具有很强的实用价值。《建设纲要》及《技术指南》可以说是我局指导全国林业信息化建设的纲领性文件。

四、几点建议

（一）尽快下发文件。建议《建设纲要》和《技术指南》经审议修订后，尽快以国家林业局文件下发各地各单位参照执行，指导全国林业信息化建设。

（二）尽快成立机构。尽快成立国家林业局司局级的林业信息化管理机构，明确职能，以便统领全国林业信息化建设，改变林业信息化建设自成体系、重复建设、难以共享的局面。

（三）加快工程立项。建议在前期可行性研究报告编制阶段成果的基础上，继续可行性研究报告编制工作，加速"金林"工程立项。同时，多渠道筹集资金，加大信息化建设投资规模，尽早部署2009年林业信息化建设工作。

（四）引入社会力量。积极吸收社会力量参与信息化建设和技术培训，加强林业信息化建设技术力量，缓解目前林业部门，尤其是基层林业部门和边远地区人才匮乏问题。

《全国林业信息化建设纲要》孕育始末

2009 年 3 月 24～25 日，国家林业局在北京召开了首届全国林业信息化工作会议，提出了当前和今后一个时期林业信息化建设的总体思路和工作重点，使我国林业信息化建设进入了全面加速发展的新阶段。

2009 年 1 月 22 日，国家林业局印发了《全国林业信息化建设纲要(2008～2020 年)》和《全国林业信息化建设技术指南(2008～2020 年)》(以下简称《纲要》、《指南》)，令广大林业从业人员振奋不已。

《纲要》将林业信息化建设的总体目标分做"三步走"：第一步到 2010 年，完成省级以上单位各类林业监测信息及林业专业基础数据的标准化改造和整合，省级林业信息化基础平台等各项建设任务完成 50%。第二步到 2015 年，省级林业信息化基础平台等各项建设任务完成 80%。第三步到 2020 年，全面完成各项建设任务，基本形成技术先进、功能完备的林业信息化体系。

说起我国信息化发展历程，林业应该是各行业中的一员老兵。林业信息化建设起步可以追溯到 20 世纪 80 年代初，至今已有近 30 年的发展历史。但为什么直到今年才出台《纲要》和《指南》，为何直到今年才召开首届全国林业信息化工作会议？遍寻"十二金"工程，为什么没有"金林"的踪迹？带着这些疑问，《CIO INSIGHT/信息方略》杂志记者采访了国家林业局信息化管理办公室主任李世东，了解到了《纲要》和《指南》出台的背景及详细始末。

一、林业信息化 今日"蓝图"在手

《全国林业信息化建设纲要(2008～2020 年)》和《全国林业信息化建设技术指南(2008～2020 年)》的出台，是全国林业信息化发展的一个里程碑。

※ 该文为国家林业局信息办主任李世东接受《信息方略》记者尹峻岭专访稿，刊于《信息方略》2009 年 11 月 8 日第 21 期，收录时略有删改。

“《纲要》和《指南》的出台太重要了，以后我们林业信息化终于可以大干一番了！”国家林业局信息化管理办公室主任李世东在接受《CIO INSIGHT/信息方略》记者采访时，略显兴奋地说。李世东主任的心情一直受到国家林业局党组书记、局长贾治邦关于《全面加快林业信息化步伐，为现代林业建设提供强大支撑》讲话的巨大鼓舞。

回顾过去近30年的林业信息化发展历程，李世东感慨万千。据了解，林业信息化在政府信息化中相对落后。虽然在20世纪80年代初，国家林业局就引入了计算机技术，但当时多是单机使用，主要应用于森林资源清查、专项调查等。90年代后，虽然林业行业日益重视信息化工作，但由于投入不足、管理力量薄弱、信息化人才缺乏等原因，林业信息化发展速度缓慢，与先进行业、先进部委的差距越来越大。

“现在林业信息化已经到了不得不加快发展的时候了。”李世东说，“只有全面加快林业信息化建设步伐，才能将全国林地、湿地、沙地和生物多样性等基础林业资源数据真正落实到山头地块，形成对“三个系统和一个多样性”的全面有效监管，解决好“林业资源分布在哪里”、“林子造在哪里”、“治沙治在哪里”、“林业突发事件发生在哪里”等问题；只有全面加快林业信息化建设，才能高效、有序地推进集体林权制度改革，贯彻落实好中央林业工作会议精神；只有全面加快林业信息化建设，才能实现建设现代林业的远大目标；只有全面加快林业信息化建设，林业才能紧跟时代发展步伐，为民族振兴、国家富强、社会和谐做出应有的贡献。”据李世东介绍，推行电子政务已成为提高政府工作效率、建设服务型政府的重要途径。按照《纲要》的规定，深化林业电子政务建设及应用是新时期林业信息化建设的重中之重，这对提高林业服务社会的能力将发挥积极作用。林业具有地处边远、小而分散、信息闭塞、经营粗放等特点，加快林业信息化可以有效促进林业信息交流，缩小城乡数字鸿沟，改变落后生产经营方式，提高林业综合效益。

“林业信息化发展缓慢不仅制约了林业自身发展，而且成为国家信息化发展中的短板，既影响了林业融入国家发展的大局，又影响了国家综合竞争能力的快速提升。如果不深刻地认识到这一点，不迅速地迎头赶上，林业势必会被持续快速发展的经济社会边缘化。”李世东深有感触地说。

“《纲要》的出台，可以说为我们林业信息化描绘了一幅宏伟的蓝图！”李世东对记者说，“《纲要》提出的‘四横两纵’总体框架和八个行动计划为我们的工作指明了方向、明确了任务，是激励我们奋勇前进的强大动力！”

（一）上下施压，“逼”出来的《纲要》。说到《纲要》的出台，李世东喝了口茶，皱了皱眉头。他感慨地说：“说到林业信息化，我们可是深切感受到了来自全方位的压力！”

进入21世纪，人类社会已步入信息时代，信息技术成为推动经济社会发展的重要驱动力。党中央、国务院高度重视信息化工作，提出了一系列信息化方针政策。党的十七大提出了“五化并举”、“两化融合”的信息化战略，为推动国民经济信息化指明了方向。林业信息化发展缓慢，与先进水平之间的差距不断加大，越来越不适应建设现代林业的要求，急需加快发展。

目前我国林业信息化工作正面临着四面八方的巨大压力。上来自国家大力推进“两化融合”、建设服务型政府的压力；下来自广大林农迫切需要林业信息和科技服务的压力；左右来自先进部委或行业不断拉大差距的压力；内来自林业改革与发展自身需求的压力；外来自林业日益激烈的国际竞争压力。林业信息化建设责任重大、任务艰巨、时间紧迫。

当前一些林业信息化发展比较好的省份，信息化水平已经较高，其他省份也在积极推动。但由于全国缺少一个总体谋划，因此各地各单位出现各自为政、重复建设、低水平建设、信息孤岛等问题在所难免，并且有日益严重之势。要想提高林业信息化建设水平，整合好现有的信息化资源，提高林业信息化的共建共享水平，就必须制定一个统一的规划，明确总体工作思路和目标任务，以此统领全国林业信息化建设。

林业行业的特点是管理范围广、涉及人口多、工作难度大。国土所及，都有林业要做的事，可以说，每一平方公里都有林业的身影。林业经营的对象是生命体，包括森林和各种野生动植物，生命体就有过去、现在和将来。要想搞好现代林业，不仅要了解林业现状，也要知道林业过去，还要预测林业的未来，这些都需要强大的林业信息化来支撑。

国家林业局结合林业实际，做出了“加快林业信息化，带动林业现代化”的战略决策。这是一项非常正确的决策，是总结林业 60 年发展经验教训得出的科学结论，是林业践行科学发展观的生动体现。

2008 年初，国家林业局决定由办公室牵头，规划院、林科院等单位参与，并邀请行业外的 IT 专家，共同组成《纲要》起草小组，着手编制《纲要》。据统计，直接起草人有 20 多人。

“《纲要》中的很多想法得益于前期的广泛深入调研。”李世东说。在《纲要》起草前，起草小组首先进行了两个多月的调研。通过查阅和分析有关资料，了解国际信息化发展的现状和趋势。对商务部、农业部、水利部、国土资源部、民政部、财政部等“金字”工程承担部委和信息化先进部委进行了考察。在林业系统内部，先后对辽宁、湖南、浙江、云南等多个省份进行了调研。

“在与兄弟部委及有关省区市的交流中，我们理出一些头绪。通过借鉴他们的成功经验和做法，让我们的工作上了一个层次。”李世东就林业信息化如何布局举例说，在与诸多部委交流后，起草小组确认了二级中心的建设思路。尽管行业不一样、业务不同，但信息化的基本内容和发展规律是相通的。“站在巨人的肩膀上，可以使我们尽快达到目标。”李世东说。

2008 年下半年，雏形《纲要》经过多方征求意见，专家多次论证，以及局党组的最后审定，终于在 2009 年 1 月，正式印发了以“四横两纵”总体框架和“八大行动计划”为主要内容的《全国林业信息化建设纲要》和《全国林业信息化建设技术指南》。“《纲要》是对全国林业信息化的宏观把握，《指南》则是从技术层面进行微观指导，它们互为一体、相辅相成。”李世东解释道。

“《纲要》明确了全国林业信息化建设的基本思路、建设目标、总体框架、建设内容、行动计划和保障措施，做到了科学性、可行性和前瞻性的有机统一，对我们推动工作十分重要。”“林业信息化涉及面广、建设内容多、工作任务重，由于各地各单位基础条件不一样，发展进度也不同，若是没有统一的《纲要》做指导，是搞不好的”。“通过《纲要》，明确工作思路，厘清建设重点，这样可以形成合力。”李世东说。

（二）框架构想，能工巧手“编织”成。《纲要》遵循了国家信息化有关方针政策，参考了《国家电子政务总体框架》、《2006～2020 年国家信息化发展战略》、《国民经济和社会发展信息化“十一五”规划》等技术文件，结合林业实际，提出了“四横两纵”总体建设框架。“四横”为基础设施、数据库、应用支撑和应用系统，“两纵”为支撑“四横”的标准规范体系、安全与综合管理体系。

据了解，总体框架理念是2008 年初提出来的，当时既没有明确的横，也没有明确的纵。到2008 年六七月时，总体框架比较集中在三个版本：五横两纵，将内外网算为一横；三横二纵，将应用支撑包含在应用系统中；四横两纵，也就是现在的方案。每个层次叫什么名字、包括哪些模块，在整个起草过程中都有很多变化。经过参阅大量文献资料，广泛征求专家意见，直到2008 年 12 月，“四横两纵”的总体框架才最终确定下来。

“‘四横两纵’不仅是六个部分的问题，更重要的是它们的含义以及相互之间的逻辑关系。所以在《指南》里，对每个部分都进行了详细解释，结合林业业务，对它们进行了具体化，提高了《纲要》的可操作性。”李世东强调。

（三）“天下大势”，八个行动计划量身定做。到 2008 年末，全国林业系统从业人员逾 138 万人，而其中直接从事信息化工作的人员却寥寥无几。以各省级林业主管部门为例，现在有独立信息化机构的只占 1/3 左右，还有相当部分省份既没有信息化机构也没有专职信息化人员。所以，各地区林业信息化发展的基础条件差别很大。

《纲要》提出了八大行动计划，包括：林业资源监管系统建设、营造林管理系统建设、林业灾害监控与应急系统建设、林业综合办公系统建设、林业信息化基础平台建设、林业产业发展与林业经济运行系统建设、生态文化与教育培训系统建设、林业信息技术自主创新行动计划等。“这八个行动计划是围绕林业核心业务‘三个系统和一个多样性’确定的，是我们当前和今后一个时期的优先建设领域。”李世东说。

“只要能把八大行动计划完成好，林业信息化的主体任务就基本做好了。这几项建设内容是互为联系、一脉相承的，必须统筹兼顾、协调推进。当然，随着信息技术的发展、林业业务的扩展，行动计划可能会增多。”李世东说。

为全面落实《纲要》精神，国家林业局采取了四项重要举措：一是正式印发《纲要》，要求各地各单位认真执行；二是强化组织保障，国家林业局成立了信息化管理办公室，要求各地各单位也要加强组织机构建设；三是召开首届全国林业信息化工作会议，发出了

“加快林业信息化，带动林业现代化”的号召；四是实施内外网改造工程等信息化项目，逐个落实八大行动计划。

“蓝图”在手，李世东对林业信息化的未来充满了信心。在他的心目中，到2020年，全国林业系统将全部实现网上办公，林业服务社会的能力显著提升，林业电子政务、电子商务和电子社区得到全面发展，在物理林业、实体林业之外，将建成一个全新的现代化的电子林业、数字林业。

二、《纲要》为林业信息化指路

《纲要》为当前和今后一个时期中国林业信息化建设指明了方向。《纲要》要管到2020年，在这10余年间，发生一些微调是必然的，比如先做什么、后做什么等，但大的方向、总的目标不会发生变化。

2009年1月，国家林业局印发了《全国林业信息化建设纲要(2008~2020年)》(以下简称《纲要》)。3月24~25日，国家林业局在北京组织召开了首届全国林业信息化工作会议，会议强调了《纲要》“四横两纵”总体建设框架及三阶段的建设目标。

时过半年，《纲要》的落实情况怎样？现实与目标有无差异？带着这些问题，《CIO INSIGHT/信息方略》杂志记者于2009年9月，采访了国家林业局信息化管理办公室主任李世东。

(一) CIOI：《纲要》已经出台半年了，《纲要》提出的第一阶段截止时间2010年很快就要到了，从目前的情况看，各省区市能否如期实现既定的林业信息化建设目标？

李世东：我们的目标是分阶段实现的，第一阶段是到2010年，第二阶段是到2015年，第三阶段是到2020年。我国林业信息化起步于20世纪80年代初，在过去的近30年间，各省区市林业信息化都有不同程度的发展，部分省份的林业信息化甚至走在了本省各行业的前列。比如辽宁、湖南、江西等省的重点乡镇林业站已经联通了林业专网，河南、福建等省的林业视频会议系统已经联通到县，辽宁、湖南等省林业系统已基本实现无纸化办公。因此，从目前的发展速度看，经过今明两年的建设，实现第一阶段的目标应该是没有问题的。

(二) CIOI：从《纲要》中我们看到，林业信息化建设涉及面广、难度大、投资高、周期长。当社会需求发生变化时，给林业信息化带来的挑战主要是什么？你们当时是如何考虑的？

李世东：随着时间的推移、业务的扩展变化，林业信息化需求也会不断发生变化。《纲要》要管到2020年，在这10余年间，大的方向、总的目标不会发生变化，但发生一些微调是必然的。比如先做什么、后做什么，可能要发生一些变化。具体建设内容可能也会发生一些变化，如专题数据库建设、业务应用系统建设等。

我们现在的主要任务是推进《纲要》中前三个行动计划的建设，即林业资源监管系统建设、营造林管理系统建设、林业灾害监控与应急系统建设，而不是面面俱到。“金林”工程是我们计划申请的一个重点林业信息化项目，以上述的三个行动计划为主要建设内容，我们希望以此来带动全国林业信息化建设。

（三）CIOI：国家林业局是采用什么方式借鉴其他部委或单位的经验为我所用的？

李世东：在我们国家，不同行业、不同地区、不同部委、不同单位之间信息化发展是不平衡的。我们很注重学习借鉴其他先进部委或单位的成功经验，但这种学习借鉴不是全盘照收，不是拿来主义，而是在科学分析的基础上，有的放矢地进行学习借鉴，是一个引进、消化、吸收和再创新的过程。例如商务部门户网站的资源整合做得很好，形成了一个内容丰富、功能完善的网站群，走在国家各部委的前列。我们围绕这一专题，进行了多次考察交流；国家药监局在“金药”工程申报材料编写方面做得不错，我们为此专程进行了调研学习。

国家林业局目前正在实施内外网改造工程，其中一项建设内容是整合各司局各直属单位现有的53个网站，打造“中国林业”网站群，使广大网民在了解林业行业动态、进行在线互动交流时，真正实现“一站式”登录、全国漫游，同时也能有效降低后台运维管理成本。

另外，我们也正抓紧推进“金林”工程申请立项工作。调研学习使我们看到了差距、开阔了眼界、明确了思路，有助于我们少走弯路，加快发展步伐。今后我们要进一步扩大学习交流渠道、拓宽学习交流范围、丰富学习交流形式，以促进林业信息化全面加快发展。

（四）CIOI：《纲要》中提到选一些省区市做示范，那么选择示范省的标准和依据是什么？请举例说明。

李世东：抓典型示范是促进全局工作的一个有效形式。为此，我们准备选择部分基础条件较好的省份，开展林业信息化示范建设，树立几个样板，通过以点带面，促进全国林业信息化建设。

我们评选林业信息化示范省的标准和依据主要有六项：一是有比较健全的组织机构；二是有比较科学的总体规划；三是有比较突出的建设业绩；四是有比较稳定的投资渠道；五是有比较完善的科技支撑；六是有比较齐全的管理制度。

各示范省信息化建设的主体内容是一致的，但由于每个省的信息化基础条件和林情不同，因此又各有特色。如辽宁省的门户网站群做得较好、湖南省的数据整合做得较好，等等。

我们将给示范省提供一定的技术和政策支持，更主要的是，示范省是一个荣誉，对获得示范省称号的单位是一个肯定和鼓励。

（五）CIOI：您认为在落实《纲要》过程中，应如何组织匹配人员？

李世东：人员组织匹配主要遵循三点：一是要把林业系统内既懂业务、又掌握信息技术的人员集中使用好；二是采取有效手段，让系统内的人员能够良性互动；三是根据工作需要，把系统外的人员使用好。

（六）CIOI：现在林业信息化实践中存在哪些困难与挑战？

李世东：首先是大环境问题。全社会对信息化的认识不够，林业信息化也存在同样的问题。

其次是管理机构问题。国家林业局今年刚刚成立信息办，一些省份现在还没有专门的信息化机构，或只是兼职机构，信息化推动起来肯定受影响。

三是资金问题。在林业信息化软硬件设施建设、人员培训等方面，目前的投入是远远不够的。按照《纲要》提出的建设任务，全部完成需要上百亿元，资金缺口很大。后期资金能不能及时跟上非常关键。

四是安全问题。目前林业信息化网络安全防范能力较弱，不少单位没有防范设备和防范措施，安全管理制度不健全，存在被攻击、被篡改等诸多隐患。

信息化说到底还是人的问题。人力资源是第一资源，林业信息化建设尤其如此。受职业特性和工作环境等因素的影响，林业系统职工传统观念和习惯比较浓厚，信息化思维比较欠缺，而这些问题在短时间内又很难得到根本解决。因此，林业信息化建设形势紧迫、任务艰巨。我们必须正视差距、树立信心、奋勇开拓，才能克服遇到的各种困难和挑战，将林业信息化建设不断推向前进。

中国数字林业路线图

中国的林业资源分布在哪里？新的营造林任务应该安排在哪里？为了这些看似简单的问题，耗费了我国几代林业人的心血。

2009 年之前，林业信息化工作比较分散，各司局、各直属单位都在建网站，但标准不统一，各自为政，信息孤岛很多，不能实现互联互通、资源共享。

为了消除林业信息化建设过程中造成的重复建设和资源浪费的现象，2009 年初，按照党中央、国务院的总体部署，国家林业局决定大力推进林业系统信息化建设，加大信息资源整合力度，从各司局单位抽调技术骨干，组建了国家林业局信息化管理办公室，李世东作为信息办主任走马上任。

2010 年 3 月，中编办正式批复成立了国家林业局信息中心，与局信息办两块牌子，一个机构。

一、一张中国林业数字地图

在国家林业局信息办主任的办公室里，李世东为记者展示了已经初步完成整合的中国林业网。

在林业展示版块，一张独特的中国数字林业地图呈现在记者眼前，这张数字林业地图与普通的地图不一样，鼠标所到之处，都会自动显示出我国各省区市主要的林业资源分布。其中包括林业用地面积，活立木蓄积量，森林面积以及森林覆盖率等信息。

目前，中国林业网已经实现了国家林业局所属的 50 多个司局单位网站的有机整合，36 个省级林业部门和 5 个计划单列市林业门户网站也已初步形成了统一域名管理下的网站群管理模式。

目前正在围绕中国林业网建立一系列完整的子网站群，最终将形成以中国林业网主站

※ 该文为国家林业局信息办主任李世东接受《中国信息化》记者刘晓芳专访稿，刊于《中国信息化》2011 年 5 月 5 日第 9 期，收录时略有删改。

为龙头，以司局直属单位和省级林业部门网站为两翼，以数百个子站为主体的中国林业网大规模网站群，打造中国林业“网上航空母舰”。

李世东对于我国林业资源的分布可谓了如指掌，他说：中国有 2000 多个森林公园，4000 多个国有林场，2000 多个自然保护区以及 100 多个湿地公园，将来每一个地方都要设立一个子网站，而每一个子网站的建设，都意味着向底层数据深度挖掘。在李世东的脑海里，早已设想好了一张完整而实时的中国数字林业翔实地图。

过去主要通过实地考察手段，我国的森林资源数据每 5 年更新一次，随着 GIS 和物联网等先进信息技术的应用，可以实现对一些重点区域数据进行年度更新，而对一些重点的国有林场也已经可以实时的监控。随着这些数据的全面补充和完善，在中国林业网的数字林业地图上，经过层层的点击深入，可以直接将数据追踪到我国广袤国土上的每一个山头地块，甚至是每一棵树。

通过设置大量摄像头联网，就可以直接查看所关注地方的某些野生动植物的详细分布情况，比如，某些濒危动植物的数量及物种的实时动态数据，珍稀物种的繁育情况。可以吸引更多的社会力量参与到某些极度濒危物种的拯救工程中去。

据李世东介绍，随着后台统一的林业资源监管系统的不断完善，可以实现对森林资源，荒漠化土地资源，湿地资源以及生物多样性资源数据的统一管理，真正将全国林业数据落实到山头地块，提供从宏观到微观的多级林业资源分布信息，及时准确地掌握林业资源历史、现状和动态信息，解决“林业资源分布在哪里”的问题，提高国家对林业资源利用的监管能力。

二、植树造林的电子化

在一张中国数字林业地图的背后，实际上，涉及一整套的架构设计与应用系统建设。

两年前，李世东带领信息办工作人员一起，加班加点地突击工作，2009 年初，向国家林业局提交了一份林业信息化发展思路的报告，提出了“四横两纵”的总体架构。

所谓“四横”，是指基础设施，数据库，应用支撑以及应用系统，而支撑“四横”的标准规范体系、安全与综合管理体系则构成了“两纵”。这就是《全国林业信息化建设纲要(2008～2020 年)》的关键内容。《纲要》规定总体框架中所有基础性、公共性、对全局影响起关键作用的内容要进行统一建设，从而形成林业信息化的基础平台。同时，明确提出了“八大行动计划”建设任务，描绘了布局科学、高效便捷、先进实用、稳定安全的林业信息化体系，形成了指导当前和今后一个时期全国林业信息化工作的纲领性文献。

从应用层面来讲，林业信息化发展的框架思路规划好之后，首先要面对是林业资源监管系统的建设问题，即搞清楚我国林业资源的分布详情。接下来的是要解决“林子造在哪里”的问题。李世东在林业系统工作近三十年，对于传统的营造林管理模式导致“年年造林不见林”的现象一直很焦虑，他深知这是国家林业发展的一项重点工作。因此，营造林管理系统的建设也被提到了优先安排的工作之中。

过去，基层某些地方出现了“毁林造林”的个案，主要原因是缺乏有效的技术监管手段，重复造林、重复投资的事件很难根治和完全杜绝。建立国家和地方营造林管理系统的主要目标，就是为了实现对营造林全过程的信息化管理，对国家实施的重点工程等营造林的规划、计划、作业设计、进度控制、检查验收和统计上报等各环节实行一体化管理。

李世东为记者进一步解释：通过一些标准化的流程设计，“电脑可以自动规避一些不合程序的申请，同时借助先进的物联网技术，辅助以地方自查，管理部门多级抽查的制度，从而实现对营造林的综合监控和管理”。“林子造在哪里”关系到我国生态建设与保护的百年大计。

三、数字林业“国家大剧院”

2010 年 3 月，首届全国林业信息化工作会在北京召开，由国家林业局高层亲自挂帅进行全面的信息化建设动员和部署，并提出了“加快林业信息化，带动林业现代化”的总体思路。

李世东说，“过去两个演员几根木头，一个村一个小舞台。现在，在国家林业局的统一规划和部署之下，将现有的资源整合到一个平台，形成了一个‘国家大剧院’”。信息最大的价值就是共享，在林业信息化“国家大剧院”的模式下，统一步调，分步实施，将形成一个布局科学、高效便捷、先进实用、稳定安全的全国林业信息化格局。

记者在采访过程中，正值信息办派出四个小组，深入各地开展第二批全国林业信息化示范省建设的调研，每个组行程安排十分紧张，任务饱满，连双休日都安排了工作。李世东说，这样的情况在信息办早已成为惯例，“一个人干几个人的活，甚至一个人干普通一个处的事，也不是什么新鲜事”。

为了最大程度地调动员工的积极性，信息办制定了一系列的奖惩制度。比如，在每周例会上，逐一考察员工每一项工作指标，并给出评分，年底进行总结。总评分直接与个人的升迁及奖金挂钩。正是这些做法，在李世东执掌信息办的短短 2 年时间，就带领信息办全体同志，创造了林业发展史上的多个第一。

高效实干，不愿意重复过去，喜欢挑战，富于创新性，是李世东的个人标签。从申请资金到规划，再到实施，每一件事他都亲力亲为，甚至连林业信息化的 LOGO 也是由他本人亲自组织策划的。李世东自上任以来，抽时间已深入到我国各林业大省调研，他决心要在“中国林业数字地图”上，一步一个脚印地走下去。

中国林业信息化发展战略研究

国家林业局于2009年启动了中国林业信息化发展战略研究。采用资料分析法、座谈讨论法、问卷调查法、态势分析法、价值工程研讨法、国际案例比较分析法等研究方法，对中国林业信息化的发展态势、战略定位、需求分析、战略设计、战略内容、战略重点、优先行动、战略保障和发展测评体系等进行了系统研究，取得了丰硕的成果：对林业信息化进行了规范定义，明确了林业信息化的内涵，为统一认识奠定了基础；对林业信息化的发展现状与趋势进行了客观深入的剖析，为下一步工作明确了努力方向；明确提出了中国林业信息化的战略定位，对规范表述林业信息化的地位和作用具有重要参考价值；系统提出了中国林业信息化发展的战略框架、战略目标、实施策略、战略内容、优先行动、战略保障等，对确定全国林业信息化的目标任务和推进进度等具有重要参考价值。

一、发展现状

（一）基本概念。林业信息化是指在林业各个领域应用信息技术，采集、开发和利用信息资源，促进生态建设、林业产业、生态文化和行政管理的科学发展，带动林业实现现代化的过程。它是国家信息化的重要组成部分，是现代林业建设的基本内容，也是衡量林业生产力发展水平的重要标志。

林业信息化的内涵主要体现在：从范围上看，林业信息化涉及林业的各个领域；从手段上看，林业信息化是利用现代信息技术；从内容上看，林业信息化是采集、开发和利用信息资源；从目的上看，林业信息化是促进生态建设、林业产业、生态文化和行政管理的科学发展；从本质上看，林业信息化是带动林业实现现代化的过程。

（二）国外现状。从全球来看，信息化已成为当今世界经济社会发展的总趋势，人类社会正快步迈入信息化新时代。据《2009～2010年度全球信息技术报告》显示，美国、加

※ 该文为国家林业局信息办主任李世东2011年5月10日在第二届全国林业信息化发展高峰论坛上的主题报告，收录时略有删改。

拿大、瑞典、丹麦、新加坡等国都在强力推进电子政务、电子商务和电子社区建设，从而引起全球范围的网络文化大变革。

2008年美国大选，政治类的网站成为用户量增长最快类别之一，其用户量增加了43%，达到1200万。55%的成年人会利用网络了解大选情况，在网上搜索政治新闻，查看竞选人的背景，获知竞选人的辩论题目等。

欧盟推动电子政务一体化，实现政府部门之间信息系统的一体化及中央与地方政府之间信息系统的一体化。

英国政府始终把向用户提供便捷、高质量的服务，使公众与政府方便沟通作为电子政务建设目标，提出"一站式"服务理念。英国从中央到地方政府共同协商建立了面向公众和企业的700项服务项目，到2006年年底，地方政府所有服务项目实现了100%在线服务。据英国社区与地方政府部提供的资料，目前电子服务的实现比例达98%，公众对政府服务的总体满意度为75%。

澳大利亚信息化管理体系比较健全，联邦、州两级政府及各部门都有信息化专门机构。人均互联网连接世界排名第九，亚太地区排名第二。网上服务项目位于世界前列，与美国、新加坡等国一样处于世界领先水平。

（三）国内现状。自上世纪80年代以来，经过近30年的不懈努力，特别是近几年的大力推进，中国林业信息化建设取得了明显成效，主要表现在：

1. 信息化发展思路日益明确。国家林业局先后制定和发布了《全国林业信息化建设纲要》、《全国林业信息化建设技术指南》、《全国林业信息化发展"十二五"规划》，召开了两届全国林业信息化工作会议，明确了林业信息化发展思路，为科学推进林业信息化建设指明了方向。

2. 信息网络基础建设稳步推进。国家林业局先后启动实施了局中心机房改扩建工程、内外网物理隔离建设工程、林业专网扩建工程等基础设施建设工程，全国林业专网节点由37个增至72个，联通各省级林业部门和国家林业局京内外各单位。同时，辽宁等部分省区建成了省、市、县、乡四级联网的林业政务内网体系。这些为林业信息化进一步全面加快发展奠定了坚实基础。

3. 信息发布具备权威平台。经过整合改造，形成了中国林业统一的对外门户网站。局内网升级改造后，开启了国家林业局无纸化办公的新时代。辽宁、湖南、吉林等16个省级林业部门也实现了无纸化办公。综合办公系统建设起步较早的省份正在完善功能、强化应用，有的省已延伸到了乡镇林业工作站和国有林场。

4. 信息资源开发利用日益加强。林业信息化基础平台和国家林业局内外网各应用系统的建设，整合了内外网应用系统和信息资源，初步实现了信息资源的共建共享，使得网站在线办事服务和互动交流功能日益增强。

5. 信息化保障体系不断完善。组织机构建设取得重大突破，成立了全国林业信息化工作领导小组、国家林业局信息中心（信息办）、全国林业信息化专家咨询委员会。全国2/3的省级林业部门设立了独立的信息化机构，专职人员达295人。资金投入得到加强，经费保障长效机制正在逐步确立。制度和标准规范体系不断健全，梳理、制修订了一批林业信息化管理制度和技术标准。

6. 信息安全保障能力不断提高。现有的信息化网络大多都配备了防火、防盗、防雷、防辐射、防泄密等硬件设施，提高了物理载体安全。新建了漏洞扫描、安全审计等一批软硬件安全设施，同时在内、外网配置了防火墙，在重要边界部署了安全网关，加强了防病毒、防入侵、防篡改等网络安全防御设施建设，使得林业信息安全防护水平明显提高。

（四）主要问题。

1. 信息化意识不强，发展动力不足。有些单位特别是领导同志对林业信息化工作的认识还不到位，重视程度还不够，思想上认为信息化工作可轻可重，行动上对信息化工作时抓时放，缺乏持续发展的内在动力。个别单位或同志大局意识不强、责任意识不高，工作上存在消极敷衍或抵触情绪。

2. 体制机制不完善，信息化发展缺乏活力。管理体制不顺问题比较突出，绝大部分信息中心都是事业单位，缺乏管理协调能力，导致很多工作比较被动。信息化机构不健全，缺位、缺人、缺资金，导致很多工作难以有效开展。信息化推进机制不完善，绩效考评制度、测评制度、会商制度、项目审查制度、激励机制、协调机制等，都还没有很好地建立，势必会影响到信息化工作的有效推进。

3. 建设应用水平低，信息化绩效不明显。在一些地方和单位，仍然存在着比较严重的重建设、轻应用，重硬件、轻软件，重投入、轻管理等不良现象。信息资源目录体系和信息化建设需求不清晰；缺乏统一规划，顶层设计缺失或不科学；各自为政，低水平重复建设；资源整合共享进展缓慢，关联业务协同度低；标准规范不健全或执行不力；信息化推广应用力度不够等，这些都影响到了林业信息化的实际建设绩效。

4. 资金投入不足，信息化推进乏力。一个是绝对不足，即信息化资金总量小，这是个普遍的现象。通常是经济越落后，问题就越突出，区域发展不平衡主要是由于资金投入问题而产生的。另外就是重建设、轻运维等认识上的缺位导致运行维护经费难以为继，影响了整个信息化工作的实效。另一个是相对不足，包括资金预算或分配不合理、资金使用过程中存在或这或那问题等。如第二期天保工程，国家投资很大，但其中的信息化资金预算却很少。资金使用不科学、挤占挪用资金等也是造成相对不足的重要原因。

二、发展趋势

（一）全球信息技术发展趋势。随着全球信息化浪潮的不断推进，信息技术正在经历一场新的革命，使社会经济生活各方面都发生着日新月异的变化。新技术的发展主要体现在虚拟化、通信、云存储、安全、数据中心、物联网技术等方面。

1. 虚拟化产品层出不穷。由于虚拟化技术能够通过服务器整合而显著降低投资成本，并通过构建内部云和外部云节省大量的运营成本，因此加速了虚拟化在全球范围的普及与应用。目前许多预测已经成为现实：存储虚拟化真正落地、高端应用程序虚拟化渐成主流、网络虚拟化逐渐普及、虚拟化数据中心朝着云计算的方向大步迈进、管理工具比以往更加关注虚拟数据中心。在虚拟化技术应用方面，企业桌面虚拟化、手机虚拟化、面向虚拟化的安全解决方案、虚拟化推动绿色中心发展等领域也取得了长足进步，发展势头比之前预想的还要迅猛。

2. 3G应用更加广泛。3G应用可以为用户提供丰富的互动实用型服务，包括邮件服务、实时通信、垂直搜索、网络游戏、电子商务、互动社区等，人们通过这些服务可以使自己的生活更加丰富多彩。同时，以手机杂志、手机视频、手机电视为代表的移动互联网新媒体也不甘落后，要在3G领域大显身手。专家预测，不久的将来通信与网络将逐步融合，在这个融合过程中，由于环境改变所带来的理念上的转变，将使用户能够明显地感到，原来“以自我为中心”的运营商们，开始实现向“以用户为中心”的转变。

3. 云存储愈受关注。当前，越来越多的企业开始为它们不断扩大的环境寻找提高存储效率和降低管理复杂性的方法，它们将考虑采用存储服务器和公共云提供商已经部署的存储架构设备。大多数企业将意识到，通用硬件基础架构和增值软件的结合将是向业务交付存储的最佳途径，企业在向云存储持续迁移的过程中，将会采用更加有效的数据管理工具和策略。

4. 物联网应用正在兴起。物联网指的是将各种信息传感设备，如射频识别(RFID)装置、红外感应器、全球定位系统、激光扫描器等种种装置与互联网结合起来而形成的一个巨大网络。在此基础上，利用全球统一标识系统编码技术给每一个实体对象一个唯一的代码，构造了一个实现全球物品信息实时共享的实物互联网——物联网。它有两层意思：第一，物联网的核心和基础仍然是互联网，是在互联网基础上延伸和扩展的网络；第二，其用户端延伸和扩展到了任何物品与物品之间，进行信息交换和通讯。

5. 信息安全呈现新态势。随着社交网站、云计算和智能手机的发展，网络犯罪分子也将把重点放在这些领域，目前黑客已经精通了蠕虫病毒、网络钓鱼、虚假杀毒软件销售等方法，预测他们将会针对新的目标发起新一轮攻击。国外媒体列举的IT安全趋势有：社交网站将面临更多安全问题，Koobface蠕虫对社交网站用户形成很大困扰，这些恶意软件先感染用户电脑，再窃取信息；黑客也步入“云端”，他们效仿企业的做法使用基于云计算的工具，以便更有效部署远程攻击，扩大攻击范围；搜索引擎成为攻击传播的渠道，因为用户通常都非常信任搜索引擎，对于排在前几位的搜索结果更是没有任何怀疑，这就给了黑客可乘之机，从而对用户发动攻击。

6. 数据中心集成力度加大。目前，金融、电信和政府行业是数据中心建设较快的行业，通过数据大集中，银行、电信等行业已经实现了业务的集中管理，能够在全国范围内提供同等水平的业务服务，提高了客户满意度。同时，业务数据的集中存储与管理，也为高水平、安全的数据保障创造了条件，业务连续性可以达到新的高度。而随着数据中心的发展，数据中心已不单单是一个简单的服务器统一托管、维护的场所，已经衍变为一个集大数据量运算、存储为一体的高性能计算机集中地。未来，数据中心的发展方向将是以绿色、大规模虚拟化、高密度等为主，同时 SaaS 模式也会深受业界的欢迎。

（二）全球信息技术应用趋势。进入知识经济时代，信息化迎来了新一轮建设热潮，这股热潮的特点可以简单地用“更快、更高、更强”来形容，这意味着信息通信技术服务的速度将更快，普及、深化应用的要求将更高，提供的性能也将更强大。预计未来几年，全球信息技术应用将呈现以下趋势：

1. 物联网与智慧城市深入发展。目前，以云计算、物联网为代表的信息通信技术应用，为实现城市的智能化发展创造了条件。云计算市场发展速度非常快，预计 2012 年将达到 1280 亿美元，大量的数据、应用已经产生出来，大量的服务也被放上来。一个随时在线、随时连接的世界将应运而生，从根本上改变城市的工作、生活和娱乐方式。物联网会在城市监控、智能交通、环境保护、资源管理、公共安全、工业监测、社会服务、智能家居等各个领域发挥作用，促使人们生产、生活和消费方式的变革。与此同时，智慧城市的发展将不断引领出新业务、新领域，不断为新的生产和生活方式增添智慧灵性，为政府提供新的管理和服务手段，为企业呈现新的商机，为市民带来新的体验。总之，信息化让城市的经济社会发展产生了深刻变革，促进了城市经济、社会与环境的协调发展，使城市更加宜居，生活更加美好。

2. 信息技术重构社会发展方式。未来，微电子、计算机、网络通信和软件等各种信息通信技术将加速创新，不断突破时间、空间的限制以及终端设备的束缚。信息通信技术创新的内涵将更加丰富，技术、网络、应用、服务深度融合，不断创新产业形态和商业模式。这些新兴产业形态的培育和发展，使得各产业之间的边界更加模糊、日益交融，其蕴藏的巨大能量既满足了人们越来越高的服务需求，反过来也给现代产业体系注入新的内涵，有生命力的新兴产业形态发展到一定阶段，将成为促进经济社会向网络化和数字化迈进的重要载体。信息通信技术的创新和扩散，正在重构经济社会发展的新方式。从生产方式转变来看，信息技术在工业生产研发设计、生产制造经营管理等领域的深化应用，正在引发社会生产方式的深刻变革，柔性制造、网络制造、绿色制造、智能制造、全球制造日益成为生产方式变革的方向。信息通信技术的深化应用，使得产品分工、产业分工和资源配置正在转向以信息和全球资源为基础，产品供应链和客户关系管理得到延伸，新兴的组织管理模式不断涌现。

3. 绿色信息产业推动循环经济发展。积极推进节能减排和循环经济是适应当前全球发展趋势的必然要求，信息技术应用和信息化对传统行业节能减排有很大帮助。随着信息技术产业自身的绿色化(Green of ICT)，开发低能耗信息技术产品、实现制造/服务过程绿色改造、加强信息技术产品的可回收利用等，将为整个国家(地区)的绿色经济做出积极贡献。此外，集团管理监控系统在大型企业环保方面也将发挥巨大作用，这已经得到很多专家、企业的一致肯定。能源是国民经济的基础，加强信息化建设是做好能源工作的重要条件，集团管理监控系统既可以实现对企业有效的管理，同时可以设定相关指标，监控企业的环境与能耗数据，在有效提升企业竞争力的同时，控制能源消耗和污染物排放，对国家能源的环保建设有着十分积极的作用，循环经济插上信息化的翅膀将如虎添翼。

4. 信息技术提高政府公共服务水平。随着信息化的发展，世界主要国家和地区政府本身的信息化能力不断提高，提供“人性化”的公共服务仍将是电子政务未来的改革和创新方向。一方面，政府将继续加强数据整合和互操作，提高政府信息资源的共享和利用程度，以提高公众和企业的办事效率，促进经济发展。另一方面，为建设更好的社会环境，增强社会的凝聚力和创造力，政府将努力提高电子政务的服务范围，确保所有公民，特别是亟需社会支持而自身直接使用信息技术存在障碍的群体(如老人、残疾人、移民、低收入者等)，能够从电子政务服务中受益。

5. 电子设备趋于微型化与可移动。电子设备正在变得越来越小、越来越轻，并且大多数是无线和移动的，高性能计算机也从大型机器转向较小、较便宜的机器类型发展。从更广泛的意义而言，成群移动技术概念将被应用于网络和各种应用，计算机网络将会反映社会网络，社会一旦出现某种需求，各种各样的硬件和软件产品将随即进行改装以满足这种特殊需求。各种设备的微型化和移动性所产生的社会效应将促使当前趋势继续延续，意味着更多的信息获取机会，更多的信息交流和人与信息更加自由的流动。

(三)中国信息化发展趋势。信息化是当今世界经济和社会发展的大趋势，是推动经济发展和社会变革的重要力量，信息化发展水平已成为衡量国家综合国力与国际竞争力的重要标志。大力推进国民经济和社会信息化，是我国加快实现工业化和现代化的必然选择，是促进生产力快速发展、增强综合国力和国际竞争力、维护国家安全的关键环节，也是贯彻落实科学发展观、构建社会主义和谐社会、建设创新型国家的战略任务。

1. 信息产业从规模扩张转向创新驱动。在我国，信息产业已经成为基础性、先导性和支柱性产业。20 多年来，我国信息产业以平均高于国民经济 2 ~ 3 倍的速度在发展，平均速度在20% 以上，目前很多信息产品产量都达到了世界总产量的一半以上。但是，我国的信息产业依旧存在“大而不强”的问题，因此，在“十二五”期间，我国信息产业将进入从规模扩张转向创新驱动的时代，推动优势资源整合，突破一批关键技术。我国将着力完善相关体制机制，营造有利于自主创新的氛围，并将重点扶持有创新能力的企业。同时，还将鼓励重点企业掌握关键核心技术，支持国际合作。

2. 信息化应用领域呈现“多元多层”的格局。随着信息化步伐进一步加快，信息化对国民经济的先导和软化作用进一步增强，e 时代的信息化应用领域呈现“多元多层”的格局。如在农业信息化进程中，国家实施的农村信息化为农业信息化奠定了坚实基础，成立了信息网络协会，目前正在积极探索“物流＋信息流＋技术流”的服务模式。在工业信息化进程中，政府将进一步加强对工业信息化的领导和引导，为企业提高信息化水平提供政策保障；同时，企业加快引进先进的信息技术和系统，重组业务流程，实现企业内部、企业与合作伙伴、客户等的信息共享，促进工业信息化。在军事信息化进程中，军队将完成从机械化半机械化向信息化的过渡，以信息技术为核心的军事高技术将广泛应用于军事领域，提升军队士兵的信息化能力和打赢信息化战争的能力。在医疗信息化进程中，医疗行业应进一步促进医疗信息的共享，以数据库为中心，实现病人信息的无纸化和无胶片化。

3. 信息技术朝着智能化、虚拟化、集成化和绿色化方向发展。信息技术的智能化是在柔性化和集成化基础上的进一步发展与延伸，未来，它的研究重点将是具有自律、分布、智能、仿生、敏捷、分形等特点的新一代制造系统。虚拟化信息技术主要包括 CPU、服务器、存储、操作系统、管理软件、虚拟产品开发、虚拟制造、虚拟企业等，目前虚拟化技术正在进入爆炸式发展期，整合项目仍然是虚拟服务器采购的强大驱动力，企业业务的延续性和实用性成为了虚拟化增长的两个重要原因。信息技术的集成化是基于一定标准，从部门内部的信息集成、功能集成发展到过程集成、部门间的集成和网络集成，主要是为了解决信息系统间的信息交流和共享问题。信息技术的绿色化是加大信息技术在促进节能减排降耗中的应用，随着国家对信息化可持续发展的更加关注以及虚拟化等诸多节能技术的逐渐深入应用，绿色信息技术将逐渐成为潮流。

4.“网络应用”安全将成为信息安全的核心。信息安全的核心在于“信息数据”的安全，而在数据处理中，应用才是关键。随着网络的快速发展，网络应用类别越来越多，应用复杂度也越来越高，人们逐渐发现，单纯解决数据的访问和传输的安全已经无法很好地保障信息安全，必须高度重视维护关键应用的安全，从数据的产生、计算和存储等多个角度来思考和解决。因此，对于“网络应用”安全的关注度也逐渐升温。

5. 电子政务发展日益深入。主要体现在：一是以“公共服务”为指导方针，不断深化应用。从电子政务发展的大环境来说，2004 年我国政府正式提出要建设“服务型政府”，但目前我国的政府网站离“服务型政府”的目标还有较大差距。因此，要大力加强政府网站的服务功能，牢固树立网站的“服务”定位，在此基础上整合后台应用，统一对外服务平台，打造一个协同高效的“服务型政府网站”。从电子政务自身发展的特点来说，我国电子政务的大规模建设阶段已经结束，下一步的工作重心就是如何进一步深化应用，由“量”的扩张转变为“质”的提高。二是适应行政管理体制改革需要，不断完善电子政务的管理体制机制。一个健全、完善的电子政务管理体制可以分为“咨询、决策、协调、管理、执行、监督”六个环节，这六个环节必须环环相扣、缺一不可，成为一个相互联系的闭环，只有这样，才能建立起科学、有效的电子政务管理体制。总体来看，在电子政务管理机构的职能定位、编制安排等方面，需要中央做出一些统一的规划。而地方政府在统一的框架下又需保留一定的调整自由度，对电子政务建设的管理、执行和监督出台一些具体的制度规范。三是加强电子政务法制环境建设。自从电子政务在我国兴起以来，这一领域的法制化工作就一直没有停止过，其中2004年8月颁布施行的《中华人民共和国电子签名法》、《中华人民共和国行政许可法》，2008年5月施行的《中华人民共和国政府信息公开条例》都有涉及电子政务的部分。但是，与电子政务快速发展的实践相比，我国电子政务的法制化还明显滞后，尤其在2008年国家实行大部制改革、2009年地方政府也纷纷开展相应的政府机构调整的大背景下，有关电子政务的管理机构、管理职能，亟需出台相关的法律法规加以确认。

6. 信息环境发展趋势。信息化的发展环境包含政策、法律法规、制度、标准、人才、安全管理等几方面。未来，各地信息化管理部门应根据国家有关法律法规，结合当地实际情况，在信息化管理、信息市场规范、信息技术应用、知识产权保护等方面制定法规，为信息化建设营造良好的法制环境。同时，关注国际信息化标准的发展，宣传贯彻国家标准，制定行业标准，推广和普及现有各项标准，尽快形成信息化标准体系，促进互联互通和资源共享。还要积极培养和吸收计算机网络技术与行业专业知识兼备的高素质人才，开展对相关人员多层次的信息化培训，建立一支高素质的信息化技术工作队伍。要建立安全体系认证制度，加快CA认证建设，进一步加强计算机网络与信息安全监控体系建设。

三、战略定位

（一）信息化是现代化的基本特征。随着现代化理论的传播，现代化正影响到人们生产生活的各个方面，人们对现代化也有了不同的解读。从历史的角度看，现代化主要指近代以来，世界各国以西欧及北美地区等地国家许多近现代以来形成的价值为目标，寻求新的出路的过程，比如学术知识上的科学化、政治上的民主化、经济上的工业化、社会生活上的城市化、思想领域的自由化和民主化、文化上的人性化等等。从发展历程上看，现代化主要有两大阶段：第一次现代化是从农业社会向工业社会、农业经济向工业经济、农业文明向工业文明的转变；第二次现代化是从工业社会向知识社会、工业经济向知识经济、工业文明向知识文明、物质文明向生态文明的转变。

对西方发达国家而言，第一次现代化的大致时间是1763～1970年，第二次现代化的大致时间是1971～2100年。《中国现代化报告2007》指出，按照1980～2004年的发展速度估算，中国第一次现代化实现程度达到100%大约还需要8年，也就是说，可能在2015年前后完成第一次现代化。同时，该报告还指出，第一次现代化的典型特征是工业化和城市化，第二次现代化的典型特征是知识化和信息化，包括知识创新、知识传播、生活质量、经济质量、工业增加值比重、工业劳动力比重等一系列评价指标。

当今社会已经进入信息时代，信息化是时代的主要特征，也是现代化的基本特征。21世纪世界各国所追求的现代化目标，已经不是工业化时代的传统现代化目标，即不能只用所谓的工业化水平和城市化水平，以及与此相匹配的教育程度、生活质量、预期寿命等去加以度量，而是不失时机地加上信息化水平、生态化水平、全球化水平、竞争力水平、集约化水平、公平化水平等，作为从工业化时代向信息化时代过渡的基本衡量。林业现代化是国家现代化的有机组成部分和重要体现，因此，林业信息化是林业现代化的基本特征。

（二）林业信息化是实现林业现代化的重要手段。林业信息化是充分利用计算机、“3S”、多媒体、网络、通信、虚拟等现代信息技术，开发利用林业信息资源，促进林业信息交流和共享，提高林业发展质量，推动经济社会发展转型的历史进程，是改造传统林业，解放和发展林业生产力，实现林业现代化的必要途径。只有加快林业信息化，才能将全国林地、湿地、沙地和生物多样性等基础林业资源数据落实到山头地块，解决好“资源分布在哪里”、“林子造在哪里”、“治沙治在哪里”等问题，形成对三个系统和一个多样性的全面有效监管，建设完善的生态体系，维护国土生态安全；只有加快林业信息化，才能构建四通八达的市场网络信息体系，及时了解企业和市场，掌握行业发展情况，为政府科学决策提供支持，为社会公众提供优质服务，促进林业产业又好又快发展，建立起发达的林业产业体系，实现兴林富民的目标；只有加快林业信息化，才能建立强大的信息网络，把林业的声音更快更好地传达出去，构建全方位的宣传阵地，普及生态知识，培育生态意识，树立起牢固的生态文明观。

总之，在林业现代化建设进程中，林业信息化发挥着引领、优化、支撑等极为重要的作用。在精准林业建设、林业信息资源开发利用、林业信息产业等领域，林业信息化都发挥着引领、开拓的作用，极大地丰富了现代林业建设的内涵。信息化与种苗培育、资源调查监测、行政管理等林业业务的结合，能够优化业务流程、改造传统生产方式、提高经营管理水平。行政审批、宣传教育、社会服务等林业工作已经越来越离不开信息化的手段，信息化支撑、保障林业业务的功能日益凸显。

（三）林业现代化是林业信息化的根本目标。建设现代林业是全国林业工作的主题和方向。现代林业是坚持以人为本，全面、协调、可持续发展的林业，是大力构建林业三大体系，充分挖掘林业多种功能，努力提升林业三大效益，不断满足社会多样化需求的林业。发展现代林业，建设好三大体系，必须要用现代科学技术提升林业，用现代物质条件装备林业，用现代信息手段管理林业，实现林业发展的科学化、机械化和信息化。林业工作点多面广，涉及千山万水、千家万户，加快推进信息化对林业来说尤为迫切，已成为发展现代林业的当务之急。发展现代林业、建设生态文明、推动科学发展是推进林业信息化建设的出发点和落脚点，是林业信息化的根本目标。

四、战略构想

（一）发展框架。林业信息化由林业电子政务、电子商务、电子社区三部分构成，三者相辅相成、缺一不可。

（二）战略目标。第一阶段：数字林业建设阶段（2011～2015 年）。本阶段以提高林业资源综合监管、营造林管理、林业灾害监控和应急响应能力为主线，通过加强移动采集终端、网络基础设施、基础数据库和应用系统建设等，实现林业各种信息的数字化采集、传输、存储、处理和应用。

第二阶段：智慧林业建设阶段(2016～2020年)。本阶段以提高信息资源共享、业务协同和公共服务能力为主线，不断拓展新一代移动通信网、下一代互联网、物联网、云计算等前沿信息技术在林业重点业务中的应用，通过感知化、物联化、智能化的方式，建设具有中国特色的“智慧林业”。主要体现在六个方面：智慧的流程、智慧的结构、智慧的感知、智慧的管理、智慧的应用、智慧的服务。

第三阶段：泛在林业建设阶段(2021～2030年)。本阶段以深化信息化与林业现代化的高度融合，全面提高林业的生态、经济、社会服务功能为主线，通过大力加强信息基础设施建设和信息技术应用，建设具有中国特色的“泛在林业”，让广大林区实现在任何时间、任何地点、任何人、任何物都能顺畅地通信，人们在林区可以高效地工作、自由地学习和快乐地生活。

(三)实施策略。

1. 正确处理统与分的关系。要努力消除各自为政造成的信息孤岛、低水平重复建设等弊端，逐步向集中统一管理转变。要明确国家林业局与各级林业部门、林业信息化管理部门与其他业务部门的职责权限，使大家在“五个统一”的前提下，充分发挥各自的积极性和创造力，形成合力，共同推进林业信息化建设。

2. 正确处理建与用的关系。林业信息化，建设是基础，培训是手段，应用是目的。要努力消除长期存在的重建设轻应用的不良现象，通过持续有效的培训，加强对已建信息化成果的推广应用，切实提高资金产出效益。

3. 正确处理技术与业务的关系。林业信息化建设长期以IT技术为主导，建设成果与林业业务需求之间存在一定脱节，一定程度上影响了信息化建设和应用水平。为此，要进一步加强IT技术与林业业务的紧密融合。

4. 正确处理自身与公众的关系。林业信息化建设是一项宏大复杂的系统工程，单靠自身力量难以完成。同时，自我封闭、以自身为服务对象的理念已难以适应服务型政府建设的要求。因此，必须实现由偏重自我服务向以公众服务为中心转变，由政府自建自管向政府主导、社会力量广泛参与转变。

5. 正确处理应用与安全的关系。信息化的高效率与信息安全的低效率是一对不可调和的矛盾，必须找到一个合理的平衡点。要科学划分信息资源的安全保护等级，在此基础上，按照应保尽保、安全第一的原则，深化信息技术应用和信息资源开发利用，以安全保应用、以应用促发展。

6. 正确处理“硬技术”与“软环境”的关系。林业信息化的建设进程是硬技术与软环境相互融合、相互促进的过程。软环境是硬技术的外围保障，硬技术是软环境服务的主体。只有使两者相辅相成、协调推进，才能保证林业信息化持续稳定健康发展。为此，要实现从重“硬技术”轻软环境向软硬环境建设并重转变。

五、战略内容

（一）电子政务与生态领域信息化战略。发展内容包括三个方面：生态保护与建设信息获取的信息化、政府管理的信息化、政府服务的信息化。生态保护与建设信息获取的信息化是林业电子政务建设的基础，发展内容包括移动和智能采集终端、数据中心、共享交换平台、业务应用系统、标准规范建设等，以实现信息采集的现代化、信息管理的规范化、信息利用的快捷化。政府管理信息化的发展内容包括综合办公系统、行政审批系统、公文传输系统、监察审计系统、综合信息监管平台建设等，以实现办公自动化、管理信息化、决策科学化。政府服务信息化的发展内容主要是内外网网站建设，以方便政府部门与社会利用网络信息平台充分进行信息共享与服务、加强群众监督、提高办事效率、促进政务公开等。

（二）电子商务与产业领域信息化战略。发展内容包括三个方面：林农的信息化、林企的信息化、服务商的信息化。林农信息化的发展内容主要包括林产品生产过程的信息化、市场供求信息获取与发布的信息化等。林企信息化的发展内容主要包括企业产品设计的信息化、企业生产过程的信息化、企业产品销售的信息化、经营管理信息化、决策信息化以及信息化人才队伍的培养等多个方面。服务商信息化的发展内容主要是电子商务平台建设及规范运营，如林业网络博览会、各类林业商务网站等。

（三）网络文化与生态文化领域信息化战略。发展内容主要是围绕生态文化创作、传播、交流、服务等环节，开展信息化建设，为繁荣生态文化提供载体和手段。如建设林业网络博物馆、网络电视、网络博览会、网络植树、网络论坛、共享数据库以及开通网络微博等。

（四）电子社区与新林区建设领域信息化战略。发展内容包括：基于全要素数字地形图、数字正射影像（包括航空、卫星遥感影像）、数字地形模型（DEM）、林区三维景观模型等空间基本信息，结合地下管线、规划、土地、交通、绿化、道路、环境、旅游、人口、工业、商业、电力等与空间位置有关的信息，建立林区基础数据库。在此基础上，建立各种信息管理系统、综合办公系统、监控与决策系统、网站等，促进林区人流、物流、资金流、信息流、交通流的通畅、协调和高速发展。

（五）信息安全与支撑保障领域信息化战略。发展内容包括：完善林业信息获取基础设施，如利用遥感、导航、气象等卫星提高林业宏观感知能力，建立林区视频监控网络、多功能传感网络等提高中观和微观感知能力。优化林业信息传输基础设施，如加强新一代移动通信网、下一代互联网、数字广播电视网、卫星通信等设施建设，加强林区宽带网络建设等。建设林业数据中心、灾备中心，推动物联网在林业重点业务领域的应用，加强云计算服务平台建设。推进林业科技、教育、人力资源、后勤服务、装备信息化。

六、优先行动

（一）林业内外网及综合办公系统建设。加强外网网站改造和整合，打造中国林业统一的对外服务窗口。加强内网平台改造和整合，为行政办公、业务协同等提供强大支撑。在各级林业主管部门全面推广应用综合办公系统，并根据政府职能和业务管理需求的变化不断加以改进和完善。

（二）林业资源监管系统建设。包括森林资源监管系统、荒漠化土地资源监管系统、湿地资源监管系统、生物多样性资源监管系统的建设和完善等，以解决“林业资源分布在哪里”的问题，提高国家对林业资源开发利用的监管能力。

（三）营造林管理系统建设。以实现营造林全过程的信息化管理为主线，建立和完善国家及地方营造林管理系统，解决好“林子造在哪里”的问题。

（四）林业灾害防控与应急系统建设。以提高林业行业灾害应急管理水平为目的，在国家和地方建设森林防火监控与应急指挥系统、林业有害生物监测与防控管理系统、野生动物疫源疫病监测与防控管理系统，在国家和相关省级单位建设沙尘暴监测与防控管理系统。

（五）林权改革管理系统建设。包括集体林权制度改革管理系统、国有林场改革管理系统建设等。建设内容包括林权数据库、林权交易数据库、应用系统等。

（六）林业经济运行服务系统建设。建设内容包括林业单位数据库、林业从业人员数据库、林业产业数据库、林业经济运行监测数据库、林业统计年鉴数据库、林业产业信息交流平台、业务应用系统等。

（七）林业信息资源整合与开发利用。梳理林业信息资源，建立林业信息资源目录体系和交换体系。在此基础上，将各类信息资源有机整合在统一平台上，进行合理开发利用，最大限度地挖掘信息资源的价值。

（八）林业信息化标准规范体系建设。按照行业标准《林业信息化标准体系》的规定，建设内容包括总体标准、信息资源标准、应用标准、基础设施标准、管理标准等。

（九）林业信息安全保障体系建设。建设内容包括物理安全、网络安全、系统安全、应用安全、数据安全、制度保障等六个方面，其中物理安全、网络安全属于安全基础设施。

（十）林业信息化基础平台建设。建设国家级和省级林业信息化基础平台，建设内容为具有基础性、公共性意义的基础设施、数据库、应用支撑、应用系统等。

七、战略保障

（一）大力加强信息化机构和队伍建设。在国家、省、市、县四级林业主管部门均设立专门的信息化管理机构，负责本地区、本部门林业信息化建设的组织、协调、指导、监督、管理。全面推行政府首席信息官(CIO)制度，提高信息化管理机构在林业发展决策中的参政议政水平。为信息化管理机构配备强有力的工作人员，全部实行公务员制度管理。完善信息中心等信息化支撑体系建设，建立起决策、执行、监督分离又相互制约的运作机制。加强信息化培训，提高从业人员的信息化意识、业务素质和创新能力。充分利用网络、多媒体等技术，创新培训方式、丰富培训内容、扩大受众范围。按照分类培训、按需培训等原则，举办高级研修班、专题研修班、信息技术培训班等。选派优秀人员出国培训，造就一批具有国际视野的高级信息化人员。

(二)建立持续有效的信息化资金保障机制。研究建立林业信息化建设应用经费保障长效机制。科学制定发展规划，使林业信息化占有应有的一席之地。在各级政府财政预算中设立林业信息化建设专项，确保年度投入稳中有升。在育林基金、生态效益补偿金等长期性林业建设投资中，设立林业信息化建设专项，提取一定比例的资金专门用于信息化建设与应用。加强林业建设项目审查和预算管理，确保信息化建设内容和资金投入应有尽有。坚持项目带动原则，以重大林业信息化建设项目，带动各级林业部门加大对信息化的资金投入。加强林业信息化建设资金统一管理、统筹协调和审计监督，切实提高投资效益。充分发挥市场在资源配置中的基础性作用，在经济效益明显的领域，积极吸收社会投资。

(三)建立科学有效的信息化测评机制。以测评为抓手，大力完善林业信息化长效推进机制。研究建立林业信息化发展水平、电子政务发展水平、电子商务发展水平、网站建设水平、信息安全保障水平等测评指标体系和测评制度，通过综合测评与单项测评相结合，加强林业信息化发展监测和绩效评估工作，达到以评促建、以评促改、以评促管的目的。

中国林业信息化发展测评可从建设水平、应用水平、保障水平三个方面进行。林业信息化建设水平包括6项指标：林业专网覆盖情况；省厅机房建设情况；省厅电脑普及情况；省厅数据库建设情况；省厅应用系统建设情况；内外网网站建设情况。林业信息化应用水平包括6项指标：省厅已建成数据库的使用情况；省厅已建成应用系统的使用情况；省厅数据库/应用系统支撑核心业务的情况；省厅OA系统使用情况；省厅外网使用情况；省厅外网互动情况。林业信息化保障水平包括5项指标：省厅信息化机构建设情况；省厅信息化队伍建设情况；省厅信息化投资情况；省厅信息化制度和标准建设情况；省厅信息安全保障情况。

(四)加强信息化交流与合作。完善信息化人员轮岗制度、借调制度、基层锻炼制度、对口支援制度等，促进林业系统内信息化部门和人员之间的交流与合作。完善信息化专家咨询制度，充分发挥专家的智囊团和桥梁纽带作用。通过举办沙龙、林业信息化论坛、专家讲座、调研座谈、合作研究、出国考察、服务外包等，深化与国家部委、先进行业、先进地区、教学科研单位、优秀IT企业、发达国家等之间的交流与合作，学习先进经验，促进互利共赢。

中国林业信息化发展战略报告

林业信息化是现代林业建设的核心内容，是推动林业科学发展的重要力量。近年来，在国家的高度重视和国家林业局党组的正确领导下，全国林业信息化建设取得了长足进步，为新时期林业改革发展提供了强大支撑和保障。然而，迄今为止，对中长期林业信息化发展战略问题，我国专家学者和政府部门尚未进行过全面系统的研究。为此，国家林业局信息办组织国内政府部门、科研院所、高等院校、重点企业等方面的数十位专家，从2009年开始，历经两年时间，对林业信息化的地位与作用、战略需求、战略框架、战略内容、战略重点、优先领域等进行了深入研究，以期为全国林业信息化决策提供科学依据，并为丰富和发展现代林业理论体系做出积极贡献。

一、中国林业信息化的战略地位与作用

林业信息化是指在林业各个领域应用现代信息技术，采集、开发和利用信息资源，促进生态建设、林业产业、生态文化和政务管理的科学发展，带动林业实现现代化的过程。它是国家信息化的重要组成部分，是现代林业建设的核心内容，也是衡量林业生产力发展水平的重要标志。林业信息化的内涵主要体现在：从范围上看，林业信息化涉及林业的各个领域；从手段上看，林业信息化是利用现代信息技术；从内容上看，林业信息化是采集、开发和利用信息资源；从目的上看，林业信息化是促进生态建设、林业产业、生态文化和政务管理的科学发展；从本质上看，林业信息化是带动林业实现现代化的过程。

（一）林业信息化的战略地位。科学化、信息化、机械化是支撑现代林业大厦的三大支柱。在林业改革发展的进程中，林业信息化已经并将继续占有十分重要的地位：

1. 在贯彻国家信息化发展战略中具有重要地位。我国信息化的应用领域主要包括五个方面：经济领域、社会领域、政治领域、文化领域、军事领域。林业工作遍及千山万

※ 该文为国家林业局信息办主任李世东2011年10月27日在首届全国林业信息化学术研讨会上的主题报告，收录时略有删改。

水、千家万户、农村城市，主要是广大位置偏远、消息闭塞、经济落后的林区。没有林业的信息化，林区、林农的信息化条件就不可能得到有效改善；没有林业的信息化，林业产业的发展壮大就必然会受到严重制约；没有林业的信息化，生态建设、新农村建设、生态文明建设等就会成为一句空话。总之，没有林业的信息化，就不可能实现真正意义上的国家信息化。

2. 在推进现代林业建设中具有支柱地位。现代林业是科学发展的林业，其核心内容是，用现代科学技术构建完善的林业生态体系、发达的林业产业体系、繁荣的生态文化体系。在林业资源调查、监测、规划设计、保护管理等生态建设活动中，以“3S”技术为代表的现代信息技术已经成为不可或缺的重要技术手段。在精准林业、林产品加工、物流、贸易等林业产业发展中，计算机、传感、互联网等现代信息技术正发挥着日益巨大的支撑和促进作用。在生态文化创作与传播过程中，现代信息技术为其提供了先进手段、重要工具和多元化载体，并以崭新的形式引起人们思想观念、思维方式和创作理念上的重大革新。在林业政务管理中，网络基础设施、内外网网站等已经成为支撑保障其稳定高效运行的必备条件、密切干群联系的重要平台、提高行业管理水平的有效手段。

3. 在提高林业社会化服务水平中具有特殊地位。林业社会化服务按照对象划分，包括对政府部门的服务、对企事业单位的服务和对一般公众的服务。按照服务方式划分，包括面对面的直接服务和通过信件、电话、电报、网络邮件、网络视频等非面对面的间接服务。传统的林业社会化服务以直接服务为主，间接服务方式为辅，效率低、成本高、内容单。林业信息化在林业社会化服务中具有传统服务手段难以具备的巨大优势。借助网络、视频等信息化手段，林业可以打破时空、语言、文化等的服务界限，极大地增强服务能力、创新服务内容、规范服务管理、提升服务质量。

（二）林业信息化的重要作用。林业信息化建设是覆盖我国现代林业建设全局的重大战略举措，在林业改革发展中具有基础性、支柱性、先导性的作用，主要表现在：

1. 能够促进林业产业结构调整和优化升级，推动林业发展方式转变。信息化是现代林业发展的重要突破口，对优化林业资源配置、提高经营管理水平、促进林产品流通和提升劳动力素质、推动林业科技进步等都具有重要作用。信息技术应用于林木良种繁育、种养殖、林产品加工、设备制造等传统林业产业，能够优化产业布局、丰富产品类型、改善产品结构、改进工艺水平、提高科技含量、增加产品附加值，更好地发挥市场在资源配置中的基础性作用，促进林业加快转变发展方式，实现又好又快发展。

2. 能够支撑林业业务稳定高效运行，提高行业监管效能。以“3S”技术为代表的现代信息技术在林业资源监管、营造林管理、森林防火、森林病虫害防治、天然林保护、集体林权制度改革等林业业务中的应用，极大地提高了信息采集、存储、传输、加工和利用的能力，为林业业务运行和科学决策提供了有力支撑和保障，已经成为林业部门加强行业监管、提高工作效率、降低业务成本、减少工作风险、改善宏观调控的重要技术手段。

3. 能够促进林业转变政府职能，提升公共服务水平。电子政务建设是林业信息化建设的重点。实施林业电子政务可以使林业主管部门更好地履行资源监管、宏观调控、社会管理和公共服务的职能，主要表现在：增加政府工作的透明度，促进政务公开和廉政建设；加强政府与企业和公众的互动，改善干群关系；增强不同政府部门之间的业务协同和政策协调；重组和优化传统政务流程，促进政令畅通，提高工作效率，降低行政成本；促进政府职能由监管型向公共服务型转变。

4. 能够促进资源优化配置，提高资源利用效率。信息化能够优化工业化进程中的各种资源，加速物品、技术、设备、资金、人力等生产要素的流动，促进各种资源的合理配置和高效利用。我国林业拥有丰富的森林、湿地、荒漠和野生动植物等资源，林业发展也有很多外部资源可以利用，但受落后的思想观念、管理方式、生产方式和流通方式等因素的制约，这些资源很难合理流动和充分利用。信息化的发展能够打破这些瓶颈性因素，充分发挥市场在资源配置中的基础性作用以及政府在资源配置中的调控作用，使林业资源最大限度地发挥其生态、经济和社会效益。

5. 能够催生新兴业务领域，建立和支撑新的产业体系。信息化与现代林业建设的深度融合，可以解决林业现代化进程中的很多突出矛盾和问题，优化重组出信息生产部门、信息服务部门、信息管理部门等新的业务部门，催生出林业信息设备制造业、林业软件业、林业信息服务业、林业电子商务等新兴林业业务领域，将虚拟与现实、物质与精神、时间与空间紧密联系起来，形成完整的林业信息产业体系。

6. 能够促进林业企业改革创新，提高核心竞争力。信息技术的广泛应用能够改变企业传统的管理及组织运营模式，推动企业实现观念创新、管理创新、制度创新、组织创新、技术创新。传统的林业企业通过综合运用现代信息技术，可以优化生产流程、改进生产工艺、提高生产效率、提升产品质量、改革营销体系、加速要素流动、加强生产监管、提高员工素质，从而帮助企业降低成本、增加收益，全面提高其核心竞争力和可持续发展能力。

二、中国林业信息化的发展现状与需求展望

（一）历程回顾。中国林业信息化起步于20世纪80年代初，根据不同时期信息技术的应用特点，可分为三个发展阶段：起步探索阶段、拓展应用阶段、全面加快发展阶段。

1. 起步探索阶段。从20世纪80年代初至90年代初。以计算机单机应用为特征，主要在森林资源清查等方面探索应用遥感技术和数据库技术，信息技术应用的广度和深度都比较有限。

2. 拓展应用阶段。从20世纪90年代初至“十五”期末。以局域网技术、数据库技术和“3S”技术的拓展应用为特征，信息技术应用的广度和深度不断扩大。

3. 全面加快发展阶段。自“十一五”以来，以计算机、互联网、“3S”技术、移动通信

技术等的普及应用为特征，林业信息化进入了持续快速发展时期。林业电子政务建设全面推进，应用水平不断提高。以首届全国林业信息化工作会议的成功召开和《全国林业信息化建设纲要(2008～2020年)》、《全国林业信息化建设技术指南(2008～2020年)》的正式发布为标志，我国林业信息化进入了全面加快发展的新阶段。

(二)发展现状。在国家林业局党组的正确领导下，各级林业部门上下一心，齐抓共管，全国林业信息化建设取得了明显成效，主要表现在：

1. 基础设施条件得到较大改善，支撑林业业务应用的能力不断提高。国家林业局先后启动实施了局中心机房改扩建工程、内外网物理隔离建设工程、林业专网扩建工程等基础设施建设项目，建成了全国林业信息高速公路主干网。辽宁、湖南等部分省区市建成了省、市、县、乡四级联网的林业政务内网体系。林业信息安全条件明显改善，安全防护水平明显提高。

2. 业务应用领域得到较大拓展，林业核心业务的信息化水平明显提升。信息技术应用从传统的森林资源清查、森林防火、财务管理等拓展到森林、湿地、荒漠、野生动植物资源调查、监测、规划设计、工程实施、监督管理、开发利用、绩效评估等诸多业务领域。林业资源监管、营造林管理、林业灾害监测和应急响应、林业经济运行监测、集体林权制度改革等林业核心业务的信息化程度不断提高，为生态建设和林业产业发展等提供了有力支撑和保障。

3. 内外网网站建设得到显著加强，已成为信息发布和信息资源整合共享的主渠道。通过有机整合，形成了以中国林业网主站为龙头，以司局直属单位和省级林业部门网站为两翼，以数百个专题子站为主体的中国林业网网站群，打造了中国林业“网上航空母舰”。国家林业局完成办公内网升级改造，实现了与互联网的物理隔离、京内外各单位的互联互通，开启了无纸化办公的新时代。辽宁、湖南等16个省级林业部门也建成了功能完善的内网。

4. 机构队伍建设不断加强，信息化保障体系日益完善。组织机构建设取得重大突破，国家林业局成立了全国林业信息化工作领导小组、国家林业局信息化管理办公室(信息中心)、全国林业信息标准化技术委员会、全国林业信息化专家咨询委员会。各省区市均成立了省级林业信息化工作领导小组，全国2/3以上的省级林业部门设立了独立的信息化机构，专职人员接近300人。信息化资金投入不断加大，经费保障的长效机制在探索中正在逐步确立。人才培训不断加强，对外交流合作日益活跃，信息化发展环境不断改善。

5. 示范建设稳步推进，信息化发展亮点频现。2009年确定了辽宁、湖南等首批4个全国林业信息化建设示范省，2011年确定了北京、河南等第二批8个全国林业信息化建设示范省。2010年底国家林业局被确定为首批6个“国家物联网应用示范工程”实施部委之一，2011年9月林业云计算应用试点项目获得国家正式立项。辽宁省林业厅的数字林业核心平台、湖南省林业厅的测土配方施肥、吉林森工集团的三网融合、江西省林业厅的网上林权交易等示范建设项目均取得显著成效，得到了国家和省级政府的充分肯定以及其他行业部门的一致好评。

6. 总体发展思路日趋明确，建设管理开始步入科学化规范化的管道。2009年以来，国家林业局先后印发了《全国林业信息化建设纲要》、《全国林业信息化建设技术指南》、《全国林业信息化发展“十二五”规划》等一批重要指导性文件，召开了两次全国林业信息化工作会议，确立了“加快林业信息化，带动林业现代化”的总体思路和“统一规划、统一标准、统一制式、统一平台、统一管理”的基本原则，为科学推进林业信息化建设指明了方向、明确了目标。印发了《全国林业信息化工作管理办法》等一批制度，梳理和制定修订了一批急需的林业信息化标准规范。各省区市也相继印发了一批制度和地方建设标准。

（三）战略需求。信息化与林业业务的高度融合是我国林业全面实现现代化的必然选择和不竭动力，在深入贯彻以生态建设为主的林业发展战略的新征程上，林业信息化有着巨大的需求：

1. 生态建设的持续推进急需信息化支撑。建设完善的林业生态体系是现代林业建设的核心内容之一。生态体系建设涉及林业资源监管、营造林管理、林业灾害监测和应急防控、林地征占用、应对气候变化、履行国际公约等诸多林业核心业务，这些业务都迫切需要信息化提供支撑和保障，包括信息的采集、存储、传输、加工、处理、发布、共享以及辅助决策、行政审批、规划设计、远程监控等诸多环节和领域。目前我国林业核心业务的信息化程度还不高，重点业务的信息化差距则更大。持续加快生态建设对数据库、应用系统、标准规范等建设的需求很大、期望值很高、迫切性很强，同时信息资源整合和业务协同等的工作量也非常大。

2. 林业产业的发展壮大急需信息化支撑。建设发达的林业产业体系是现代林业建设的核心内容之一。林业产业领域的信息化建设涉及生产的信息化、加工的信息化、物流的信息化、经营利用的信息化、质量监管和检验检疫的信息化、进出口贸易的信息化以及宏观经济运行监测和调控的信息化等诸多环节。目前我国的精力主要放在林业电子政务建设方面，对林业产业信息化建设重视不够，资金投入和指导引导都远远不足，林业产业信息化整体上还处在自发和分散的起步探索阶段，有很多技术性、指导性和协调性的工作要做。特别是面对低碳经济、绿色发展的新趋势以及经济全球化带来的日益激烈的市场竞争，加快林业产业信息化发展步伐刻不容缓。

3. 生态文化的繁荣提升急需信息化支撑。建设繁荣的生态文化体系是现代林业建设的核心内容之一。生态文化体系建设涉及利用计算机、手机、卫星、多媒体、网络平台等现代信息技术和微博、微门户等新媒体进行生态文化创作、存储、传输、发布、传播、监管等。可以说，信息化为生态文化体系建设提供了现代化的支撑平台和先进手段，极大地丰富了创作和传播的形式与内容，加快了生态文化传播和衍生的速度，增强了生态文化的听视觉冲击力和感染力。然而，目前我国在该领域的信息化仍主要停留在利用网络平台进行发布和传播的较低层次上，还有大量工作需要开展。

4. 社会服务的丰富优化急需信息化支撑。在市场经济条件下，经济运行主要靠市场来调节，与此同时，政府必须加强宏观调控和管理服务。林业涉及领域广，时空变化大，生产的稳定性和可控性程度较低，信息需求类型多样，区域差异比较明显，对政府服务和支持的需求更为迫切，要求更高。转变林业政府职能，提高林业社会服务水平，推进现代林业和社会主义新农村建设，迫切需要各级林业主管部门充分利用信息化的手段，以更加灵活多样、更加便捷高效的方式进行监测、调控与服务。与农业、国土、水利、海洋等行业相比，当前我国林业信息化的整体发展水平还比较低，从而制约了林业的社会服务能力。面对广大林农、林企的科技信息服务、市场供求信息服务、远程培训、在线办事等迫切需求，必须尽快改善基础条件，提高林业信息化发展水平。

三、中国林业信息化发展的机遇与挑战

(一)发展机遇。我国林业信息化已经迎来了全面加快发展的战略机遇期，主要表现在：

1. 信息化已成为全球发展的大趋势，发展林业信息化具有良好的社会环境。信息化是21世纪最显著的时代特征，世界各国政府和广大人民群众都逐渐认识到信息化在经济社会发展中的重要作用，并以实际行动关心和支持信息化建设，这为我国全面加快发展林业信息化营造了良好的社会环境和群众基础。同时，美国、英国等西方发达国家的信息化和林业信息化建设经验也为我们提供了学习借鉴的样板。

2. 信息化已成为我国的重大国家战略，发展林业信息化时不我待。党中央、国务院高度重视信息化工作，把它提到了国家重大战略的高度，先后出台了《2006～2020年国家信息化发展战略》等一系列重要指导文件，在财政投资方面也不断加大力度。这为林业信息化发展指明了方向、明确了目标，提供了强大的物质和精神支持。

3. 信息化已成为现代林业建设的核心内容，全面加快发展已具备一定基础。国家林业局党组高度重视林业信息化工作，把它提到了支柱性的地位，并召开了两次全国林业信息化工作会议进行专题动员和部署，力度之大，前所未有。在局党组的带动下，全国各地对林业信息化的认识和重视程度不断提高，很多省份已经开始积极行动，林业信息化呈现出蓬勃向上的良好发展势头。

4. 林业信息化发展前景广阔，利于持续全面加快推进。林业业务涉及面很广，也很复杂，每个领域都能找到信息化的应用空间。林业信息化虽历经30年的发展，但与国土、水利、农业等行业相比，差距还很大，远远不能满足现代林业建设的实际需求，其中有很多都是属于基础性的信息化工作，急需进行“补课”。这些差距和巨大需求为林业信息化持续全面加快发展提供了广阔空间。

5. 现代信息技术日新月异，林业信息化实现跨越发展具备可能。现代信息技术飞速

发展，不进则退，这为林业信息化发挥后发优势，实现跨越式发展提供了可能。面对物联网、云计算、下一代互联网、新一代移动通信、北斗卫星导航等信息技术革新，林业信息化与其他行业的信息化基本上处在同一个起跑线上，只要抓住机遇，勤奋努力，很有可能后来居上。

(二)面临挑战。

1. 信息化意识不强，内在发展动力不足。有些单位特别是领导同志对林业信息化工作的认识还不到位，重视程度还不够，思想上认为信息化工作可轻可重，行动上对信息化工作时抓时放，缺乏持续发展的内在动力。个别单位或同志大局意识不强、责任意识不高，工作上存在消极敷衍或抵触情绪。

2. 体制机制不完善，信息化发展缺乏活力。管理体制不顺问题比较突出，绝大部分信息中心都是事业单位，缺乏管理协调能力，导致很多工作比较被动。信息化机构不健全，缺位、缺人、缺资金，导致很多工作难以有效开展。信息化推进机制不完善，绩效考评制度、测评制度、会商制度、项目审查制度、激励机制、协调机制等，都还没有很好地建立，影响了信息化工作的有效推进。

3. 信息化发展不平衡，整体发展基础较弱。目前林业信息化尚处于发展的初级阶段，外界对林业和林业信息化的了解不够，关注和支持林业信息化建设的意愿不强。区域之间、上下级之间的信息化发布不平衡，影响了整体信息化水平的提高。在一些地方和单位，仍然存在着比较严重的重建设、轻应用，重硬件、轻软件，重投入、轻管理等不良现象。缺乏统一规划，顶层设计缺失或不科学；各自为政，低水平重复建设

4. 信息化投资不足，缺乏稳定长效的资金保障机制。目前，林业信息化投资渠道比较单一，投资额比较小，难以满足全面加快发展的需要。以财政投入为主、社会力量广泛参与的多元投入机制尚未建立，林业信息化缺乏充分有效的资金保障。

四、中国林业信息化发展的战略设计

(一)总体思路。高举中国特色社会主义理论伟大旗帜，按照国家信息化发展的总体要求，以解放和发展林业生产力为核心，以加快转变林业发展方式为主线，以兴林富民为出发点和落脚点，以深化改革和扩大开放为动力，着力加强电子政务建设，着力推进信息资源开发利用，着力提高社会服务能力，着力构建信息化发展长效机制，着力构筑强大人才支撑体系，着力推进信息安全保障体系建设，不断提升林业信息化建设与应用水平，为发展现代林业、建设生态文明、推动科学发展做出新的更大的贡献。

(二)基本原则。

1. **统一规划**。统一规划是林业信息化科学发展的前提。规划不统一，大家势必会各自盲目建设、低水平重复建设，导致“烟囱林立”，相互之间不能互联互通，信息共享和业务协同无法实现。大家一直强调要做好顶层设计，其实就是强调要做到统一规划。

2. 统一标准。统一标准是林业信息化科学发展的关键。没有统一的标准，大家势必会无章可循，只能各按各的理解建，建成的东西难以互联互通，信息共享和业务协同无法实现，造成极大的资金浪费。

3. 统一制式。统一制式是林业信息化科学发展的保障。只有制式统一了，不同的业务系统才能相互兼容和互联互通，从而实现信息共享和业务协同。

4. 统一平台。统一平台是林业信息化科学发展的基础。只有在一个平台上进行建设，才能保证数据格式等的一致性，实现互联互通，同时降低建设和运维成本。

5. 统一管理。统一管理是林业信息化科学发展的核心。没有统一的管理，其他几个统一就无从谈起，势必会导致建设和管理上的极大混乱，造成极大的人力、物力、财力上的浪费。

（三）战略目标。

1. 总体目标。到2030年，建立起完善的林业综合信息基础设施，形成以电子政务、电子商务、电子社区为核心组成的覆盖林业全业务的信息化体系，信息技术集成应用和再创新能力显著增强，信息资源开发利用和综合服务水平显著提高，林业信息化发展政策体系和制度环境显著改善，为我国加快步入信息社会奠定坚实基础。

2. 阶段目标。将战略步骤划分为以下三个阶段(下图)，各阶段的目标分别是：

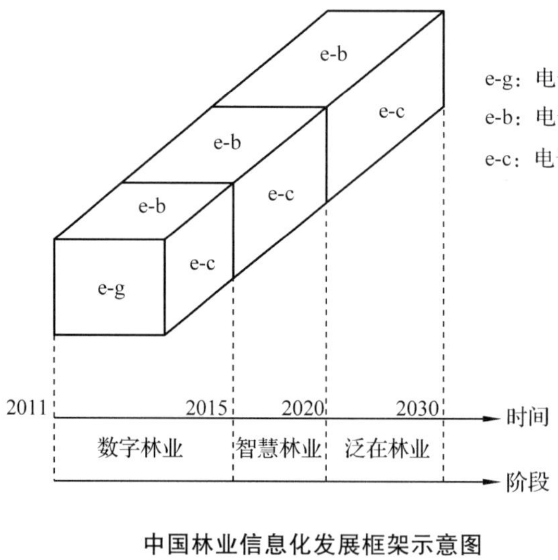

中国林业信息化发展框架示意图

第一阶段：数字林业建设阶段(2011～2015年)。本阶段以提高林业资源监管、综合营造林管理、林业灾害监控与应急响应、林业产业发展与林业经济运行的监测与调控能力等为重点，通过加强移动采集终端、网络基础设施、基础数据库和应用系统建设等，实现林业各种信息的数字化采集、传输、存储、处理和应用。

第二阶段：智慧林业建设阶段(2016～2020年)。本阶段以提高信息资源共享、业务协同和公共服务能力为主线，不断拓展新一代移动通信网、下一代互联网、物联网、云计算等前沿信息技术在林业重点业务中的应用，通过感知化、物联化、智能化的方式，建设具有中国特色的“智慧林业”。主要体现在六个方面：智慧的流程、智慧的结构、智慧的感知、智慧的管理、智慧的应用、智慧的服务。

第三阶段：泛在林业建设阶段(2021～2030年)。本阶段以深化信息化与林业现代化的高度融合，全面提高林业的生态、经济、社会服务功能为主线，通过大力加强信息基础设施建设和信息技术应用，建设具有中国特色的“泛在林业”，让广大林区实现在任何时间、任何地点、任何人、任何物都能顺畅地通信，人们在林区可以高效地工作、方便地学习和快乐地生活。

(四)实施策略。

1. 正确处理统与分的关系。统分结合，以统为主，应成为林业信息化建设坚持的原则。无“统”会乱、会“烟囱林立”。要努力消除各自为政造成的信息孤岛、低水平重复建设等弊端，逐步向集中统一管理转变。要明确国家林业局与各级林业部门、林业信息化管理部门与其他业务部门的职责权限，使大家在“五个统一”的前提下，充分发挥技术与业务两方面的积极性和创造力，形成合力，共同推进林业信息化建设。

2. 正确处理建与用的关系。林业信息化，建设是基础，培训是纽带，应用是目的。要努力消除长期存在的重建设轻应用的不良现象，通过加强制度建设、开展持续有效的培训等措施，加强对已建信息化成果的推广应用，切实提高信息化投资效益。

3. 正确处理技术与业务的关系。信息化建设，“三分技术，七分业务”，技术和业务缺一不可。相比而言，熟悉业务流程和业务需求相对更为重要，毕竟技术方面的欠缺可以由IT企业的技术人员来弥补。

4. 正确处理自身与公众的关系。林业信息化建设是一项宏大复杂的系统工程，单靠自身力量难以完成。同时，自我封闭、以自身为服务对象的理念已难以适应服务型政府建设的要求。因此，必须实现由偏重自我服务向以公众服务为中心转变，由政府自建自管向政府主导、社会力量广泛参与转变。

5. 正确处理应用与安全的关系。信息化的高效率与信息安全的低效率是一对不可调和的矛盾，必须找到一个合理的平衡点。要科学划分信息资源的安全保护等级，在此基础上，按照应保尽保、安全第一的原则，深化信息技术应用和信息资源开发利用，以安全保应用、以应用促发展。

6. 正确处理“硬技术”与“软环境”的关系。林业信息化的建设进程是硬技术与软环境相互融合、相互促进的过程。软环境是硬技术的外围保障，硬技术是软环境服务的主体。只有使两者相辅相成、协调推进，才能保证林业信息化持续稳定健康发展。为此，要实现从重“硬技术”轻软环境向软硬环境建设并重转变。

(五)战略布局。林业数据实行集中管理模式。国家林业数据中心分为主中心和分中心两级，省级以下林业部门不再单独建设数据中心。主中心位于国家林业局内，由局信息化主管部门统一负责运行维护。分中心位于各省级林业部门内，由各省级林业信息化主管部门负责运行维护。主中心保管一套全国数据，同时通过信息交换系统，实现与各分中心数据的实时更新和交换共享。

集中与分散相结合实现数据灾备。按照国家有关规定，在北京之外选择一个适当的地点，集中建设国家林业数据灾备中心。同时，主中心与各分中心之间也能起到相互灾备的作用。

统一与单独相结合开发业务系统。对上下级之间业务相同或相近的数据库与应用系统，采用统一开发、分级部署的模式。对具有区域特色的数据库和应用系统，可以采取增加嵌入式模块或单独开发的模式进行部署。通过这种布局模式，节省开发投资，加快部署速度，提高应用实效。

五、中国林业信息化发展的战略内容与优先领域

（一）战略内容。

1. 电子政务与生态领域信息化。战略内容包括三个方面：生态建设信息获取的信息化、政府管理的信息化、政府服务的信息化。生态建设信息获取的信息化是林业电子政务建设的基础，发展内容包括移动和多功能智能采集终端、数据中心、共享交换平台、业务应用系统、标准规范建设等，以实现信息采集的现代化、信息管理的规范化、信息利用的快捷化。政府管理信息化的发展内容包括综合办公系统、行政审批系统、公文传输系统、监察审计系统、综合信息监管平台建设等，以实现办公自动化、管理信息化、决策科学化。政府服务信息化的发展内容主要是内外网网站建设，以方便政府部门、企事业单位和社会公众利用网络信息平台，进行信息公开、在线办事和公众参与等。

2. 电子商务与产业领域信息化。战略内容包括三个方面：林农的信息化、林企的信息化、服务商的信息化。林农信息化主要包括林产品生产过程的信息化、市场供求信息获取与发布的信息化等。林企信息化主要包括企业产品设计的信息化、企业生产过程的信息化、企业产品销售的信息化、经营管理的信息化、经营决策的信息化以及信息化人才队伍的培养等。服务商信息化主要包括电子商务平台建设及运营服务、第三方支付平台建设及运用服务等，如林业网络博览会、各类林业商务网站、第三方支付网站建设及运营等。

3. 网络文化与生态文化领域信息化。战略内容主要是围绕生态文化创作、传播、交流、服务等环节，开展信息化建设，为繁荣生态文化、建设生态文明提供载体和手段。如建设林业网络博物馆、网络博览会、网络电视、网络植树、网络论坛、共享数据库以及微博、微门户等。

4. 电子社区与新林区建设领域信息化。战略内容包括：基于全要素数字地形图、数字正射影像、数字地形模型、林区三维景观模型等空间基本信息，结合规划、土地、交通、绿化、道路、环境、旅游、人口、工业、商业、电力等与空间位置有关的信息，建立

林区基础数据库。在此基础上，建立各种信息管理系统、综合办公系统、监控与决策系统等，促进林区人流、物流、资金流、信息流、交通流的通畅、协调和高速发展。

5. 信息安全与支撑保障领域信息化。信息安全领域的战略内容主要包括：强化信息安全等级保护，完善信息安全软硬件设施建设，加强信息安全漏洞分析及风险评估制度建设，提升信息安全科技保障水平，加强信息安全教育培训等。支撑保障领域的战略内容主要包括：科研信息共享及成果转化平台建设，人力资源管理及开发平台建设，远程教育平台建设，政策法规共享平台建设，综合办公平台建设，国有资产监管平台建设，监察审计平台建设等。

（二）优先领域。

1. 林业内外网及综合办公系统建设。加强外网网站改造和整合，打造中国林业统一的对外服务窗口。加强内网平台改造和整合，为行政办公、业务协同、互动交流等提供强大支撑。全面推广综合办公系统，并根据政府职能和业务需求的变化不断加以改进和完善。

2. 林业资源监管系统建设。包括森林资源监管系统、荒漠化和沙化土地资源监管系统、湿地资源监管系统、生物多样性资源监管系统的建设和完善等，以解决“林业资源分布在哪里”的问题，切实提高国家对林业资源保护和开发利用的监管能力。

3. 综合营造林管理系统建设。以实现营造林全过程的信息化管理为主线，建立和完善国家及地方综合营造林管理系统，以解决“林子造在哪里”的问题。包括林木种苗管理系统、重点生态工程营造林管理系统、林业应对气候变化管理系统建设等。

4. 林业灾害监控与应急系统建设。以提高林业行业灾害应急管理水平为目的，在国家和地方建设森林防火监控与应急指挥系统、林业有害生物监测与防控管理系统、野生动物疫源疫病监测与防控管理系统，在国家和相关省级单位建设沙尘暴监测与防治管理系统。

5. 林权改革管理系统建设。包括集体林权制度改革管理系统、国有林场改革管理系统建设等。建设内容包括林地数据库、林权数据库、林权交易数据库、应用系统等。

6. 林业经济运行服务系统建设。包括林业单位数据库、林业从业人员数据库、林业产业数据库、林业经济运行监测数据库、林业统计年鉴数据库以及木材经营加工管理系统、重点企业运行监测系统、林产品市场动态监测系统、林产品国际贸易监测系统、林业产业分析评价系统建设等。

7. 林业信息资源整合与开发利用。梳理林业信息资源，建立林业信息资源目录体系和交换体系。在此基础上，将各类信息资源有机整合在统一平台上，进行合理开发利用，最大限度地挖掘信息资源的价值。

8. 林业信息化标准规范体系建设。以统一标准为目标，按照行业标准《林业信息化标准体系》的规定，抓紧推进标准规范建设，建设内容包括总体标准、信息资源标准、应用标准、基础设施标准、管理标准等。一是认真梳理和执行现行林业信息化相关标准，对不符合发展要求的标准和规范抓紧进行修订。二是按照先急后缓、先易后难等原则，积极推进实际建设中急需的、共性的、基础性和关键性的新标准和新规范的制定。三是提高强制性标准在林业信息化标准体系中的比例。四是加强标准规范的宣贯力度，鼓励推荐性标准的应用推广，提高人们执行标准规范的自觉性和能动性。

9. 林业信息安全保障体系建设。以等级保护建设为抓手，大力加强信息安全保障体系建设。建设内容包括物理安全、网络安全、系统安全、应用安全、数据安全、制度保障等六个方面，其中物理安全、网络安全属于安全基础设施。

10. 林业信息化基础平台建设。充分利用云计算等高新技术，建设国家级和省级林业信息化基础平台，建设内容为具有基础性、公共性意义的基础设施、数据库、应用支撑、应用系统等。

六、中国林业信息化发展的战略举措

（一）健全体制机制。一是理顺管理体制。在国家、省、市、县四级林业主管部门均设立专职信息化管理机构，负责本地区林业信息化建设的组织、协调、指导、监督、管理，工作人员全部实行公务员管理。二是健全推进机制。完善信息化支撑体系，构建决策、管理、执行、监督“四权分立”的运行机制。创新林业信息化管理，建立绩效评估、测评、激励等机制，激发林业信息化发展的内在动力和对外部的吸引力。

（二）完善政策法规。一是根据林业信息化发展新形势、新任务的要求，适时出台一些扶持政策和指导政策，包括投融资政策、信息共享政策、信息开发利用政策、服务外包政策、信息安全政策等。二是完善法规制度，包括执行好国家现行法律法规，制定修订林业信息化规章制度等。三是建立林业 CIO 制度。

（三）强化资金保障。一是研究建立林业信息化经费保障长效机制。科学制定发展规划，将林业信息化纳入本地区、本部门的发展规划之中，做到同规划、同部署。在各级政府财政预算中设立林业信息化建设专项，确保年度投入稳中有升。在育林基金、生态效益补偿金等长期性林业建设投资中，设立林业信息化建设专项，提取一定比例的资金专门用于信息化建设与应用。加强林业建设项目立项审查、预算管理和绩效评估，通过加强“两头”管理，确保信息化建设内容和资金投入应有尽有。坚持项目带动原则，以重大林业信息化建设项目，带动各级林业部门加大对信息化的资金投入。二是积极拓宽林业信息化投融资渠道。在坚持财政投入为主的前提下，充分发挥市场在资源配置中的基础性作用，在经济效益明显的领域，积极吸收社会投资，构建多元信息化投入机制。三是加强资金监管。强化林业信息化建设资金统一管理、统筹协调和审计监督，切实提高投资效益。

（四）深化交流合作。一是完善信息化人员轮岗制度、借调制度、基层锻炼制度、对口支援制度等，促进林业系统内外信息化部门和人员之间的交流与合作。二是完善信息化专家咨询制度，充分发挥专家的智囊团和桥梁纽带作用。三是通过举办沙龙、林业信息化论坛、专家讲座、调研座谈、合作研究、出国考察、服务外包等，深化与国家部委、先进行业、先进地区、教学科研单位、优秀 IT 企业、发达国家等之间的交流与合作，学习先进经验，促进互利共赢。

（五）做好绩效测评。一是组织管理。林业信息化发展测评应坚持以政府部门为主导、有关各方共同参与的原则。测评组织结构由决策层、管理层、执行层三层组成。其中，决策层主要由林业信息化领导小组成员组成，管理层由林业信息化主管部门及其专家咨询团队共同组成，执行层由林业信息化应用单位、社会公众和第三方专业测评机构共同组成。二是测评流程。包括制订测评规划和计划，测评指标体系设计审查和数据采集方法制定，动员与培训，基础数据采集和加工整理，根据指数模型计算水平指数，对测评结果进行评估和修正，确认后发布，根据测评结果加强后续绩效管理等 8 个环节。三是林业信息化发展水平测评。测评指标体系包括建设水平、应用水平、保障水平等 3 个一级指标和若干个二级指标。四是林业网站绩效评估。评估指标体系包括信息公开、在线办事、互动交流、网站运维等一级指标和若干个二级指标和三级指标。五是单项指标测评。从 2011 年起，国家林业局将按照《全国林业网站绩效评估标准（试行）》和《全国林业网站绩效评估办法（试行）》的有关要求，积极开展网站评估工作并定期公布评估结果。在综合评估的基础上，要进行单项指标测评，包括信息量最大、访问量最大、更新最及时、服务功能最强、互动交流量最大、网页设计最漂亮、数量整合最多、网络覆盖面最广等。

（六）加强队伍建设。一是充实精干人员。二是加强信息化培训，提高从业人员的信息化意识、业务素质和创新能力。充分利用网络、多媒体等技术，创新培训方式、丰富培训内容、扩大受众范围。按照分类培训、按需培训等原则，通过举办高级研修班、专题研修班、信息技术应用培训班、继续教育等，切实提高培训实效。三是充分利用建设项目、科研项目等，以项目带培训。四是选派优秀人员出国学习考察，造就一批具有国际视野的高级信息化人员。

林业信息化“十二五”规划解读

“十二五”期间，按照现代林业建设的总体部署，我国以全面实现林业信息化为目标，以“金林”工程为龙头，以信息资源开发利用为中心，以林业电子政务建设为重点，以资源整合、信息共享为突破口，以完善体制机制为保障，统一规划，统一标准，统一制式，统一平台，统一管理。尽快形成布局科学、高效便捷、先进实用、稳定安全的全国林业信息化格局。

按照国家电子政务总体框架要求，由国家林业局统一领导、统筹规划全国林业信息化建设工作，实现统一规划、统一标准，强化顶层设计，防止出现自成体系、重复建设和低水平应用等问题，为资源整合和协同作业打下基础。

全国林业信息化系统中基础性、公共性的项目，由国家林业局信息化和电子政务工作领导小组统筹资金安排，统一项目软件研发，为全国林业系统信息资源整合、共享提供保障。对地方个性化的林业信息化系统，由各地林业信息化建设单位依据统一规划与标准，依托各级林业信息化建设基础平台，分别负责建设实施。

林业信息化建设要紧密结合政府职能转变和管理体制改革，以林业业务需求为主导，以应用和服务为重点，以林业信息化建设平台为基础，引入或自主开发适用面广、物美价廉的信息产品，推动信息技术与林业工作的结合，满足林业管理和生产需要。

根据当前林业信息化的实际情况，基于林业信息化建设基础平台，以资源共享为核心，打破资源分散、封闭和垄断状况。充分利用和整合已有的信息资源，加速基础性林业专题数据的标准化改造，防止再次出现重复建设，促进互联互通，有效调控增量资源，优化信息资源配置，实现信息共享，提高信息资源效益。

信息化建设中要注重实用性、可操作性和先进性相结合，采用成熟、可靠的信息技术来支撑整个林业信息化工作环境，确保系统安全、可靠、高效运行；同时，充分考虑长远

※ 该文为国家林业局信息办主任李世东应邀为《中国信息化》撰写的专栏文章，刊于《中国信息化》2012 年 1 月 20 日第 2 期，收录时略有删改。

发展需要，基础设施建设适度超前，为今后工作拓展空间。

选择条件比较成熟的省份和单位先行试点，取得经验后，逐步推广应用。通过试点示范，探索科学的技术路线，积累经验，指导全国，少走弯路，减少风险，提高效率。

“十二五”期间，基本上要实现80%的省级以上单位实现无纸化办公，80%以上的行政许可项目实现在线处理；完善国家级林业信息化建设基础平台，完成80%的省级林业信息化建设基础平台；80%的省级单位建成国家、省、市、县四级上下互联互通的全国林业电子政务传输网络；完成我国林业信息资源目录体系与交换体系、标准规范体系，建成具有中国特色的“智慧林业”。

在“四横两纵”(“四横”为基础设施、数据库、应用支撑和应用系统，“两纵”为支撑“四横”的标准规范体系、安全与综合管理体系)的总体框架结构下，“十二五”林业信息化将重点建设八大系统工程：

林业资源监管系统建设工程。建设林业资源监管系统，改变我国林业资源监管工作中传统落后的人工监管方式，实现对45亿亩林地、26亿亩沙地和10亿亩湿地等林业资源的实时有效监管，为提高宏观决策的科学性和有效性提供技术保障。

综合营造林管理系统建设工程。利用系统建设，对重点生态工程生产进行核查和监督，及时获取林地真实情况，减少重复造林现象的出现，为掌握生态状况、正确评估生态建设效益提供科学方法，为实施生态建设工程精细化管理、提高管理效率提供有效手段。

林业灾害监控与应急系统建设工程。包括森林防火监控和应急指挥系统，林业有害生物防治管理系统，野生动物疫源疫病监测管理系统等。

林业产业发展与林业经济运行系统建设工程。该系统具体包括木材经营加工管理、重点企业运行监测等多个子系统。通过该系统建设，提高林业产业发展预测、预警能力，为政策制定提供决策依据。建立全国林业产业基础数据库，制定数据采集规程和标准，规范产业基础信息采集和应用，全面掌握全国林业产业发展的新情况，为林业产业管理提供信息支持。通过建立公平、透明、开放的林业产业信息交流平台，提供丰富的网站交互功能，为林农、林产品供应商、林产品销售商等提供林产品流通相关信息服务。建立林产品市场信息连通机制，为形成全国林产品流通市场，实现交易集约化和市场规模化，保证市场高度的透明性和公平性提供信息服务。

生态文化与教育培训系统建设工程。包括现代林业远程教育培训系统，行业教育培训信息管理与应用系统，数字图书馆与网络电视系统等。

应用支撑平台建设工程。林业信息化应用支撑平台应能够适应业务需求的动态变化，提供应用所需的资源共享、信息交换、业务访问、业务集成、流程控制、安全控制和系统管理等各种基础性和公用性的支撑服务，是应用系统开发、部署和运行的技术环境，具有开放性和扩展性，主要用于解决业务应用系统之间的互通、互操作、数据共享与集成等问题。林业信息化应用支撑平台将构建在基础设施之上，从林业业务流程中提炼出公用的、基础的业务处理功能，形成统一的服务访问接口，为各类林业应用系统提供林业业务流程管理、林业数表模型、林业基础组件和林业常用工具软件支撑。

标准规范体系建设。按照国家林业行业标准《林业信息化标准体系》有关要求，林业信息化标准体系由总体标准、信息资源标准、应用标准、基础设施标准和管理标准组成。按照“面向应用、采标优先、突出重点、轻重缓急”的原则，在认真研究国际标准和国内外已有先进标准的基础上，合理引用适合我国林业信息化建设的标准，根据建设需要重点修订完善已有标准，提高强制性标准的比例，鼓励推荐性标准的应用推广。

安全与综合管理体系建设。参照国家有关文件的要求，在对各级林业内外网的安全域划分的基础上，对不同安全域按照等级保护有关要求进行相应的安全保护。安全体系内容包括：物理安全、网络安全、系统安全、应用安全、数据安全、制度保障等六个部分，其中物理安全和网络安全属于安全基础设施。

中国信息化的行动纲领

2012年11月，具有重大历史意义的党的十八大在北京隆重召开。十八大报告中具有许多新思想、新亮点，信息化是最重要的亮点之一。十八大报告有19处论述信息化、信息网络、信息技术与信息安全。特别是报告明确把“信息化水平大幅提升”纳入全面建成小康社会的目标之一，并提出了走工业化、信息化、城镇化、农业现代化道路，促进“四化”同步发展。这必将对我国信息化发展产生重大而深远的影响。总体来看，报告从五大方面全面描绘了今后5年乃至10年我国信息化建设的宏伟蓝图。

一、面临形势

从当前我国信息化建设面临的形势方面，报告在第十一部分“继续促进人类和平与发展的崇高事业”中，深刻指出“世界多极化、经济全球化深入发展，文化多样化、社会信息化持续推进”。

二、建设成就

在近年来我国信息化建设成就方面，报告在第一部分“过去五年的工作和十年的基本总结”中，就开宗明义地指出“创新型国家建设成效显著，载人航天……超级计算机等实现重大突破”。

三、发展目标

在今后一个时期我国信息化的发展目标方面，报告更是在第三部分“全面建成小康社会和全面深化改革开放的目标”中，明确将“信息化水平大幅提升……”列为我国全面建成小康社会和实现现代化的重要目标。这充分反映了在我国进入全面建成小康社会的决定性

※ 该文为国家林业局信息办主任李世东撰写的“党的十八大报告学习体会”系列述评之一，刊于2013年1月4日中国林业网，收录时略有删改。

阶段，党中央对信息化的高度重视和认识的进一步深化。信息化已不只是一种手段，而成为现代化建设的核心内容和目标。

四、基本思路

在当前和今后一个时期我国信息化的发展思路方面，报告在第四部分“加快完善社会主义市场经济体制和加快转变经济发展方式”中，明确指出“坚持走中国特色新型工业化、信息化、城镇化、农业现代化道路，推动信息化和工业化深度融合、工业化和城镇化良性互动、城镇化和农业现代化相互协调，促进工业化、信息化、城镇化、农业现代化同步发展”。

五、重点任务

在今后一个时期我国信息化建设的重点任务方面，报告在经济建设、政治建设、文化建设、社会建设和国防建设等五大领域，分别论述了信息化建设的重点任务。

（一）经济建设领域。报告在第四部分的“推进经济结构战略性调整”中，要求“建设下一代信息基础设施，发展现代信息技术产业体系，健全信息安全保障体系，推进信息网络技术广泛运用。”

（二）政治建设领域。报告在第五部分“坚持走中国特色社会主义政治发展道路和推进政治体制改革”的“完善基层民主制度”中，明确要求“推进信息公开”。

（三）文化建设领域。报告在第六部分“扎实推进社会主义文化强国建设”的“丰富人民精神文化生活”中，提出“加强和改进网络内容建设，唱响网上主旋律。加强网络社会管理，推进网络规范有序运行。”

（四）社会建设领域。报告在第七部分“在改善民生和创新管理中加强社会建设”的“加强和创新社会管理”中，提出“提高社会管理科学化水平，必须加强社会管理法律、体制机制、能力、人才队伍和信息化建设”。

（五）国防建设领域。报告在第九部分“加快推进国防和军队现代化”中大篇幅论及信息化建设，提出“加紧完成机械化和信息化建设双重历史任务，力争到2020年基本实现机械化，信息化建设取得重大进展”，“高度关注海洋、太空、网络空间安全”，“提高以打赢信息化条件下局部战争能力为核心的完成多样化军事任务能力”，“坚定不移把信息化作为军队现代化建设发展方向，推动信息化建设加快发展”，“深入开展信息化条件下军事训练，增强基于信息系统的体系作战能力”。

总之，十八大报告对我国信息化建设面临形势、建设成就、发展目标、基本思路、建设重点等各方面进行了完整论述和规划，是指导今后一个时期我国信息化建设的行动纲领。我们要认真学习、深刻领会、全面贯彻、狠抓落实，为全面建成小康社会和实现现代化做出新贡献。

生态文明建设的宏伟蓝图

2012年11月，党的十八大从新的历史起点出发，做出“大力推进生态文明建设”的战略决策，从10个方面绘出生态文明建设的宏伟蓝图。

一、重要地位

关于生态文明建设的重要地位，十八大报告在第二部分“夺取中国特色社会主义新胜利”中明确指出：“建设中国特色社会主义，总依据是社会主义初级阶段，总布局是五位一体，总任务是实现社会主义现代化和中华民族伟大复兴”。将生态文明建设与经济建设、政治建设、文化建设、社会建设相并列，形成建设中国特色社会主义五位一体的总布局。

二、重大意义

关于生态文明建设的重大意义，十八大报告在第八部分的第一句话，就开宗明义地指出：“建设生态文明，是关系人民福祉、关乎民族未来的长远大计。”

三、严峻形势

关于生态文明建设面临的严峻形势，十八大报告在第八部分强调：“面对资源约束趋紧、环境污染严重、生态系统退化的严峻形势”，即生态文明建设的背景包括三个方面，一是资源约束趋紧，二是环境污染严重，三是生态系统退化。

四、思想理念

关于生态文明建设的思想理念，十八大报告强调指出：“必须树立尊重自然、顺应自然、保护自然的生态文明理念”，我们要努力形成人与自然和谐相处的思想观念。

※ 该文为国家林业局信息办主任李世东撰写的“党的十八大报告学习体会”系列述评之二，刊于2013年1月5日中国林业网，收录时略有删改。

五、本质特征

关于生态文明建设的本质特征，十八大报告强调："把生态文明建设放在突出地位，融入经济建设、政治建设、文化建设、社会建设各方面和全过程"，由此，生态文明建设不但要做好其本身的生态建设、环境保护、资源节约等，更重要的是要放在突出地位，融入经济建设、政治建设、文化建设、社会建设各方面和全过程，这就意味着生态文明建设既与经济建设、政治建设、文化建设、社会建设相并列从而形成五大建设，又要在经济建设、政治建设、文化建设、社会建设过程中融入生态文明理念、观点、方法。

六、政策方针

关于生态文明建设的政策方针，十八大报告要求："坚持节约资源和保护环境的基本国策，坚持节约优先、保护优先、自然恢复为主的方针。"

七、途径方式

关于生态文明建设的途径方式，十八大报告强调："着力推进绿色发展、循环发展、低碳发展。"

八、重要目标

关于生态文明建设的重要目标，十八大报告第三部分"全面建成小康社会和全面深化改革开放的目标"中指出："资源节约型、环境友好型社会建设取得重大进展。主体功能区布局基本形成，资源循环利用体系初步建立。单位国内生产总值能源消耗和二氧化碳排放大幅下降，主要污染物排放总量显著减少。森林覆盖率提高，生态系统稳定性增强，人居环境明显改善。"十八大报告第八部分强调："形成节约资源和保护环境的空间格局、产业结构、生产方式、生活方式"。

九、战略任务

关于生态文明建设的战略任务，十八大报告第八部分提出了优、节、保、建四大战略任务。

一是优：优化国土空间开发格局。要按照人口资源环境相均衡、经济社会生态效益相统一的原则，控制开发强度，调整空间结构，促进生产空间集约高效、生活空间宜居适度、生态空间山清水秀，给自然留下更多修复空间，给农业留下更多良田，给子孙后代留下天蓝、地绿、水净的美好家园。加快实施主体功能区战略，推动各地区严格按照主体功能定位发展，构建科学合理的城市化格局、农业发展格局、生态安全格局。提高海洋资源开发能力，坚决维护国家海洋权益，建设海洋强国。

二是节：全面促进资源节约。要节约集约利用资源，推动资源利用方式根本转变，加强全过程节约管理，大幅降低能源、水、土地消耗强度，提高利用效率和效益。推动能源生产和消费革命，支持节能低碳产业和新能源、可再生能源发展，确保国家能源安全。加强水源地保护和用水总量管理，建设节水型社会。严守耕地保护红线，严格土地用途管制。加强矿产资源勘查、保护、合理开发。发展循环经济，促进生产、流通、消费过程的减量化、再利用、资源化。

三是保：加大自然生态系统和环境保护力度。要实施重大生态修复工程，增强生态产品生产能力，推进荒漠化、石漠化、水土流失综合治理。扩大森林、湖泊、湿地面积，保护生物多样性。加快水利建设，加强防灾减灾体系建设。坚持预防为主、综合治理，以解决损害群众健康突出环境问题为重点，强化水、大气、土壤等污染防治。坚持共同但有区别的责任原则、公平原则、各自能力原则，同国际社会一道积极应对全球气候变化。

四是建：加强生态文明制度建设。要把资源消耗、环境损害、生态效益纳入经济社会发展评价体系，建立体现生态文明要求的目标体系、考核办法、奖惩机制。建立国土空间开发保护制度，完善最严格的耕地保护制度、水资源管理制度、环境保护制度。深化资源性产品价格和税费改革，建立反映市场供求和资源稀缺程度、体现生态价值和代际补偿的资源有偿使用制度和生态补偿制度。积极开展节能量、碳排放权、排污权、水权交易试点。加强环境监管，健全生态环境保护责任追究制度和环境损害赔偿制度。加强生态文明宣传教育，增强全民节约意识、环保意识、生态意识，形成合理消费的社会风尚，营造爱护生态环境的良好风气。

十、根本目的

关于生态文明建设的根本目的，十八大报告强调“努力建设美丽中国，实现中华民族永续发展。”“从源头上扭转生态环境恶化趋势，为人民创造良好生产生活环境，为全球生态安全做出贡献。”“更加自觉地珍爱自然，更加积极地保护生态，努力走向社会主义生态文明新时代。”

总之，十八大报告不仅在第一、第二、第三部分分别论述了生态文明建设的重大成就、重要地位、重要目标，而且在第八部分用整整一部分的宏大篇幅，全面深刻论述了生态文明建设的各方面内容，从而完整描绘了今后相当长一个时期我国生态文明建设的宏伟蓝图。我们要深入学习领会、认真贯彻落实，为实现社会主义现代化和中华民族伟大复兴而努力奋斗。

信息革命是生态文明的金钥匙

党的十八大报告有19处涉及信息化，特别是把“信息化水平大幅提升”纳入全面建成小康社会的目标，并提出了走中国特色新型工业化、信息化、城镇化、农业现代化道路，促进“四化”同步发展。这充分反映了在我国进入全面建成小康社会的决定性阶段，信息化已成为发展的路径和目标。

从人类文明发展历程看，重大科技革命使人类文明发展呈现阶段性特征。人类文明历程先后出现了原始文明、农业文明、工业文明三个阶段，目前正在向生态文明迈进，也先后经历了农业革命、工业革命、信息革命三次重大的技术革命。生态文明也被称为继原始文明、农业文明、工业文明之后的人类“第四文明”。

大约5500年前，人类以发明“犁”为标志，开始使用耕种工具，引发了农业革命，人类由居无定所的游牧社会开始进入定居发展种植业的农业社会，人类文明也由原始文明进入农业文明。1775年，人类以发明蒸汽机为标志，拉开了工业革命的序幕，机械工具的广泛使用，将人类从简单的体力劳动中解放出来，极大地释放了生产力，推动着人类社会由农业文明进入工业文明。当前，以消耗资源、破坏生态、牺牲环境为代价的工业发展模式暴露出种种弊端，越来越不适应经济社会可持续发展的要求，如果继续照此下去，人类将失去生存的条件。人类必须找出一条既不大规模消耗破坏资源能源又能促进经济社会大发展的道路，这条道路就是人与自然和谐的可持续发展之路，人们把这条道路命名为“生态文明”之路。而信息革命产生的信息生产力，发展起来的计算机技术、现代通信技术、传感技术等诸多技术正好满足这一需求，从而为生态文明的发展提供了可能和发展空间，为生态文明大门的打开铸就了一把金钥匙。以1946年第一台电子计算机出现为标志的信息革命，构成了新的最活跃的生产力，并以巨大的变革力量推动着全球经济社会的发展。

从实质上看，每一次文明的更迭，都是一次生产力的飞跃，而每一次生产力的飞跃，

※ 该文为国家林业局信息办主任李世东撰写的“党的十八大报告学习体会”系列述评之三，刊于2013年1月6日中国林业网，收录时略有删改。

又都缘由一场深刻的技术革命。每一次新的技术革命的发生，都是建立在其发生之前人类文明创造的发展成果基础之上的，都是对前一次技术革命的升华。工业革命的核心是资源，信息革命的核心是信息。资源的大量消耗会造成生态破坏，而信息却不存在这一问题。工业革命的特点是资源独享，而信息革命的特点是资源共享。工业革命延伸的是人类自然力中的体力，而信息革命延伸的是人类自然力中的脑力。人类社会活动无一不用脑，信息化也就无处不在，这正是信息化的生命力之所在。

随着18世纪以来工业革命的逐步开展，人们逐渐发现延长人的信息器官功能成了人与自然关系中最迫切需要解决的问题，也成为了矛盾的焦点。如果信息功能不能得到有效的延长，人与自然的关系就不再能够取得重大的进展。正是因为这样，19世纪末以来，科学技术发展的任务便开始转向信息科学技术：先是有了电信技术，延长了人的耳目和神经系统的功能，为信息科学技术的高潮——延长人脑的功能创造了条件；于是信息革命从20世纪中叶开始，特别是到70年代，伴随着计算机技术、现代通信技术、传感技术等的迅速发展，加上信息论、控制论、系统论和人工智能理论等的相继创立，使得信息科学技术呈现飞跃前进的态势。信息革命扩大了人的智力和能力的同时，也为人类认识和利用继而保护自然提供了新的可能和契机。

经由信息革命承载传递的自我审视由来已久。迄今为止，人类社会经历了五次信息技术革命，即语言的产生、文字的发明、印刷术的出现、电话电报电视的诞生、计算机与互联网的普及，每一次信息技术的飞跃都使得人类更了解自然，从而对自身行为进行反思。从信息革命推动生态意识觉醒和自我审视出发，中间经过进一步推动生态研究和行动，发现生态危机的资本主义社会形态根源，最终又将问题解决的方向指向只有在信息革命条件下才能实现的社会经济产业转型。可以说，信息革命不仅是人类自我审视的线索，更是觉醒后的出路。

信息文明是对以自然生态遭受严重破坏为代价的工业文明的彻底超越，是以实现人类社会可持续发展为最高目标的可持续发展文明。在克服工业文明弊端这个基点上，生态文明和信息文明的方向和目的是一致的。在对工业文明的扬弃过程中，信息文明与生态文明在很多方面是相通的，同向的，兼容的。由此可见，信息文明与生态文明是相通的，具有异曲同工之妙，只是看问题的角度不同，一个更强调手段、一个更强调结果，一个更侧重过程、一个更侧重目标，所追求的实质结果是一致的。在迄今为止的人类文明史中，我们对地球自身的认识有三次伟大的飞跃：第一次是在15世纪末16世纪初的全球地理大发现中，人类完成首次环球航海，证明地球是圆的；第二次是在16~17世纪近代科学革命中，人类推翻了流行数千年之久的地心说，证明地球是动的；第三次是20世纪末21世纪初，在现代信息技术与绿色人文思潮的交汇中，人类将世界连接成一个“地球村”——地球是小的、世界是平的、世界是绿的。

自然世界在地球处于混沌期之时就已存在，是看得见摸得着的，而数字世界则是随着人类智慧的不断增长、在历次信息革命的推动下逐渐产生的。自然世界为人类生存和发展提供了各种必需品，而数字世界的产生则使得人类的生产生活变得更加便捷。对人类而言，数字世界与自然世界都是非常重要的，唯有充分发挥人类的聪明才智、充分利用数字技术，使数字世界与自然世界深入融合，才能促进生态文明的最终实现。

总的来看，以信息技术和信息资源为核心，以数字化、智能化和网络化为特征的信息革命，产生的巨大生产力远远超越了工业革命，特别是解决了工业革命造成的恶果，成为推动生态文明建设的主要技术力量。我们必须深刻认识这一社会发展规律，顺应人类社会发展趋势，加快推进信息化，充分发挥其在生态文明建设中的独特作用。

从“数字林业”到“智慧林业”

1998年“数字地球”概念提出后，国内外展开了数字化的建设工作，我国也把“数字林业”建设提上了林业工作的日程。数字林业是指系统地获取、融合、分析和应用数字信息来支持林业发展，是应用遥感技术、计算机技术、网络技术和可视化技术等，把各种林业信息实现规范化采集与更新，实现数据充分共享的过程。数字林业的主要特征是数字化、互联化、智能化，它的建成为林业建设提供一个更广泛、更形象化的信息处理环境及支撑系统，为智慧林业的发展奠定了基础。

以2009年初《全国林业信息化建设纲要》颁布实施和首届全国林业信息化工作会议召开为标志，中国林业信息化建设进入全面加快发展新阶段。5年来，经过顶层设计、动员部署、组建机构、项目建设、建立制度等5个环节，始终坚持把林业信息化作为创新发展的重要平台、提升效益的重要抓手、服务基层的重要途径、展示形象的重要窗口，各级林业部门按照“加快林业信息化，带动林业现代化”的总要求，坚持“融合、创新、服务、提升”的发展理念，全国林业信息化取得突破性进展，每年都取得十大突破。特别是“十二五”以来，林业信息化队伍建设不断加强，80%以上的省级林业部门设立了专门机构；资金投入持续增加，全国年均投入专项经费5亿多元；网站建设快速推进，形成了国家、省、市、县四级林业网站群；标准制度逐步完善，制定了20多项制度、50多项标准；交流合作日益广泛，促进了资源共享、共同发展；管理方式不断创新，信息安全保障能力大幅提升；示范建设成效显著，建设了13个示范省、25个示范市、50个示范县，推出了一系列国内领先的示范成果。林业信息化有效支撑了林业生态建设；林业信息化有效促进了林业产业发展；林业信息化有效拓宽了生态文化传播渠道；林业信息化有效提升了林业行政服务水平。全国林业信息化建设呈现出全面提升的良好态势，为生态林业民生林业发展做出了重要贡献。实践证明，加快林业信息化建设，是发展生态林业民生林业的重要支

※ 该文为国家林业局信息办主任李世东应邀为《中国信息化》撰写的专栏文章，刊于《中国信息化》2013年10月25日第20期，收录时略有删改。

撑，是实现林业现代化的必由之路，是关系林业工作全局的战略选择。

一、智慧林业的概念与背景

2009年，随着“智慧地球”概念的提出，在全球掀起了一股智慧化发展的浪潮，智慧城市、智慧园区、智慧交通、智慧医疗、智慧能源等项目快速在各地创新发展。智慧林业，就是在数字林业建设的基础上，充分利用云计算、物联网、大数据、移动互联网等新一代信息技术，通过感知化、智能化、物联化手段，构建立体感知、管理协同、服务高效、有效支撑生态林业民生林业发展的林业信息化建设新模式。

智慧林业是智慧地球的重要组成部分，是未来林业创新发展的必由之路，是统领未来林业工作、拓展林业技术应用、提升林业管理水平、增强林业发展质量、促进林业可持续发展的重要支撑和保障。智慧林业与智慧地球、美丽中国紧密相连。智慧林业的核心是利用现代信息技术，建立一种智慧化发展的长效机制，实现林业高效高质发展。智慧林业的关键是通过制定统一的技术标准及管理服务规范，形成互动化、一体化、主动化的运行模式。智慧林业的目的是促进林业资源管理、生态系统构建、绿色产业发展等协同化推进，实现生态、经济、社会综合效益最大化。智慧林业的本质是以人为本的林业发展新模式，不断提高生态林业和民生林业发展水平，实现林业的智能、安全、生态、和谐。智慧林业包括基础性、应用性、本质性的特征体系，其中基础性特征包括数字化、感知化、互联化、智能化，应用性特征包括一体化、协同化，本质性特征包括生态化、最优化，即智慧林业是基于数字化、感知化、互联化、智能化基础之上，实现一体化、协同化、生态化、最优化。

当今社会，信息已成为重要的战略资源。信息技术在抢占新一轮科技和产业变革制高点、塑造国家发展新优势的作用日趋突出。党的十八大把“信息化水平大幅提升”纳入全面建设小康社会目标之一，并提出走中国特色新型工业化、信息化、城镇化、农业现代化道路，促进“四化”同步发展。近期，国务院又相继下发了《关于促进信息消费扩大内需的若干意见》和《“宽带中国”战略及实施方案》。

当前，建设生态文明是林业的总目标，发展生态林业和民生林业是林业的总任务。建设生态文明，迫切需要切实转变经济发展方式、优化调整产业结构。这些都要依靠信息科技为支撑，实现更透彻的感知、更全面的互联、更深入的智能、更高效的利用、更科学的决策，从根本上解决资源约束趋紧、环境污染严重、生态系统退化等问题，推动人与自然和谐发展。发展生态林业民生林业，改善生态改善民生，迫切需要利用信息技术对林业各种资源要素和生产过程进行精细化、智能化控制，加强专业化、科学化管理，充分挖掘林地潜力，全面提升质量效益，为经济社会发展提供更多更好的生态产品、物质产品和生态文化产品。

智慧林业在发展需求和新一代信息技术突破的双重历史机遇下应运而生。以2013年8

月《中国智慧林业发展指导意见》和第三届全国林业信息化工作会议在长春圆满召开为标志，全国林业信息化进入智慧林业建设的新阶段。

二、智慧林业建设的基本思路

智慧林业的发展思路。深入贯彻落实党的十八大精神和国务院关于加快信息化建设的一系列决策部署，以统一思想为前提，以应用需求为导向，以融合创新为动力，以重点工程为抓手，以新一代信息技术为支撑，全力推进智慧林业建设，为全面提升生态林业和民生林业发展水平，建设生态文明和美丽中国做出新贡献。总结为一句话，就是：打造智慧林业，建设生态文明。

林业信息化由数字林业阶段迈向智慧林业阶段，是林业系统转变发展方式、提升生产力水平的内在需要。数字林业阶段以林业各种信息的数字化采集、传输、存储、处理和应用为主要特征，重点是应用计算机、互联网、数字化等技术，实现林业数字化、网络化、自动化管理。智慧林业阶段将在数字林业的基础上，全面应用云计算、物联网、移动互联、大数据、智慧地球等新一代信息技术，通过感知化、物联化、智能化、协同化的方式，使林业实现智慧的结构、智慧的感知、智慧的流程、智慧的管理、智慧的应用、智慧的服务。

智慧林业的建设原则。建设智慧林业，要更加注重信息与林业各个环节、各种资源、各项业务的深度融合、集约共享和协同推进，必须在坚持统一规划、统一标准、统一制式、统一平台、统一管理等“五个统一”的基础上，重点把握五个原则：一是整合资源，共享协同。以信息共享、互联互通为重点，突破地域、级别、业务界限，充分整合各类信息资源，推进信息化业务协同，提升全行业管理服务水平和信息资源利用水平。二是融合创新，标准引领。集成关键核心技术，创新发展模式和机制。实施应用先行、国际同步的标准战略，抢占标准制高点。三是统筹协调，管理提升。统一顶层设计，推进协同运行，强化各级林业信息化部门在规划引领、统筹协调、应用示范等方面的主导作用，建立统筹管理体系。加强安全技术体系建设，提高林业信息安全水平。四是服务为本，推动转型。面向各级林业部门和林农群众日益多元化的需求，提供随时、随地、随需、低成本的信息服务，以信息化推动林业发展方式和管理方式转型升级。五是循序渐进，重点突破。从组织管理、顶层设计、基础设施以及应用示范工程等多维度切入，循序渐进，讲求实效，找准突破口先行先试，实现重点突破。

智慧林业的建设目标。到 2015 年，基本建成集成化、智能化的信息基础设施，建立智能决策、业务协同、便捷高效的政务体系，实现信息化与林业全面融合，为全面建成智慧林业奠定基础。到 2020 年，全面建成智慧林业，有力支撑林业改革发展。

三、智慧林业的总体架构和主要任务

智慧林业是基于云计算、物联网、移动互联网、大数据等现代信息技术，涵盖智慧林业立体感知、智慧林业协同管理、智慧林业生态价值、智慧林业民生服务、智慧林业综合管理等五大体系的新型林业发展模式。智慧林业总体架构主要包括“四横两纵”，四横即设施层、数据层、支撑层、应用层，两纵即标准规范体系、安全与综合管理体系，其相互联系、相互支撑，形成一个闭环的运营体系。智慧林业建设的主要任务包括四个方面：

加快建设智慧林业网络平台。按照国家信息化发展总体部署，结合林业实际，加快推进林业宽带网络和感知网络建设，为智慧林业发展提供基础条件。一是按照先进、适用的原则，充分利用现有的国家、省、市、县四级网络架构，抓紧建设林业下一代互联网，满足林业物联网接入和大数据量传输等需求。二是积极推进重点林区无线网络建设，有效提高林区网络通信覆盖率，为拓展业务应用提供基础网络条件。三是大力推进林业物联网发展，提高林业生态智能感知、林业资源智能识别、林业灾害智能监测、林业信息智能推送的能力。四是完善以卫星、航空护林飞机等组成的“天网”系统，提高林业空天感知能力和监测效率。五是实施林业应急感知工程，建立全覆盖、多尺度无缝集成的应急地理信息平台，大力推动林火视频监控系统、沙尘暴监测系统、应急通信保障系统等的建设，实现国家、省、市、县林业部门的互联互动。

切实加强智慧林业协同管理。加强信息资源融合，建立资源共享的林业信息系统，为各类林业工作者提供网络化、智能化的信息服务。一是按照共建共享、互联互通的原则，大力推进林业基础数据库建设，加快建立信息资源交换共享机制。二是加快中国林业云示范建设，推进办公智慧化和协同化，规范办公流程，降低运行成本，全面提高办事效率。三是适应移动互联快速发展的形势，积极推进林业微门户、微博、微信等平台建设，以更加新颖、活泼、便捷的形式，服务林业、林农和公众。四是建立健全成果共享模式，信息化主管部门负责统一服务平台和信息发布工作，统一管理基础数据资源；各业务部门承担本单位业务信息的内容保障，供有关部门共享使用。

努力构建智慧林业生态服务体系。一是建设智慧林业营造林管理系统。实现覆盖各级营造林规划计划、作业设计、进度控制、效果监测、统计上报等环节的一体化营造林管理系统，为营造林工程管理决策提供科学依据。二是建设智慧林业资源监管系统。在先期试点的基础上，按照统一布局、共建共享的原则，充分利用新一代信息技术，建立集森林、湿地、荒漠、生物多样性监管于一体的智慧林业资源监管平台，提供多级林业资源分布和动态信息，支撑林业科学决策。三是建设智慧林业野生动植物保护体系。通过对各级各类自然保护区的智能化管理，建设野生动植物资源监测体系和信息管理体系，提高保护管理水平。四是建设智慧林业重点工程监督管理平台。基于新一代信息技术，实现对工程全过程的实时跟踪管理，提高工程管理的科学化水平。

积极打造智慧林业民生服务体系。围绕全面建设民生林业的新要求，深化信息技术应用，构建面向企业、林农及新型林区建设的综合公共服务平台，努力提升公共服务水平。一是建设智慧林业产业培育工程。加快高新技术与林业的有机融合，促进新技术、新产品和新产业的发展。二是建设智慧生态旅游工程。在智慧生态旅游物联网应用示范的基础上，加强相关信息技术和管理模式的推广应用，促进生态旅游的大发展、大繁荣。三是建设智慧林业商务拓展工程。建立一批区域性的林权交易平台，打造一批有影响力的林业电子商务平台，为林企和林农提供智能、便捷的服务，促进林业产业的快速健康发展。四是建设智慧林业社区工程。加大林区网络基础设施建设投入，解决林区信息网络“最后一公里”问题。建立智慧林业社区综合管理服务平台，实现社区业务“一站式”办理。

四、智慧林业建设路线图

智慧林业是数字林业发展的高级阶段，以物联网、云计算、移动互联网等新一代信息技术为基础，通过更深入的智慧化、更全面的互联互通、更有效的交换共享、更协作的关联应用，实现林业自然资源更丰富、林业生态系统更安全、林业绿色产业更繁荣、林业生态文明更先进。智慧林业的建设，是一项长期性、系统性工作，需分步骤、分阶段扎实推进。依据各工程项目的紧迫性、基础性、复杂性、关联性等，建设智慧林业分基础建设、展开实施、深化应用三个阶段。

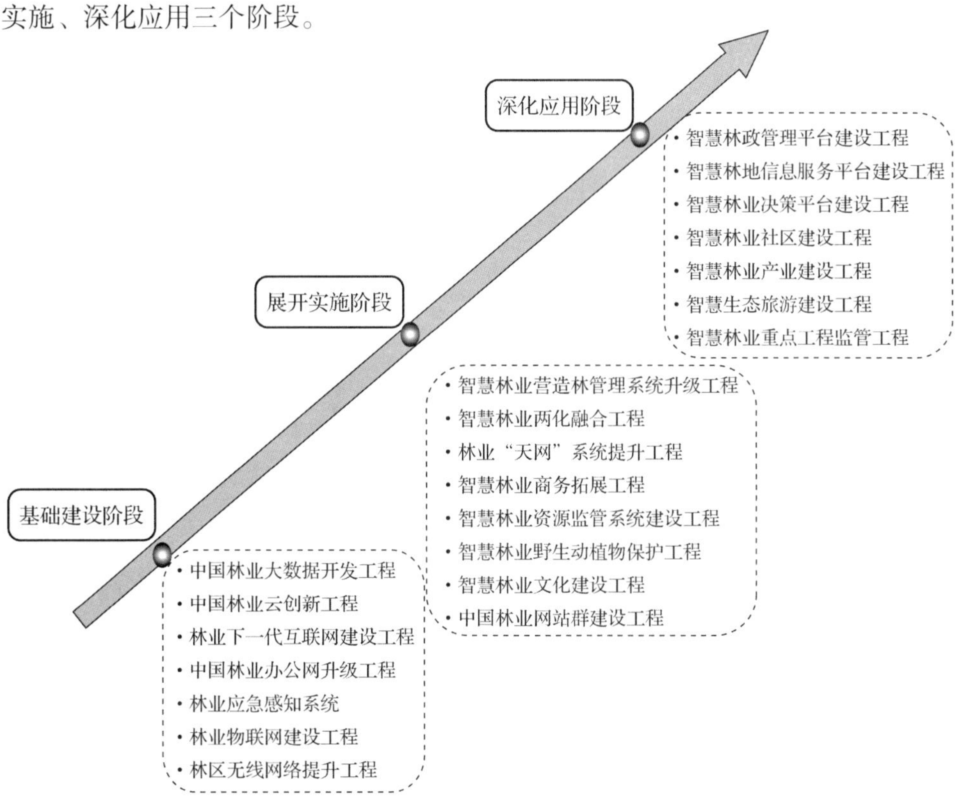

智慧林业推进路线图

基础建设阶段。编写智慧林业规划，出台智慧林业建设的相关政策，安排扶持资金等，并局部开展智慧林业的探索实践工作。在现有林业信息化成果基础上，选择基础性较强的中国林业大数据工程、中国林业云建设工程、下一代互联网提升工程、林业应急感知系统、林业环境物联网和林区无线网等优先建设，为后续的智慧林业的全面建设提供良好的基础。

展开实施阶段。智慧林业建设全面展开，汇聚各方力量、加大人、财、物方面的投入，积极鼓励企业、公众参与智慧林业建设。本阶段以智慧林业基础设施为基础，完成智慧林业营造林管理系统、智慧林业两化融合工程、林业“天网”系统、智慧商务建设工程、智慧林业资源监管工程、智慧林业野生动植物保护工程、智慧林业文化建设工程和中国林业网站群建设等工程建设。智慧林业建设的步伐明显加快，智慧林业框架体系基本形成。

深化应用阶段。经过展开实施阶段，智慧林业建设有了量的积累，需要各个部分走向相互衔接、相互融合，实现质的飞跃。本阶段主要建设智慧林政管理平台、智慧林地信息服务平台、智慧林业决策平台、智慧林业产业建设工程、智慧生态旅游建设工程和智慧林业重点工程监管工程等。智慧林业的应用效果和价值逐步显现，其竞争力、集聚力、辐射力明显增强。

综合政策

ZONGHE ZHENGCE

林业信息化
Forestry Informatization

林业信息化发展回顾与展望

在前不久召开的首届全国林业信息化工作会议上，贾治邦局长深刻论述了林业信息化工作的重要意义，明确了今后一个时期全国林业信息化建设的总体思路、工作重点和保障措施。结合贯彻落实全国林业信息化工作会议精神，谈谈对林业信息化的几点学习体会。

一、国内外信息化发展回顾

（一）国外信息化发展历程。从全球来看，信息网络已经成为人类不可或缺的重要内容，人类社会进入了信息化新时代。

回顾人类社会的发展历程，主要经历了“三化”，即农业化、工业化和信息化。公元前9000年至公元前1500年，人类社会经过农业革命，开始了“农业化”进程，最终进入农业社会，在这个进程中主要依靠的核心资源是土地等物质资源。1775年工业革命发生后，开始了“工业化”进程，最终进入了工业社会，在这个进程中主要依靠的核心资源是煤、石油、天然气等自然能源。1946年人类社会第一台电子数字计算机的出现，拉开了人类社会信息革命的序幕，开始了“信息化”进程，引导人类逐步进入信息社会，在这个进程中主要依靠的核心资源是信息。信息化与农业化、工业化的相同之处，都是人类社会广泛采用了当时最先进的人力工具、动力工具和智力工具，不同之处在于信息化在机械化、电气化、自动化的基础上实现了数字化、智能化和网络化，以数百倍、数千倍的速度加快了经济社会发展。

从全球信息化发展历程来看，基本经历了三个重要阶段：一是单机应用阶段。自20世纪50年代至80年代末，这时的计算机主要是用于简单的数字计算和数据处理业务。二是互联网阶段。80年代末90年代初，在美国信息高速公路计划的刺激下，互联网在全球的应用得到了爆炸性的发展，使人们自由交流和共享信息的梦想开始成为现实，把人类带进了一个全新的互联网时代。三是数字地球阶段。1998年1月，美国副总统阿尔·戈尔

※ 该文为国家林业局信息办主任李世东2009年7月7日在中国林业网上的撰文，收录时略有删改。

提出“数字地球”的概念，将遥感技术、地理信息系统、计算机技术、网络技术、多维虚拟现实技术等高新技术引入人类社会发展各个领域。进入新世纪后，“数字地球”得到快速发展，为人们以全局观点认识与把握我们这个世界提供了重要工具。当前，信息化已经成为21世纪最重要的经济发展模式和最显著的时代特征，信息产业已成为全球发展速度最快、从业人员最多、规模扩展最为迅速、创造财富最多的产业，成为全球经济新的增长点。美国自2000年以来，信息产业每年以32%的速度保持增长，2008年占到美国GDP的1/3，远远超过了汽车、建筑等传统产业，成为美国最大的支柱产业。同时，根据著名的“摩尔定律”，计算机的处理能力大约每18个月就要翻一番，信息化发展速度之快，已经远远超出人们的想象。不远的将来，信息化就会和空气、水、食物一样，成为人类生活生产的重要内容，成为人类社会进步发展的重要基础。

（二）我国信息化发展历程。从国内来看，信息化已成为推动经济社会发展的战略举措，我国进入了以信息化带动工业化的新时期。

回顾我国政府信息化发展历程，大体经历了三个阶段。一是20世纪70～90年代初的起步推进阶段。计算机逐步得到推广应用，中央和地方党政机关逐步推进办公自动化工程，建立纵向和横向的内部信息办公网络。1993年，为适应全球建设信息高速公路的潮流，国务院信息化工作领导小组拟定了《国家信息化“九五”规划和2010年远景目标（纲要）》，国务院要求抓好几项重大的信息工程，启动了国民经济信息化的起步工程：金桥（经济信息通信网）、金关（海关联网）和金卡（电子货币）工程。在“三金”工程推动下，政府部门的网络建设、电子化的深度应用取得了发展，积累了经验，形成我国政府信息化的雏形。二是世纪之交的快速发展阶段。1999年，40多个部委的信息主管部门共同倡议发起了“政府上网工程”，通过启动“政府上网工程”、“企业上网工程”、“家庭上网工程”等，提供政府信息资源共享和应用项目，使政府站点演变为便民服务的窗口，各行各业、千家万户联入网络，通过网络实现信息共享，网络建设取得长足进展。我国相继实施的金桥、金关、金卡、金财、金盾、金审、金质、金土、金宏、金保、金农、金水等“十二金”工程，使政府行政能力显著提高。上海、深圳、广州、天津等沿海开放城市还纷纷提出建设数字化城市或数码港，目前已初步建成高速宽带、互联互通的电子政务网络体系。三是2002年至今的整合改造阶段。从2002年开始，国家不断培育政府信息化发展的宏观环境，进入了从“割据”向“统一”的整合改造阶段。2002年国家信息化领导小组第二次会议明确了“十五”期间我国电子政务发展战略框架，将政府信息化纳入一个全新的整体规划、整体发展阶段。党的十六大做出了“坚持以信息化带动工业化，以工业化促进现代化”的战略决策。党的十七大做出了推动工业化、信息化、城镇化、市场化、国际化的战略部署。2006年，国家信息化领导小组对信息化发展重点进行了全面部署，做出了推行电子政务、加强信息安全保障等一系列重要决策，促使我国电子政务快速发展。目前各级政府网站数量已经超过2万个，网上银行、网上交易等电子商务几乎覆盖了百姓生产生活的各个方面。我们深信，通过对现有信息资源的整合改造，最终一定能够实现全面网上互动办公和电子商务应用。

（三）林业信息化发展历程。从林业来看，信息化已成为支撑现代林业大厦的三大支柱之一，林业信息化已进入全面加快发展的新阶段。

我国林业信息化建设起步较早，迄今已走过了20多个春秋，经历了三个发展阶段：一是起步探索阶段。20世纪80年代初至90年代初，这一时期以单机应用为特征，主要应用于森林资源清查、专项调查等方面，应用范围和程度都比较小。二是拓展应用阶段。20世纪90年代初至“十一五”初，这一时期以局域网技术和互联网技术在林业部门的深入应用为特征，以林业电子政务建设为中心，现代信息技术在林业重点业务领域的应用不断拓展和深化。三是全面加快发展阶段。“十一五”以来，特别是以《全国林业信息化建设纲要》和《全国林业信息化建设技术指南》的正式发布以及首届全国林业信息化工作会议的胜利召开为标志，我国林业信息化建设进入了统一规划、统一标准、统一管理、分工负责、全面加快发展的新阶段，“加快林业信息化，带动林业现代化”成为我国林业行业的时代强音和实现林业科学发展的战略举措。

2009年3月召开的首届全国林业信息化工作会议，吹响了全面加快林业信息化建设步伐的号角，明确了今后一个时期我国林业信息化建设的目标任务和努力方向。会议结束后，全国林业系统认真落实会议精神，切实加大工作力度，有力地推进了林业信息化工作。国家林业局成立了林业信息化标准委员会，对已有的工作制度进行了修订完善，着手推动各省区市制定林业信息化建设中长期规划等等。各地各单位结合实际，也在强力推进信息化工作。目前，各省区市大都成立了以主要负责同志任组长的领导小组，真正把林业信息化建设作为“一把手”工程。贵州、海南等省林业厅（局）正在积极申请成立林业信息化管理机构。北京市园林绿化局完善了信息中心主任列席局党组、局长办公会的会议制度，申请批复了森林采伐管理系统升级改造等7个项目。湖南省林业厅决定从今年起，每年拿出100万元，开展林业信息化达标县试点示范。辽宁省林业厅组织召开了全省首届林业信息化工作会议，在朝阳、本溪两市三县，通过拉练式会议形式，相互参观、相互学习，就地讨论发展战略和行动计划，取得了很好的效果。并决定从4月1日起，厅机关各处室、厅直各单位和各地市林业局的文件一律采取网上传输。国家林业局各司局、各直属单位也都提出了明确的工作思路和工作计划，积极研究制定各自的林业信息化发展思路，掀起了新一轮林业信息化建设高潮，形成了全面加快发展的新局面。

二、我国林业信息化发展展望

全国林业信息化工作会议提出了当前和今后一个时期林业信息化工作的总体思路：以邓小平理论和“三个代表”重要思想为指导，深入贯彻落实科学发展观，按照现代林业建设总体部署和《全国林业信息化建设纲要》的要求，以全面实现林业信息化为目标，以电子政务建设为重点，以“四横两纵”为架构，以信息资源开发利用为中心，以资源整合为突破口，以完善体制机制为保障，统一规划，统一标准，统一管理，分工负责，尽快形成布局合理、科学高效、先进实用、安全稳定的林业信息化格局，充分发挥信息化支撑发展、推动改革、引领未来的重大作用，为发展现代林业、建设生态文明、促进科学发展做出新的更大贡献。概括为一句话，就是“加快林业信息化，带动林业现代化”。

这个总体思路是指导当前和今后一个时期林业信息化建设的总要求。把握这个总体思路，做好林业信息化工作，按照首届全国林业信息化工作会议精神，重点是抓住六个关键，做好六项工作，强化六项保障。

（一）抓住六个关键。也就是总体思路中的六个“以”。一是以全面实现林业信息化为目标。到2020年，建立起覆盖全国林业系统的信息化体系，建成国内领先的信息化平台，基础设施明显改善，信息安全保障能力大幅增强，林业信息化发展制度、标准体系基本形成，资源共享和应用水平全面提升，实现林业决策科学化、办公电子化、服务便捷化，为建设现代林业提供强大支撑。二是以电子政务建设为重点。根据国情林情，针对电子政务、电子商务、电子社区等信息化建设的重点内容，目前必须以电子政务为重点，才能快速推进林业信息化发展。三是以“四横两纵”为架构。“四横”分别是指基础设施、数据库、应用支撑、应用系统，“两纵”分别是指标准规范体系、安全与综合管理体系，这是全国林业信息化建设的蓝图和依据。四是以信息资源开发利用为中心。林业信息资源开发利用是当前的薄弱环节，必须对已有的信息深度加工、挖掘改造，发挥信息资源的应有价值。五是以资源整合为突破口。着力解决目前林业信息资源分散、加工程度低、标准差异大、难于互联互通的问题，基于林业信息化基础平台，整合已有的信息资源，完成数据的标准化改造，实现信息资源共享。六是以完善体制机制为保障。没有完善的体制机制作保障，林业信息化建设目标就不能实现。

（二）做好六项工作。一是搞好统一规划。以《全国林业信息化建设纲要》和《全国林业信息化建设技术指南》为指导，认真研究并抓紧制定各地林业信息化建设规划。二是加大整合力度。重点是基础平台整合、外网整合、内网整合、数据库整合等。三是加强基础建设。尽快形成完善的内外网物理隔离的全国林业网络基础设施。四是加快应用系统建设。着力抓好森林资源监管系统、营造林管理系统、林业灾害监控与应急系统、林业综合办公系统、林业产业与林业经济运行系统、林业信息化基础平台建设、生态文化教育培训系统、林业信息技术自主创新等8大行动计划。五是强化教育培训。下大力气提高务林人的信息化应用水平，抓紧开展计算机基本知识、技能培训和信息化从业人员培训。六是抓好标准和安全工作。做到统一标准，确保互联互通，全国形成一盘棋。强化保密管理，保证信息安全。

（三）强化六项保障。一是建立健全组织机构。包括信息化工作领导机构、管理机构、科技咨询机构等。二是加大资金投入力度。包括国家投资、地方投资、部门投资、社会投资等。三是建立健全相关制度。坚持“建、管、用”并重，建立健全项目建设制度、网络管理制度、应用推广和运维制度，确保网络高效有序运行。四是加强工作检查督导。确保工作进度和质量。五是抓好典型带动。根据实际情况选择一批示范点，积极扶持，发挥好典型的辐射作用。六是领导带头做好表率。领导干部都要带头学、带头用，带领大家提高信息化意识和水平。

总之，全面加快林业信息化建设步伐，是我国林业适应国际国内信息化大趋势的战略举措，是满足社会信息化时代要求的战略行动，是支撑现代林业建设需要的战略内容。我们要进一步提高认识，加大力度，全面推动我国林业信息化建设快速前进，为发展现代林业、建设生态文明、促进科学发展做出新的更大的贡献。

加强整合　协调推进
全面加快林业信息化建设步伐

按照局里的统一部署，在秋高气爽的收获时节，我们会聚北方名城太原，共同学习研讨林业信息化建设之道。首先，我代表国家林业局办公室、国家林业局信息办，向长期以来大力支持林业信息化工作的各地各单位和长期致力于林业信息化工作第一线的各位同仁表示衷心的感谢！向山西省林业厅和局人才中心为这次培训班的辛勤工作和周密安排表示衷心的感谢！这次培训班的主要任务是：深入贯彻落实中央林业工作会议、首届全国林业信息化工作会议、局党组扩大会暨全国林业厅局长电视电话会议精神，深刻分析林业信息化建设面临的新形势新要求，全面解读《全国林业信息化建设纲要》和《全国林业信息化建设技术指南》，深入交流信息化建设先进理念、技术与经验，研究部署当前和今后一个时期林业信息化具体工作，全面加快林业信息化建设步伐，为现代林业建设提供强大支撑。

一、深刻认识当前信息化快速发展的形势，切实增强紧迫感、责任感和自豪感

今年以来，以首届全国林业信息化工作会议召开为标志，我国林业信息化建设进入了全面加快发展新阶段。在新的历史起点上，林业信息化既面临着重大发展机遇，也面临着严峻形势挑战。

（一）从国家层面来看，加快信息化已成为现代经济社会发展的重要动力和鲜明特征。当前，信息化对全球政治、经济、社会、文化、军事等的影响日益深化，发达国家加快向信息社会转型，发展中国家抓住信息化的战略机遇努力实现快速发展。党中央、国务院高瞻远瞩，因势利导，适时提出了一系列信息化方针政策和战略举措，加快推进信息

※ 该文为国家林业局信息办主任李世东 2009 年 9 月 18 日在全国林业信息化建设管理培训班上的讲话，收录时略有删改。

化、以信息化带动工业化、大力推动“两化融合”已经成为当前经济社会发展的最强音。2009 年以来，国务院发布了《电子信息产业调整和振兴规划》，工信部印发了《政府网站发展评估核心指标体系》，国家发改委印发了《关于加快推进国家电子政务外网建设工作的通知》等文件。这些举措对深化“两化融合”战略思想、规范信息化建设发展、促进信息产业调整振兴具有重要作用。

《电子信息产业调整和振兴规划》(以下简称《规划》)是在积极应对国际金融危机的大背景下提出来的。当前，保增长、保民生、保稳定是党和国家的头等大事，其根本途径在于扩大内需，主攻方向在于调整结构，长远之策在于自主创新。信息技术是经济增长的“倍增器”、发展方式的“转换器”、产业升级的“助推器”，覆盖面广，渗透力强，带动作用明显，是保增长、扩内需、调结构的重要利器。因此，国家把大力推进信息化作为有效应对国际金融危机的重要抓手，把电子信息产业列为十大重点调整和振兴产业之一，编制印发了专项规划。《规划》在客观分析电子信息产业现状及面临形势的基础上，提出了调整和振兴的指导思想、基本原则、规划目标、主要任务和政策措施。《规划》指出，今后 3 年，电子信息产业要围绕增强计算机产业竞争力、完善集成电路产业体系、加快培育信息服务新模式新业态、加强信息技术融合应用等 9 个重点领域，完成骨干产业稳定增长、战略性核心产业实现突破、通过新应用带动新增长三大任务。

《政府网站发展评估核心指标体系》是在政府网站绩效评估多年实践的基础上，提炼总结而成的。指标体系由 3 个一级指标和 9 个二级指标共同构成。一级指标包括政府信息公开、网上办事和政民互动，其中政府信息公开包括主动公开信息量、依申请公开量、年度新增量 3 个二级指标，网上办事包括网上办事量、网上办事度、网上办事率 3 个二级指标，政民互动包括公众参与量、参与答复量、参与便捷度 3 个二级指标。这对进一步引导和促进政府网站健康发展，深化电子政务应用具有重要作用。

在国家重要方针政策引导下，我国电子政务、电子商务、电子社区等信息化建设快速推进，信息产业成为国民经济支柱产业，信息化水平大幅提高，信息基础设施实现快速发展，信息技术应用覆盖现代化建设全局，信息技术创新成为建设创新型国家的重要驱动力。《第 24 次中国互联网络发展状况统计报告》显示，我国网民规模和宽带网民规模增长迅猛，互联网规模稳居世界第一：截至 2009 年 6 月 30 日，我国网民规模达到 3.38 亿人，互联网普及率达到 25.5%；宽带网民规模达到 3.2 亿人，占网民总数的 94.3%；手机网民规模为 1.55 亿人，占整体网民的 45.9%；农村网民规模达到 9565 万人，其中 14.8% 在过去半年内访问过农村农业类网站；国家 CN 域名注册量达到 1400 多万个，成为国家顶级域名注册量最多的国家。2009 年第二季度我国互联网经济市场规模为 167.6 亿元，同比增长 22.2%，相比上半年我国国内生产总值 7.1% 的增幅，互联网经济发展依然十分迅速。当前，电子政务已经成为我国加快行政管理体制改革、建设服务型政府的一个重要着力点，并且取得了明显成效。国家电子政务外网建设取得显著进展，目前已经具备承载中央政务部门主要业务的能力，到2010年年底，将基本建成从中央到地方统一的国家电子政务外网。“金药”、“金农”、“金土”、“金水”等“金”字头工程快速推进，成为我国电子政务的骨干工程和样板工程。商务部已经建立了由1个主站和2000多个子站组成的功能强大的网站群，同时开通了18种语言的外文版，网站日点击量上亿次，名列我国政府网站和全球同类网站之首，有效促进了我国各项经济活动的开展。农业部门户网站中国农业信息网的影响力不断增强，日点击量上千万次，访问量在世界农业网站中排名第二，绩效水平在我国政府网站中也位居第二，在面向“三农”的信息服务中发挥了重要作用。我国工业企业的信息化水平已有很大提高，从以前的生产过程自动化、设计计算机化向企业各生产经营环节全面信息化发展，一些重点企业已实现了研发设计、生产制造、企业管理、市场营销各环节的信息化集成应用，并正在推进全流程优化和协同管理。电子社区快速推进，光纤入户、家庭上网已很普遍，正在影响着人们的消费方式和生活习惯。

信息资源整合是当前我国信息化建设的重点和关键环节，也是信息化发展的必然趋势。大家已经认识到，电子政务发展到现阶段，需要突出解决的一个重要问题就是政务信息资源的整合和共享。实践证明，谁先整合，谁发展的就快；谁整合的好，谁的信息化水平就高。随着国家信息化建设正在由各自建设走向整合改造和深化应用，随着“三网融合”、“感知中国”等信息化示范项目的不断深化，我国信息化的发展速度将进一步加快，对经济社会发展的带动作用将更为明显。我们一定要深刻认识国家信息化快速发展的形势，切实增强加快林业信息化建设的紧迫感。

（二）从林业层面来看，信息化已成为现代林业大厦的重要支柱。发展现代林业、建设生态文明、促进科学发展是当前全国林业工作的主题和方向。发展现代林业，建设好三大体系，必须要用现代科学技术提升林业，用现代物质条件装备林业，用现代信息手段管理林业，实现林业发展的科学化、机械化和信息化。这“三化”是支撑现代林业大厦的三大支柱，相辅相成，缺一不可。也就是说，现代林业是信息化的林业，现代林业是由现代信息技术武装起来的林业，现代林业是紧跟时代发展潮流的林业。

在今年3月下旬召开的首届全国林业信息化工作会议上，贾治邦局长代表局党组，向全国林业系统发出了“加快林业信息化，带动林业现代化”的号召。这绝不是一句简单的口号，而是在全面深入总结新中国林业60年和林业信息化近30年发展经验教训的基础上得出的科学结论，是对现代林业理论体系的进一步丰富和发展，是林业与时俱进、紧跟时代脚步的生动体现，也是林业围绕中心、服务大局、实现科学发展的战略选择。在6月下旬召开的中央林业工作会议上，全面推进集体林权制度改革被列为当前和今后一个时期林业改革与发展的中心任务。集体林权制度改革离不开技术和市场信息服务，信息化在此过程中大有可为。可以说，没有信息化的支撑，集体林权制度改革的速度、质量和效益都会受到影响。因此，会议特别强调，要“加快推进林业机械化、信息化、标准化建设，不断提高林业建设的物质装备水平和科学管理水平”。在7月下旬召开的局党组扩大会暨全国林业厅局长电视电话会上，贾治邦局长用较大的篇幅，对上半年全国林业信息化工作给予了充分肯定，对下半年的工作进行了安排部署。这在历次全国林业厅局长电视电话会上还是第一次，说明林业信息化已经上升到局党组的重要议事日程上来。这些会议精神都说明了信息化对我国林业改革与发展的支柱作用，同时也对林业信息化建设提出了新的更高的要求。

与我国先进行业、先进部委相比，林业信息化建设虽然起步较早，但发展速度缓慢，已落后于国家信息化整体发展水平。尤其是近20年来，其他行业或部门信息化发展速度日益加快，我们与先进行业或部门的差距不断加大。我们正在进行的内外网整合工作，商务部等很多部委5年前就已经进行了。农业部已经建立了以门户网站——中国农业信息网为龙头的网站群，实施了“金农”和“三电合一”等重点工程。国家药监局正在组织实施总投资3.6亿元的“金药”工程，届时将对全国药品生产和流通实现全流程信息化监管。而我们才刚刚筹划申请“金林”工程，这与我们林业在经济社会发展全局中的地位是极不相称的，是难以满足林业改革与发展的现实需要的。长期以来，由于信息化水平低，我们林业各项工作都显得比较粗放。随着现代林业建设的不断推进，对信息化的需求日益增加。由于缺乏现代化监管体系，在营造林方面，一些地方重复造林等问题十分突出；在森林资源、湿地资源、荒漠化资源以及野生动植物资源管理方面，乱采滥伐、乱征滥占等问题时有发生；在应急管理方面，许多地方还是主要靠定点瞭望和实地调查，严重影响了应急处置能力。

回顾我们发展的起起落落，一个明确的结论是，落后就要被动，被动就没有地位。可以说，目前我国林业信息化建设正面临着四面八方的巨大压力，上来自国家大力推进“两化融合”、建设服务型政府的压力，下来自广大林农迫切需要林业信息和科技服务的压力；左右来自先进部委或行业不断拉大差距的压力；内来自林业改革与发展自身需求的压力，外来自林业日益激烈的国际竞争压力。林业信息化建设责任重大、任务艰巨、时间紧迫。

（三）从技术层面来看，日新月异的信息技术正迅速改变着人们的生产生活方式。当前，信息技术领域大规模的研发投入，推动了当代高科技前沿的无尽拓展，在集成电路、超级计算机、新一代通信领域取得了一个接一个、一代又一代的新突破：微电子技术向纳米级、集成系统方向加快发展；计算技术向超高性能、网络化方向演进，信息获取、处理、存储和传输能力持续跃升；网络通信技术的宽带化、移动化、IP化、融合化和智能化变革不断深化，并开始向泛在化方向发展；模拟信息技术正全面向数字信息技术转变。信息技术与生物、空间、纳米等技术深度融合、相互促进，新一轮技术变革蓄势待发。

下一代互联网是未来信息社会的制高点，IPv6是下一代互联网的基础和灵魂。它将为互联网换上一个简捷、高效的引擎，不仅可以解决IPv4的地址短缺问题，而且可以使互联网摆脱日益复杂、难以控制的局面，使互联网变得更加稳定、可靠、高效和安全。现有标准IPv4只支持2^{32}个网络地址，而IPv6支持2^{128}个网络地址。在可预见的很长时期内，

IPv6 的 128 位地址长度形成的巨大地址空间，能够为所有可以想象出的网络设备提供一个全球唯一的地址，这将极大地满足那些伴随着网络智能设备的出现而对地址增长的需求。我国目前已经开始下一代互联网的商业化试点应用，这将为我国林业信息化发展注入新的活力。

全球移动通信目前正在快步进入 3G 时代，我国也于今年初正式发放了 3G 牌照。3G 系统以其频率规划简单、系统容量大、频率复用系数高、通信质量好等特点显示出巨大的发展潜力，将会给我们的生产生活带来巨大变化。与此同时，国际电信联盟（ITU）已经着手 4G 移动通信技术标准的研究。4G 的主要目标是：逐步实现移动网络业务和固定网络业务的融合及通信网络的扁平化和 IP 化；支持从低端到高端的各种移动应用；提供宽范围的数据速率，满足不同应用场合和用户环境下的需求；更高的峰值速率以支持新的业务和应用；实现全球范围内的高度通用性和漫游能力；在范围广泛的服务和平台环境下显著提升服务质量。可以预见，在不远的将来，人类将逐步实现“在任何时间、任何地点，与任何对象进行任何形式的信息交换”。这将给林业生产经营和保护管理带来革命性的变革。

“三网融合”是当前信息化发展的一个重要趋势，其实质是在同一个网络上同时开展语音、数据和视频等多种不同的业务。它将重绘现代信息产业的版图，给信息技术产业、信息内容产业和信息服务产业带来全新的发展，进一步改变人类工作、学习和生活方式，因此在当代信息技术革命发展史上具有里程碑的意义。目前我国正在积极开展“三网融合”试点，这对林业信息化建设将会产生十分积极的推动作用。

远程教育、远程医疗当前正在快速发展，并在我国多个领域、多个地方得到应用。其中远程教育在全国教育系统发展的最快，是解决广大农村地区教育问题的有效途径。远程医疗在山西应县的试点取得很大进展，农民看病不用长途跋涉到省城、到北京去了，在家门口就可以接受到专家的治疗，是解决看病难、看病贵等问题的有效措施。我们林业工作大多在偏远农区、山区，交通不便、信息闭塞，这些技术有着巨大需求和广阔发展空间。

卫星遥感技术目前已经广泛应用于农业、林业、水利、地质、海洋、环境及军事等各个领域。其发展趋势主要有：网络化、集成化、以数学模型和决策分析为支撑、实时三维和虚拟现实技术、标准化和组件式 GIS。

总之，我国已经由信息化弱国成长为信息化大国，并正在向信息化强国迈进，信息化已经成为我国推动现代化进程的重要战略举措，更是我们建设现代林业的重要抓手和必然选择。世界信息技术革命此起彼伏、层出不穷，这为我们林业信息化建设提供了强大支撑和无尽活力。没有信息化就没有林业的现代化，没有信息化就没有林业持久的活力和科学发展。我们必须正视差距，树立信心，把握机遇，全面加快发展。

二、全国林业信息化建设进展迅速，成为现代林业建设的一大亮点

2009 年以来，在局党组亲切关怀和各地各单位的共同努力下，随着《纲要》的颁发、

首届工作会议的召开和信息化管理机构的组建，全国林业信息化建设得到快速推进，成为当前现代林业建设的一大亮点。

（一）总体思路已经确立，林业信息化迈入全面加快推进的新阶段。在局党组的高度重视下，通过对信息化建设先进国家、先进部委、重点省区和有关司局单位的全面调研，《纲要》与《指南》的精心编制，首届工作会议的深入研究等三个步骤，形成了当前和今后一个时期全国林业信息化工作的总体思路，即“以邓小平理论和‘三个代表’重要思想为指导，深入贯彻落实科学发展观，按照现代林业建设总体部署和《全国林业信息化建设纲要》的要求，以全面实现林业信息化为目标，以电子政务建设为重点，以‘四横两纵’为架构，以信息资源开发利用为中心，以资源整合为突破口，以完善体制机制为保障，统一规划，统一标准，统一管理，分工负责，尽快形成布局合理、科学高效、先进实用、安全稳定的林业信息化格局，充分发挥信息化支撑发展、推动改革、引领未来的重大作用，为发展现代林业、建设生态文明、促进科学发展做出新的更大贡献。”这个总体思路的核心是抓住六个关键、做好六项工作、强化六项保障。就是要紧紧抓住以全面实现林业信息化为目标、以电子政务建设为重点、以“四横两纵”为架构、以信息资源开发利用为中心、以资源整合为突破口、以完善体制机制为保障等六个关键，努力做好编制统一规划、加大整合力度、加强基础建设、加快应用开发、强化教育培训、抓好标准和安全工作等六项工作，切实强化建立健全组织机构、加大资金投入力度、建立健全相关制度、加强工作检查督导、抓好典型示范带动、领导带头做好表率等六项保障。在这个总体思路指导下，今年以来，各地各单位加快林业信息化建设的认识显著提高，工作主动性明显增强，工作力度空前加大，推动全国林业信息化建设迈入全面加快发展的新阶段。

（二）基础设施建设稳步开展，林业信息化物质条件不断改善。基础设施是林业信息化建设的物质基础。国家林业局今年启动实施了中心机房改造扩建工程、内外网物理隔离建设工程、林业专网扩建工程等基础设施建设工程。这些工程今年底完成并投入运行后，林业专网的节点将由原来的37个扩建至70多个，国家林业局各司局各单位、各省级林业部门、各计划单列市林业局，都可以直接参加全国林业视频会议，或与系统内的任何一方召开电视电话会议，通过电子公文传输系统进行文件传输等在线办公。同时，国家森林防火指挥中心、中国林科院局域网扩建改造工程均取得了积极进展。在首届工作会议精神的带动下，全国林业系统形成了信息化建设内外并举、上下联动、全国一盘棋的发展态势。北京等省市申报了机房设施及网络设备升级改造项目。江西、湖南等省区完善了省、市、县、乡四级联网的林业政务内网体系。内蒙古等省区对原有的网络线路进行了带宽扩充和向下延伸。福建等省区对现有网络加装了入侵检测系统、漏洞扫描系统和网管监测软件等安全防范软件。云南省投入700多万元建设了新机房。这些重要行动都促进了林业信息化的全面快速发展。

（三）数据库和应用系统建设扎实推进，林业信息化应用向纵深发展。数据库和应用系统是信息化建设的重点内容。今年以来，国家林业局正在抓紧推进多个项目建设，取得了明显成效。自然资源与地理空间基础信息库建设项目正在对97个专题数据库进行整合改造，项目将实现国家和副省级以上决策层面的专业数据集中管理和统一基础平台上的跨部门数据共享。森林资源管理数据库一期试点项目已经结束，二期试点项目取得积极进展。林业产业基础数据库建设已经完成，即将上线应用。林业资源监管体系建设项目、国产卫星数据应用系统建设项目等完成了阶段性前期工作，正在积极推进。国家林业局今年的整合改造项目，正在建设局基础数据交换平台、空间数据管理和发布等应用系统，届时局内各个数据库和应用系统将集中在统一平台上，实现林业信息资源的有效整合、统一管理和资源共享。各地各单位不同程度地实施了改造升级和整合完善工程。北京市实施了森林采伐管理系统升级改造等7个项目。江西省正在完善全省林业网上办证系统，继续建设全省边境木材检查站监控系统。山西省完成了全省1∶1万航空影像、1∶1万和1∶5万地形图等基础地理数据的数字化工作。青海省编制了《林业应急管理系统建设规划》，并上报省政府审批。辽宁省建立了阵容强大的数据支撑平台，全省林业系统采取了大集中式的数据存贮方式，省厅集中存放各类数据，市县不再建设数据库，保证了数据的准确性、唯一性和安全性。从目前的发展态势来看，统一开发、集中管理、平台上移、应用下移已经成为当前数据库和应用系统建设管理的发展方向。

（四）门户网站群建设积极推进，在线服务能力不断增强。政府网站是政府信息发布、在线办事、互动交流的窗口和平台。目前，我局正在实施政府网站群建设工程，第一步将现有50多个司局和直属单位网站进行有机整合，实行统一域名管理下的网站群管理模式。主站结构由信息发布、在线服务和互动交流三大板块构成，增建繁体版和英文网站，打造“中国林业网”整体形象，促进服务型、效能型和廉洁型政府建设。今年3月份我局已对局门户网站进行了第4次改版升级，在着力提高网页美感度和栏目设置合理性的同时，新增了“社会关注”、“森林生态系统”、“湿地生态系统”、“荒漠生态系统”、“生物多样性”、“林业产业”、“生态文化”和“人事任免”8个栏目，进一步丰富了网站内容，提高了网站点击量。今年还先后策划开展了“林业信息化标识征集”、“厅局长论林业信息化”、“解读中央林业工作会议精神”等系列活动，制作了“中央林业工作会议”、“新中国林业60年”、“林业信息化”等专题。其中，7月15日由中国政府网、新华网和国家林业局政府网联合组织的贾治邦局长、张建龙副局长在线访谈，有163家国内外网站转载或转播，当天我局网站点击量达到100万以上，得到了社会各界的广泛关注，充分发挥了网站容量大、速度快、传播广的优势，树立了林业权威信息服务平台的良好声誉。辽宁等省门户网站群建设取得显著成效，成为林业门户网站建设的样板。

（五）内网建设快速拓展，无纸化办公逐步实现。内网是政府办公的核心平台。今年我局实施的内网升级改造工程，正在按照“小外网、大内网”的思路建立强大的内网门户，扩大信息服务范围，增强内网服务功能，升级改造综合办公系统。内网门户由工作平台、信息平台、学习平台、生活平台和交流平台等五大区域组成，综合办公系统由公文办理、会议办理、事务办事、领导办公和综合管理等五大功能模块组成。年底建成后，国家林业局院内全体职工、院外直属单位及36个省级林业部门的用户都将按权限登录内网系统进行工作、学习和交流。各地各单位也在积极行动，根据各自的基础情况进行内网门户建设和综合办公系统升级改造，辽宁、湖南、浙江等办公系统建设起步较早的省份正在完善功能、强化应用和扩展信息服务领域，有的省已延伸到了乡镇林业工作站和国有林场。

(六)标准规范建设逐步展开，有效促进了共建共享。没有规矩无以成方圆。标准规范是信息化共建共享、互联互通的基本保障。经国家标准化管理委员会批复，今年成立了全国林业信息数据标准化技术委员会，专门负责林业信息化标准建设的组织、计划、制定修订与宣贯等工作。在今年我局实施的林业信息化整合改造项目中，专门安排了150万元，用于林业信息化标准指南、林业信息化术语、林业基础信息代码编制规范、林业信息资源目录体系框架等8个急需的公共性、基础性标准建设，同时梳理现行的国际标准、国家标准、行业标准及地方标准，今年底即将颁布实施或参照执行。自然资源和地理空间基础信息库项目、森林资源管理数据库项目，编制形成了30多个项目标准。林业产业数据库建设项目等，也编制了各自的项目标准。福建、云南等省制定了省级数字林业标准、分类编码标准、数据采集标准等，建立了较为全面的林业信息化标准体系。辽宁省完成了“数字林业”等10项21个标准，已经省技术监督局发布实施。湖南省信息化建设坚持采标优先的原则，采用了大量国家标准或行业标准。标准建设已经引起各地各单位的高度重视，绝大多数同志认识到了加强标准建设的重要性和实际意义，形成了一个良好的发展态势。

(七)机构和队伍建设不断加强，信息化综合管理能力明显提升。国家林业局党组和各地各单位高度重视信息化机构和人才队伍建设。今年以来，组织成立了全国林业信息化工作领导小组，各司局、各单位、各厅局主要负责同志均为领导小组成员。组织成立了国家林业局信息化建设项目实施领导小组，统一协调指导项目建设。为了满足当前信息化建设管理工作的紧急需要，国家林业局今年初成立了信息化管理办公室，明确了信息办的管理职能和主要职责，并从有关单位抽调10多人集中办公，形成了我局管理信息化工作的专职队伍。这对各地各单位的辐射作用很大，引起了各级领导的高度重视。许多省级林业部门补充了领导小组人员，充实了信息化管理机构人员，强化了技术队伍建设。湖南省要求2009年内全省各级林业部门都要成立信息化工作领导小组，结合实际组建信息化管理机构，明确专人负责信息化建设，并投入100万元用于信息化达标县试点示范建设。许多省级单位赋予了信息机构相应管理职能，稳定了人员队伍思想，激发了信息化工作人员爱岗敬业的热情。今年以来，国家林业局先后成功组织召开了首届全国林业信息化工作会议、首届全国林业信息化高峰论坛，举办了林业信息化成果展览，表彰了先进单位、先进个人、优秀网站和优秀栏目，征集评选了林业信息化标识，创办了《林业信息化》刊物，加强了《今日网情》信息采编与上报，修订了《国家林业局网站管理暂行办法》等 9 项管理制度，组织实施了多项信息化建设项目，印发了《林业资源调查监测公共因子分类补充规定》，在《中国林业年鉴》上开辟了“林业信息化”专栏。辽宁、湖北、湖南、云南等 2/3 以上的省份召开了全省林业信息化工作会议。甘肃、新疆等多个省区编制了本省区林业信息化建设规划。北京市完善了信息中心主任列席局党组会、局长办公会的制度，明确了信息中心的管理职能。河南省出台了《河南省林业厅关于在 2009 年评先表彰中实行信息化建设工作一票否决的通知》，并将信息化工作纳入年度目标考核，制定了《全省林业信息化建设工作绩效考核办法》。通过一系列有效措施，全国林业信息化管理能力和工作水平明显提升。

总的来说，首届全国林业信息化工作会议以来，全国林业信息化建设成效显著，为促进现代林业建设发挥了重要作用。但是，与当前信息化发展的形势要求相比，与支撑现代林业建设的任务相比，林业信息化建设还面临许多问题与困难。一是不同业务部门之间、不同层级之间、不同地域之间电子政务发展很不平衡。二是信息化资源分散、共享性差、利用率不高，个别单位自成体系，低水平重复建设现象仍然存在。三是重建设、轻维护，重开发、轻应用的问题比较突出，个别网站建成后，只有第一期录入的数据，部分应用系统只有系统没有数据。四是组织队伍建设滞后，还远远不能满足林业信息化管理与服务的需求。

三、加快整合，协调推进，努力开创全国林业信息化建设新局面

当前，林业信息化建设已步入全面加快发展的关键阶段。按照首届全国林业信息化工作会议的总体部署和《全国林业信息化建设纲要》有关要求，当前和今后一个时期，要重点抓好以下八项工作。

（一）加大信息资源整合力度，促进信息资源共享。目前国家信息化发展正处于整合改造阶段。长期以来，我国林业信息化建设基本处于分散、割裂、封闭的状态，信息资源整合是我们面临的紧迫任务，要将整合贯穿于当前林业信息化工作的方方面面。一要理清资源整合思路。要明确资源整合内涵，提出资源整合模型，把彼此相关的信息资源整合起来，搭建全国和各省区、市范围内统一的基础平台。在保持系统性和价值性的基础上有机融合，创造出新的林业信息资源。二要加强组织协调。要加强组织制度安排和管理运作协调，促使各单位对现有信息资源优化配置，取得整体最优的效果，建成共建共享的信息资源库，为不同地区、不同机构人员的协同工作提供基础和保障，使跨时间、跨地点的资源共享和共同学习成为可能。三要实行分类指导。各地对已建成的应用系统要根据相关部门的业务需要，通过标准规范、政策引导、行政协调、技术手段等办法推动互联互通。对在建的应用系统，要根据互联互通的要求，实事求是地进行调整。对不同来源、不同层次、不同结构的软硬件资源，按照新的功能要求进行整合，打破目前条块分割、重复建设

局面，实现人才、资金、网络、设备、数据资源的充分共享。四要注重深化应用。整合现有信息资源要与新的信息化建设项目做好衔接，以用户为中心，以提供便利的服务为导向，优先选择使用量大、适合在线提供的服务，逐步扩展电子政务的业务范围，不断优化信息共享和信息公开，提升政府行为的透明度和公信度。五要完善信息安全环境。将信息安全与应用发展相结合，恰当划分信息安全域，全面采取防病毒、防入侵、防篡改等措施，进一步完善制度，落实责任，加强配合，从技术和管理上逐步完善信息安全保障体系。六要实行建设项目归口管理。为保证信息化项目的统筹安排，国家林业局决定今后各地各单位向国家林业局申报的信息化建设项目，都须经信息办初审，其他建设项目中如包含林业信息化建设内容，要由信息办会同有关部门提出审核意见。各司局、各直属单位每年3月底前，向信息办提出下一年度信息化建设需求。各省区、市也要争取理顺林业信息化归口管理机制，为全面加快林业信息化建设提供保障。

（二）科学编制总体规划，协调推进林业信息化建设。林业信息化建设涉及面广、专业性强、技术要求高、建设难度大，必须实行统一规划、统筹安排。一是组织编制省级林业信息化建设规划。按照《纲要》和《指南》的有关要求，结合当地实际，认真梳理分析林业工作对信息化建设的各项需求，提出适合当地发展特点的、有针对性的林业信息化发展思路、建设目标、总体框架、建设内容、保障措施等，组织编制本地本单位林业信息化建设规划。已经完成的，要按要求进行修订；正在编制的，要尽快进行调整和完善；尚未开展编制工作的，要抓紧启动，确保林业信息化工作有序推进。各地规划要于12月31日前报国家林业局备案。二是组织编制全国林业信息化“十二五”规划。要在各地规划的基础上，根据《纲要》精神，尽快组织编制全国林业信息化“十二五”规划。同时加大与工信部、国家发改委及有关部门的沟通协调力度，力争将林业信息化建设列入国家信息化建设“十二五”规划、国家信息基础设施建设“十二五”规划及全国林业建设“十二五”规划中，最大限度地争取国家支持。规划编制既要立足当前又要着眼长远，既要突出重点又要兼顾全局，确保规划的科学性、前瞻性和可行性，确保林业信息化建设高起点、高标准、高水平。

（三）精心实施现有项目，夯实林业信息化发展基础。项目实施是林业信息化的重要抓手。一是建立中国林业门户网。整合改造国家林业局政府网门户网站和各司局、各直属单位网站，形成以国家林业局门户网站为主站，各司局、各直属单位网站为子站的外网门户网站群，统一信息发布管理，规范网上办事流程，强化互动交流功能。二是建设统一的林业内网办公平台。改造升级国家林业局现有内部办公系统，整合现有应用系统和数据库，实现林业空间信息展示。构建新的综合办公业务系统，实现机关内部网上办公。三是扩建林业信息专网及政务公开平台。建立覆盖全国省级林业主管部门及国家林业局京内外各直属单位的林业专网系统，实现文字、音频、视频的快速传递。四是建设林业信息化基础平台。完成国家林业局中心机房改造工程。提供数据存储、综合管理、数字证书认证等服务。五是尽快完成林业资源和地理空间基础信息库、林业产业基础数据库、森林公安通讯网络基础设施、森林防火信息系统和应急指挥体系、森林资源管理系统、荒漠化和沙化监测系统等工程。六是各地各单位要在国家统一规划和标准规范指导下，结合本地实际，组织实施好现有信息化项目，确保有限的资金发挥最大的效益。

项目实施要严格执行国家有关规定，做到“一个提高”，“两个加强”，“三个确保”。“一个提高”就是要提高加快林业信息化是全面推进现代林业发展迫切需要的认识。各地各单位一定要立足于全局角度和战略高度，统一思想，提高认识，采取有效措施，圆满高质量完成任务。“两个加强”：第一要加强组织保障。为确保工程实施的顺利进行，国家林业局成立了项目实施领导小组及其办公室，各地各单位也要结合实际成立相应机构，确保工程健康有序进行。第二要加强制度保障。项目实施严格执行招投标制、监理制、合同制、项目责任人制等工程实施和管理制度，规范项目实施工作。“三个确保”：第一要确保工程进度。项目实施要严格按照工程进度，确保如期完成。第二要确保工程质量。努力建成示范工程和样板工程。第三要确保资金安全。要严格执行项目资金管理的各项规定，保证在资金使用上不出现问题。

（四）加快新工程立项，促进林业信息化可持续发展。信息化建设投资需求量大，要多渠道筹措建设资金。一是做好骨干工程立项工作。各地各单位要抓住当前正在研究“十二五”规划的有利时机，加大沟通协调力度，努力将信息化建设作为骨干工程，列入国家和地方信息化总体规划，争取国家和地方在政策和资金上的支持。二是做好“金林”工程立项工作。加快推进“金林”工程需求分析报告、项目建议书、可行性研究报告等编制工作，明确国家林业信息化工程建设基本原则、总体目标、主要内容等，积极与国家发改委等部门沟通，争取“金林”工程早日立项。三是做好重点业务系统项目立项工作。分年度组织“林业资源监管系统”、“营造林管理系统”、“林业灾害监控与应急系统”等重点业务系统项目，争取国家有关部门审批立项，逐步解决林业信息化投资问题。四是做好省级配套工程立项工作。选择条件成熟的地区列入国家信息化建设项目，完成相关地区配套工程方案编制和立项工作。五是做好地方林业信息化工程立项工作。各地各单位要按照《纲要》和《指南》要求，抓好地方林业信息化骨干工程立项工作，积极协调有关部门，尽可能争取支持。

（五）积极推进示范省建设，辐射带动各地全面推进。积极推进示范建设，是林业信息化工作的重要方法。要通过在全国范围内打造一批水平先进、成效显著、影响力大的林业信息化示范省，辐射带动全国林业信息化工作。一是认真做好示范省评定工作。按照《林业信息化示范省（区、市）主要指标》对申报材料进行认真审核，组织专家小组进行考察，按照专门通知要求，确定林业信息化示范省。对选定的林业信息化示范省，国家林业局将在林业信息化建设政策、技术和投资等方面给予适当倾斜。二是被评为示范省的要真正发挥示范作用。不能在已有的成绩上固步自封，停滞不前，要再接再厉，要创经验、出成果，真正起到示范带头作用。三是未被评为示范省的要奋起直追。强化危机意识，积极行动起来，主动向示范省学习，学习他们的好经验、好做法，不断改进工作，争取本地区林业信息化工作早日跨入示范省行列。四是实行“可上可下”的动态管理机制。在被确立为“林业信息化示范省3年后，我局将组织有关专家进行现场复查，复查不合格者将提出警告，警告整改后仍不合格者，将取消其“林业信息化示范省”荣誉称号。五是加大示范推广力度。及时总结示范省的好经验和好做法，并积极加以提炼和推广，以点带面，推动工作，真正发挥“点亮一盏灯，照亮一大片”的示范引领作用。各地各单位也可根据实际情况开展示范市、示范县建设。

（六）加强标准规范建设，大力推动科技应用。规范标准和先进科技对林业信息化工作尤为重要。一是标准规范建设尽可能做到超前先行。坚持“早期介入、积极跟踪、自主制定、适时出台、及时复审”的原则，服务林业信息化建设需要，积极参与国际、国内信息标准化活动，适时开展重要标准规范研究制定工作，建立相对完善的林业信息化建设标准体系。二是改进和完善标准规范管理机制。规范标准规范立项申报、研究制定、审查发布等程序，充分发挥各方面的技术优势，进一步强化国家林业局与各地林业厅局的协作配合，加快标准规范制定的速度，缩短标准规范制定周期，逐步建立并形成一套有效的标准规范动态维护机制。三是加大信息化标准的贯彻实施力度。应严格贯彻国家信息化标准体系，优先选用国家标准、行业标准。对于目前尚无国家标准和行业标准的，各地可根据实际需要提出标准项目建议或制定地方标准。四是大力推进先进信息技术在林业系统的应用。要加强林业专家与信息专家的合作，加大先进成熟信息技术在林业系统的应用，设计开发帮助林业工作者解决大量真实问题的应用系统。坚持政府主导、社会参与，努力缩小区域间信息技术应用水平的差距。要认真分析研究新兴信息技术给林业工作带来的影响，开展林业信息化发展战略研究，及时提出应对方案，保证林业信息化的先进性和适度超前性，为林业工作提供有力支撑。

（七）扩大交流与合作，增强林业信息化发展活力。在科学技术和经济活动日益全球化的今天，交流与合作更加频繁，大家都希望在交流中寻求合作机会，对于具有明显后发优势的信息化建设更是如此。一要建立和完善林业信息化交流与合作机制。密切关注国际、国内信息化发展动向，坚持平等合作、互利共赢的原则，积极参与国际合作，大力促进与国内其他行业与部门的交流与合作。二要拓展林业信息化交流与合作的领域。充分利用高等学校、研究院所和IT企业的技术力量，切实加强林业信息技术、林业信息资源和人才培养等领域的交流与合作。三要积极培育和扶持林业信息产业。优先选择具有研发基础的林业企业，在市场前景广阔的领域，加快林业信息产品的开发和推广应用，带动林业信息产业和电子商务的发展，充分发挥信息技术在推动产业结构升级、革新传统经营方式、突破地域限制并创造更大贸易空间等方面的优势，促进现代林业健康发展。四要做好林业系统内部交流与合作。国家林业局各司局、各单位以及各地林业部门要紧密配合，逐步建立以林区职工群众和林业企业为对象，以多种技术手段为支撑，方便快捷的林业电子政务公共服务体系。通过提供便捷的信息服务，最大限度地激活、用活林业资源，增强林业发展活力。策划编撰《中国林业信息化发展年度报告》，组织编写对外交流材料。

（八）强化机构队伍建设，提供组织和人才保证。任何事业都必须依靠人来推进，组织机构和人才队伍建设是事业成功的根本。一要进一步加强组织领导。要通过我们卓有成效的工作，努力促进完善各级林业信息化领导小组和专家咨询机构，努力把林业信息化摆在更加突出的位置，作为"一把手"工程，统筹规划，精心组织，认真实施。二要建立权威高效的信息化管理机构。国家林业局信息办将认真履行职责，加强指导监督和技术服务。各省级林业部门要努力充实完善林业信息化工作机构，并做好对本地林业信息化建设的指导和服务工作，理顺林业信息化规划、建设、管理和运行机制。各司局、各单位也要完善专门处室或充实专门工作人员，形成各部门共同推进信息化的良好氛围。三要发挥市场机制在人才资源配置中的基础性作用。高度重视"走出去，引进来"工作，吸引其他行业和有关企业优秀人才参与林业信息化建设，努力为林业信息化建设提供智力支撑。四要加大对林业干部职工的信息化培训力度。将信息化列为林业系统职工培训的重要内容，采取多种方式，强化政府工作人员的信息化意识、信息化知识和信息化应用技能培训，努力提高信息化部门工作人员的信息化业务水平和全体林业工作者的信息化应用水平。

加快林业信息化建设，形势逼人，责任重大，任务艰巨。我们要顺应全球信息化发展潮流，贯彻国家信息化方针政策，落实国家林业局党组的总体部署，立足林业发展实际，更新发展理念，破解发展难题，创新发展模式，抓住机遇，密切协作，开拓进取，扎实工作，全面提升林业信息化水平，将"林业信息化带动林业现代化"落到实处，为推动现代林业又好又快发展做出新的贡献。

构建四横两纵框架　实施八大行动计划

林业信息化是现代林业大厦的三大支柱之一，是促进林业科学发展的重要革新力量，“加快林业信息化，带动林业现代化”正在成为全国林业工作者的共识。这次大会把林业信息化作为一个专题进行交流讨论，非常必要、非常重要，这对进一步深化信息技术应用，提高林业信息化水平，促进林业信息化全面加快发展意义重大。

一、我国林业信息化的新进展

我国林业信息化建设起步较早，自20世纪80年代初引入计算机技术起，已经走过了近30个春秋。根据不同时期信息技术及其应用特点，可将其发展历程大体划分为三个阶段：一是起步探索阶段，20世纪80年代初至90年代初，这一时期林业信息化以计算机单机应用为特征，应用领域主要集中在森林资源清查和专项调查等方面，应用范围与应用程度都比较有限。二是拓展应用阶段，20世纪90年代初至“十五”末，这一时期以局域网技术应用为特征，林业重点业务领域的信息化应用逐步拓展。三是加快发展阶段，“十一五”以来，随着互联网在全社会的日益普及，林业系统的互联网技术应用也日益深化，有力地促进了林业信息化发展，林业电子政务建设成为主要应用领域。特别是以首届全国林业信息化工作会议的成功召开和《全国林业信息化建设纲要》、《全国林业信息化建设技术指南》的正式发布为标志，我国林业信息化进入了全面加快发展的新阶段。在各级林业部门的共同努力下，我国林业信息化建设已经取得了明显进展，为进一步加快发展奠定了坚实基础。

（一）网络建设稳步推进，林业信息化基础条件不断改善。国家林业局今年启动实施了内外网整合改造工程，今年底将实现内外网物理隔离，林业专网的节点将由原来的37个扩建至70多个，国家林业局各司局各直属单位、各省级林业部门、各计划单列市林业部门，都可以直接参加全国林业视频会议，或与系统内的任何一方召开电视电话会议，通

※ 该文为国家林业局信息办主任李世东2009年11月8日在第二届中国林业学术大会上的报告，收录时略有删改。

过电子公文传输系统进行文件在线传输。在首届全国林业信息化工作会议精神的带动下，各地林业部门也不断加强网络基础设施建设。辽宁、浙江等省将专网延伸到县级林业部门，湖南、江西等省将专网进一步延伸到重点乡镇和林场，北京、湖南等约1/3的省级林业部门还建立了联接当地政府的政务专网。省级以上林业部门基本建成办公局域网，部分省市已实现无纸化办公。北京等省市申报了机房设施及网络设备升级改造项目。内蒙古等省区对原有的网络线路进行了带宽扩充和向下延伸。福建等省区对现有网络加装了入侵检测系统、漏洞扫描系统和网管监测软件。云南省投入700多万元建设了新机房。这些建设项目使全国林业信息化基础发展条件不断改善，使我国林业信息化逐步走上持续、规范、健康的发展轨道。

（二）应用领域不断拓展，林业信息化应用程度向纵深发展。林业资源管理信息化全面推进，信息技术应用范围从森林资源清查逐步拓展到森林、湿地、荒漠和生物多样性保护等重点业务领域，使林业资源监管能力大大提高。营造林管理信息化成效开始显现，全国营造林监管能力和投资效益明显提高，湖南等省已实现重点工程网上作业设计，使营造林管理从平面向立体空间拓展。林业产业基础数据库建设已经完成，即将上线应用。森林火灾预测预报系统和辅助决策系统建设显著提高了综合防控能力和应急处置能力，使我国森林防扑火工作发生了质的飞跃。林业基础数据库和专题数据库建设扎实开展，初步形成种类较多、布局较为合理的林业数据存储体系。国家林业局目前正在组织开展自然资源和地理空间基础信息库建设，该项目将对97个专题数据库进行整合改造，项目完成后，将实现国家和副省级以上决策层专业数据的集中管理和跨部门共享，对林业重点业务的开展必将起到强有力的支撑保障作用。

（三）电子办公快速发展，林业在线服务能力日益增强。林业信息服务水平不断提升，在线办事服务成效日益显现，网上互动服务日益增强。各地各单位利用网络发布信息的意识和主动性大幅提高，政府门户网站已经成为林业部门发布信息的主平台、社会公众获取林业信息的主渠道。国家林业局目前正在开展政府门户网站群建设，第一步将对现有的50多个司局和直属单位网站进行有机整合，形成统一域名管理下的林业门户网站群，全力打造“中国林业网”整体形象。以国家林业局门户网站为龙头，以省、市、县级林业门户网站为支撑的全国林业门户网站体系基本形成。国家林业局政府网每年发布信息5万余条，位居国家部委前10名，并已经实行了行政许可网上受理和公开，启用了公文传输系统，完善了档案管理系统，建成了视频会议系统，开通了网络电视，3年来共节省开支8000多万元，大大提高了工作效率和在线服务能力。辽宁、福建、江西、浙江、湖南等省开通了绿色办事通道，建立了“一站式”办事大厅，实现了采伐许可证、木材运输证、林权证等事项的在线办理，大大缩短了办理时间，降低了成本，方便了群众。吉林、江苏、安徽、福建、广东等省大部分门户网站开辟了领导信箱、网上答疑、在线论坛、在线调查、在线访谈、投诉建议等互动栏目，服务内容不断充实，服务形式日益多样，为公众反映情况、表达意愿、解决问题建立了畅通渠道。

(四)标准规范建设逐步展开，有效促进了共建共享。标准规范是信息化共建共享、互联互通的基本保障，得到了各级林业信息化主管部门的高度重视。在今年国家林业局实施的林业信息化整合改造项目中，专门安排了150万元，用于林业信息化标准指南、林业信息化术语、林业信息资源目录体系框架等8个急需的公共性、基础性标准建设，同时梳理现行的国际标准、国家标准、行业标准及地方标准，今年底即将颁布实施或参照执行。福建、云南等省区制定了省级数字林业标准、分类编码标准、数据采集标准等，建立了较为全面的林业信息化标准体系。辽宁省编制了“数字林业”21个标准，已经省技术监督局发布实施。湖南省坚持采标优先的原则，采用了大量国家标准或行业标准，同时正在积极编制地方林业信息化标准。林业信息化标准规范建设已形成较为良好的发展态势。

(五)组织管理体系初步建立，林业信息化保障能力逐步增强。目前，国家林业局和各省级林业部门均成立了信息化工作领导小组，对信息化工作的领导不断加强。国家林业局今年初成立了信息化管理办公室，4月份成立了全国林业信息数据标准化技术委员会，随后又成立了国家林业局信息化建设项目实施领导小组。北京、上海、江西等10余个省区市已成立了专门的林业信息化管理机构，配备了信息化工作人员，健全了相关管理制度，吉林、黑龙江等省正在筹备成立林业信息化管理机构。全国林业信息化组织管理体系正日趋健全。

二、我国林业信息化的新使命

当前，我国林业信息化建设正处在全面加快发展的新阶段，肩负着新的历史使命。

(一)从全球来看，人类社会进入了信息时代，信息网络已经成为人类不可或缺的重要内容。回顾人类社会的发展历程，主要经历了“三化”，即农业化、工业化和信息化。公元前9000年至公元前1500年，人类社会经过农业革命，开始了“农业化”进程，最终进入农业社会，在这个进程中主要依靠的核心资源是土地等物质资源。1775年工业革命发生后，人们开始利用蒸汽机、汽车、飞机等工业产品，开始了“工业化”进程，最终进入工业社会，在这个进程中主要依靠的核心资源是煤、石油、天然气等自然能源。1946年人类社会第一台电子数字计算机问世，拉开了人类社会信息革命的序幕，开始了“信息化”进程，引导人类逐步进入信息社会，在这个进程中主要依靠的核心资源是信息。信息化与农业化、工业化的相同之处，都是人类社会广泛采用了当时最先进的人力工具、动力工具和智力工具。不同之处在于，信息化在机械化、电气化、自动化的基础上实现了数字化、智能化和网络化，以数百倍、数千倍的速度加快了经济社会发展。当前，信息化已经成为最重要的经济发展模式和最显著的时代特征，其对全球政治、经济、社会、文化、军事等的影响正日益深化，谁不重视信息化建设，必将被时代所淘汰。

(二)从国内来看，我国进入了以信息化带动工业化的新时期，信息化已成为推动

经济社会发展的重要动力。我国信息化已有30年的发展历程，先后经历了20世纪80年代初至90年代初的起步推进阶段、世纪之交的快速发展阶段和2002年至今的整合改造阶段等三个阶段。党的十六大做出了“以信息化带动工业化，以工业化促进现代化”的战略决策。党的十七大做出了“五化并举”、“两化融合”的战略部署。今年以来，国务院发布了《电子信息产业调整和振兴规划》，工信部印发了《政府网站发展评估核心指标体系》，国家发改委印发了《关于加快推进国家电子政务外网建设工作的通知》。这些举措对深化“两化融合”战略思想、规范信息化建设发展、促进信息产业调整振兴具有重要作用。在国家一系列方针政策指导下，我国电子政务、电子商务、电子社区建设快速推进，信息产业已成为国民经济的支柱产业，信息技术创新成为建设创新型国家的重要驱动力。《第24次中国互联网络发展状况统计报告》显示，我国网民规模和宽带网民规模增长迅猛，互联网规模稳居世界第一：截至2009年6月30日，我国网民规模达到3.38亿人，互联网普及率达到25.5%；宽带网民规模达到3.2亿人，占网民总数的94.3%；手机网民规模为1.55亿人，占整体网民的45.9%；农村网民规模达到9565万人；国家CN域名注册量达到1400多万个，成为国家顶级域名注册量最多的国家。工业企业的信息化水平已有很大提高，从以前的生产过程自动化、设计计算机化向企业各生产经营环节全面信息化发展。电子社区快速推进，光纤入户、家庭上网已很普遍，正在影响着人们的消费方式和生活习惯。随着“金”字工程以及“三网融合”、“感知中国”等信息化示范项目的不断推进，我国信息化的发展速度将进一步加快，对经济社会发展的带动作用将更为明显。

（三）从林业来看，建设现代林业已成为全国林业工作的主题和方向，信息化是支撑现代林业大厦的三大支柱之一。现代林业是科学化、机械化、信息化的林业，只有用现代信息手段管理林业、经营林业，才能实现林业科学发展。在首届全国林业信息化工作会议上，贾治邦局长代表局党组，在全面深入总结新中国林业60年和林业信息化近30年发展经验教训的基础上，向全国林业系统发出了“加快林业信息化，带动林业现代化”的号召。在6月下旬召开的中央林业工作会议上，全面推进集体林权制度改革被列为当前和今后一个时期林业改革与发展的中心任务。集体林权制度改革离不开技术和市场信息服务，信息化在此过程中大有可为。会议特别强调，要“加快推进林业机械化、信息化、标准化建设，不断提高林业建设的物质装备水平和科学管理水平”。在7月下旬召开的局党组扩大会暨全国林业厅局长电视电话会上，贾治邦局长用较大的篇幅，对上半年全国林业信息化工作给予了充分肯定，对下半年的工作进行了安排部署。这在历次全国林业厅局长电视电话会上还是第一次，林业信息化已经上升到局党组的重要议事日程上来。当前，国家林业局和各省级林业部门正在抓紧实施一批信息化建设项目，同时也在积极申请“金林”工程等信息化项目。我们有理由相信，新一轮林业信息化建设热潮已经来到，我们与先进部委、先进行业之间的差距将会不断缩小。

（四）从技术层面来看，日新月异的信息技术正在迅速改变着人们的生产生活方

式。当前，信息技术领域大规模的研发投入，推动了当代高科技前沿的无尽拓展，在集成电路、超级计算机、新一代通信领域取得了一个接一个、一代又一代的新突破：微电子技术向纳米级、集成系统方向加快发展；计算技术向超高性能、网络化方向演进，信息获取、处理、存储和传输能力持续跃升；网络通信技术的宽带化、移动化、IP 化、融合化和智能化变革不断深化，并开始向泛在化方向发展；模拟信息技术正全面向数字信息技术转变。信息技术与生物、空间、纳米等技术深度融合、相互促进，新一轮技术变革蓄势待发。下一代互联网是未来信息社会的制高点，IPv6 是下一代互联网的基础和灵魂。它将为互联网换上一个简捷、高效的引擎，不仅可以解决 IPv4 的地址短缺问题，而且可以使互联网摆脱日益复杂、难以控制的局面，使互联网变得更加稳定、可靠、高效和安全。全球移动通信目前正在快步进入 3G 时代，我国也于今年初正式发放了 3G 牌照。3G 系统以其频率规划简单、系统容量大、频率复用系数高、通信质量好等特点显示出巨大的发展潜力，将会给我们的生产生活带来巨大变化。与此同时，国际电信联盟已经着手 4G 移动通信技术标准的研究。可以预见，在不远的将来，人类将逐步实现“在任何时间、任何地点，与任何对象进行任何形式的信息交换”。“三网融合”是当前信息化发展的一个重要趋势，其实质是在同一个网络上同时开展语音、数据和视频等多种不同的业务。它将重绘现代信息产业的版图，给信息技术产业、信息内容产业和信息服务产业带来全新的发展，进一步改变人类工作、学习和生活方式。当前我国正在开展下一代互联网的商业化试点应用，“三网融合”试点也在积极推进，同时卫星应用、远程教育、远程医疗等也在快速发展。我们林业工作大多在偏远山区，交通不便、信息闭塞，对这些技术有着巨大需求，加快信息化对缩小城乡数字鸿沟、促进林农就业增收必将发挥重大作用。不断深化这些信息技术应用，将为我国林业信息化注入强大活力，给林业生产经营和保护管理带来革命性变革。

三、我国林业信息化的新方略

首届全国林业信息化工作会议和《全国林业信息化建设纲要》为当前和今后一个时期我国林业信息化建设描绘了新蓝图。

（一）总体思路。根据我国林业发展实际，当前和今后一个时期林业信息化建设的总体思路是：以邓小平理论和“三个代表”重要思想为指导，深入贯彻落实科学发展观，按照现代林业建设总体部署和《全国林业信息化建设纲要》的要求，以全面实现林业信息化为目标，以电子政务建设为重点，以“四横两纵”为架构，以信息资源开发利用为中心，以资源整合为突破口，以完善体制机制为保障，统一规划，统一标准，统一管理，分工负责，尽快形成布局合理、科学高效、先进实用、安全稳定的林业信息化格局，充分发挥信息化支撑发展、推动改革、引领未来的重大作用，为发展现代林业、建设生态文明、促进科学发展做出新的更大贡献。到 2020 年，建立覆盖全国林业行业的信息化体系，建成国内领先的信息化平台，全面提高林业信息化应用水平，实现信息资源共享，提供全面、快捷、准确的信息服务，增强决策支持和应急处理能力，提升林业管理水平。概括为一句话，就是“加快林业信息化，带动林业现代化”。

（二）总体框架。根据《国家电子政务总体框架》，结合现代林业建设实际，全国林业信息化建设采用“四横两纵”总体框架结构。“四横”为基础设施、数据库、应用支撑和应用系统，“两纵”为支撑“四横”的标准规范体系、安全与综合管理体系。

一是基础设施。基础设施是林业信息化建设的物质平台。其建设内容包括计算机系统、网络基础设施、机房及配套、安全基础设施等。

二是数据库。数据库是实现应用系统功能的重要支撑。林业数据库是林业信息的集合，分为公共基础数据库（基础地理信息、遥感影像数据库等）、林业基础数据库（森林、湿地、沙地和生物多样性资源数据库等）、林业专题数据库（森林培育、生态工程、防灾减灾、林业产业、国有林场、林木种苗、竹藤花卉、森林公园、政策法规、林业科技、人事教育、国际交流数据库等）、林业综合数据库（根据综合管理、决策的需要，由基础、专题数据综合分析所形成的数据库）、林业信息产品库（为各类应用服务生成的信息产品）等。

三是应用支撑。应用支撑为应用系统建设、运行、协同提供统一支撑，同时也是应用系统开发、部署和运行的技术环境。其建设内容包括目录与交换体系、业务流程管理、林业数表模型、基础组件、中间件和常用工具软件等。

四是应用系统。应用系统是林业信息化建设的关键内容，分为应用服务系统和业务应用系统两个部分。应用服务系统基于目录和交换体系，以信息资源共享服务、业务协同服务、辅助决策和公众应用服务等形式，通过内网和外网门户为用户提供共享服务。业务应用系统分为业务类、综合类和公用类三类应用系统。

五是标准规范体系。标准规范体系是林业信息化建设的基础工作，为应用系统、应用支撑、数据库和基础设施建设的规划、设计、实施和运营提供依据。参照《国家电子政务标准化指南》的技术参考模型，林业信息化标准规范体系由总体标准、信息资源标准、应用标准、基础设施标准和管理标准组成。

六是安全与综合管理体系。安全与综合管理体系是林业信息化建设的重要保障。安全体系建设包括物理安全、网络安全、数据安全、系统安全、应用安全和安全制度六个部分。综合管理体系建设主要是各级林业信息化管理运行维护机构及队伍的建设。

（三）优先领域。为切实落实全国林业信息化建设各项任务，需要以骨干工程建设为龙头，带动全国林业信息化建设。根据我国林业发展实际，在2020年前将重点推动八大行动计划的实施。

一是林业资源监管系统建设行动计划。本系统以统一的林业资源空间分布信息为基础，用于森林资源、荒漠化土地资源、湿地资源和生物多样性资源管理等业务，将全国林业数据落实到山头地块，提供从宏观到微观多级林业资源分布信息，及时准确掌握林业资源历史、现状和动态信息，提高国家对资源利用的监管能力，形成对“三个系统和一个多样性”的有效监管，解决“林业资源分布在哪里”的问题，为规范林业资源管理提供技术保障，为科学决策和依法行政提供现代化手段。

二是营造林管理系统建设行动计划。本系统以实现营造林全过程信息化管理为主线，建立国家和地方营造林管理系统，对国家实施的重点工程等营造林的规划、计划、作业设计、进度控制、检查验收和统计上报等各环节实行一体化管理，实现对营造林建设现状和发展动态的信息化管理，解决“林子造在哪里”的问题。

三是林业灾害监控与应急系统建设行动计划。本系统以提高林业行业灾害应急管理水平为目的，在国家和地方建设森林防火监控和应急指挥系统、林业有害生物防治管理系统、野生动物疫源疫病监测管理系统，在国家和相关省级单位建设沙尘暴防治等林业灾害管理系统，为林业灾害的监测、预警预报、应急处理、损失评估和灾后重建等提供支撑，解决“突发事件发生在哪里”的问题。

四是林业综合办公系统建设行动计划。用2～3年时间，建立起一套完整的林业综合办公系统，实现行业内各部门间互联互通，改善林业政务协同工作环境，利用内外网门户网站实现信息查询和服务。系统以实现文件办理、会议办理和事件办理的办公信息化为主要目的，具体包括公文、简报、政务信息、值班、会议、督查、信访、工作安排、档案管理、政务公开、行政审批、业务协同、电子办证等内容。

五是林业信息化基础平台建设行动计划。建设国家级和省级林业信息化基础平台，提供面向应用系统和面向用户的两类服务。建设内容包括基础设施、数据库、应用支撑、应用系统等多个层次。在基础设施层，通过网络汇接为各级林业网络建设提供统一的网络接入、汇聚等功能，实现全国林业系统网络基础设施互联互通，形成国家和地方整体的网络体系。在数据库层，以地理空间信息为主要依托，为各类林业数据库提供统一的存储架构环境以及统一的数据库访问基础。在应用支撑层，通过面向服务体系架构的服务组件、业务流程定义以及信息交换，为应用系统建设提供一个快速搭建和运行的支撑平台，同时为应用系统之间的无缝集成提供信息交换和业务协同。在应用系统层，构建统一的门户系统，以信息资源共享、业务协同、辅助决策和公众服务的模式，为政府、企业、社会公众提供服务。

六是林业产业发展与林业经济运行系统行动计划。通过林业产业信息化建设，提高林业产业发展预测预警能力，做好重点林产品的监测分析、林业重点企业和市场的动态监控以及林产品市场产销存预警预报等工作，为林业产业管理提供信息支持，为制定政策提供决策依据。通过建立公平、透明、开放的林业产业信息交流平台，提供丰富的网站交互功能，为用户在林产品流通过程中提供所需要的信息服务。建立主要林产品市场的信息连通机制，为形成全国性林产品流通大市场，实现交易集约化和市场规模化，保证市场高度的透明性和公平性提供信息服务。

七是生态文化与教育培训系统行动计划。通过林业信息化建设，普及生态知识，提高公民生态意识，加强生态法制教育，促进生态文化发展。把信息化技能教育培训体系建设作为林业信息化建设的一项重点工作来抓，在全国开展多层次的林业信息化技能培训，提高从业人员信息化应用水平。建立林业信息化技能等级考核制度和岗位资格制度，完善信息化工作任职条件和岗位资格要求，使全国绝大多数的林业从业人员均具有一定程度的信息化应用能力。广泛开展国内外技术交流、科学考察、技术培训等活动，学习国内外先进技术与经验，掌握信息技术前沿趋势。

八是林业信息技术自主创新行动计划。加强林业信息技术创新基地与创新体系能力建设。落实《全国林业科学技术发展中长期规划(2006～2020年)》，组织实施林业信息化科技工程，依托国家和地方科技力量，形成一批国家和区域林业信息技术科学中心或科技创新基地，加快技术创新的条件设施建设，形成全国林业信息技术创新体系。实施林业信息技术创新工程，在涉及林业信息化自主发展能力的关键技术领域，瞄准国际创新前沿，加大投入，突出自主创新，突破关键技术。开展林业信息技术产品研发与应用推广，促进林业信息化建设。

(四)政策保障。为顺利完成以上目标任务，必须采取多种有效保障措施。

一是加强林业信息化组织机构建设。各级林业部门成立信息化工作领导小组，由主要负责同志任组长，形成国家、省、市、县四级林业信息化组织体系。组建林业信息化管理及运维机构，明确职能、编制，落实人员、经费。加强林业信息化人才队伍建设，通过在岗培训、交流使用等多种形式，提高工作人员业务素质。建立有利于吸引人才、留住人才的激励机制和用人机制，造就一支规模和结构能够适应林业信息化需要的人才队伍。

二是加大林业信息化资金投入力度。各级林业主管部门争取将林业信息化建设纳入政府信息化建设总体规划，积极争取国家和地方政府的资金投入，形成稳定的信息化资金投入渠道。在市场化效益明显的领域，充分利用系统内外两种资源，积极吸收社会投资，加快建设步伐。

三是建立健全林业信息化政策制度。结合林业发展实际，出台一些有针对性的信息化扶持政策。坚持“建、管、用”并重，建立健全林业信息化政策、法规和制度体系，为林业信息化可持续发展提供保障。

四是抓好林业信息化典型示范。国家林业局着重抓好示范省建设，以点带面，促进全行业信息化发展。各地各单位也要根据实际情况，选择一批示范点或示范领域，积极扶持其发展，发挥示范带动作用。

五是积极引入社会信息化技术力量。在国家政策允许的范围内，鼓励相关企业参与林业信息化建设。建立竞争激励机制，通过服务外包等方式，有效利用社会技术力量，提高林业信息化建设和运维服务水平。

六是加强国内外信息化交流与合作。加强行业内以及与其他行业、国外同行之间的交流与合作，学习借鉴先进经验和成功做法，不断提高我国林业信息化水平。

“加快林业信息化，带动林业现代化”是新时期一项重要战略任务。完成好这项任务，需要我们大家相互学习、共同努力。在此进程中，国家林业局信息办愿与大家精诚合作、取长补短、共谋发展，特别是要支持计算机分会的工作。我相信，新一届分会一定能发挥好桥梁纽带作用，维护会员权益，反映会员诉求，围绕林业信息化重点、难点和热点问题，深入开展研究，积极提出建议，成为推动我国林业信息化又好又快发展的一支重要力量。让我们携起手来，为中国林业信息化的美好明天而努力奋斗。

全面加快信息化步伐　为现代林业提供支撑

我们在这里隆重召开全国林业厅局办公室主任会议，充分体现了局党组对办公室和林业信息化工作的高度重视，对进一步做好办公室工作、全面加快林业信息化建设步伐具有重要意义。我就深入推进林业信息化工作，讲三点意见。

一、林业信息化近两年的重要进展

2009 年 3 月首届全国林业信息化工作会议以来，在局党组的高度重视和亲切关怀下，在各地各单位的大力支持和共同努力下，全国林业信息化建设快速推进，进入了全面加快发展的新阶段。一年多来，林业信息化主要做了以下工作。

（一）确立了全国林业信息化建设总体思路。首届全国林业信息化工作会议确定："以邓小平理论和'三个代表'重要思想为指导，深入贯彻落实科学发展观，按照现代林业建设总体部署和《全国林业信息化建设纲要》的要求，以全面实现林业信息化为目标，以电子政务建设为重点，以'四横两纵'为架构，以信息资源开发利用为中心，以资源整合为突破口，以完善体制机制为保障，统一规划，统一标准，统一管理，分工负责，尽快形成布局合理、科学高效、先进实用、安全稳定的林业信息化格局，充分发挥信息化支撑发展、推动改革、引领未来的重大作用，为发展现代林业、建设生态文明、促进科学发展做出新的更大贡献。"概括为一句话，就是"加快林业信息化，带动林业现代化"。

（二）建成了全国林业信息高速公路。通过实施 2009 年林业信息化工程，初步形成了覆盖全国的中国林业网（外网）和国家林业局办公网（内网）两张大网，增加了林业专网节点，使国家林业局各司局、各直属单位、各省级林业部门、各计划单列市林业局，都可直接参加全国林业视频会议，或与系统内的任何一方召开电视电话会议，通过电子公文传输系统进行文件传输等在线办公。同时，建立了国家林业局移动电话网，给职工工作生活

※ 该文为国家林业局信息办主任李世东 2010 年 9 月 17 日在全国林业厅局办公室主任会议上的讲话，收录时略有删改。

提供了便利。福建、浙江、吉林森工已把网络铺设到林场和乡镇林业站。

(三)全国林业系统开始进入无纸化办公时代。国家林业局内网建成，由工作平台、信息平台、学习平台、生活平台和交流平台等五大平台组成，局大院内全体职工、院外直属单位及36个省级林业部门的用户都可按权限登录内网系统进行工作、学习和交流。从2010年6月1日起，正式启用综合办公系统，通过综合办公系统实现公文办理、会议办理、事务办理等主要功能，除涉密文件外，全面实行网上办公，进入无纸化办公阶段。实践证明，办公效率大大提高，仅发文办理周期，就由原来的平均3个星期缩短为1个星期。湖南、辽宁、浙江等综合办公系统建设起步较早的省份正在完善功能、强化应用，大大节约了行政成本。

(四)形成了中国林业统一门户网站。有机整合了50多个司局和直属单位网站，形成包括信息发布、在线办事、互动交流、林业展示四大版块的统一门户网站群，努力打造“中国林业网”整体形象。

先后策划开展了“解读中央林业工作会议精神”等系列活动，制作了“中央林业工作会议”、“新中国林业60年”等专题，丰富了网站内容。由中国林业网、中国政府网和新华网联合组织的局长在线访谈，得到了社会各界的广泛关注。江西省开通了网上南方林业产权交易所，福建完成了林业应急视频会商指挥系统，辽宁省开通了林业政务商务一体化门户网站群，为省级林业门户网站建设树立了样板。

(五)强化了林业基础数据库和业务应用系统建设。整合改造了近百个专题数据库，初步实现了副省级以上决策层面的专业数据集中管理和统一基础平台上的跨部门数据共享。建设了基础数据交换平台、空间数据管理和发布等应用系统，将局内各个数据库和应用系统集中在统一平台上，实现林业信息资源的有效整合、统一管理和资源共享。各地各单位不同程度地实施了改造升级和整合完善工程。北京、上海、云南、广东等省市投入大量资金用于业务应用系统建设。

(六)积极推动示范工程和示范省建设。按照国家发改委要求，积极推进“金林”工程重点信息化建设项目建议编制工作，争取“金林”工程早日立项。组织编制全国林业信息化“十二五”建设规划，力争将林业信息化建设作为重点工程，列入国家和地方信息化总体规划，争取国家和地方在政策、资金等方面的支持。经过深入调研，按照点面结合、各具特色、分期分批、可上可下等原则，确定了辽宁、福建、湖南、吉林森工等为首批全国林业信息化示范省，每一个示范省确定一个示范主题，力争尽快推出国际先进、国内领先的示范成果，以推动全国林业信息化建设又好又快发展。

(七)狠抓标准规范和发展战略研究。研究制定了林业信息化标准指南、林业信息化术语等8个急需的基础性标准，同时认真梳理了现行标准，2009年底已颁布实施或参照执行。密切关注国际、国内信息化发展动向，组织相关专家学者及知名IT企业技术人员开展中国林业信息化发展战略研究，提出林业信息化发展战略内容、战略重点、优先领域和保障措施，充分借鉴国际、国内信息化发展经验，最大限度地激活、用活林业资源，增强林业发展活力，为管理部门决策提供科学依据。河北、江苏、福建、河南、湖北、四川等省都建立了省级信息化标准规范，指导全省林业信息化建设。

（八）加强信息化机构队伍和制度建设。成立了全国林业信息化工作领导小组，各司局、各单位、各厅局主要负责同志为领导小组成员。成立了国家林业局信息化建设项目实施领导小组，统一协调指导项目建设。国家林业局和大多数省区市成立了信息化管理办公室（信息中心），形成了专职信息化管理队伍。印发了《全国林业信息化工作管理办法》、《中国林业网管理办法》、《国家林业局办公网管理办法》、《全国林业专网管理办法》、《国家林业局中心机房管理办法》和《国家林业局网络信息安全应急处置预案》等制度。2010 年 1 ~3 月，按照局里统一部署，连续举办了 5 期中国林业网和国家林业局办公网应用培训班，熟悉了综合办公系统和电子公文传输系统的使用方法，强化了政府工作人员的信息化意识和信息化知识。许多省级林业部门补充了领导小组人员，充实了信息化管理机构人员，强化了技术队伍建设。

一年多来，全国林业系统大力推进林业信息化工作，整合起步、夯实基础，拓展了林业信息化应用领域，全面提升林业信息化应用水平，在我国林业信息化发展史上具有里程碑意义。得到了各方面的充分肯定和高度评价。2009 年 12 月 15 日，贾治邦局长在《国家林业局信息办 2009 年工作总结及 2010 年工作要点》上做出重要批示：信息办今年做了大量工作，取得了明显成效。望各部门、各单位继续大力支持这项工作，这是我们最重要的基础工作，又是我们最重要的技术手段，把这项工作搞好了，林业改革发展、现代林业建设、同国际林业水平接轨就有了条件和基础。望继续努力，取得更大成绩。这一批示充分肯定了 2009 年林业信息化的建设成绩，深刻阐释了新时期林业信息化的重要地位和作用，对今后一个时期林业信息化工作提出了明确要求，为进一步全面加快林业信息化建设指明了方向。2010 年 1 月 21 日，贾治邦局长在全国林业厅局长会议上的讲话中指出：林业信息化建设取得实质性进展，全国林业信息化建设进入了全面发展的新阶段，已成为现代林业建设的一大亮点。2010 年 4 月 2 日，贾治邦局长主持召开局长办公会，专题研究林业信息化建设问题。在听取了林业信息化建设情况汇报后明确指出：加快信息化是应对全球气候变化、全面推进现代林业发展、提高行政效率、降低行政成本的重要举措。林业信息化充分采用了世界先进理念和技术，借鉴吸纳了其他部门和地区成功的经验，起点非常高，思路非常清楚，方法非常对头，组织非常有力，取得了非常明显的成效，局党组对此非常满意，并对下一步信息化工作提出明确要求。国家林业局政府网在 2009 年中国政府网站绩效评估暨第四届中国特色政府网站评估中获“品牌栏目奖”第一名，国家林业局政府网站荣获“中国政府网站优秀奖”等多个奖项。正是由于林业信息化工作成效显著，成绩突出，得到了国务院办公厅的高度评价。最近商务部、国土资源部、国家测绘局、国家知识产权局、空军司令部等来我局调研信息化建设经验，这对我们既是鼓励，又是鞭策，我们决心百尺竿头，更进一步，努力推进全国林业信息化工作迈上新台阶，为支撑现代林业发展做出更大贡献。

二、当前林业信息化面临的新形势

（一）从全球来看，信息化已成为当今世界经济社会发展的总趋势，人类社会进入了信息化新时代。世界经济论坛公布的《2009～2010 年度全球信息技术报告》显示，在报告涵盖的 133 个经济体中，信息技术水平排名前 10 位的依次为瑞典、新加坡、丹麦、瑞士、美国、芬兰、加拿大、中国香港、荷兰和挪威。纵观信息化发达国家和地区，都在强力推进电子政务、电子商务和电子社区建设，从而引起全球范围的网络文化的大变革。

电子政务是在公共管理事务中的现代化与创新行为，利用信息技术和组织管理的更新及先进技术手段，来改进公共服务，增进民主，优化公共政策，创造一个开放的、透明的、包容的、有效率的政府，以实现更好的公共价值。信息化发达国家重视电子政务建设与政府业务重组相结合，实现业务流程网上再造。人民网开辟了“直通中南海”栏目，提供给中央领导人和中央机构的留言板。2008 年美国总统竞选，政治类的网站成为用户量增长最快类别之一，其用户量增加了 43%，55% 成年人会利用网络了解大选情况，奥巴马官方网站的访问量是麦凯恩官方网站的 3 倍，26% 的奥巴马支持者会在网上发表自己的政治言论，奥巴马成为“网络总统”第一人。世界各个国家领导人纷纷通过网络发表政策、与网民互动，各种政治组织借助网络力量主动传播，广泛传播，深入传播。欧盟推动电子政务一体化，实现政府部门之间信息系统的一体化及中央与地方政府之间信息系统的一体化。启动“电子市长”（emayor）项目，克服中小城市政府开展电子政务建设面临资金短缺、政策法律环境不完善、安全技术支持力量不强等制约因素和提高城市间互操作性，涉及领域有税收、认证和授权、跨境服务等。投入 17 亿欧元实施泛欧电子服务项目（eTEN），支撑建设欧洲包容型信息社会的跨区域互操作泛欧电子服务项目，服务涵盖电子政务、电子医疗、电子包容、电子学习、安全和征信、中小企业服务等六个领域，最终打造电子政府。

电子商务是利用简单、快捷、低成本的电子通讯方式，买卖双方可以通过电子数据交换和互联网等多种电子通讯方式，无需谋面进行各种商贸活动。当前，信息化已经成为 21 世纪最重要的经济发展模式和最显著的时代特征，信息产业已成为全球发展速度最快、从业人员最多、规模扩展最为迅速、创造财富最多的产业，成为全球经济新的增长点。中国的淘宝网、阿里巴巴、当当网发展速度十分惊人，目前全球仅使用阿里巴巴进行交易的中小企业有 5000 多万家，其中国内有 3700 万家。未来十年，阿里巴巴承诺要为 1000 万家小企业解决生存、成长、发展的平台，为全世界创造 1 亿人的就业机会，为全世界 10 亿人提供网上消费平台。美国自 2000 年以来，信息产业每年以 32% 的速度保持增长，成为美国最大的支柱产业。计算机的处理能力大约 18 个月就要翻一番，信息化发展速度之快，已经远远超出人们的想象。国际数据资讯公司预测今年将是“云端运算服务元年”，认为云计算的增长速度将是传统 IT 行业增长率的 6 倍，未来 5 年云端服务的平均年增长率可望达到26%。

电子社区是利用方便快捷的互联网建立与社区居民相互联系与交流的平台，以最快时间获得居民需要帮助的信息并予以反馈。网络已经成为社区现实生活中重要的学习工作以及休闲娱乐必不可少的工具，电子社区可以将一些学习信息、科技信息通过网络平台提供给社区居民。英国从中央到地方政府共同协商建立了面向公众和企业的700项服务项目，到2006年年底，地方政府所有服务项目实现了100%在线服务，真正实现了全民上网。据英国社区与地方政府部提供的资料，目前电子服务的实现比例达98%，公众对政府服务的总体满意度为75%。

与此同时，网络上具有网络社会特征的文化活动及文化产品日益增多，以网络物质的创造发展为基础的网络文化发生了巨大变化。网络作为第一媒体的传播力量，作为意见互动与交锋的舞台，作为公众参与政治、表达政见和监督的窗口，现实中许多事件，如全国两会、雨雪冰冻灾害、汶川地震、舟曲灾区、网络世博等都是通过网络快速实现了影响放大和倍增作用。

（二）从国内来看，信息化已成为推动经济社会发展的战略举措，我国进入了以信息化带动工业化的新时期。当今时代，信息通信技术是发展最快、渗透性最强、应用最广的关键技术之一，以软件、通信和网络技术为代表的信息通信技术发展十分迅猛，更新换代明显加快，向经济社会各领域的渗透日益广泛深入，有力地促进了社会生产力的发展，深刻地影响和改变了人们学习、工作和生活方式。党的十六大就做出了以信息化带动工业化、以工业化促进信息化、走新型工业化道路的战略部署；党的十七大报告明确指出，要“科学分析我国全面参与经济全球化的新机遇新挑战，全面认识工业化、信息化、城镇化、市场化、国际化深入发展的新形势新任务，深刻把握我国发展面临的新课题新矛盾，更加自觉地走科学发展道路”。首次把“信息化”作为当今世界经济社会发展的五大趋势之一，放在我国经济社会发展全局极为重要的位置，充分反映了信息化在建设中国特色社会主义进入改革发展关键时期的突出地位和重要作用。2010年9月8日，国务院常务会议审议通过了《国务院关于加快培育和发展战略性新兴产业的决定》，确定了战略性新兴产业发展的重点方向、主要任务和扶持政策，从我国国情和科技、产业基础出发，选择节能环保、新一代信息技术、生物、高端装备制造、新能源、新材料和新能源汽车七个产业，在重点领域集中力量，加快推进，我国已将加快培育和发展新一代信息技术作为新时期经济社会发展的重大战略任务。2009年8月7日，温家宝总理在江苏无锡听取我国传感网发展的汇报后，决定将推进传感网发展列入国家重大科技专项，尽快建立“感知中国”中心，掀起了继计算机普及、互联网应用之后，以物联网为标志的第三次信息化浪潮。

2010年1月13日，国务院常务会议决定，加快推进电信网、广播电视网和互联网三网融合，实现三网互联互通、资源共享，并明确提出了推进三网融合的阶段性目标。温家宝总理在今年两会上明确要求，积极推进“三网”融合取得实质性进展，加快物联网的研发应用，加大对战略性新兴产业的投入和政策投入。以此为标志，物联网纳入我国未来发展规划。物联网将尽可能多地把目前所有的机器设备及物品都与网络相连，利用一些识别、控制和传感设备，通过现有或新建的网络连接，实现对这些机器设备的识别和智能管理，“物联网”最终的结果将会实现智慧地球，实现一个对现有的机器设备、物品以及网络等方面的大融合，由此，人类也将迎接又一次全社会、全产业信息化的浪潮。

1999 年美国 Salesforce 公司提出的通过一个网站向企业提供企业级应用的概念，成为云计算的第一个里程碑。目前，Google 是全球最大的云计算的使用者，Google 搜索引擎建立分布在 200 多个地点、超过 100 万台服务器的支撑之上，而且这些设施的数量还正迅猛增长。云计算使信息服务的社会化成为可能，改变并精细化了大众需求，催生了新的市场和新的服务业。

2007 年国外产生第三代通信网络(3G)，中国于 2008 年成功开发出 3G，3G 时代的到来和智能终端的出现，不仅提供多种业务类型的应用，而且提供更大的系统容量和更为广泛的网络覆盖，为物联网的全面发展提供了网络基础，加速了移动互联网的迅速崛起，手机上网功能越来越强，正在以更方便快捷的方式满足不同用户的需求。截至今年 6 月，我国网民规模达到 4.2 亿，互联网普及率达到 31.8%，使用手机上网的网民规模达 2.77 亿。据中国移动监测数据显示，2010 年 6 月份中国移动数据流量增长 38%。互联网产业规模不断扩大，2009 年中国互联网市场规模已达 1835 亿元。

在我国经济发展的关键时期，以互联网为代表的信息技术以其先导性、高渗透性和高关联性，对经济的发展产生了越来越大的推动作用，已成为优化经济结构、推动经济发展方式转变的助推器。中国自主知识产权的 TD－SCDMA 技术被正式运用于城市管理、智能交通、人性化医疗、120 指挥调度系统等各个方面，信息化已在开辟数字城管、解决交通拥堵、破解医患难题等方面展现出强大的功能和无限的前景，大大提高了公共服务效率。有专家预言：一个百万人口的城市，在其他投入不变的情况下，只要信息化水平达到“基本运用”的程度，GDP 就可增加 2.5 到 3 倍，城市的形象和竞争力也将大幅提升。可以预见，在不远的将来，云计算与物联网将会成为变革人们生活、生产方式的新技术，网民数量快速增长，电子商务纵深发展，网购市场迅速扩容，信息化将为建设更具回应性的高效、透明、负责任的政府提供新的思路，为社会公众提供普遍和敏捷服务。

实践证明，互联网是人类最伟大的发明之一，成为当今世界的中枢神经系统，实现了从解放体力到解放脑力的伟大飞跃。信息技术将会给生活带来全新享受，可实现出租车里的视频会议，使你乘坐火车不会错过电视剧，随时发送供分析用的图像，与朋友共享你在世界各地的美妙假期。不远的将来，信息化就会和空气、水、食物一样，成为人类生活生产的重要内容，成为人类社会进步发展的重要基础。

(三)从林业来看，信息化是做好新形势下林业工作的迫切需要，林业信息化已经进入全面加快发展的新阶段。以《全国林业信息化建设纲要》和《全国林业信息化建设技术指南》的正式发布以及首届全国林业信息化工作会议的胜利召开为标志，我国林业信息化建设进入了统一规划、统一标准、统一管理、分工负责、全面加快发展的新阶段，现代林业需要科学化、信息化和机械化支撑，“加快林业信息化、带动林业现代化”成为实现林业科学发展的重大战略举措。

近两年全国林业信息化建设迅猛推进，已经搭建了一个信息化基础平台，要构建完善的林业生态体系、发达的林业产业体系和繁荣的生态文化体系，建设和保护森林生态系统，保护和恢复湿地生态系统，治理和改善荒漠生态系统，全面维护生物多样性，依靠传统的管理手段无法准确及时了解其现状及动态，远不能满足指导现代林业全面协调可持续发展的要求，必须按照《全国林业信息化建设纲要》，有序推进八个行动计划的落实，把信息化重点放在林业主体业务应用上。

我们正步入一个信息和数据爆炸的时代，全面实现林业信息化，必须借助于 RFID 、卫星定位、红外线传感、激光标记等信息技术，将林业所有的“物”接入网络，并对海量数据进行灵活和高效处理，这就意味着更为庞大的信息处理量和数据计算量，需要来自IPv6、云计算等领域的技术支持。云计算产品、方案和服务的推出，下一代通信网络、物联网、三网融合、新型平板显示、高性能集成电路、高端软件等新一代信息技术的兴起，为林业信息化建设和应用提供了重大机遇和挑战。互联网时代我们落后于人，物联网时代大家都在同一起跑线，谁抓住机遇，谁就能占据战略制高点，谁失去机遇，谁将再次受制于人，再次边缘化。目前，我们正在积极与其他部委协商，准备专门发射林业卫星，不断加大林业信息网络基础设施建设力度，加强信息技术在林业各领域的深度应用和业务创新，进一步加强网络与信息安全管理，积极发挥组织引导作用，大力推进改革创新，使信息化真正成为广大林业干部职工共建共享、支撑业务最具活力的重要组成部分，让人们更直观地看到信息化的价值，感受到信息化的魅力。

可以预见，不远的将来，林业信息化将实现与林业业务的全面融合，每一棵树木都将带一个身份证，全国各地从采种、育苗、造林、抚育、采伐、运输、野生动植物、休闲旅游、木材销售及加工利用的每一个环节都会置于监控之下，所有业务全部实现网上办理。

三、今后一个时期林业信息化的工作重点

今后一个时期，我们要按照现代林业建设的总体部署，认真落实《全国林业信息化建设纲要》、《全国林业信息化建设“十二五”规划》、首届全国林业信息化工作会议和全国林业厅局长会议精神，以全面实现林业信息化为目标，以信息资源开发利用为中心，以林业电子政务建设为重点，以资源整合、信息共享为突破口，以完善体制机制为保障，统一规划、统一内容、统一标准，尽快形成布局科学、高效便捷、先进实用、稳定安全的全国林业信息化格局，依托林业信息化基础平台，整合信息资源，建设重点应用系统，建成上下贯通的林业电子政务体系，为加强林业资源监管，优化森林生态系统结构，增强林业灾害

监测预警和应急能力提供手段，为现代林业推进经济社会持续发展提供强有力的技术和信息支撑。力争在六个方面取得重点突破。

(一)尽快编制完成林业信息化“十二五”建设规划，大力推动物联网等的应用。结合我国林业实际，在《全国林业信息化建设纲要》的基础上，完善出台国家、各省区市“十二五”林业信息化建设规划，提出当前和今后一个时期林业信息化建设的发展思路、建设目标、建设任务等，全面贯彻落实“以林业信息化带动林业现代化”的总体思路。学习借鉴信息化发达国家的建设经验，在前一阶段工作的基础上，深入研究我国林业信息化发展战略，顺应并驾驭信息化，改变传统的林业管理模式和生产方式，发挥后发优势，充分发挥信息化建设在发展现代林业、建设生态文明、促进科学发展中的重要作用。在互联网基础上，通过射频识别、红外感应、全球定位、激光扫描等信息传感设备，应用IPv6技术，将林业监管的全部物品与互联网相连接，并进行实时的信息交换，实现智能化识别、定位、跟踪、监控和管理。

(二)继续做好林业信息资源整合改造工作，推动林区三网融合。各种业务的需求梳理、流程整合与再造、信息资源的共享是信息化建设的一个重点和难点。要树立开放合作、共享共赢的理念，打破部门间、条块间的界限和封锁，进一步梳理好国家林业局内部及其与省、地、县林业主管部门的业务层次，以业务应用为导向，以全国林业业务应用信息化建设为主线，指导司局单位和各地林业部门信息化工程实施，尽快实现横向到边，纵向到底，全面建成中国林业统一门户，将各类林业数据库、应用系统、网站分别整合到国家林业局办公网(内网)和中国林业网(外网)两大平台上，完善内外网栏目设置，加强外网信息发布、在线办事、互动交流等板块和内网五大平台的内容维护工作。做好中央办公厅、国务院办公厅和有关部委专网在我局节点的管理和运行维护工作，确保网络良好运行。拓展林业信息化应用领域，扩大信息化应用的覆盖面，全面提升信息资源共建共享和应用水平。按照国家统一部署，争取2010～2012年广电和电信业务能在林业部门双向进入试点，2013～2015年，总结推广试点经验，全面实现林区三网融合。林业部门有三网融合的成功案例，力争在体制和机制上取得突破。

(三)实施林业资源监管等重点行动计划，争取“金林”工程尽快实施。《全国林业信息化建设纲要》确定了林业资源监管、营造林管理、林业灾害监控与应急系统建设、林业综合办公系统、林业信息化基础平台、林业产业发展与林业经济运行系统、生态文化与教育培训、林业信息技术自主创新八大行动计划。今年，先通过启动实施林业资源综合监管服务体系试点建设项目，逐步将全国林地、沙地、湿地和生物多样性等基础性林业资源数据落实到山头地块，形成对三个系统和一个多样性的全面有效监管。根据国家重大信息化工程建设规划编制的有关精神，结合林业实际，国家林业局已组织编制“金林”工程项目建议，“金林”工程 是当前林业信息化工作的重中之重，正在积极与国家发改委沟通协调，争取早日立项，全面启动林业资源监管和林业灾害监控与应急管理系统建设，带动全国林业信息化快速发展。

(四)共同推动建立林业信息化资金保障机制，推进林业信息化示范省和标准建设。林业信息化建设是一项长期的系统工程，但目前仍没有稳定的资金来源渠道，随着林业信息化的快速推进，资金需求量很大，迫切需要研究制定林业信息化建设经费投入和使用机制。一是积极争取在国家、省发改委设立林业信息化建设专项，开辟信息化建设长期稳定的渠道；二是在国家、省级现有林业建设项目总投资中，用于信息化建设的经费统一管理使用，集中投入信息化建设；三是要积极沟通协调财政部门，将林业信息化运维资金列入各级政府经常性财政预算。四是本级林业计财部门，进一步协调资金，每年启动3~5个信息化重点项目，加快林业信息化建设。五是在市场效益明显的领域，积极吸收社会投资。争取形成高效的信息化建设和系统运行维护长效机制，为信息化建设及其成果的长期稳定运行提供资金保障。在总结第一批林业信息化示范省建设的基础上，抓好各项工作落实，努力为全国林业信息化建设探索路子、积累经验。积极稳妥地推进第二批林业信息化示范省建设，在政策、资金、技术上予以倾斜，带动全国林业信息化又好又快发展。制定一批急需的林业信息化标准，为互联互通、资源共享奠定基础。

(五)加强林业信息化组织机构和队伍建设，重视信息安全工作。林业信息化机构建设取得了明显进展，但仍不适应现代林业快速发展的需要。国家林业局迫切需要尽快充实信息化机构工作人员，增强林业信息化机构的协调能力，确保林业信息资源的有效整合，消除和预防重复投资、重复建设造成新的信息孤岛和资源浪费。地方林业部门没有成立信息化管理机构的，应抓紧成立，强化市县两级信息化专门机构；已经成立的，要通过发现人才、调整岗位，进一步充实机构和人员，稳定队伍，提高从业人员业务水平，完善林业信息化管理机制，赋予对业务应用信息化的协调权力，从侧重技术支撑服务向行政管理创新转变。强化保密意识，提高系统的稳定性、安全性和可靠性，确保局内外网运行安全与信息安全。加强入侵防御、漏洞扫描、病毒查杀等网络安全，按照信息安全等级保护和网络安全有关要求，完成安全等级保护相关工作。要设法实现双机热备，重要的数据实现异地备份，消除数据安全隐患。

(六)建设中国林业网络博物馆，搭建中国林业网络博览会。目前，中国树木博览园、中国野生动物博物馆已有雏形。要逐步收集、整理全国所有森林、湿地、荒漠、野生动物、野生植物的文字信息、图片信息、视频信息、三维动画、实时录像等内容，真正办成一个老少皆宜、喜闻乐见的中国林业网络博物馆。现实各种物理的林业博览会无法跨越时空的约束，建设中国林业网络博览会，不受时空限制，免费参展，全年运营，提供各种林产品市场交易信息，启动互动营销模式，发挥网络营销倍增器作用。努力将其建成门类最全、影响最深、规模最大、最具权威、永不落幕的林业网络博览盛会。

信息化本质上是一场管理思想、理念和方式的变革，是一场破除等级文化、改变信息不对称、实现信息共享的自我革命。信息化建设又是一项复杂的系统工程，不仅涉及信息技术应用，而且触及方方面面的管理工作。做好办公室和信息化工作，使命十分光荣，任务十分繁重，希望各位办公室主任在以往卓有成效工作的基础上，倾注更多的精力，做好沟通协调，紧密结合各地实际，认真落实全国林业厅局长会议、全国林业信息化工作会议和这次会议精神，加快推进林业信息化，为发展现代林业、建设生态文明、促进科学发展做出新的更大贡献。

加快林业信息化　引领林业现代化

林业信息化是现代林业建设的重要组成部分，是提高林业科技含量，提升林业管理水平，增加林业建设内涵，促进林业可持续发展的重要支撑和保障。近日，记者专访国家林业局信息办主任李世东，深入了解我国林业信息化进程。

“没有林业的信息化，就没有林业的现代化。要想搞好林业的现代化，必须大力抓好林业的信息化。”李世东这样表示。

我国林业的信息化工作起步较早，从20世纪80年代初林业部门开始使用电子计算机进行林业调查数据统计汇总和数据分析整理起，到今天信息技术在林业部门的广泛应用，走过了一条不断探索、不断进步和全面推进的发展历程。特别是自2009年以来，林业系统确立了“加快林业信息化，带动林业现代化”的发展思路，制定了指导林业信息化发展的纲领性文件，全面推进了林业信息化工程建设，启动实施了林业信息化示范省建设，加强了林业信息化管理制度和标准体系建设，强化了林业信息化机构队伍建设，取得了较好成绩。

“当时的工作难度还是很大的。一方面，是现有信息资源的整合，这涉及不同部门不同人员先期工作成果的改进和融合，工作量很大，一方面涉及资金缺口问题，解决起来也非常不容易。”2009年，努力推进林业信息化进程面临着诸多棘手的问题。当然，此前李世东一直在林业系统工作，熟悉相关工作情况。同时，他勇于创新的精神非常适合开展这项具有开拓性的工作。也就是从2009年年初开始，我国林业的信息化工作开始了大踏步前进。

“林业信息化就是要搭建一个现代化的大型舞台，只要是林业人，甚至社会各界人士，都能在这个舞台上唱歌跳舞。”李世东这样表示。林业信息化的工作重点就是要在林业核心业务领域（森林生态系统、湿地生态系统、荒漠生态系统以及生物多样性）建立一个科学完

※ 该文为国家林业局信息办主任李世东接受《科学中国人》记者余振斌专访稿，刊于《科学中国人》2011年第9期，收录时略有删改。

整统一的信息系统，内容涉及林业资源的详细情况、国家林业经济的运行状况等等，为林业建设顺利进行、相关政策制定提供依据。同时，一旦有突发事件，还能为有关部门的应急处理提供有价值的参考依据。他们还在全国林业系统建立了标准规范体系、安全与综合管理体系，为信息化系统的平稳运行提供了有力保障。

目前，李世东思考更多的是林业信息化今后的发展。“与一些发达国家相比，我国林业系统的信息化还是有些落后，比如网上办事的推行程度，但是我们也有自身的优势，比如在信息发布方面做得非常及时，老百姓能够及时地了解政府的声音。”在这种思想的推动下，李世东一直致力于将林业信息化推向一个全新的进程。

“一个国家，一个地区，一个单位，甚至一个人，天天墨守成规，永远做不出成绩来。从2009年开始，我们每年都要创造几个乃至十几个我国林业历史上的第一。”这样的经历让李世东感慨万千，也让他对今后的工作充满了干劲儿。同时，他更深深地懂得，一项事业的推动必须依靠一个团队的团结协作。正因如此，他在团队建设上花费了不少的时间和精力。“当领导必须带头干，一定要雷厉风行，这样才能建立起一个高效率的队伍。对下属布置工作，要尽量详尽明确，讲究工作方法。同时，还要知人善任，发挥每个人的长处。”李世东这样说。“更重要的是，要奖惩分明。每周，我们都要开一次例会。总结上一周工作，布置下一周工作。每个人完成哪些工作，没完成哪些工作一目了然。奖惩措施一视同仁，没有亲疏远近。”

为加快林业信息化进程，把现代林业推向科学发展的新阶段，李世东将带领国家林业局信息办，与广大林业工作者一起，勇往直前地奋斗下去。

我们有一个梦想

在新年钟声刚刚敲响，新春佳节即将到来的特殊时刻，我们欢聚一堂，举行林业信息化工作座谈会暨国家林业局信息办成立三周年总结会，共同回顾过去，展望未来，感到十分高兴和无比激动。

三年前，一群有志于林业信息化事业的同仁，顺应全球信息化浪潮，响应局党组的英明决策，怀揣着一个美好梦想从四面八方走到一起。我们有一个梦想，就像一棵棵幼苗梦想着长成参天大树！我们有一个梦想，犹如一片片砖瓦梦想着变成摩天大厦！我们有一个梦想，即是通过加快林业信息化早日实现林业现代化！

三年来，我们克服重重困难，冲破重重阻力，启动了中国林业信息化的腾飞之旅，铸就了中国林业信息化的“航空母舰”，取得了几十项第一，获得了几十项突破，创造了林业信息化发展最快、收获最丰、成效最好的光荣历史，书写了一段精彩纷呈、灿烂辉煌的华美篇章！。

三年来，林业信息化顶层设计首先推出，发布了《全国林业信息化建设纲要》及《技术指南》，制定了首个全国林业信息化发展五年规划，首次将林业信息化在全国林业发展五年规划中单独列章，科学谋划了林业信息化全面加快发展的新蓝图。

三年来，林业信息化全面加快发展的冲锋号角响彻全国，召开了第一届和第二届全国林业信息化工作会议，确立了“加快林业信息化，带动林业现代化”的发展思路和“五个统一”的基本原则，把林业信息化建设推向新的阶段。

三年来，我们狠抓工程建设，打造了首个中国林业网站群、首个集五大平台于一体的国家林业局办公网，建设了覆盖各地各单位的国家林业专网，建成了高标准的国家林业中心机房，实现了无纸化办公和移动办公，开启了打破时空界限的电子办公新时代。

三年来，国家林业局信息化管理办公室和国家林业局信息中心正式成立，24 个省区

※ 该文为国家林业局信息办主任李世东 2012 年 1 月 9 日在林业信息化工作座谈会暨国家林业局信息办成立三周年总结会上的讲话，收录时略有删改。

市成立了独立的林业信息化管理机构，确立了两批全国林业信息化建设示范省，出台了一系列制度标准，连续发布了林业信息化年度发展报告，为林业信息化又好又快发展打下了坚实基础。

三年来，各地各单位信息化建设取得了重要进展。湖南实施了“测土配方”工程，辽宁实现了省市县三级网上协同办公，福建开发了综合营造林管理系统，吉林森工研发了经济运行系统，江西开发了林权交易系统，广东建设了林权管理系统，北京建设了网格化管理系统，河南建设了森林资源数据库，内蒙古开展了盟市信息化示范建设，浙江、山西建设了林权一卡通管理系统，山东启动了市县林政资源管理系统，陕西实现了无纸化办公，沈阳市建设了林农服务平台……各地各单位的积极举措，如繁星一般点亮神州大地，形成了全国林业信息化蓬勃发展的绚丽景象。

短短三年，全国林业信息化建设实现了大步跨越，发生了翻天覆地的变化。林业信息化已成为现代林业建设的一大突出亮点，成为展现林业部门良好形象的一张亮丽名片。

回首三年，我们走过了一条充满荆棘、异常艰辛、极其曲折的发展之路。大家付出了太多的汗水，承受了太大的压力，饱尝了酸甜苦辣，体会了人间冷暖。困难面前见真情，坎坷面前显英雄。我们没有退缩，没有言败，我们成功地顶了过来，站了起来，冲了上去。

三年来，林业信息化得到了中央有关部门和局党组的充分肯定。在2011年中国政府透明度报告中，国家林业局信息公开在中央部委中名列第二。国家林业局政府网在中央部委排名中，由2006年的第23名一直跃升至去年的第10名，荣获中央部委“优秀政府网站奖”、“中国政府网站领先奖”、“品牌栏目奖”、“精品栏目奖”等十几项奖励。各地各单位先后获得“全国林业信息化十佳单位”、“全国林业十佳网站”、“国家林业局十佳网站”等数十项荣誉。

三年来所取得的每一个成绩，每一点进步，归功于局党组的亲切关怀，归功于各部门的大力支持，归功于各地各单位的高度重视，归功于有关高等院校、科研单位、IT企业的积极参与，归功于社会各界朋友的关心鼓励，更归功于全体林业信息化同行的艰辛付出！在这里，请允许我代表国家林业局信息办，真诚地向大家道一声谢谢：衷心感谢在座各位的辛勤汗水和共同努力，衷心感谢所有同行的同舟共济和真情奉献！

回顾过去，路途艰辛；放眼未来，任重道远！虽然林业信息化建设硕果累累，但这只是万里长征的第一步，我们美好梦想的实现之旅才刚刚开始。我们清醒地认识到，林业信息化的发展，与局党组的要求还有很大差距，与林业改革发展的需求还有很大距离，一些制约林业信息化发展的关键问题还没有得到根本解决，一些积极因素还没有全部调动起来。我们不能有丝毫的松懈，不能有任何的犹豫，必须奋起直追、不懈努力。当前，实现林业信息化的美好梦想，我们既面临着宝贵的机遇，也面临着严峻的挑战。

就机遇而言：一是历史时代之机遇。当今时代是信息时代，信息化发展潮流浩浩荡荡一路奔流，信息技术发展日新月异一日千里，信息化战略已成为全球共识，时代给我们提供了实现梦想的最佳舞台。二是林业发展之机遇。绿色增长成为时代强音，绿色新政成为世界共鸣，林业正处于大有作为的战略机遇期和黄金发展期，形势给我们提供了实现梦想的良好平台。三是领导重视之机遇。以两届全国林业信息化工作会议的成功召开为标志，“加快林业信息化、带动林业现代化”已成为整个林业行业的共同意志，内因给我们提供了实现梦想的决胜擂台。

就挑战而言：一是资源整合之挑战。由于种种原因，导致林业信息资源分散，思想认识保守滞后，资源整合阻力很大，有些地方甚至举步维艰。二是基础薄弱之挑战。基实才能筑厦，根深才能茂冠。林业信息化起步早，但不少地方体制机制运行不畅，复合人才十分短缺，基础设施非常薄弱，难以支撑林业信息化持续快速发展。三是深化应用之挑战。信息化应用的领域越来越广，要求越来越高，数量越来越大，时间越来越迫切。恰如逆水行舟，不进则退。

机遇稍纵即逝，时光千载难逢。我们要牢牢把握机遇，积极应对挑战。一张白纸能画最新最美的图画，我们要把挑战转化为机遇，把压力转化为动力，把劣势转化为优势，发挥自身特点，努力赶超跨越，实现美好梦想，不辜负大家的期待，不辜负领导的重托，不辜负时代的使命。

今后三年，是我国林业信息化大有作为充满希望的三年。林业信息化“十二五”规划已经印发，未来几年林业信息化发展的美好蓝图已经绘就。我们要紧紧围绕“发展现代林业，建设生态文明，推动科学发展”这个中心，突出建设、应用、运维三个重点，坚持强化基础、提升水平、拓展领域、深化合作、规范管理，推动林业信息化发展阶段由互联网向物联网推进，建设领域由电子政务向电子商务拓展，技术手段由现代信息技术向下一代信息技术提升，应用服务由局部向整体延伸，努力使林业信息化实现新的突破。再用一个三年，力争到2014年，提前实现“十二五”目标，在新一轮信息化浪潮中冲向各行业前列，引领林业加快实现现代化。

下一个三年，发展阶段要由互联网向物联网推进。紧紧抓住信息化从“互联时代”向“物联时代”发展的良好契机，组织实施好智能林业物联网应用示范项目，科学制定林业物联网发展规划，积极推进物联网建设，从“数字林业”到“智慧林业”，使林业尽快实现物联世界。

下一个三年，建设领域要由电子政务向电子商务拓展。在强化林业电子政务建设的同时，积极向林业电子商务、电子社区等领域拓展，建设中国林业电子商务大平台、大基地、大产业，促进信息化与林业生产服务全面深度融合，充分发挥信息化的引领、带动和支撑保障作用。

下一个三年，技术手段要由现代信息技术向下一代信息技术提升。积极建设中国林业云、中国林业物联网，大力推动发射中国林业星，努力做好北斗卫星应用示范等工程建设，促进物联网、云计算、IPv6、新一代移动通信等信息技术在林业行业的普及应用，大幅提升林业信息化的建设和应用水平。

下一个三年，应用服务要由局部向整体延伸。以提高服务保障能力为目标，加快林业信息化八大行动计划进程，在广度上推动信息化应用从点向面延伸，在深度上推动信息化应用由公共办公向核心业务推进。

2012 年是两个三年承前启后的一年，我们要认真落实全国林业厅局长会议和第二届全国林业信息化工作会议精神，集中精力，抓好以下几件大事。

一是加强资源整合。按照"五个统一"的要求，我局和各地林业部门都要将已建的数据库、应用系统和网站整合到内外网统一平台上，要坚决打破条块分割，加大整合工作力度，确保实现互联互通，提高资源使用效益。

二是抓好项目建设。在实施好现有建设项目的基础上，积极推进国产卫星应用平台、云计算试点、物联网应用示范、等级保护等项目建设，尽快启动实施"金林"工程这一涉及林业信息化全局的龙头工程，争取林业资源多层次时空信息服务平台、林业高清视频会议系统、国家林业数据灾备中心、林业涉密网络系统等立项。同时，各地也要抓好工程项目建设，以重点工程建设带动林业信息化全局。特别是林业信息化示范省，要按照批复的示范方案，扎实推进示范工作，争取尽快取得实效。

三是强化运维管理。加强内外网内容保障，确保运行顺畅，保持部委领先水平。推进等级保护工作，完善安全保障体系建设。推动运维管理平台上线运行，将目前依靠人的管理转变为依靠规范制度和流程管理。制定机房安全、信息安全等措施，构建比较完备的安全防范体系。加快林业信息化标准建设，改选全国林业信息数据标准化技术委员会。

四是推进培训交流。在去年联合清华大学举办首届林业 CIO 研修班的基础上，举办第二届林业 CIO 研修班。采取系统内上下互动、左右交流等形式，组织信息化大调研活动，促进各地彼此学习借鉴，缩小区域发展差距。各地各单位要结合实际，加大培训交流力度，切实提高林业信息化工作人员素质和水平。

五是完善政策措施。主动协调有关部门，积极争取将林业信息化建设纳入本级信息化总体规划。加大现有林业建设项目信息化投资整合力度。积极吸纳社会投资，加快推进林业信息化建设步伐。

六是健全机构队伍。指导各地各单位加强林业信息化管理机构组建，切实承担起林业信息化的管理职责。积极培养和利用好信息化机构、林业系统、科教单位、IT 企业等人才队伍，为林业信息化发展注入活力。

我们是时代弄潮儿，我们是时尚领跑者。我们共同选择了这一最具时代特征、最具开创精神的事业，尽管前进的道路上布满荆棘、曲折艰难，尽管奋斗的历程会异常艰辛、充满挑战，但我们满怀信心，胸有成竹，一定能战胜各种挑战，这正是我们信息化事业所有同仁的价值所在。

三年来，走过的是岁月，留下的是足迹，带来的是希望，送到的是祝福，我们相信，在大家的共同努力下，我们一定会再创新的辉煌，续写新的篇章！我们的梦想一定要实现！我们的梦想一定能够实现！

融合与创新

今天，我们在美丽的内蒙古召开首届全国林业信息办主任协作组会议。局领导对这次会议十分重视，赵树丛局长专门做出重要批示，要求林业信息化“服务现代林业，引领现代林业”，要求我们研究林业信息化的突出问题，研究各类主体的信息化需求，提升林业信息化水平。这次会议的主要任务是：认真贯彻落实赵局长的重要批示和刚刚结束的全国林业厅局长会议精神，在总结上半年林业信息化建设进展、分析当前发展形势，研究下半年重点工作的基础上，解放思想，开拓创新，探讨如何深入推动林业信息化实现大融合，取得新突破，创造新业绩。刚才，内蒙古林业厅高桂英总工作了重要讲话，我们观看了内蒙古林业信息化成果演示，发布了 2011 年全国林业信息化发展水平评测结果，在此，向“十佳”单位表示热烈祝贺！向连续 3 年荣获前 3 名的辽宁、湖南、北京表示崇高敬意！向长期以来为林业信息化做出重要贡献的同志们和为这次会议付出辛勤劳动的内蒙古林业厅、赤峰市等表示衷心感谢！

一、应势而变，融入主流，创新环境

21 世纪是信息化的世纪。信息化与经济全球化相互交织，重塑着全球经济竞争格局，深刻改变着全球发展方向。随着全球信息化的深入推进，准确把握世界信息化发展的形势变化，大力加强融合与创新，是世界各国和各行各业适应信息化发展潮流、抢占未来发展制高点的迫切需要和必然选择。

（一）融合与创新——全球信息化发展的新特征。半个世纪以来，全球信息化走过了以信息交流和信息内容为标志的两个重要阶段，随着物联网、云计算等新一代信息技术的出现，信息化的第三次浪潮扑面而来，即通过融合与创新，为人们生产生活提供全景式的服务，融合与创新日益成为现阶段最显著的特征。

※ 该文为国家林业局信息办主任李世东 2012 年 8 月 3 日在首届全国林业信息办主任协作组会议上的讲话，收录时略有删改。

一是互联整合成为新趋势。当前，信息化特别是政府信息化正面临着阶段性转变，越来越突出跨组织的业务协同和信息共享，主要体现在：着力高度集成的顶层设计，指导和保障跨部门服务的统一、无缝链接；搭建统一的业务系统协同平台，将政府各部门业务系统进行协同和整合；建立数据资源管理平台，依据统一的数据采集、交换、发布标准，将数据集中到数据资源管理中心，实现数据的整合；整合信息服务传递渠道，按需集成各部门的功能和服务，供给用户。美国 2009 年 3 月启动 Data. gov 项目，作为联邦政府实施开放政府战略的旗舰性项目。英国、澳大利亚等发达国家也抓紧建设本国政府的 Data. gov 网站。

二是融汇创新成为新动力。近年来，信息技术日新月异，应用创新层出不穷，成为推动经济社会各领域信息化的巨大动力，不断改变着人们的生产生活方式和思维习惯，主要体现在：融合数据、语音、视频的三网合一逐步由理念变为现实；物联网技术不断实现突破性进展，能够把各类物品与互联网相连接，实现智能化感知、识别、定位、监控和管理；云计算技术提供了安全可靠的计算资源和数据资源，使硬件、软件、数据资源共享得以实现；地理信息系统得到全面快速发展，成为全球信息产业的重要组成部分；数字证书和电子签名技术进一步发展，为统一身份管理和安全认证提供了有效保证。谷歌公司借助云计算技术，实现了短期内的高速发展，并把云服务输送到世界各地。苹果公司通过集成多种信息技术，以先进的生产、服务理念和发展模式，一跃成为全球 IT 业的“大哥大”，引发对融合与创新的深刻思考。

三是战略规划成为新引擎。战略规划在统一思想、指导行动等方面具有无可替代的作用，得到了世界各国的高度重视。美欧等发达国家都有明确的战略规划，同时根据形势的变化，适时做出科学调整，引领信息化不断发展。美国 20 世纪 90 年代以来，先后出台了国家信息基础设施行动计划（NII）、全球信息基础设施行动计划（GII）、国家网络安全综合计划、国家宽带计划等，特别是 2011 年，发布了《联邦云计算战略》，成为全球第一个出台云计算战略的国家；发布了《网络空间国际战略》，强调促进网络空间的国际合作；发布了《美国网络安全教育计划战略规划：构建数字美国》，旨在通过创新的网络行为教育培训，促进美国的经济繁荣，保障国家安全；发布了《网络可信身份国家战略》，旨在保护消费者免受欺诈和身份盗窃；发布了《普及美国农村地区宽带：对农村宽带战略报告的更新》，支持农村宽带发展。欧盟先后发布了《通往信息社会的欧洲之路》、《里斯本战略》、《电子欧洲 2002 行动计划》、《电子欧洲 2003 行动计划》、《电子欧洲 2005 行动计划》等。2010 年 5 月，欧盟公布了为期 5 年的《数字化议程》，在 27 个成员国部署超高速宽带。为加强互联网治理，2011 年欧盟发布了《关键信息基础设施保护成果及下一步行动计划》。近年来，随着绿色低碳经济在全球兴起，美国、加拿大、英国、澳大利亚等纷纷推出绿色政府计划，打造“绿色电子政务”将是今后全球电子政务发展的重点方向。

（二）融合与创新——我国信息化发展的主旋律。今后一个时期，是我国深化改革开放、加快转变经济发展方式的攻坚时期，也是我国信息化继往开来、深入发展的重要阶段。加强整合、深化融合、创新发展是新时期我国信息化发展的重要任务。

一是融合与创新成为国家的重要战略导向。继2007年党的十七大提出“两化融合”“五化并举”的战略任务、2010年党的十七届五中全会提出“两化深度融合”后，2011年3月，《国民经济和社会发展第十二个五年规划纲要》指出，“重点发展新一代移动通信、下一代互联网、三网融合、物联网、云计算、集成电路、新型显示、高端软件、高端服务器和信息服务”，“加快建设宽带、融合、安全、泛在的下一代国家信息基础设施，推动信息化和工业化深度融合，推进经济社会各领域信息化，全面提高信息化水平”，对推动互联互通、信息共享和业务协同等提出了明确要求。2012年4月，国务院批复的《“十二五”国家政务信息化工程建设规划》，强调“加强顶层设计，坚持需求主导，强化信息共享、业务协同和互联互通，突出建设效能，有效提高公共服务水平”。6月，国务院印发《关于大力推进信息化发展和切实保障信息安全的若干意见》，强调“以促进资源优化配置为着力点，加快建设下一代信息基础设施，推动信息化和工业化深度融合，构建现代信息技术产业体系，全面提高经济社会信息化发展水平”。7月召开的全国科技创新大会上，胡锦涛总书记、温家宝总理再次发出了提高自主创新能力、建设创新型国家的号召，并对深化科技体制改革、加快建设国家创新体系、增强企业创新能力等提出了具体要求。《国家互联网“十二五”发展规划》、《国家物联网“十二五”发展规划》、《国家电子政务“十二五”发展规划》、《国家电子商务“十二五”发展规划》、《“十二五”国家战略性新兴产业发展规划》等，都共同遵循融合与创新的战略思想。

二是融合与创新成为深化应用的迫切需求。经过多年的发展，我国信息化已具备了一定的基础，进入到全方位、多层次推进的新阶段。与先进国家相比，当前我国信息化建设存在的问题主要包括：信息技术自主创新能力不足，核心技术和关键装备主要依赖进口；信息资源开发利用滞后，信息共享和业务协同程度不高；数字鸿沟有扩大趋势，成为影响持续协调健康发展的重要因素；体制机制改革相对滞后，发展环境急需改善；信息安全问题比较突出，威胁到经济社会发展。坚持从国情出发，加强资源整合，促进双向融合，提高创新发展能力是解决这些问题的首选方略。当前，受国际金融危机等多种复杂因素的影响，信息化作为保增长、扩就业、惠民生的重要战略选择，已被摆上国家重要议事日程。新形势、新任务迫切需要全国在大规模信息化基础设施建设的基础上，通过融合与创新，进一步拓展和深化信息技术应用，优化发展环境，增强信息化发展的动力、活力与后劲。

三是融合与创新成为贯穿信息化工程的主线。近年来，通过国家引导和实践磨砺，融合与创新的思想正逐渐深入人心。各级政府在审批和组织实施信息化建设项目过程中，日益强调网络互联互通、信息资源整合、运营管理模式的创新等，并将其作为项目绩效评估的重要指标。国家发改委、财政部、工信部在组织开展物联网、云计算等应用示范时，十分重视技术与业务的渗透融合、综合信息服务平台建设以及运营管理模式的创新，以求真正达到示范引领的目的。商务部通过资源整合和大胆创新，打造了引领我国政府网站建设的网站群模式，以其高效率、低成本、协同性、一站式和一体化等优势，使网站群成为信息发布的窗口，经济和社会效益显著。当前国家电子政务外网、电子政务内网、“宽带中国”等一批重大信息化工程已经启动，融合与创新成为这些工程设计与实施的基本要求和亮点所在。

（三）融合与创新——林业信息化科学发展的新要求。近年来，在各方面的共同努力下，全国林业信息化建设力度不断加大，发展步伐明显加快，建设成效逐渐显现。特别是2009年以来，林业信息化发展思路日趋明确，基础设施明显改善，机构队伍不断加强，政策制度不断完善，合作交流日益活跃，全行业信息化素质明显提升，林业信息化步入规范有序、全面发展的轨道。这其中，坚持“五个统一”，深化融合与创新是最为宝贵的经验。

林业工作涉及千山万水、千家万户，具有点多、面广，基础差、条件苦等特点，这就决定了林业信息化工作的复杂性、艰巨性和长期性。各级林业主管部门不畏艰难，大胆开拓，坚持以需求为主导、以应用为核心、以整合为突破口、以创新为原动力，取得了显著成效。国家林业局通过实施防护林营造林监管体系、林业资源综合监管服务体系、国家自然资源和地理空间基础信息库等项目，建成了高标准的内网、外网、专网，形成了全国林业信息高速公路，开辟了林业无纸化办公的新时代，打造了中国林业网统一门户网站，信息资源共享实现了大跨越，通过融合与创新，每年至少取得10大突破，创造10项第一，信息化成为现代林业建设的靓丽名片，得到了社会各界的广泛赞誉。辽宁、湖南、北京、江西等大力推进信息资源集约化建设，为现代林业繁荣发展提供了重要支撑。福建、广东、河南、内蒙古、吉林森工等都在有关领域取得了明显成效，起到了示范带动作用。

赵树丛局长在全国林业厅局长会议上强调：要根据形势的发展变化，创新林业的体制机制、政策措施、工作平台和发展载体，不断为林业发展增添新的动力、创造新的优势。实践证明，没有全面融合，就不会有林业信息化的快速发展；没有全面创新，林业信息化就会失去发展的活力。无论从全球层面，国家层面，还是从林业自身层面看，要生存发展、有为有位、做大做强，就必须重视融合与创新、自觉践行融合与创新、科学推进融合与创新，以融合与创新加快林业信息化，以融合与创新引领林业现代化。

二、总结经验，融合支撑，创新服务

2012年上半年，在国家林业局党组的正确领导和全国上下的共同努力下，林业信息化以“四个服务”为宗旨，以“五个统一”为原则，坚持融合，不断创新，各项工作蓬勃开展，为发展现代林业做出了重要贡献。

（一）以融合实现林业信息化的协调统一。

一是“五个统一”深入人心，逐渐成为全行业的共识。没有“五个统一”的林业信息化是低效和不完整的，也是没有前途和出路的。第二届全国林业信息化工作会议确立“五个统一”的基本原则以来，各地纷纷制定统一的规划，构建统一的平台，成立统一的机构，不断拓展信息化应用领域，加速推进信息资源融合。“五个统一”原则深入人心，林业信息化面临前所未有的发展机遇。

二是“全国林业一张图”取得重大成果，支撑核心业务取得重大突破。通过林业资源综合监管服务体系试点建设，在试点省范围内对“三个系统一个多样性”数据进行有效整合，建设了统一数据平台，将林业资源监管落实到省、市、县及山头地块，实现了对森林生态系统、湿地生态系统、荒漠生态系统和生物多样性的有效监管，搭建了一个面向服务架构的全国林业资源基础数据服务平台，初步形成了集森林、湿地、沙地和生物多样性资源于一体的“全国林业一张图”，实现对林业资源保护和利用的有效监管，林业信息化对林业核心业务的支撑能力显著增强。

三是“中国林业网”统一门户深入推进，全国林业网站群渐趋完整。在整合完善 100 多个司局、直属单位和省区市网站取得成功经验的基础上，今年又全力推进 1000 个市县林业网站的整合、1000 个森林公园等专业网站的建设，力争再用 3 年左右的努力，打造一个涵盖各级林业主管部门和各类林业主体单位，横向到边纵向到底，共 10000 个子站组成的超级林业网站群，创造新的突破。中国林业网信息发布量、访问量快速攀升，服务能力显著提高，社会影响力日益增强，已成为快速高效发布各类林业政务信息的第一平台，荣获“中国政府网站领先奖”和“管理创新奖”，年信息发布量突破 30 万条、访问量突破 1 亿人次。

四是统一运维平台基本建成，保证了网络畅通和信息安全。国家林业局和大部分省区市建立了运维准入和考核制度，着力开展运维精细化管理，对所有与运维服务相关的工作进行了细化梳理，进一步明确了岗位职责、工作范围及其操作流程，通过不断优化升级，提高了规范化水平，提升了运维保障能力。加强国家林业中心机房安全管理及维护，为中国林业网、国家林业局办公网、全国林业专网的正常运行提供了坚实保障。

五是加强信息资源整合，全面推进林业信息化建设。湖南完成森林资源、营造林、森林防火、有害生物、林权信息和测土配方等各环节数据的融合，将全省林业基础数据落实到山头地块、细化到千家万户，实现“全省林业一张图、一套数”。辽宁构建了“全省林业一张图”，将已有林业数据充分利用起来，实现对林业基础数据的共享。江西全力推进资源整合，建设以公共地理信息数据为基础，集成林业基础数据、专题数据、综合数据和产品信息的林业信息资源服务平台，实现所有信息资源、业务应用的集中与整合。河北建设了全省林业基本情况数据库，完成了各级林业机构数据的分类整理入库。湖北、吉林等省以数据整合为重点，着力推动林业基础数据库建设。

（二）以创新推动林业信息化的快速发展。

一是以理念创新作为主导林业信息化发展的首要因素。创新是发展的源泉和动力，没有创新，就没有发展。而一切的创新均源于认识的创新，理念的创新。为此，在林业信息化总体思路和基本原则的基础上，今年提出了“做好服务、建好平台、抓好体系”新理念，明确了林业信息化“四个服务”新思想。本着主动发现问题，积极解决问题的原则，着力为各地各单位、广大基层和林农群众解决信息化的实际问题。编撰了《中国林业信息化顶层设计》《中国林业信息化决策部署》、《中国林业信息化政策制度》《中国林业信息化建设成果》、《中国林业信息化示范案例》、《中国林业信息化发展战略》系列丛书，全面指导林业信息化工作。

二是以技术创新作为推动林业信息化发展的基本支撑。信息资源的不断增加扩大，要求研究采用云计算等新技术。启动了《中国林业云发展规划》的编制工作，谋划国家林业信息化服务产业园建设，推动林业信息化基础平台向云计算服务平台的过渡，力争构建一个高冗余、高弹性、高可靠性、服务能力强大的基础平台，大幅提高国家林业信息化基础资源的服务支撑能力，提高资源利用率，降低长期的运营成本。四川等省通过对中心机房升级改造，利用虚拟化技术建立了全省统一外网平台，可为全省林业系统提供支撑服务，减少地方机房建设投入，减少了物理服务器数量，降低了运行管理成本，节约了大量人力物力。

三是以应用创新作为推动林业信息化发展的核心内容。实际需求是拉动林业信息化发展创新的基本前提。林改的深入推进，要求创新数据管理方式。湖南创新提出宗地小班的概念，建立全省林权权属数据库，统一储存、管理全省林权权属数据，对巩固林改成果、深化林改进程、建立现代林业管理方式具有重要意义。浙江创新提出了“林权一卡通”，通过建立农户森林资源资产信息库，清楚了解林农资产情况，实现了“统一评估，一户一卡，随用随贷”。福建、安徽、山西等也在全面推进林权数据库建设工作。林业资源监管的高精度和时效性，要求创新资源监管方式。启动了国家卫星遥感平台建设，项目建成后可以提供对林业资源的综合监测所需的各类遥感信息源及数据处理系统、数据产品发布系统以及综合监测遥感数据产品，可实现国产多源卫星遥感数据的集中接入、管理、生产和分发，提高林业监测的效率。辽宁利用物联网和智能信息处理技术获取精确信息，实时提供资源监管信息、森林火灾和病虫害监测报警、应急指挥决策等服务。吉林森工利用物联网技术、卫星通讯技术等进行了“智慧森林平台”试点建设，搭建天网、地网、人网、林网组成的一体化感知体系，提高森林防火预警监测能力和木材生产监管能力。江西稳步推进井冈山生态旅游物联网应用试点，取得了可喜成果。

四是以机制创新作为支撑林业信息化发展的永恒动力。整合机构、统一管理是基础。各地机构建设工作继续推进，湖北、云南、贵州等相继成立独立的信息化工作机构，调整充实了人员。辽宁继沈阳市成立独立编制的信息中心后，本溪、阜新等也由市编办正式批准成立信息中心，吉林等省的部分县也成立了独立的信息中心。林业信息化管理机构进一步向市县级拓展。以评促建、奖惩分明是关键。在认真总结示范省建设经验的基础上，启动了全国林业信息化示范市、示范县建设，推动基层“争先创优”工作。辽宁、湖南、吉林、内蒙古等实施了本省区林业信息化示范市、县的建设工作，起到了很好的带动作用。开展了全国林业信息化发展水平评测，完善目标管理、考评激励等机制建设，有效地推进了各项工作。创新制度、强化管理是保障。根据林业信息化的形势，不断完善、创新相应制度，以制度促管理，以制度促发展。建立了全国林业信息办主任协作组制度。成立了中国林业网编辑委员会。制定了《国家林业安全保密与数据备份管理制度》等基本管理制度，大大提升了建设、应用和保障水平。

（三）以服务树立林业信息化的重要地位。树立崭新服务理念，努力实现由服务部门向服务社会转变，由被动应付向主动出击转变，由数字林业向智慧林业转变。以崭新的理念赢得人，以新颖的形式吸引人，以精彩的内容打动人，以周到的服务感动人，以创新的举措改变人。

一是服务林业大局。围绕集体林改、资源保护、森林防火等林业中心工作，致力做好服务，重点建好平台，抓好体系。确保国家林业内外网平台和网络安全畅通，为厅局长会议、“两建”会议等重大活动提供强有力的支撑。确保视频会议系统稳定运行，为重点会议提供了技术保障。安徽统一规划建设林业新园区智能化系统，打造全省林业信息化业务管理中心、信息中心和数据中心。河南采用集约式模式，构建林业综合执法管理平台，面向全省各级林业执法机构提供七大领域联合执法管理功能，推进了服务与管理创新，促进了林业执法体制改革。湖南积极推进新中心机房等林业信息化基础设施项目建设。福建组织开展了“三防”一体化监控指挥调度平台建设。湖北构建了全省林业专网和办公协作平台。云南加快建设林业信息传输主干网。贵州着手建立统一基础平台。大兴安岭、山东等着手建立省、市、县三级高清视频会议系统。大连建设完成了市县两级联网宽带综合业务网络体系。这些工作为服务林业大局提供了坚强保障。

二是服务业务工作。以业务需求为导向，以优质服务为目标，组织召开各单位多形式、多内容、多场次林业信息化建设座谈会，研究落实各种支撑保障服务措施和具体行动，努力满足各单位的业务建设和发展要求。新建了一批司局、直属单位等子站并提供全面的运维保障。制作了全国林业系统电子通讯录，建立了相关查询系统。积极推进“金林”工程，为各项林业核心业务提供支撑。内蒙古鄂尔多斯市建成了市、县、乡一体化的林业专网和协同办公平台，实现了营造林设计、森林防火、病虫害防治、资源更新等全部业务的网上办理。

三是服务基层单位。深入基层调研，了解掌握基层需求，研究制定对策措施，指导地方信息化健康发展。共同推进自然保护区、森林公园、国有林场、种苗基地等网站群建设，极大地提高了影响力。组织开展湖南林业信息化、黑龙江柴河林业局、海南鹦哥岭自然保护区等先进典型的系列推介活动。举办了首届全国林业系统信息安全等级保护技术培训班，提升了全行业信息安全意识，明确了林业行业信息安全的主要任务。

四是服务林农群众。湖南依托林业基础地理数据库490多万个小班的8000多万因子，整合建立了林地测土配方系统，在计算机上输入姓名就知道自己的林地适合种什么树、如何种植，被广大林农称为民本工程、德政工程。沈阳建立了以门户网站和核心平台为基础，以远程监控系统、远程会商系统、三维地理信息系统、数据库管理系统为依托的现代林业信息系统，林农足不出户即可对接市场。江西完善了林权交易电子商务平台，交易系统进行了升级改版，增强了服务功能。北京加强网站特色服务和专题建设，对原有6个服务升级改版，推出更多更好的精品便民服务。河北搭建了全省林产品交易平台架构，为林农提供了自由交易的商务平台。内蒙古整合全区林业电子政务资源，打造立体化的林业厅门户网站。河南整合现有网站，建成林业网络视频中心，完善了商务咨询平台。江苏林业网进行了全新改版，加强网站互动性，增加网站服务功能，服务民众更加有力。黑龙江进一步完善了网上办事大厅、政务公开、社会服务3大板块功能。山东及青岛等也对网站进行了改版升级，提高了服务能力。

实践证明，林业信息化发展到今天，融合是必由之路，创新是必然选择，服务是必然要求。只有融合才能彻底实现共享，只有创新才能提供不竭动力，只有服务才能彰显核心价值。在融合的基础上不断创新是大势所趋、出路所在，也只有融合和创新才能真正提升林业信息化服务能力，为现代林业发展提供坚实保障。

三、有序推进，整合协调，创新发展

林业信息化是林业改革发展的重要支撑和动力，林业的改革发展为林业信息化不断创造新的需求和环境，林业信息化现状强力召唤着高度集成和融合，不断成熟的新技术、新成果催生着林业信息化的创新求变。今后一个时期，林业信息化只有不断深化内涵、扩展外延、突破传统、融合创新，才能为现代林业提供更好的支撑保障，引领现代林业转型升级。

（一）融合提升，创造林业信息化发展新格局。推动林业信息化加速发展，需要上下融合，协同努力。

一是整合项目建设，夯实发展基础。加快推进国家林业卫星遥感平台、内外网安全等级保护等项目的实施。加强自然资源和地理基础信息库项目管理，理顺林业基础数据管理机制。整合网站建设，加大中国林业网站群规模，整合市县级林业门户网站，加强信息员培训，提高信息发布质量。积极推进“金林”工程、云计算平台、物联网示范、北斗示范、林农服务平台、高清视频会议、灾备中心等项目的立项建设，全面加快建设步伐。

二是整合投资渠道，增强发展动力。上下共同努力，主动协调有关部门，积极争取将林业信息化建设纳入本级信息化总体规划，并在发展改革、财政部门设立林业信息化建设专项，形成长期稳定的投资渠道。在现有林业建设项目总投资中，力争拿出一定比例，集中用于信息化建设。加大现有林业建设项目中信息化投资整合力度，实行统一管理，统筹安排，专款专用，确保资金落到实处。在市场效益明显的领域，积极吸纳社会投资，加快推进林业信息化建设步伐。

三是整合信息资源，拓展服务平台。牢固树立一盘棋的思想，主动沟通，加快信息资源整合，已建的数据库、应用系统和网站，要尽快整合到统一平台上，今后新建的各类信息化项目，必须建在统一平台上。各省区市也要打破条块分割，加大整合力度，尽快完成整合。强化协作配合，要加强与有关部门的沟通协调，积极争取支持，密切协作配合。加强对外合作交流，坚持走出去、请进来的办法，学习借鉴国外、外部门先进经验和技术，加强与高等院校、科研院所、重点 IT 企业的战略合作，拓宽林业信息化应用领域，全面提升信息资源共建共享和应用水平。

（二）开拓创新，建立林业信息化发展新机制。信息化要引领现代化，信息人必须引领信息化，必须始终具备创新精神、创新意识，特别是要通过创新机制，把信息管理部门逐步打造成集综合管理部门、专业业务部门、现代科技部门、先进文化部门于一体的现代化团队，全面加快林业信息化建设。

一是融合各方优势，创新管理机制。要努力筹建全国林业信息化软件测评中心，为“五个统一”奠定基础；要尽快筹建中国林业信息化发展基金，评选首届中国林业信息化十大功勋人物；要加快推进典型样板建设，尽快推出首批全国林业信息化示范市、示范县；要加快机构队伍建设，尽快实现省级信息中心全覆盖。

二是融合信息特色，创新会议机制。要坚持 3 年多来探索形成的一套形式多样、完整的会议机制，充分发挥决策、执行、沟通、协调、监督作用：全国工作会机制，要推动全国性的工作会议每两年召开一次，努力打造规格最高、覆盖面最广、科技含量最高、内容最丰富、反响最强烈的专门会议，这将对全面促进林业信息化产生十分重要而深远的影响；座谈会机制，要根据具体业务需求不定期召开工作座谈会，如全国林业信息化示范省座谈会，各种业务专题座谈会、考察交流座谈会，有利于建立协调机制，处理好全局与局部、内部与外部、现实与长远的关系；协作组会议机制，协作组会议是与时俱进的新形式，也是一种加强沟通交流、促进业务创新的新平台，从今年起，这将成为林业信息化新的工作机制，形成惯例，每年开展 1 ~ 2 次，每次确定一个主题，由不同的省份牵头举办，会议形式上要充分利用信息手段有创新，会议内容上要充分结合发展形势有创新，每次要办出信息化特色，办出地方特色；培训会机制，要坚持培养信息化带头人的 CIO 培训和各种专题培训，努力提高信息化队伍整体素质。

三是融合信息资源，创新评测机制。要努力将《中国林业信息化发展报告》打造成精品，坚持按年度出版，从多个视野，记录年度林业信息化发展进程，探讨与信息化相关的热门话题、突出成就和前瞻技术，分析预测林业信息化发展的新形势和新任务，对林业信息化作最全面的总结、最高度的概括、最权威的评价。要努力做好全国林业信息化发展水平评测，对林业信息化整体发展进行把脉，要经过各地申报、数据审核、综合评定等环节，对林业信息化建设水平、应用水平、保障水平评测分析，形成年度《评测报告》，推动全国林业信息化快速发展。要努力做好全国林业网站绩效评估，对中国林业网各子站的建设运维情况，以及国家林业局办公网应用情况进行全面评估，评出十佳网站和十佳单位，调动各地各单位网站建设应用的积极性。要努力做好网站绩效单项评估，要评选出年度信息发布、在线服务、效能管理、网络访问、网站设计、网络影响、数据整合、互动交流领先奖等单项奖。要坚持信息采用情况定期通报制度，列出数量排名和得分排名，努力增加信息数量，提高信息质量，确保信息内容保障工作再上一个新台阶。要搞好全国林业和林业信息化十件大事、十大关键词评选活动，在每年年底集中推出。

四是融合信息技术，创新文化机制。信息文化产生并形成于信息时代，是以信息技术广泛应用而形成的新的文化形态。信息文化是信息化建设的重要内容，这几年，我们在信息文化建设方面做了很多创新性的工作，形成了良好的信息文化氛围，今后要不断发扬光大：要坚持林业信息化“责任、创新、服务、同心”的核心价值观，实现信息化对林业事业发展的最高保障，努力做一流的林业信息管理者和一流的林业信息服务者；要坚持林业信息文化理念，包括“One Center，One Team”的团队理念，“激情敏行，快乐工作”的工作理念，“有效沟通，高效激励”的管理理念，“人皆有才，人尽其才，人人成才”的人才理念，“精读慎思，享受学习”的学习理念，“心廉为本，行廉为实”的廉政理念等六大理念；要坚持林业信息文化规范，包括“守时、守信、守洁、守静”的办公室行为规范，塑造“四心”的职业修养规范，“整洁端庄，得体大方”的着装仪表规范，“宾至如归、融洽妥帖、分寸得当、友谊绵长”的公务接待礼仪规范，“责任清晰、管理有序、服务热情、注重效率”的日常工作交往规范，“联系顺畅、方式得当、话语简明、减少干扰”的通讯礼仪规范等六大规范；要坚持林业信息文化制度，要以《关于加强文化建设的实施意见》为指导，不断践行理论学习制度、专题学习制度、读书交流活动、主题实践活动等一系列制度措施，将信息业务工作与信息文化工作紧密融合，增强林业信息化队伍的战斗力和凝聚力；要创建网络生态文化，将全国生态作品大赛、信息改变林业网络故事征文大赛等打造成精品，构建积极健康的网络文化氛围，积极推进中国林业数字图书馆等公益性文化信息基础设施建设，为完善网络科普资源和公共文化信息服务体系奠定良好的基础。

（三）融合创新，实现林业信息化发展新跨越。林业信息化是系统工程，必须用战略的眼光谋划全局，系统部署，科学规划；林业信息化是动态过程，必须用超前的思维应势而动，分步实施，有序推进，努力实现三年转变上台阶的近期目标，五年规划促跨越的中期目标，战略谋划大发展的长远目标。

一是三年转变上台阶。2012 年和今后一个时期，林业信息化的总体要求是：紧紧围绕“发展现代林业，建设生态文明，推动科学发展”这个中心，按照“加快林业信息化，带动林业现代化”的总体思路和统一规划、统一标准、统一制式、统一平台、统一管理五个统一的基本原则，突出建设、应用、保障三个重点，坚持强化基础、提升水平、拓展领域、深化合作、规范管理五项要求，努力推动四大转变：推动林业信息化发展阶段由互联网向物联网推进，紧紧抓住信息化从“互联时代”向“物联时代”发展的良好契机，组织实施好智能林业物联网应用示范项目，科学制定林业物联网发展规划，积极推进物联网建设，从“数字林业”到“智慧林业”，使林业尽快实现物联世界；建设领域由电子政务向电子商务拓展，在强化林业电子政务建设的同时，积极向林业电子商务、电子社区等领域拓展，建设中国林业电子商务大平台、大基地、大产业，促进信息化与林业生产服务全面深度融合，充分发挥信息化的引领、带动和支撑保障作用；技术手段由现代信息技术向下一代信息技术提升，积极建设中国林业云、中国林业物联网，大力推动发射中国林业星，努力做好北斗卫星应用示范等工程建设，促进物联网、云计算、IPv6、新一代移动通信等信息技术在林业行业的普及应用，大幅提升林业信息化的建设和应用水平；应用服务由局部向整体延伸，努力使林业信息化实现新的突破，以提高服务保障能力为目标，加快林业信息化八大行动计划进程，在广度上推动信息化应用从点向面延伸，在深度上推动信息化应用由公共办公向核心业务推进。

二是五年规划促跨越。《全国林业信息化发展“十二五”规划》绘就了5年发展蓝图：完善信息技术在林业核心业务等各个环节的应用，核心业务信息化覆盖率达到80%，80%的省级以上单位实现无纸化办公，80%以上的行政许可项目实现在线处理；完善国家级林业信息化建设基础平台，完成80%的省级林业信息化建设基础平台，80%的省级单位建成国家、省、市、县四级上下互联互通的全国林业电子政务传输网络；完成我国林业信息资源目录与交换体系、安全管理体系、标准规范体系，并在全国林业信息化工作中得到应用，奠定全面实现林业信息化的坚实基础。

三是长远谋划大发展。随着全球信息化浪潮的不断推进，信息技术正在经历一场新的革命，信息化迎来了新一轮建设热潮，这股热潮的特点可以简单地用“更快、更高、更强”来形容，这意味着信息通信技术服务的速度将更快，普及、深化应用的要求将更高，提供的性能也将更强大。根据《中国林业信息化发展战略》研究成果，未来20年，全国林业信息化发展将呈现3个阶段性特征：数字林业建设阶段(2011~2015年)，以提高林业资源综合监管、营造林管理、林业灾害监控和应急响应能力为主线，通过加强移动采集终端、网络基础设施、基础数据库和应用系统建设等，实现林业各种信息的数字化采集、传输、存储、处理和应用；智慧林业建设阶段(2016~2020年)，以提高信息资源共享、业务协同和公共服务能力为主线，不断拓展新一代移动通信网、下一代互联网、物联网、云计算等前沿信息技术在林业重点业务中的应用，通过感知化、物联化、智能化的方式，建设具有中国特色的“智慧林业”；泛在林业建设阶段(2021~2030年)，以深化信息化与林业现代化的高度融合，全面提高林业的生态、经济、社会服务功能为主线，通过大力加强信息基础设施建设和信息技术应用，建设具有中国特色的“泛在林业”，让广大务林人和广大林区实现在任何时间、任何地点、与任何人、任何物都能顺畅地通信，人们可以高效地工作、自由地学习和快乐地生活。

信息革命正在加速改变整个世界的面貌，融合与创新成为发展潮流和时代主题。林业信息化要勇敢融入这一潮流，积极顺应这一主题，在融合中创新，在创新中发展，在发展中提升，大力加强业务融合、技术融合、管理融合，全面实现机制创新、体制创新、发展创新，努力形成集成式的林业信息化发展新模式，不断增强林业信息化可持续发展能力，充分发挥引领作用，抢抓发展战略机遇，振奋精神抓落实，加强学习强素质，为现代林业改善生态改善民生提供更加有力的支撑，真正实现“加快林业信息化，带动林业现代化”！

加快信息进程　服务生态民生　建设生态文明

在党的十八大和全国林业厅局长会议刚刚结束不久，我们在中国改革开放的前沿阵地广州市召开第二届全国林业信息办主任协作组会暨全国林业信息化示范建设交流会，具有十分重要的意义。会议的主要任务是：深入贯彻落实党的十八大和全国林业厅局长会议精神，总结交流2012年林业信息化工作，研究部署2013年工作，加快信息化进程，提升信息化水平，服务生态林业和民生林业，为建设生态文明做出新贡献。刚才，广东省林业厅陈俊光副厅长介绍了广东省林业信息化发展情况，讲得很好，深受启发。会议发布了2012年全国林业信息化发展水平评测、全国林业网站绩效评估、首届“信息改变林业”征文大赛结果和首批全国林业信息化示范市县名单，在此，我代表国家林业局信息办向获得优异成绩的单位表示热烈祝贺！向一直以来在林业信息化建设中无私奉献的同志们表示崇高敬意！向为这次会议付出辛勤劳动的广东省林业部门的同志们表示衷心感谢！

一、全国林业信息化的新形势、新机遇

近几年，全国林业信息化建设跨步前行，在不断实践、不断创新、不断开拓中实现了一个又一个历史性突破，发生了日新月异的变化，林业信息化已成为现代林业建设的一大突出亮点，成为支撑现代林业大厦的一大支柱。在建设生态林业、民生林业，发挥林业在生态文明建设中主体作用的进程中，林业信息化的影响和作用更加深刻和显著。2012年11月，党的十八大在北京隆重召开，信息化与生态文明成为最突出的两大亮点。十八大报告明确把“信息化水平大幅提升”纳入全面建成小康社会的目标之一，并提出了走工业化、信息化、城镇化、农业现代化道路，促进“四化”同步发展。报告首次专章论述生态文明，要求“把生态文明建设放在突出地位，融入经济建设、政治建设、文化建设、社会建设各方面和全过程”。这充分表明，在我国进入全面建成小康社会的决定性阶段，信息化

※ 该文为国家林业局信息办主任李世东2013年1月12日在第二届全国林业信息办主任协作组会暨全国林业信息化示范建设交流会上的讲话，收录时略有删改。

已不只是一种手段，而成为发展的目标和路径，生态文明已不只是一个口号，而成为建设美丽中国的战略选择和国家发展的重中之重。

（一）信息革命是人类跨入生态文明的金钥匙。文明就是指人类物质生产和精神生产成果的总和。人类文明阶段的划分是以生产力为标志的。从本质上看，每一次文明的更迭，都是一次生产力的飞跃，而每一次生产力的飞跃，都缘于一场深刻的技术革命。回顾人类社会的发展历程，从原始文明、农业文明、工业文明到正在迈进的生态文明，先后经历了农业革命、工业革命到现在正在进行的信息革命，由此带来人类政治、经济、社会、文化、军事等各个方面的重大变革，使人类文明的进程在短时间内超越了前几个世纪，进入新的文明阶段。

人类社会进入后工业文明时代后，以消耗资源、破坏生态、污染环境为代价的发展模式暴露出种种弊端，越来越不适应经济社会可持续发展的要求。如果继续照此下去，人类将失去生存的条件。人类必须找出一条既不大规模消耗资源能源、破坏生态环境又能促进经济社会大发展的道路，在深刻反思工业文明发展方式的基础上，人类社会做出了走人与自然和谐发展之路的新选择，人们把这条道路命名为"生态文明"之路。从 20 世纪中叶开始，特别是 70 年代以后，信息科学技术呈现飞跃发展的态势，应用深度、广度和服务功能全面提高，各领域快速发展，影响越来越大，逐渐形成了一场波澜壮阔的信息革命。信息革命产生的巨大生产力，远远超越了工业革命，特别是解决了工业革命造成的生态恶果，成为推动生态文明建设的主要技术力量，为生态文明大门的打开铸就了一把金钥匙。

当今社会，信息技术和信息资源相结合，以网络为依托，构成了新的最活跃的生产力，驱动着全球经济社会快速转变，在机械化、电气化、自动化的基础上实现了数字化、智能化和网络化，从而缩短了时空，加快了速度，转变了方式，转移了场合，甚至推动了社会制度和思想文化的变革。如果说，农业文明向工业文明的过渡，是一种物质型文明取代另一种物质型文明的话，那么工业文明向生态文明的过渡，则是从以物质资源和物质技术为基础的物质型文明向以信息资源和信息技术为基础的生态文明的划时代的、整体的、历史性的飞跃。

（二）信息革命推动生态文明全面发展。建立生态文明社会，就要按照以人为本的发展观、不侵害后代人生存发展权的道德观、人与自然平等和谐相处的价值观，建立生态环境文明、生态物质文明、生态意识文明、生态行为文明、生态制度文明，在人类社会的生产方式、生活方式等各方面构建新的社会文明形态。

信息革命推动生态环境文明发展。工业革命的核心是资源，信息革命的核心是信息。资源的大量消耗会造成生态破坏，而信息却不会。工业革命的特点是资源独享，而信息革命的特点是资源共享。工业化的不断深入使得大规模的生态危机蔓延全球，出现了森林锐减、土地荒漠化、水土流失、淡水危机、酸雨漫延、海洋危机、气候变化、垃圾成灾、能源危机、物种危机等全球十大生态危机。随着信息技术的不断发展和日趋完善，人类借助其应对生态危机的能力不断增强，在设施、手段和周期等方面为建设生态文明提供了便利，让生态危机管理更加智慧，让生态危机信息获取更加容易，从而为减缓生态危机提供便捷的信息平台。可以预见，随着信息革命的深入，人类生存、生产和生活环境必将实现可持续发展。

信息革命推动生态物质文明发展。生态文明的实现需要切实转变经济发展发式、优化调整产业结构：绿色节能环保的战略性新兴产业将加速发展，低污染低排放低能耗的服务业所占比重将显著提高，制造业将通过进一步的节能降耗实现清洁生产，整个大农业也将向生态化转变，从而形成生态文明时代的十大产业：信息通信产业、智慧节能环保产业、智慧生物产业、智慧新能源产业、智慧新材料产业等战略性新兴产业，智慧金融产业、智慧物流产业、智慧旅游产业等智慧服务上，智慧采矿产业等智慧工业，以及智慧大农业，而这些都依靠不断发展的信息科技支撑，从而实现更透彻的感知、更全面的互联互通、更深入的智能化、更智慧的决策，带动现代绿色经济的整体发展。

信息革命推动生态意识文明发展。人类社会经历了五次信息技术革命，从语言、文字、印刷、通信技术的诞生再到互联网普及，每一次信息技术的飞越都使得人类更了解自然，信息革命让人类重新认识地球生态系统。从而对自身行为进行反思。美国诺贝尔经济学奖获得者赫伯特·西蒙教授在其经典著作里指出：人类的理性是有限的，因此所有的决策都是基于有限理性的结果，如果能利用存储在计算机里的信息来辅助决策，人类理性的范围将会扩大，决策的质量就能提高。信息技术的出现，大量的理论、观点通过新的快速的信息通道在短时间内被输送到人们面前，结合人们对环境污染日渐严重的恐惧与警觉，可以说这场自我审视是在信息革命的有力刺激下酝酿爆发的，并以其发达的信息技术裹挟全球化趋势，使得这场生态意识觉醒和自我审视尤为深刻。正在席卷全球的信息革命使人类社会发生了深刻的变革，人类的生活方式、思维方式和价值观都正在发生翻天覆地的变化。信息革命带来的信息文化也正在取代工业社会带来的工业文化，把人类社会的文化及其生产推进到了一个崭新的阶段，形成了生态文明时代十大新型文化现象：智慧教育、智慧图书馆、智慧博物馆、智慧公园、数字传媒、数字出版、数字会展、数字艺术、数字电影和网络文化等，使人们能够随时方便地获取信息，并参与制造信息，大大改变了传统媒介方式，提高了人们收集信息的全面性和及时性，加快了文化的传播速度和影响范围，对文化的繁荣发展，对在建设生态文明的基础上，领略生态文明、引领生态文明、传播生态文明起到重要作用。

信息革命推动生态行为文明发展。生态文明的实现同样需要转变传统的生活方式，形成智慧、绿色、低碳、健康、便捷的新生活方式。信息技术的发展为绿色生活方式和消费方式的实现提供了可能，催生了生态文明时代十大生活模式：包括智慧化的衣食住行用——智慧服装、智慧饮食、智慧建筑、智慧社区、智慧交通、智慧终端，智慧化的医疗——智慧医疗、智慧化的消费——智慧商务、智慧化的工作——智慧政务，以及新型的人际交往方式——网络参与。互联网已经变成了新市场，计算机已经变成了办公室，网络已经成为人们的聚会场所，社交网站成为分享空间的平台，数字设备成为人们沟通交流的工具，我们的世界已经进入一个信息世界，信息技术好比我们的眼睛、耳朵，已经融入并影响生活，成为我们生活中不可或缺的一部分。人类的未来是智能社会，是最理想、最科学、最美好的生态文明社会。

信息革命推动生态制度文明发展。生态政治文明是人们正确对待生态问题的一种进步的制度形态，强调健全生态法治体系，突出强制性生态法律法规的地位和作用。信息革命所带来的海量信息将冲破信息封锁，使破坏生态环境的违法犯罪行为难以隐藏，将一切公开化、透明化，使相应的不合理制度难以维护，从而促进生态制度健全，协助建立完善的“目标体系、考核办法和奖惩机制”。在 web2. 0 时代，以电子政务为基础的智慧政务大大降低行政成本，提高工作效率，提升治理能力。全面交互的博客、微博、各类服务平台、移动通信等，带给了人们过去难以想象的大量信息，以及各种各样的交流和民主参与的机会，使得公共制度和决策更为透明和开放。

（三）信息革命核心技术推动生态文明跨入新时代。21 世纪是生态文明的世纪，随着以信息技术为代表的高新技术的推陈出新，未来的时代不仅越来越“生态化”，也将越来越“智慧化”。随着信息技术的飞速发展，信息革命十大核心技术都对生态文明建设产生了巨大而深刻的影响。

计算技术发挥保障作用。计算技术是信息处理的核心，它扩展了人的思维器官处理信息的功能，为生态文明建设中的科学决策提供了有效的技术保障。云计算突出的虚拟和动态存储计算能力成为应对“大数据”的利器，作为一种新兴的信息服务模式，集成了各类计算资源，具有海量存储能力和超级计算能力，可以提供精确高效的数据和信息帮助决策，为生态文明建设搭建了信息化平台；多媒体技术除了处理文字、数据、图形等信息外，还可以综合处理图像、声音、动画、视频等信息，开创了计算机应用的新纪元，为精彩展示生态文明创造了条件；人工智能技术利用计算机模拟和再现人类的某些智能行为，使计算机在各个领域中起到人类专家的作用，能利用人类专家可用的知识和解决问题的方法来解决该领域的问题，为生态文明建设中的科学决策提供了有效的技术保障。

网络技术发挥支撑作用。在实现人与人、人与物、物与物全面互联方面，物联网使我们生活中任何物品都可以变得“有感觉、有思想”，通过在物体上植入各种微型感应芯片使其智能化，然后借助无线网络，实现人和物体“对话”，物体和物体之间“交流”，推动生态文明各部分各环节充分、实时感知；下一代互联网为生态文明各方面的信息交流和传递营造了更加便捷的空间，推动设备的高效利用，实现整个社会的低碳运转和节能减排；虚拟现实技术和可视化技术借助计算机及最新传感器技术，创造一种崭新的人机交互手段，为人们探索宏观世界、微观世界以及出于种种原因不便于直接观察事物的运动变化规律，提供了极大的便利，广泛应用于各个领域，促进了数字世界和自然世界融合的实现；“3S”

集成技术为生态环境的远程、实时、动态感知创造了条件，北斗卫星系统标志着我国具备为中国及周边地区提供定位、导航和授时服务的能力，通过精确定位及提供的多种数据源，支撑了智能交通、现代海洋渔业、精细农业产业发展，对国家安全战略、保障国民经济稳步发展、提高国家减灾救灾应急能力有重大意义。

通信技术发挥助推作用。移动通信技术是对生态文明时代产生巨大影响的一项关键技术，移动网络、移动办公、移动商务，不受时间和空间的限制，进一步缩短了生态文明进程中人与人的距离，为便捷、互联、智慧的生活奠定了基础，正在改变并将持续改变人们的生产生活方式；网络安全技术解决更多更复杂的网络通信难题，提供网络安全的层层保障，使大量信息和数据得以安全保存、传输和分析利用，防范网络文化多样性危机、网络信息污染危机、信息膨胀与信息短缺导致的网络文化生态结构危机、网络安全危机、网络生态个体危机等，为生态文明时代的网络化生活带来契机，保障网络生态文化建设的顺利推进。

微电子技术发挥促进作用。微电子技术是未来最为重要、最有活力的高科技之一，将是支撑生态文明各领域建设的核心和基础。微电子技术已在经济、社会、军事等领域广泛应用。微电子技术在经济领域广泛用于汽车制造业，不仅降低了燃油消耗，而且大大降低了排气污染，提高了汽车的安全可靠性。未来生物芯片技术的应用，使微电子技术在医学、生命科学、药业、农业、环境科学等凡与生命活动有关的领域中具有重大的应用前景，为生物产业带来巨大的变革；微电子技术在军事领域不仅提升了军事装备和作战平台的性能，而且导致了新式武器以及新兵种的产生，改变了传统战争的模式，不可否认，它将在未来军事中扮演越来越重要的角色，成为未来军事的希望之星。

以信息技术和信息资源为核心的信息革命成为推动生态文明建设的主要技术力量，我们必须牢牢把握这一难得的历史机遇，深刻认识这一社会发展规律，顺应人类社会发展趋势，加快推进信息化发展，充分发挥信息化在生态文明建设中的独特作用。

二、全国林业信息化的新突破、新成效

2012 年，是全国林业信息化建设取得突破性成就的一年，林业信息化各项工作全面推进，加速发展，屡创佳绩。一年来，各级林业主管部门认真落实“加快林业信息化，带动林业现代化”的总体要求，坚持“五个统一”的基本原则，贯彻“四个服务”的工作理念，科学谋划、系统部署、扎实推进林业信息化建设，服务领域不断拓展、应用水平大幅提升、保障能力显著增强，获得了多项殊荣，实现了历史性突破，为服务生态民生、建设生态文明发挥了重大而独特的作用。

(一)努力加快基础建设，铺就生态文明信息高速路。经过不懈努力，全国林业信息基础设施已经建成了集传输文字、视频、音频于一体的服务生态文明建设的高标准信息高速公路。一是实现了网络全覆盖。全国林业专网节点由 37 个增加到 72 个，联通了全国

各省级林业主管部门和国家林业局京内外直属单位，实现了林业系统的全覆盖。搭载了全国林业视频会议系统、全国电子公文传输系统、国家林业局综合办公内网平台等，大幅提高了会议及综合办公的效率。内蒙古、吉林、辽宁、湖北、江西、浙江、江苏、甘肃等省区加强网络基础设施建设，实现了专网的有效联通，不少省区市实现了省、市、县、乡互联互通。二是提高了服务水平。2012 年，国家林业局互联网出口带宽由 100 兆扩容至 200 兆，大大提高了网站的访问速度，提供了更高质量的信息服务，国家林业中心机房成为林业应用高科技的重要阵地和国家林业局的重要窗口和亮点。各省区市也加大了资金投入用于升级出口带宽、改造中心机房等建设。湖南出口带宽由 10 兆提升至 100 兆，辽宁由 10 兆提升至 150 兆，甘肃由 4 兆提升至 30 兆。湖南、福建、广西等省区建设了新的 A 级省级中心机房。三是升级了数据平台。启动实施了国家卫星林业遥感数据应用平台建设项目，提供林业资源综合监测所需的各类遥感信息及数据处理系统、数据产品发布系统以及综合监测遥感数据产品，实现林业各监测专题的遥感信息及平台共享。国家自然资源和地理空间基础信息库林业数据分中心一期建设完成并通过验收，整合改造了 100 多个林业重点数据库，建成了国家林业数据统一平台，为省级以上林业专业数据集中管理和跨部门数据共享奠定了坚实基础。各省区市稳步推进数据整合建设，辽宁建成了数字林业核心平台，北京建成了集林业资源、林业生态工程、林业产业和林业管理于一体的数据平台，吉林、福建、浙江、广东、江西、河南等省建成了林业信息资源整合与共享平台，实现了资源数据共享。

（二）全面加强网站群建设，打造生态文明服务窗口。中国林业网不断加强整合、深化融合、创新发展，坚定集约理念，打造精品网站。在中央 73 个部委网站综合排名中，由 2011 年的第 10 名跃升至第 4 名，取得了重大历史性突破，并荣获了中国互联网最具影响力政府网站、快速发展型政府网站、网站运维管理奖、精品栏目奖等多项荣誉，成为生态文明的服务窗口。一是全力打造中国林业统一门户。中国林业网统一门户深入推进，在整合完善 100 多个司局、直属单位和省区市网站的基础上，新整合上线全国市县林业门户网站，形成林业系统国家、省、市、县四级网站群。新建 1000 个森林公园、国有林场、种苗基地、自然保护区网站，并筹建主要树种、珍稀动物等专业网站，中国林业网站群不断壮大并日趋完整。各省级网站群建设积极推进，辽宁建成了由一个主站、100 多个子站组成的网站群；甘肃统一整合 30 个市（州）林业局和厅直单位网站，形成了省市两级站群的整体形象；吉林、湖北、河南等省也重点加大网站群建设力度，加快推进网站群建设。二是大幅提升网站服务功能。中国林业网不断提高信息发布能力，优化在线服务功能，加强互动交流渠道建设，全年发布政务信息 30 余万条，每日信息发布量突破 100 万字，每日访问量突破 100 万人次，总访问量突破 7 亿人次；国家林业局办公网信息发布量突破 100 万条，访问量突破 100 万人次。辽宁林业网、湖北林业网的信息公开栏目，湖南林业信息网测土配方系统，浙江林业网新闻动态栏目及沈阳市林业局网络交易系统分别获得政府网站“精品栏目”奖。北京市加强网站特色服务和专题建设，对原有6个服务升级改版，推出更多更好的精品便民服务。江苏、山东(青岛)等也对网站进行了改版升级，加强网站互动性，服务公众更加有力。三是大力弘扬网络生态文化。开展全国林业信息化十件大事和“信息改变林业”网络故事征文大赛，组织开展了“生态林业铸辉煌”、“民生林业的脊梁”等20多个在线访谈以及海南鹦哥岭青年团队先进事迹、柴河林业局文化建设等专题活动，围绕林业工作的重点和热点，充分利用网络平台优势，打造网络生态文化的主阵地，在行业内和全社会产生了巨大的影响。

(三)深入推进应用工程，提升服务生态文明质量。“全国林业一张图”、林业物联网应用示范、国家林业局云计算平台、“金林”工程等取得了重大突破，提升了服务生态文明的质量。一是“全国林业一张图”取得重大进展。完成了林业资源综合监管服务体系试点项目建设，开发了森林资源、湿地资源、荒漠化资源、生物多样性资源等4个监管子系统，形成了集森林、湿地、沙地和生物多样性资源于一体的“全国林业一张图”。各省也积极搭建“三个系统一个多样性”资源数据共享平台，湖南省将8654张2.5米卫星影像，122个县市区、2662个乡镇和46167个村界线数据全部入库，真正实现“全省林业一张图”；河北建设了全省林业基本情况数据库，完成了184张资源分布图的拼接，分类整理入库并实际应用。二是国家物联网应用示范工程稳步推进。分别在吉林森工、江西井冈山实施森林资源和森林旅游监管服务物联网应用示范工程，建设智慧防火和智慧旅游平台，全面提升森林防火和森林旅游现代化管理水平。在2012中国智慧城市大会上，国家林业局信息中心荣获“智慧城市贡献单位”。三是云计算平台建设逐步开展。国家林业局批复建设的云计算项目，利用云计算、虚拟化等技术，将林业信息化基础平台提升为“云计算平台”，并依托该平台的高冗余、高弹性和高可靠性的强大服务能力，逐步建立起覆盖全国林业，连接国家、省两级平台，国家、省、市、县四级服务体系的“国家林业云计算平台”。四是“金林”工程等重点信息化工程积极推进。2012年4月，国务院正式批复《“十二五”国家政务信息化工程建设规划》，“金林”工程建设内容列入其中，这是林业系统第一次纳入国家层面的重大信息化工程，“金林”工程的实施将带动全国林业信息化新的飞跃。同时，抓紧推进林农信息服务平台、林改监管服务平台建设项目，进一步提高林业信息化综合水平和服务林改、服务林农能力。五是应用系统加速开发。推进中国林业数据库建设，整合了林业遥感数据库、林业统计信息库等17个数据库，建设了中国林业数字图书馆，为林业行业提供数据及图书文献查阅服务。扩建中国林业网络博览会和网络博物馆，支持林业产业发展。制作全国林业系统电子通讯录，方便各级林业部门沟通交流。湖南林业电子办证系统、浙江林权一卡通系统、河北林产品交易平台、江西林权交易电子商务平台、河南林业综合执法管理平台、内蒙古鄂尔多斯市林业专网和协同办公平台、沈阳林业核心平台、黑龙江网上办事大厅的建设和应用，全面提高了信息化应用水平和网络服务能力。六是电子政务应用水平不断提升。升级完善了国家林业局综合办公系统群，扩大了办公系统应用覆盖面，实现了全局全网全覆盖。研究推行电子签章，移动办公全线推开。国家林业局综合办公系统、湖南测土配方系统荣获"中国电子政务最佳实践提名奖"。辽宁、湖北、河南等10多个省区积极建设综合办公平台，湖南省14个市州、100多个县市区林业局全部实行了无纸化办公，极大地提高了工作效率。

（四）着力做好安全运维管理，夯实服务生态文明基础。通过整合业务流程、统一规范管理、安全技术培训，提高安全防护能力，实现对安全及运维管理工作的精细化、制度化、高效化，夯实了服务生态文明基础。一是推进运维精细化管理。完善了国家林业局运维平台的核心功能及运维工具，细化了工作角色，确定了岗位责任，规范了运维体系，建立了备件库。二是加强网络信息安全。召开了全国林业信息安全工作电视电话会议，对全行业进行安全部署。举办了首届全国林业系统信息安全等级保护技术培训班，提升了全行业信息安全意识。开展了林业系统信息安全、等级保护工作监督检查，完成了国家部署的网络与信息安全自查，确保了十八大期间的网络信息安全。启动实施了国家林业局内外网安全等级保护建设项目，完成了全行业信息安全等级保护综合管理系统建设，并取得了阶段性成果。三是建立健全了应急机制。建立适用于信息安全要求的运维体系和应急保障体系，明确了国家和省级林业主管部门的信息安全、等级保护责任人，相关岗位实行7×24小时值守，成功抵御了各种病毒和黑客的攻击，保障了全年信息安全工作无事故。四是认真落实"五个统一"。林业信息化工作的基本原则是统一规划、统一标准、统一制式、统一平台、统一管理。统一规划是前提，统一标准是基础，统一制式是保障，统一平台是手段，统一管理是关键。根据"五个统一"的要求，将森林防火信息指挥系统、全国木材运输管理系统、森林合理年采伐量测算系统、沙尘暴应急处置平台等安装至中心机房，纳入统一平台进行管理。

（五）重点推动示范建设，提升服务生态文明水平。通过开展林业信息化示范省、市、县建设，充分发挥典型的示范带动作用，加强了各地各单位间的交流合作，大大促进了全国林业信息化整体水平和服务生态文明水平的提升。一是强化示范省典型带动。2009、2011年先后开展了两批全国林业信息化示范省建设工作，确定了辽宁、湖南等13个省区市为全国林业信息化示范省。各地纷纷利用建设林业信息化示范省的契机，加大投入，强化机构，充实人才，做了大量卓有成效的工作，推出了一系列国内领先的示范成果。湖南实施了"测土配方"工程，整合基础地理数据库490多万个小班的8000多万因子数据和全省二次土壤普查数据等，建立起林地测土配方信息平台，帮助林农了解土地、树种、土地与树种的关系，为林农植树造林提供科学依据。北京建设了林木有害生物监测网格化管理系统，实现了北京市3000多个监测点及800多个监测区域的空间分布管理，有害生物监测进入了电子时代。山西建设了森林远程视频监控系统，建立了省、市、县三级监控中心，实现了监控范围内森林火灾、森林采伐、湿地保护、病虫害防治、野生动物等资源的实时监控。广东建设了森林资源与生态状况监测信息系统，集成应用"3S"、决策树、神经网络、生长模型、专家系统等技术，实现了森林资源管理的自动化、智能化，为应对气候变化提供科学评价依据。二是开展示范市县建设工作。2012年，总结示范省建设的好经验、好做法，开展了林业信息化示范市、示范县建设。河北省张家口市等25个市，天津市蓟县等50个县成为首批全国林业信息化示范市和示范县，示范主题涵盖了新技术应用、数字平台建设、政务平台建设等各个方面。其中，在新技术应用方面：北京市西城区园林绿化局应用物联网技术研发园林植物条码化管理系统，广东东莞市构建基于云计算的林业基础数据共享平台，辽宁本溪市开发应用掌上林业应用系统。在数字平台建设方面：河北张家口市建设林业空间服务平台，内蒙古自治区鄂尔多斯市建设数字林业核心平台，浙江龙泉市建设林业基础信息平台，福建南平市延平区建设“三防”监管一体化信息平台。在政务平台建设方面：吉林延边朝鲜族自治州建设林业综合办公平台，山东济南市建设林业电子政务，湖北襄阳市建设政务内网基础平台，广西融水县建设林政综合信息管理系统，重庆永川区建设林业综合服务平台。在应用系统建设方面：安徽合肥市建设森林资源管理地理信息系统，吉林龙湾自然保护区建设生态旅游管理系统，湖北潜江市建设服务林农林企信息化系统，湖南新化县建设生态公益林管理系统，广西融水县建设林政综合信息管理系统等。

（六）切实强化支撑保障，增强服务生态文明能力。一是积极推进制度和标准建设。印发了《全国林业信息化工作管理办法》、《中国林业网管理办法》、《全国林业网站绩效评估管理办法》等数十项制度，林业信息化开始步入规范化管理轨道。建立了“十二五”林业信息化标准建设项目储备库，有19项行业标准通过专家审定。河北、江苏、福建、河南、湖北、四川等省积极开展地方林业信息化标准规范建设。二是改革完善管理机制。制定了机房、安全保密、协作组会议、综合办公系统管理等一系列运行维护管理和基本管理机制，规范了信息发布审批机制，编辑完成了《中国林业信息化》系列丛书，为加快推进林业信息化建设提供了政策、制度和技术保障。山东、河南、湖北、辽宁、安徽等省完善了信息化管理相关机制，形成了以制度强基础、促发展的良好局面。三是建立健全组织队伍。组建了中国林业网编辑委员会，建立了一支自上而下的全国网站编辑队伍，强化了内容服务和信息质量。各省级林业主管部门不断加强信息化队伍建设，充实信息化管理人员，目前，省级林业主管部门拥有信息化独立机构的已达27家。辽宁、湖南等省还成立了市县级信息中心，为林业信息化快速发展提供了组织保障。四是组织开展技术合作交流。国家林业局信息办与北京林业大学、国家林业局干部管理学院签署战略合作框架协议，与中国林科院就林业信息化科技创新进行了深入交流合作。深入农业部、国家民委、清华大学等部委、高校、科研单位以及省市县林业信息化主管部门进行调研。各省市县间也不断进行双向、多向交流，互相取长补短，实现共同发展。五是全面加强发展水平评测和网站绩效评估。国家林业局连续开展了全国林业信息化发展水平评测和全国林业网站绩效评估工作，保证了全国林业信息化快速、健康、持续发展。最新评估结果表明，湖南、辽宁、北京继续保持领先优势，甘肃、云南、四川、湖北快速发展；北京、湖北、福建、江苏、广东、四川等省区市在全国42个省级单位网站评估中名列前茅。各省区市在数据库建设、网站建设、管理保障、数据库使用、应用系统使用、数据库和应用系统支撑核心业务几项指标的得分率呈现明显增长趋势。

总之，林业信息化工作在各地各单位的共同努力下，取得了骄人的业绩，得到了各方面的充分肯定和高度评价，引起了系统内外的广泛关注，林业信息化真正成为展示林业部门良好形象的一张名片，凸显林业行业最新优势的一大亮点，服务生态林业、民生林业的一大支柱。2012年12月11日，赵树丛局长做出重要批示："信息办在建设网络平台、服务林业发展大局上做了卓有成效的工作，取得了优异成绩，望总结经验，再接再厉，推进信息化发展，服务生态林业、民生林业，为生态文明建设做出新贡献。"孙扎根副局长同时批示："工作很有成效，望继续努力。"

三、全国林业信息化的新目标、新任务

2013年是全面贯彻党的十八大精神的开局之年，是深入实施林业"十二五"规划承上启下的关键之年，也是全国林业信息化全面加快推进的第五年，做好全年工作，意义重大，非同寻常。各地要切实按照全国林业厅局长会议的要求，加强领导，狠抓落实，全力推进林业信息化建设，为服务生态民生、建设生态文明提供有力支撑和坚强保障。2013年全国林业信息化工作的基本思路是：以邓小平理论、"三个代表"重要思想、科学发展观为指导，以服务生态民生、建设生态文明为目标，再动员、再部署、再加力，召开一次会议，出台两个文件，抓好建设、应用、运维三个重点，强化服务大局、服务司局、服务基层、服务林农四项服务，提升信息服务、辅助决策、提质增效、安全保障、社会影响五大能力，努力使林业信息化取得新成效、实现新突破、做出新贡献。重点抓好以下几项工作。

（一）深化顶层设计，完善发展思路，服务生态文明。科学的顶层设计事关林业信息化发展成败。要深入研究生态文明建设的特点、规律和需求，从战略的高度和全局的角度，不断深化林业信息化顶层设计，增强发展的科学性、系统性和协调性。一是科学谋划发展方略。加强先进信息技术推广应用，是全面加快林业信息化发展的迫切需要，是转变林业发展方式、提高林业质量效益的必然选择。当前，大数据、智慧城市、云计算、物联网、移动通信等新一代信息技术应用已列入国家战略性新兴产业，深化行业应用时不我待。为此，要在以往工作的基础上，以《全国林业信息化建设纲要》等为指导，加快编制《中国林业云发展规划》、《中国林业物联网发展规划》、《中国智慧林业发展规划》，推动林业由数字阶段向智慧阶段跨越。地方林业主管部门要依据国家级规划，结合本地实际，制定细化规划和方案。二是制定出台指导性意见。按照十八大精神，根据国家信息化发展的总体要求，结合当前及今后一个时期林业信息化建设实际，加快制定《国家林业局关于

全面加快林业信息化发展的若干指导意见》，对资源整合、业务融合、开发利用、标准建设、示范带动、科技创新、资金保障等方面做出规定、提出要求。

（二）召开工作会议，进行全面部署，推动生态文明。根据十八大精神，按照国家有关要求，结合林业实际，召开专题会议，进行再动员、再部署，再加力。一是筹备召开第三届全国林业信息化工作会议。分析总结“十二五”前期工作，研究部署“十二五”后期工作，对全国林业信息化建设进行新一轮全面动员，全力部署，全程加力，进一步促进全国林业信息化建设又好又快发展。二是各地召开林业信息化工作会议。地方林业主管部门要召开专题工作会议，传达贯彻全国林业信息化工作会议精神，认真总结本级工作，研究部署下一步工作，确保全国步调一致，努力缩小区域间的发展差距。

（三）坚持项目带动，夯实发展基础，建设生态文明。遵循“五个统一”的原则，抢抓一批重点信息化建设项目，促进基础条件改善，推动信息资源整合，提升林业主体业务的信息化水平，支撑生态文明建设。一是扎实推进已批复项目的实施。要着力做好内外网等级保护、云计算平台、国家遥感卫星数据林业应用平台等建设项目，继续完善中国林业数据库、数字图书馆、网络博物馆、网络博览会，加快建立林业综合办公系统群，精心开展国家智能林业物联网应用示范工程。各地要按照已批复项目的要求，加强组织协调，优化方案设计，扎实推进工作，确保取得实效。二是努力推进“金林”工程建设。“金林”工程以林业核心业务为主要建设内容，是当前我国林业信息化建设的龙头项目。尽快启动和组织实施好这项重大工程，事关全局，影响深远。要按照国家发改委的最新要求，积极协调相关部门，抓紧修改完善可研报告，争取上半年正式报批，同时认真做好实施前的各项准备工作。另外，积极推动林改综合监管平台、林农服务平台、北斗行业应用示范等信息化建设项目。各地要积极配合，做好相应项目数据库建设和配套建设等工作。三是积极争取国家林业数据分中心建设项目。国家自然资源和地理空间基础信息库林业数据分中心建设项目要在一期工程建设的基础上，积极推进成果共享，科学谋划二期建设内容。各地要结合本辖区实际，重点围绕林业资源监管、林业生态工程管理、林业灾害监测预警、林改监管与服务、林业经济运行监测等，研究储备一批信息化建设项目，有序推进林业信息化建设。

（四）加强网站建设，提升服务水平，传播生态文明。林业网站是开展信息发布、在线办事、互动交流和网上展示的基础平台，也是搭载各种应用的重要载体。加强网站建设，拓展网站功能，是林业信息化的中心工作之一，是培育和传播生态文化、促进生态文明建设的重要手段。各级林业主管部门要从转变林业发展方式、构建服务型政府、建设生态文明的战略高度，切实加强网站建设，争取用两年的时间，使中国林业网的子站数量达到 1 万个，打造林业网上“航空母舰”，使中国林业网的规模在实现行业之最的基础上，今年力争做到全国之最，明年力争做到全球之最。一是尽快出台规范性意见。按照“扩大规模、提升质量、强化服务、安全高效”的指导思想，研究制定《国家林业局关于加强网站管理和信息安全工作的若干意见》。各地要对照《意见》查缺补漏，结合本地实际，出台有针对性的管理办法和整改措施。二是加快推进市县网站建设。着力开展市县林业网站建设年活动，力争年底前全部市级网站、1/3～1/2的县级网站建成运行，再用1年的时间完成全部县级网站建设。加强对市县林业网站建设的督促指导，坚持集约理念，推进网站整合，打造纵向到底的林业门户网站群。三是加强林业专题网站建设。按照主题业务范围和实体单位，密切协同配合，有序推进森林公园、自然保护区、国有林场、种苗基地、湿地公园、主要造林树种、珍稀濒危动物、主要林业发达国家等专题网站建设，打造横向到边的林业专业网站群，实现网站服务对象由部门向社会的重大转变。加强信息采编、信息更新等技术培训。四是强化网站内容保障。按照"四个服务"的要求，优化网站设计，丰富网站功能，提高网站的知识性、趣味性和实用性，打造百姓喜闻乐见的林业网站。开展首届美丽中国征文大赛、第二届网络生态作品大赛，积极营造良好的网络生态文化氛围。建立健全网站编辑委员会，明确岗位职责分工。强化网站信息员制度，提高信息采编数量和质量，积极拓宽信息来源渠道。加强网站信息更新，提高信息发布的时效性和准确性。开展网站绩效评估，促进各级林业网站建设。

（五）强化示范建设，努力带动全局，引领生态文明。典型示范是推动工作的有效手段。要按照林业信息化示范省、示范市、示范县建设的有关要求，有序推进示范工作，充分发挥其引领带动作用，加快新"四化"和生态文明建设进程。一是继续推进示范省建设。各示范省要对照国家林业局批复的示范主题和示范方案，认真开展"回头看"，明确今年的工作重点，确保扎实高效推进。国家林业局今年要对首批4个林业信息化示范省进行全面的检查评估，对第二批9个林业信息化示范省（市）加强督促指导，确保建设进度。同时，认真总结推广示范省（市）建设经验。二是加快推进示范市县建设。全国林业信息化示范市县建设工作已正式启动，这既是对大家以往工作的充分肯定，也对未来工作提出了更高的要求。希望各单位珍惜荣誉，按照示范文件要求和批复的示范主题，抓紧编制实施方案，切实加强组织领导，加大支持保障力度，加快示范建设进度，及时总结示范经验，真正起到示范带动作用。其中实施方案务必于3月底之前报到国家林业局。三是积极争取应用示范项目。近年来，移动宽带、云计算、物联网、智慧地球、泛在计算等新概念、新思想、新技术层出不穷，在全球广为传播，充分反映了信息技术及其应用在经过了几十年的发展之后，正在向泛在化、可视化、智能化等高端方向发展。各地要立足国情、林情，以需求为导向，积极争取集成应用示范项目，切实加强高新技术应用推广，不断拓宽信息技术应用深度和广度。

（六）加强组织管理，提升保障能力，支撑生态文明。国家已经把信息化提升到了新"四化"的战略高度，各级林业主管部门要进一步统一思想，提高认识，加强领导，强化措施，加快林业信息化步伐，为推进生态文明建设提供全方位、多层次、强有力的保障。一是完善机构队伍。到今年年底，省级林业主管部门力争全部成立独立的林业信息化管理机构，做到编制到位、人员到位、管理到位。林业重点市、县要结合本地实际，加快建立专门的管理机构。要创新激励机制、制约机制和保障机制，充分激发内生动力，有效争取外部支持。二是加大投资力度。强化财政投资的主体地位，在财政预算中，争取明确设立林业信息化专项，确保年度投入稳中有升。建立健全财政专项测算标准，做到有据可依、有据必依、应保尽保、科学使用。在育林基金、生态效益补偿基金、重大生态建设工程等长期性林业建设投资中，力争提取1%的额度专项用于信息化建设和推广应用。按照“政府主导、社会参与、市场运作、林农受益”的基本思路，积极扶持和引导社会力量参与林业信息化建设。三是完善政策制度。细化林业信息资源整合、共享交换、开发利用以及科技创新、信息安全保障等政策措施。进一步加强项目管理、网站建设、网络运维、信息安全、试点示范、调研会商等规章制度建设，强化评测评估，做到制度管人、制度管事。四是加强标准建设。积极推进已立项标准的制定修订工作，确保按期完成任务。从实际需求出发，加强重大复杂林业信息化标准的预研究。推动全国林业信息数据标委会改选，动态完善林业信息化标准项目储备库。加强标准宣贯，增强标准意识，强化标准应用，提高标准化、规范化水平。五是强化人才保障。按照分类分级培训的原则，加强领导干部顶层设计能力和职工岗位技能培训，提高信息化意识与信息技术应用能力。建立灵活的用人机制，不求所有，但求所用，不断优化林业信息化人才结构。加强交流合作，促进相互学习。

蓝图已绘就，成功靠奋斗。党的十八大吹响了大幅提升信息化水平、大力推进生态文明建设的号角，全国林业厅局长会议对“全面提升生态林业和民生林业发展水平，为建设生态文明和美丽中国贡献力量”做出了明确部署。我们要认真贯彻落实党的十八大和全国林业厅局长会议精神，紧紧抓住信息化发展新的战略机遇期，以更加科学的态度、更加振奋的精神、更加务实的作风，凝心聚力，攻坚克难，努力开创林业信息化发展新局面，为服务生态民生、建设生态文明做出新的更大贡献！

网站建设

WANGZHAN JIANSHE

林业信息化
Forestry Informatization

建设政府网站　打造电子政府

当前，信息化程度的高低已经成为一个国家现代化水平和综合国力的重要标志。政府网站建设是政府转变职能、提高工作效率、促进社会进步的重要举措。进入新世纪以来，党中央、国务院高度重视政府网站建设，并纳入政府管理工作的重要范畴，采取一系列重要措施推动政府网站走上了一个又一个新的台阶。

一、中国林业政府网站发展十年回顾

伴随着全球、全国信息化发展的浪潮，我国林业信息化发展走过了探索、起步、建设和快速发展等阶段。林业政府网站也经历了由简单到复杂、由单一到群体、由落后到先进的发展过程(表1，表2)。

(一)起步探索阶段(2000～2005年)。国家林业局政府网于2000年11月建成开通，标志着林业发展进入了网络信息时代。思维超前的单位踊跃建网，网站发展进入数量扩张阶段。这个时期的特点是：网站功能单一，只有简单的信息发布功能。网站页面设计基于ASP动态页面设计系统，没有转贴、动漫、视频等功能，后台管理比较简单，信息加载难度较大。网站维护只有简单的信息发布，每天发布量仅10～20条，年发布信息量只有3000～5000条。谈及政府文件上网，会引来许多诧异的眼光。网站管理落后，既没有明确的管理制度，也没有明确的管理部门。网站信息安全没有提到议事日程，缺乏网站防火墙和防篡改系统。网站的社会关注度很低，日访问量仅有500多人次，还没有成为政府信息发布的重要渠道。

这一时期，各省级林业部门，先是北京、广东、福建等经济发达地区的林业厅局建有门户网站，之后向湖南、江西、广西、湖北、河南等中部地区延伸，市县级林业网站极少。网站只有信息发布功能，色彩单调或混杂、栏目布局不合理或缺失。网站风格杂乱无

※ 该文为国家林业局信息办主任李世东2011年11月29日在政府网站集约化建设经验交流会上的主题报告，刊于《电子政务》2012年第1期，收录时略有删改。

章，内容零散。网站基本不更新，经常性地打不开，网站首页缺乏联系方式，网站好坏无人问津。省级林业部门的建站率不足50%，许多省级林业部门没有门户网站。

表1　不同发展阶段国家林业局网站比较

发展阶段		起步探索	建设发展	整合提升
名　　称		国家林业局政府网	国家林业局政府网 国家生态网	中国林业网 国家林业局政府网 国家生态网
建设	功能	信息发布	信息发布+个别服务	信息发布+服务+互动
	栏目	个位	十位	百位
应用	访问量	500	8000	300000
	应用系统	0	0	20
维护	信息类型	文字	文字+图片	文字+图片+视频
	信息更新	10条	100条	1000条

表2　不同发展阶段省、市、县林业网站数量变化比较

发展阶段	起步探索	建设发展	整合提升
省级网站数量	50%	90%	100%
市级网站数量	5%	50%	80%
县级网站数量	1%	15%	30%

(二)建设发展阶段(2006～2008**年**)。进入“十一五”以来，政府网站建设引起了各级政府的高度重视，社会各界广泛关注，网站功能逐步提升，网站进入建设发展阶段。2006年上半年，国家林业局政府网(国家生态网)进行了技术升级和全面改版，贾治邦局长亲自主持新版网站开通仪式并发表讲话，开启了国家林业局政府网站发展的新篇章。网络视频、网站专题、网站交流互动、在线访谈、在线直播等多种形式的功能逐步增加。网站年信息加载量由原来的5000条上升到30000多条。网站访问量持续上升，2008年突破500万次，2009年7月达到1000万次，仅一年左右的时间，访问量超过了前8年的总和。2008年网站排名由2006年的第23位上升到第16位，获“特色与创新提名奖”，被列入业绩突出、进步较快的政府门户网站。

这一时期，各省级林业政府网站相继建成，网站功能有所扩展，信息质量有所提高，省级林业部门建站率达到90%，市级林业政府网站数量快速增长到225个，建站率大约50%，经济和林业发达的县级林业部门也纷纷建立门户网站。最大的特点是各地建站积极性很高，无论自身条件如何，无论业务领域大小，凡事都愿意建网站，各种各样的网站蜂拥而上，网站风格五花八门。最大的问题是功能单一，信息内容少，准确度低，更新不及时，形成了一个个小门户、小网站，人力和信息资源极为浪费，网站安全没有保障。

(三)整合提升阶段(2009～2011**年**)。2009～2011年是林业信息化发展具有重要意义的3年。以2009年印发《全国林业信息化建设纲要》和《全国林业信息化建设技术指南》、召开首届全国林业信息化工作会议、成立国家林业局信息办为标志，林业信息化步入了快速发展的轨道。2009～2011年，国家林业局启动实施了国家林业中心机房改造扩建、内外网物理隔离和专网扩建、中国林业网站群和内网建设等信息化重点工程。在工程项目带动下，国家林业局政府网进行了全面改版重建，形成了以中国林业网主站为龙头，以司局直属单位、省区市林业部门、森林公园等专业网站共数百个子站为主体的中国林业网站群。实现中国林业网、国家生态网和国家林业局政府网"一网三名"。网站开通第一周，日访问量达到108万人次，比改版前增加约100万人次。网站访问速度、安全防范、后台监管、服务功能、社会影响力等大大提高，网站功能和办网成效实现了质的飞跃。2009年政府网站绩效评估排名第14名，2010年排名第11名，获得"电子政务管理效能提升奖"，"中国政府网站领先奖"、"品牌栏目奖"、"优秀政府网站"等多个奖项。政府网站的全面性、权威性、准确性、快速反应能力、安全防范能力等得以充分显现，为打造电子政府奠定了坚实基础。

这一时期，各省级林业网站整合加入中国林业网的子站后，办网目标和网站定位更为明确，网站功能逐步拓展，政务公开、在线服务和互动交流三大功能协调发展。体现出功能全面、内容丰富、运行安全的良好态势。2011年，国家林业局实施了信息援藏计划，组织建设了西藏自治区林业局门户网站，结束了西藏林业局没有门户网站的历史，实现了全国省级林业门户网站的全覆盖。各市县级原有网站逐步规范，质量明显提升，建站数量快速增加，市级达到370个，县级达到857个，成为基层电子政务的主要平台。

二、中国林业政府网站的特点

按照政府网站的总体要求，国家林业局政府网构建了"信息发布、在线办事、互动交流、林业展示"四大版块，全面体现了政府网站建设的主体功能和目标定位。具有以下特点。

（一）扩充网站整体架构，逐步完善网站功能。一是科学构建了信息发布、在线办事、互动交流、林业展示四大版块，增建了繁体版和英文版，满足了政府网站应有的三大功能，扩建了林业展示功能，网站四大功能逐步完善。二是设立了中国林业网络电视台、在线访谈系统和在线直播系统，实现了在线访谈、在线直播、在线交流常态化。三是建设了中国林业网络博物馆、中国林业网络博览会，中国林业网上展厅等，向全社会奉献一个内容丰富、形式多样、永不落幕的林业展示盛会。四是建设了行政许可、场景式服务、网上交易大厅、在线下载与查询、网络森林医院、网络植树平台、野生动物保护救助呼叫等办事系统，网站办事功能不断拓展，办事范围不断延伸。推动透明型、服务型和效能型政府建设不断向前发展。五是建设了强大的中国林业内网门户，包括办公平台、信息平台、学习平台、生活平台和交流平台，满足林业系统内部办公、学习、交流和生活的需要，减少外网在线时间，提高公众对政府网站的浏览速度。

(二)全力整合信息资源，打造中国林业统一门户。一是整合了10多个司局网站、30多个直属单位网站，彻底关闭了原本“烟囱林立”的小网站、死网站。二是新建了森林公园、国有林场、种苗基地、自然保护区等上百个子站，加强了这些领域的信息发布和形象展示，提升了行业影响力，增加了社会知名度。三是整合了各省区市林业网站，实行网站群管理模式。四是规范了信息发布制度，明确了网站管理责任。着力打造中国林业统一门户，树立了良好行业形象。

(三)全面调整栏目结构，突出林业重点热点工作。一是网站首页开辟森林生态系统、荒漠生态系统、湿地生态系统、生物多样性、林业产业、生态文化等栏目，体现了林业三个系统一个多样性的业务布局，反映了国家林业局积极推进林业生态体系、林业产业体系和林业生态文化体系建设的重要举措。使浏览者进入首页就能了解林业的主体业务、工作布局及进展情况。进入中国林业网，如同走到了国家林业局，业务布局一目了然，重点热点工作十分突出。二是结合林业热点和重大活动，开辟了全国林业厅局长会议、全国集体林权制度改革、2011国际森林年、首届APEC林业部长级会议、建党90周年、第二届林博会、全国爱鸟周、油茶建设等专题，着力报道林业重大活动和社会关注的热点，极大地调动了社会各界关注林业的积极性。

(四)扩建网站行政审批系统，增强网站办事能力。一是积极开展网上办事。整合了林业种苗、植树造林、森林采伐等37个林业行政审批事项，发布了各个审批事项的办事指南、审批流程和联系方式等。二是对于部分事项实行网上受理、网下办理和审批结果网上查询。三是增建场景式服务系统和林业快速通道。方便群众查询项目申报指南、下载申报方案大纲和软件，查询行政审批结果等事项。四是建设林业标准、科技成果、专家数据库、树木博览园等多个应用系统，增强技术共享和信息辅助决策功能。

(五)扩建网站互动交流系统，提升网站服务功能。一是开设公众留言、征求意见、在线调查、局长信箱、网上信访等互动栏目，将网上征集意见、在线调查和网上投票等纳入工作范畴，积极答复网友来函来信，提供各单位服务热线，架起了政府链接老百姓的网络大桥。二是改造原有在线直播、在线访谈、网络电视等互动系统功能，优化内容布局，图文并茂地展现访谈直播内容，随时接入网友提问并答复，达到了实时交流的目的。三是积极开展主题互动活动，凝聚社会力量关注林业，保护生态。近3年来，开展在线访谈45次，在线直播38次，使广大网友有机会发表意见，零距离接触领导或专家，第一时间获取政府信息。2011年开展的首届全国生态作品大赛，仅仅两个多月，收到各地投稿8000余件，极大地反映了群众关注林业的热情和积极性，增强了网站的服务功能。

(六)运用先进技术工具，增强网站交换和监控功能。一是完善了网站后台管理能力，使信息加载、转贴、查询等更加便捷和人性化，方便了网站内容维护。二是新建了网站信息交换系统，增加了外网信息向内网的交换功能。三是增加了网站智能分析监管系统，实时监控网站流量和运行访问等情况，实时进行动态点击量、浏览量、访问量排名，定期进行内容管理与分析统计。新技术应用提升了网站监控功能，推动网站监控与管理系统化和智能化。

（七）加强图片与视频信息制作，丰富信息表现形式。一是绿色摄影栏目内容日益丰富，收集了林业新闻、自然风光、动物百态、植物千姿、各地写真、人物掠影等10多个类型的摄影作品，形象生动地展示了林业工作的特点和林区风貌。二是网络视频节目紧跟形势，热点频现，分绿色时空、地方风采、林权改革、生态文化等11个频道展示全国林业工作动态，记载了林业改革发展的伟大历程，谱写了林业艰苦创业的光辉篇章。三是网上展厅内容荟萃，分综合厅、地方厅、专题厅等，图文并茂地展示全国及各地林业工作情况，彰显林业特色。四是林业地图实现中国地图和世界地图切换，简单直观地展示了各地林业资源概况，以及美国、英国等100多个国家的林业资源概况及公共信息。

（八）加强网站内容管理，凝聚网站访问人气。目前，每个工作日发布信息1000多条，全年信息加载量达到20万条以上，征集各类意见5000余条，答复各类来信2000多件。2010～2011年，网站年访问量突破1.5亿人次，日均访问量超过30万人次，特殊时期达到100万人次以上。网站开设的“网络森林医院”、“网络植树系统”，实现了在线“就医问药”，得到了评估专家组的点评和鼎力推介。同时，网站管理制度日趋完善，发布了《中国林业网管理办法》、《中国林业网绩效评估标准》、《中国林业网绩效评估办法》等多个管理办法，建立了网站信息内容审核制度、各子站信息更新季报制度、网站绩效评估制度、网站管理责任制度等多个管理制度，成立了中国林业网编辑委员会，组织开展了2008、2009和2010年分年度全国林业信息化发展水平评测工作并予以公布，网站监控能力全面提升，有效地保障了网站安全和风险防范。

总的来说，当前的国家林业局政府网站群基于成熟的技术架构、全面的资源整合、全方位的业务涵盖、快速高效的内容维护和制度建设，以全新的姿态展现，形成了政府信息发布的统一门户，在线办事的重要平台，互动交流的重要工具，为推动林业改革发展提供了强大信息保障。

三、中国林业政府网站发展趋势与展望

目前政府网站已经成为政府办事的重要平台，将逐渐成为未来电子政府的雏形。结合中国林业政府网站建设与管理，提出如下设想。

（一）加大网站整合力度，深度整合省市县林业网站。一是整合地市县级林业网站和各业务领域网站。努力打造中国林业政府门户网站的航空母舰，创办集多种功能为一体的政府统一门户。二是整合网站管理。目前的管理还具有一定的局限性，人力物力耗费很大。只有完全实现统一管理，政府门户网站才能跨越人力资源不足的瓶颈制约，开创新的发展局面。

（二）加强网站内容保障，强化网站服务功能。随着民众权利意识增强，政府网站成为维权工具，网站内容的实用性、规范性和有效性将被广泛关注。一是深化网站内容整合。具有共性的内容统一规格、集中展现，体现统一门户的整体性。具有特色的内容保持特色，发挥优势，形成百花齐放的林业风采。二是深化政府信息公开。严格按照《信息公开条例》要求，公开政府核心信息、关注度高的信息和公众敏感信息。三是深化在线办事。梳理那些要求明确、流程完整、操作规范的办事内容在网上办理。减少人与人的对接，提高政府办事效能。四是深化在线服务和政民互动。逐步建立公众意见反馈的“一口受理、分别办理”互动保障机制。通过建设政风行风热线、领导信箱、在线访谈、意见征集、在线政策解读、在线答疑等方式，促进政民互动，提升网站服务能力。力争以强大的内容建设提升网站的生命力。

（三）创新网站管理方式，促进网站人性化发展。政府门户网站的便捷性、时效性和实用性，成为衡量政府网站发展水平的重要因素。积极运用新技术，创新网站管理方式，是实现“以人为本”理念、促进公众在线参政议政的重要途径。提高上网速度、实现快速查询、达到便捷浏览，是建设高水平政府网站的核心内容。分层建设、分层展现、枚举查询、个性化服务等，是公众需求的新思维。因此，中国林业政府网站将紧随技术进步，不断开拓创新，促进网站人性化发展。

（四）统筹规划网站发展，为电子政府建设奠定基础。统筹规划是建设好林业政府网站的重要前提。中国林业政府网站将以《全国林业信息化建设纲要》和《全国林业信息化发展“十二五”规划》为指导，处理好建设、管理、应用和发展的关系，安排好发展步骤，规划好重点内容，谋划好发展前景。为建设“开放的政府”、“响应的政府”、“变革的政府”、“集成的政府”、“电子的政府”奠定坚实的基础。

随着全球信息化浪潮的不断推进，信息技术正在经历一场新的革命，这股热潮的特点可以简单地用“更快、更高、更强”来形容，这就意味着政府网站发展将“更快、更普及、更深入”。目前日益发展的环境虚拟化、移动互联网、云计算、物联网、IPv6、微博等新技术的应用将推动政府网站功能快速扩展，信息存储更加安全可靠，展示方式更加丰富多样，网站应用更加深入扩展，办事与服务更加全面快捷。打开各级政府网站，如同走进一座现代化的政府大厦，拥有高精尖的管理人才，享受美观大方的办事环境，提供便捷高效的信息服务。为此，作为政府网站的建设者和管理者，我们将在党中央、国务院的正确领导和各有关部门的大力支持下，不懈努力，推动政府网站快速发展，为满足广大群众对电子政府的新期待做出贡献。

着力管理创新　提升网站水平

当前，信息化程度的高低已成为一个国家现代化水平和综合国力的重要标志。在今年的《政府工作报告》中，温家宝总理明确要求“以信息共享、互联互通为重点，加快建设国家电子政务网。大力推进政务诚信、商务诚信、社会诚信建设，构建覆盖全社会的诚信系统”。政府网站建设是推进政务诚信、促进政府转变职能、提高政府工作效率的重要举措。进入新世纪以来，党中央、国务院高度重视政府网站建设，将政府网站纳入政府工作的重要范畴，使其成为政府信息服务和政民互动的重要平台。近年来，我们认真贯彻落实党中央、国务院的决策部署，着力网站管理创新，推动中国林业网迈进部委网站前十名，获得了“管理创新奖”、“优秀政府网站”、“中国政府网站领先奖”、“品牌栏目奖”等多项荣誉。下面，我向大家汇报中国林业网在管理创新方面的一些做法与体会。

一、着力管理创新，努力提升网站发展水平

创新是发展的源泉和动力。没有创新，就没有发展。网站创新是网站生命力得以延续的基础保障。近年来，中国林业网不断探索、不断创新，取得了较好的成绩。

（一）创新网站建设理念，努力打造电子政府。理念创新是主导事业创新的首要因素。为树立创新型政府网站理念，我们研究了国内外电子政务和政府网站发展趋势，并结合林业工作实际，以新理念新技术新产品应用为基础，努力实现由服务部门向服务社会转变，由被动应付向主动出击转变，由数字林业向智慧林业转变。推动中国林业网建设与管理时时创新、处处思变，以崭新的理念赢得人，以新颖的形式吸引人，以精彩的内容打动人，以周到的服务感动人，努力打造中国林业第一媒体和电子政府。

（二）创新网站顶层设计，不断完善整体布局。网站顶层设计是一切工作的前提和基础。一是实行内外网物理隔离，协调配合，同步设计，同步实施，创造性地提出、实施了

※ 该文为国家林业局信息办主任李世东2012年3月29日在第三届中国政府网站最佳实践经验交流会上的讲话。

"小外网、大内网"的建设理念。二是外网建成四大板块(信息发布、在线办事、互动交流、林业展示),三大版本(简体版、繁体版、英文版),三种形式(文字、图片、视频)。三是内网建成办公平台、信息平台、学习平台、生活平台、交流平台等五大平台。形成了内外网紧密结合、内容有机互补的整体网站布局。

(三)创新站群组织架构,打造行业统一门户。站群组织架构是政府网站发展的大趋势。林业工作的特点是点多线长面广,地域复杂多样。为了充分发挥网络资源的优势,全力展现政府信息的权威性和影响力,中国林业网在全面整合现有林业信息资源、网络资源的基础上,按照"统一规划、统一标准、统一制式、统一平台、统一管理"的基本原则,实行中国林业网、国家林业局政府网和国家生态网"一网三名",以网站群架构技术为支撑,形成了以中国林业网主站为龙头,以司局网站群、直属单位网站群、省区市林业部门网站群和森林公园、国有林场、林木种苗基地、自然保护区等林业实体专业网站群,共数百个子站为主体的中国林业网站群。今后2~3年,我们将逐步整合建设所有的地市级、县级林业部门网站,建立林业发达国家林业网站,完成森林公园等专业网站群建设,计划整合建设10000个子站,形成分布式网站群,将全国各省、市、县、乡林业主管部门联接起来,为千家万户林农服务,打造中国林业统一门户。

(四)创新网站栏目结构,突出林业主体业务。中国林业网的栏目布局在满足政府信息公开的基础上,开辟了森林生态系统、湿地生态系统、荒漠生态系统、生物多样性、林业产业、生态文化等栏目,体现了林业"三大体系"及"三个系统一个多样性"的业务布局。结合林业热点和重大活动,开辟了全国林业厅局长会议、集体林权制度改革、国际森林年、首届APEC林业部长级会议等30多个专题,着力发布林业重大活动和社会关注的热点信息。突出显示了领导信息、计财信息、人事信息、应急管理等重要信息。使人进入网站首页就能了解林业的主体业务、工作布局及进展情况。进入中国林业网,如同到了国家林业局,业务布局一目了然,重点热点十分突出。

(五)创新网站服务形式,增强网站服务功能。一是积极开展网上办事。整合了林业种苗、植树造林、森林采伐等37个林业行政审批事项,发布了各个审批事项的办事指南、审批流程和联系方式等,实行网上受理、网下办理和审批结果网上查询。二是增建场景式服务和林业快速通道。方便群众查询项目申报指南、下载申报方案和软件等事项。三是建设林业标准、科技成果、林业专家树木博览园等多个数据库。增强信息共享和辅助决策功能。四是打造中国林业网络博物馆、中国林业网络博览会、中国林业网络电视台(CFTV)、中国林业云、中国林业物联网等多形式服务内容。以多维空间技术、动漫技术、地理信息技术和虚拟现实技术等,图文并茂发布各类信息,扩大网站信息容量,增强网站服务功能。

(六)创新网站内容组织,凝聚网站访问人气。内容建设是网站的生命力和核心价值。多年来,中国林业网以内容建设为主要任务,调动全国林业系统多方面力量,形成了全方位采集信息、全行业提供服务、全系统建设网站的良好态势和发展局面。一是采取抓取、报送、采访、购买等多种方式，全力采集发布全国和全球林业信息。2011 年，平均每个工作日发布信息 1000 多条，全年信息加载量达到 20 多万条，征集各类意见 5000 余条，答复各类来信 2000 多件。二是针对主题组织在线访谈、在线直播。3 年来，录制网络视频 1800 多部，上传图片信息 1 万多张，开展在线访谈、在线直播 100 多次，许多访谈和直播内容被其他网站转载。三是定期开展各类活动。如：全国生态作品大赛、年度大事评选、重要规划规章规程意见征求、厅局长新年网络贺辞、局长网络团拜致辞等活动，公众参与度很高，引起了热烈反响。四是建设了“网络森林医院”、“野生动物保护救助呼叫”等办事系统。实现了在线“就医问药”和应急救助呼叫，成为网站服务林农的生动实践，使专家技术特长与林农实际需求有效互动。五是建设了“网络植树”系统。得到了共青团中央、全国总工会等部门的大力支持，以及新浪、搜狐等网络媒体的有力推介。基于上述工作，2010 年初新版网站上线以来，日均访问量超过 30 万人次，特殊时期达到 100 万人次以上。中国政府网、新华网、人民网等重要媒体对中国林业网信息的转载量明显增多，成为推动现代林业快速发展的重要力量。

（七）创新网站监控措施，提高网站服务质量。一是建设网站智能监管系统。可以随时监控网站每个栏目、每条信息的访问量、访问者来源、访问时长等，每天在网站首页发布排名情况，实现定点监测、定时监测和全方位监测，成为网站管理的高级助手。二是建设网站纠错系统。全面搜索网站内容和信息断链等错误，及时报警维护，成为网站值勤卫士。三是聘请网站监督员。每天第一时间浏览网站信息，寻找网站内容错误并及时修正，弥补系统搜索不足，成为网站清道夫。四是成立中国林业网编辑委员会。编委会由国家、省、市、县、有关单位等多层级人员构成，分级管理网站内容，实现每个子站都有明确管理人员，每个管理人员都有明确责任分工，成为网站内容保障的骨干力量。五是建立网络舆情监控系统。搜索采集网站有关信息，编发《今日网情》供领导参阅，成为网站免疫信号灯。实施上述措施，推动网站监控能力全面提升，有效保障了网站信息安全和风险防范。

（八）创新网站体制机制，形成多维管理模式。体制机制创新是推动网站整体创新的重要保障。一是内外结合，上下互动。形成统一联合体，互为促进，高效运转。二是整合机构，统一管理。实行多块牌子、一套人马，统筹协调各方面力量非常顺畅。例如在推动办公自动化系统上线运行方面，从文件签发环节，严堵纸质文件运转和印发，要求除个别涉密文件外，全部走内网综合办公系统，否则不予签发，为推动国家林业局实现无纸化办公起到了至关重要的作用。其他许多问题，都因这一体制安排迎刃而解。三是以评促建，奖惩分明。在网站智能监管系统的支撑下，定期统计各单位信息报送量，各子站信息加载量和访问量，开展年度各子站绩效评估，组织全国林业信息化发展水平评测，把子站绩效评估和发展水平评测纳入日常管理工作，实现以评促建。四是动态管理，督促工作。对承担林业信息化建设和运维任务的单位实行经费动态管理，根据全年工作量多少，实行奖惩。五是创新制度，强化管理。发布了《中国林业网管理办法》、《中国林业网绩效评估标准》、《中国林业网绩效评估办法》等多个管理办法，建立了网站信息内容审核制度、各子站信息更新季报制度、网站管理责任制度等多个管理制度，正在探索将各级林业部门网站建设纳入领导干部考核范畴，强化领导意识和责任。

二、提升网站水平，带动信息化全局创新

网站创新是信息化整体工作创新的重要组成部分。中国林业网的不断创新发展，带动林业信息化整体水平不断提高，2009～2011 年的 3 年间，每年都实现了 10 大突破。

（一）2009 年的十大突破。一是首部《全国林业信息化建设纲要》及《技术指南》发布实施。形成了指导今后一个时期全国林业信息化工作的纲领性文件，对促进全国林业信息化建设具有重大而深远的意义。二是全国林业信息化工作领导小组和国家林业局信息化管理办公室宣告成立。国家林业局各司局、各直属单位、各省级林业主管部门主要负责同志为领导小组成员，首次将林业信息化工作领导小组延伸至全国林业系统。国家林业局信息办，负责综合协调、指导监管全国林业信息化和电子政务工作。三是首届全国林业信息化工作会议胜利召开。贾治邦局长代表局党组明确提出了“加快林业信息化，带动林业现代化”的总体思路。会议的召开，标志着林业信息化建设开始步入全面加快发展的新阶段。四是全国“林业信息化标识”正式推出。这一标识名为“飞翔的林业”，一龙一凤，盘旋腾飞，其构思巧妙，设计新颖，寓意深远，昭示着中国林业建设走向更加美好的明天。五是首届全国林业信息化建设成果展圆满举办。系统展示了全国林业信息化建设成就与经验，对《纲要》提出的八大行动计划做了全面解读。六是首届全国林业信息化高峰论坛成功举行。集中各方智慧和力量，共同推动林业信息化全面发展。七是国家林业数据中心进行大规模改造。完成了国家林业中心机房及网络改造工程，建成了设备先进、功能齐全、安全稳定的一流机房，首次对全国林业信息资源进行有效整合。八是首次《中国林业信息化发展战略》研究全面启动。这是林业系统主动适应全球信息化发展浪潮，满足国家信息化发展要求，推动现代林业科学发展而采取的重要行动步骤。九是首批全国林业信息化示范省建设正式起航。辽宁、福建、湖南、吉林森工被评为首批全国林业信息化示范省，成为全面推进林业信息化建设的重要举措。十是全国林业信息高速公路全面建成。国家林业局与各省级林业主管部门、各京内外直属单位联接成一个集文字、视频、语音为一体的全国林业专网，建成了全国林业信息高速公路。

（二）2010 年的十大突破。一是中国林业网开通运行。整合了数以百计的业务司局、直属单位和省级林业部门网站，建成了首个国家林业政府网站群，打造了中国林业网上航空母舰，获得“中国政府网站领先奖”等殊荣。二是国家林业局首次开展信息化全员培训。连续举办 5 期培训班，国家林业局上至局领导，下至普通工作人员，进行全员培训，为国家林业局内外网应用和实现无纸化办公奠定了基础。三是国家林业局信息中心正式成立。

信息中心与信息办两块牌子一套人马，下设6个处室，负责组织、协调、指导、监督、管理全国林业信息化和电子政务工作。全国设立独立信息化机构的省区达到2/3。四是中国林业网络电视台成功建立。更加丰富了林业对外信息发布的形式，制作的节目数量多，质量优，受到各方面好评。五是国家林业局综合办公系统正式启用。标志着全国林业系统开始进入无纸化办公时代。办文周期由3周减为1周，每年节约纸张印刷费用90%，大大提高了办文办事效率。六是全国林业信息化制度与标准发布实施。《全国林业信息化工作管理办法》等数10项信息化管理办法、标准规范先后出台，林业信息化逐步走上制度化和规范化管理轨道。七是首个全国林业核心业务信息化大型工程正式启动。作为《纲要》第一个行动计划的林业资源监管系统启动实施。中国林业网络博览会、网络博物馆、林中漫步和在线植树等陆续开通运行。网络森林医院、森林防火指挥中心、湖南测土配方系统、辽宁数字林业核心平台等成为一个个亮点。八是首次全国林业信息化示范省建设工作会议圆满召开。向首批示范省颁发了奖牌，宣布了首次中国林业网子站和各省级林业部门网站绩效评估结果，展示了新形势下各地林业信息化建设的新成就。九是首批国家物联网应用示范工程落户林业。国家林业局成为全国6个物联网示范单位之一，标志着林业信息化走在了全国前列。十是首部《中国林业信息化发展报告》出版发行。由此开始了年度报告的编撰工作，全景式地展示林业信息化的发展历程。

（三）2011年的十大突破。一是国家林业局移动办公系统上线运行。彻底打破了办公的时空局限，开启了林业系统移动办公新时代。二是《全国林业信息化发展“十二五”规划》颁布实施。这是首个全国林业信息化的五年规划，确定了今后一个时期林业信息化的发展蓝图。大部分省区市也颁布了相应规划。三是第二届全国林业信息化工作会议在沈阳隆重召开。会议层次很高、规模盛大，内容丰富、主题突出，形式新颖、富有创意，气氛热烈、成果丰硕，在全国林业信息化史上写下浓墨重彩的一笔。四是首次《全国林业信息化发展水平评测报告》发布。从建设、应用、保障等方面，通过科学系统的指标，详细反映了各地林业信息化进展情况，辽宁、湖南、北京名列前三名。五是首届全国林业信息化专家咨询委员会正式成立。一批在信息化领域具有重要影响的专家学者组成委员会，充分发挥对林业信息化的指导作用。六是首批林业专业网站群正式开通。森林公园、自然保护区、国有林场、种苗基地等子站群开通运行。信息援藏取得重大突破，西藏林业网正式开通，实现了全国省级林业网站全覆盖。七是中国林业网信息发布量、访问量大幅提升。每个工作日信息发布量由100多条提升到1000多条，日均访问量由1万人次提升到30万人次。形成了全社会关心林业、支持林业、参与林业的浓厚氛围。八是首届全国生态作品大赛成功举办。大赛受到社会各界的极大关注，征集作品8000多件，一大批优秀的文学、美术、书法、摄影作品脱颖而出，达到了弘扬生态文化、共建生态文明的目的。九是国家林业局政府网首次跻身前十名。国家林业局政府网整体功能明显增强，信息容量持续增大，访问量快速增长，办事与服务领域不断拓展，助推林业主体业务工作全面发展。十是林业信息化得到中央领导充分肯定。中央书记处书记、中央纪委副书记何勇同志视察国家林业数据中心、听取林业信息化工作汇报，并对林业信息化工作给予充分肯定。

总的来说，实现“五个统一”是规范政府网站建设的重要保障，全面整合网站资源是做好政府网站的重要手段，加强内容建设是提升政府网站生命力的核心工作，多元化管理是创新网站管理方式的重要途径。当前，中国林业网站群基于成熟的技术架构、全面的资源整合、全方位的业务涵盖、快速高效的内容维护和多方面的制度建设，以全新的姿态，形成了中国林业政府信息发布的统一门户，在线办事的第一平台，互动交流的第一工具，为推动林业信息化全面创新发展提供了强大支撑。

三、创新信息全局，推动现代林业又好又快发展

现代林业的发展呼唤着林业信息化的创新发展，也为林业信息化的创新发展提供了机遇，创造了条件，奠定了基础。“加快林业信息化，带动林业现代化”既成为全行业的共识，也成为鲜活的现实。通过 3 年的积极探索，以中国林业网为代表的林业信息化，已经成为推动现代林业快速发展的重要支撑和最新亮点。主要体现在以下几个方面：

（一）政府网站搭建中国林业电子政府雏形。目前，政府网站已发展为信息服务与政府办事的重要平台。中国林业网基于成熟的网站群架构和安全可靠的网络环境，具有一系列先进高端的支撑系统，制定了一整套相对完善的标准制度和运行规范，发布了 10 多年来各方面林业重要信息，上载了几千份政府文件信息，搭载了上百个在线办事系统和应用管理系统，聚集了大量信息资源和行业人气，拥有独立运行的组织机构和一批技术过硬的人才队伍。可以说，已经成为未来中国林业电子政府的雏形，为发展成先进高效、规范运行的林业电子政府奠定了坚实的基础，是新时期林业信息化推动林业现代化的重要体现。

（二）政府网站推动林业管理服务水平不断提升。中国林业网以《全国林业信息化建设纲要》和《全国林业信息化发展“十二五”规划》为指导，通过信息发布、在线办事、互动交流、数据整合、业务一站式管理等服务，推动政府管理水平不断提升。一是在线办事系统的运行，方便群众异地提交，异地应答和异地结果查询，推动政府办事便捷高效。二是林权交易系统、行政许可系统、一站式审批服务等应用系统的运行，规范了各单位管理行为，有利于政府决策科学、公平、公正、公开，推动政府服务规范有序。三是政府网站全方位信息公开和方便畅通的互动交流，有利于各级管理人员依法办事。人事任免公示推动干部管理现代化进程，财务与资金信息推动国家资金使用安全高效，推进政府廉洁透明和为民服务。四是综合办公系统和移动办公系统的运行，打破时空界限，随时随地可以进行文件运转，大大缩短了文件办理周期，推动政府行政效率不断提高。

（三）政府网站推动广大公民直接参政议政问政。政府网站的全面快速发展，推动人们思维意识和方式方法根本转变。通过政府网站征集意见、进行民意调查，既可以广泛采纳群众意见与建议，提高政府决策的科学性与合理性，又能够满足公众参政议政意愿，增

进政府与民众的关系，维护社会稳定与和谐。中国林业网是国家林业局重要事项公示的第一窗口，政府信息公开的第一平台，征集意见建议的官方正式渠道。在森林采伐、集体林改、生态建设等重要领域的关键环节，征集了大量合理意见与建议。许多林业行业标准、管理规范出台前，都要通过网站征集各方面意见与建议，促进了林业管理方式转变，激发了广大林农和社会公众参政议政问政的积极性和主动性。随着政府网站的不断发展，以网站形式反映问题、参政议政的渠道将愈来愈畅通。

随着全球信息化浪潮的不断推进，人类正在经历一场巨大的社会变革。日益成长的新技术，将推动我们每一个人不断向前、不断创新。政府网站无疑将快速走向更加成熟与现代。我们可以预测，打开未来的政府网站，如同走进一座现代化的政府大厦，拥有高精尖的管理人才，提供便捷高效的信息服务，享受美观大方的办事环境。作为政府网站的建设者，既感到无比自豪，也深知肩负的光荣使命，我们将坚持不懈，勇往直前，推动中国林业网更加高效、强大和便捷，努力实现以林业信息化带动林业现代化的宏伟目标。

坚定集约理念　打造精品网站

进入新世纪，政府网站已经成为各级政府及其部门发布政府信息、提供在线服务、与公众互动交流的重要平台，在提高行政效能、提升政府公信力等方面发挥了重要作用。加强政府网站建设，是落实执政为民理念的重大举措，是展示政府开放形象的重要载体，是搭建政民联系的"绿色通道"。近年来，中国林业网不断加强整合、深化融合、创新发展，始终坚定集约理念，努力打造精品网站，近年来每年至少取得十大突破，创造10项第一，推动中国林业网迈进部委网站前十名，并获得了多项殊荣，中国林业网已经成为现代林业建设的展示窗口和靓丽名片。

一、集群建设网站，打造网上服务型政府

建好政府网站群，是实现政府网站建设从无序到有序、从粗放到集约、从分散到整合的必由之路，是从实际出发谋发展的必然选择。

（一）坚持走集约化发展道路。中国林业网站群按照建立统一部署、统一标准、统一规范、统一管理的新思路，开发利用"一群网站"的资源，建立以国家林业局政府为中心主站，以部门级网站及其应用为基础支撑的若干子站，形成若干主站与子站集成的网站群体系。所有网站使用统一的数据管理平台，核心功能统一开发和设定，以统一的方式控制网站的整体形象，在加快网站建设和网站部署步伐、统一标准的同时，实现资源互通共享。

（二）建设纵向到底的四级政府网站体系。中国林业网统一门户深入推进，全国林业网站群渐趋完整。在整合完善数百个司局、直属单位、省区市子站取得成功经验的基础上，今年我们又全力推进了1000个市级、县级林业网站的整合建设，力争再用3年左右的时间，打造一个涵盖各级林业主管部门纵向到底的国家、省、市、县四级林业网站群。

（三）建设横向到边的林业专业网站体系。按照林业主题业务范围和实体单位，建设

※ 该文为国家林业局信息办主任李世东2012年11月13日在2012政府网站集约化建设与精品栏目管理经验交流大会上的演讲，刊于《电子政务》2013年第1期，收录时略有删改。

了森林公园网站群、国有林场网站群、种苗基地网站群、自然保护区网站群等，并正在积极推进珍稀树种网站群、野生动物网站群、名贵花卉网站群等。每组专业子站群统一设定栏目，个性化定制页面效果，核心应用一体化，统一站群形象，通过文字、图片、视频等方式，扩充公众服务功能，打造了横向到边的专业子站群，努力实现由10000个子站组成的纵横分布的四级网站集群。

实践证明，“以人为本，以用户为中心”的中国林业网站群，提高了用户对林业政务的认知度和满意度，已成为企业和社会公众获取林业电子政务公共服务的平台。中国林业网的影响力不断提升，2012年6月30日访问量突破4亿人次以来，到2012年11月1日，短短4个月时间，访问总量已突破5亿人次，日均访问量超过80万人次，在召开重大会议和组织重大活动期间，单日访问量达140多万人次。

二、集约应用服务，建设“一站式”网站

中国林业网坚持由服务部门向服务社会转变、由被动应对向主动出击转变、由数字林业向智慧林业转变等“三个转变”的服务理念，明确了服务林业大局、服务林业业务、服务基层单位、服务林农群众“四个服务”的思想，坚持统一规划、统一标准、统一制式、统一平台、统一管理等“五个统一”的原则，加快实现“一站式”服务的步伐，努力提高中国林业网的应用水平。

（一）应用服务功能逐步完善。整合了37个林业行政审批事项，积极开展网上办事，实行网上受理、网下办理和审批结果网上查询。打造中国林业网络博物馆、网络博览会、网络电视台、中国林业云、中国林业物联网等多形式服务内容，以多种技术形式发布信息，增强信息服务功能。中国林业网纵向引领各地网站建设，实现网站群建设的协同性、一站式、一体化，提高网站应用水平。

（二）应用服务方式逐步创新。创新网站服务平台，采用云计算等新技术，启动了《中国林业云发展规划》编制工作，谋划国家林业信息化服务产业园建设，推动林业信息化基础平台向云计算服务平台过渡。创新网站服务形式，联合清华大学等完成了“中国植树网”网站建设及上线试运行工作，在新浪微博平台上开通了“林海微报”，积极推介中国植树网和林业各项工作。创新专题服务内容，结合林业热点和重大活动，2012年前三季度新建了“发展现代林业，建设生态文明，推动绿色增长”、“全民义务植树30周年”等9个专题。

（三）应用服务技术逐步提升。促进物联网、云计算、IPv6、新一代移动通信等的普及应用。紧紧抓住从“互联时代”向“物联时代”发展的良好契机，组织实施智能林业物联网应用示范项目，科学制定林业物联网发展规划，积极推进物联网建设，使林业尽快实现物联世界。在吉林森工利用物联网技术、卫星通讯技术等进行了“智慧森林平台”试点建设，搭建天网、地网、人网、林网组成的一体化感知体系，提高森林防火预警监测能力和

木材生产监管能力。在江西稳步推进井冈山生态旅游物联网应用试点，取得了可喜成果。

三、集合数据信息，建立网站统一资源

随着中国林业网站群建设规模的深度扩容，功能的不断提升，网络覆盖向纵深扩展，积极整合现有各级、各类数据库资源，构建统一的、开放的、完整的中国林业综合数据库，建立网站统一数据资源。

（一）启动了国家卫星遥感平台建设。将国产卫星遥感数据资源批量化引入国家林业业务运行体系，提高国家林业遥感监测业务的数据资源自给率与应急监测时效性，整体提高林业遥感应用水平，逐步形成区域、国家、国际林业遥感业务监测体系，全面提升为现代林业提供决策信息的能力。

（二）建设林业资源基础数据服务平台。通过林业资源综合监管服务体系试点建设，在试点省范围内对“三个系统一个多样性”数据进行有效整合，建设了统一数据平台，将林业资源监管落实到省、市、县及山头地块，搭建了一个面向服务架构的全国林业资源基础数据服务平台，初步形成了集森林、湿地、沙地和生物多样性资源于一体的“全国林业一张图”，实现对林业资源保护和利用的有效监管。

（三）推进自然资源和地理空间基础信息库林业数据分中心建设。林业数据分中心覆盖了森林资源、土地荒漠化、湿地和野生动植物、林业生态工程、森林灾害防治等多个方面，涉及了林业的大部分业务，形成一个基本覆盖我国林业领域的综合性林业信息资源库，为林业和其他部门的宏观管理和决策提供重要的基础信息。

（四）研建中国林业数据库和中国林业数字图书馆。中国林业数据库从林业基础数据信息入手，以林业内容管理为基础，以多样信息的采集、存储、分析、定义、展示为过程，对国家林业历年统计数据、林业科学数据库数据、林业区划数据库数据等进行整合，中国林业数字图书馆对各大林业院校、科研院所、有关司局和直属单位等图书、报纸、杂志等数据资源整合，通过高效、便捷的检索手段为相关用户提供统一的林业信息数据服务，为辅助决策提供应用支撑。

四、集成在线板块，强化网站服务效能

作为国家林业局面向社会的第一窗口，提供在线服务的综合平台，与公众互动交流的主要渠道，中国林业网的服务模式由信息发布、在线办事、互动交流、林业展示四大核心板块的内容化和功能化，深化到服务资源化，成为真正的服务型政府网站。

（一）增强了网站服务与互动性。中国林业网积极推动政府机关行政许可项目和服务内容的上网，深入整合各项网上服务，拓展主题服务功能，提高网上服务能力，开设了公众留言、征求意见、在线调查、局长信箱等栏目，改造了在线直播、在线访谈、网络电视等互动功能，通过互动渠道了解社情民意，针对留言和征集到的意见，及时回复网友提问

和意见，充分发挥政府网站舆情引导、以正视听、解疑释惑的作用。中国林业网策划自主选题，组织有关领导和专家进行林业政策解读、技术解答，回答网友提出的问题，随时进行会议直播，使广大网友有机会发表意见，零距离接触领导或专家，第一时间获取政府信息，充分发挥了网络第一传媒的作用。建设了网络森林医院、野生动物保护救助呼叫等办事系统，实现了在线就医问药和应急救助呼叫，成为网站服务林农的生动实践，使专家技术特长与林农实际需求有效互动。在线办事栏目集中整合了林权交易、沙尘暴灾害应急处置、国家林木良种基地查询等应用系统，围绕用户需求，提升网站民生服务能力。

（二）加大了信息发布广度和力度。按照合力共建、资源共享、及时准确、公开透明、强化服务、便民利民的原则，中国林业网认真抓好内容保障。整合优化了信息发布板块，新推出了政策引导栏目，重点发布了决策解读、发布直播、热点报道和网络舆情信息。通过网上抓取、信息报送、主动采编等方式，做好门户网站的内容保障，逐步实现资源共享、协同共建和整体联动。对于林业重要会议、重要活动，网站采编人员及时采集撰写报道、发布信息，同时加强与各子站信息员的联系和沟通，各子站向主站报送信息的积极性明显提高，报送信息质量明显提高，图片信息越来越多。2012 年前 3 个季度共发布各类政务信息 280000 余条，采编信息 30000 余万字，平均每个工作日发布信息 1000 多条。

（三）增强了网站搜索和监控功能。升级改造了网站信息全文检索功能，可以方便地进行站内信息搜索。网站智能监管系统，可以随时监控网站每个栏目、每条信息的访问量、访问者来源、访问时长等，每天在网站首页发布排名情况，实现定点监测、定时监测和全方位监测，成为网站管理的高级助手。网站可见性优化项目，增加网页在搜索引擎中的可见性，提高网站的点击率和影响力。建设网站纠错系统，及时报警维护，成为网站值勤卫士。聘请网站监督员，每天第一时间浏览网站信息，弥补系统搜索不足。建立网络舆情监控系统，编发《今日网情》。

（四）丰富了网站信息表现形式。国家林业局政府网、中国林业网、国家生态网“一网三名”，具有简体、繁体、英文三大版本，扩大了网站浏览群体，加载了 100 多个国家专题信息，每天约有 1 万多境外人员访问中国林业网，增强了世界各国对中国在濒危物种保护、湿地保护、防治荒漠化、应对气候变化等方面政策规定和履约行动的了解与支持，推动中国林业建设成就跨国界展示。提供了文字、图片、视频三种内容形式，每天发布的信息汇集三种形式，内容丰富，形式多样，同时为喜爱摄影的网民专设绿色摄影栏目，改版林业网络电视版面，增加视频图片链接，优化美化页面。组织策划了“生态林业铸辉煌”和“民生林业的主力军”系列访谈，引起了强烈反响。

五、集聚网络运维，保障网站高效运转

国家林业局统一运维平台基本建成，通过不断优化升级，提高了规范化水平，加强了国家林业中心机房安全管理及维护。着力开展的运维精细化管理，进一步明确了岗位职

责、工作范围及操作流程，提升了运维保障能力，保证了网络畅通和信息安全，为中国林业网、国家林业局办公网、全国林业专网的正常运行提供了坚实保障。

(一)狠抓运维整体设计，切实保障林业信息安全。对局机关及直属单位的信息系统进行整合，改造了国家林业中心机房与网络系统，完成了等级保护备案工作，按照等级保护的标准及要求，在物理安全、网络安全、主机安全、应用安全、数据安全等技术层面完善了所需基础设施和必要的安全策略配置，提高了信息安全风险抗御能力，确保政府网站的信息不丢失、不泄密、不被篡改，网上在线办事顺畅，效能监察有效进行。2012 年，我局互联网出口带宽由 100 兆扩至 200 兆，切实提高了网站的访问服务质量。

(二)强化运维高效管理，落实信息安全保障责任制。完善林业行业网络运维组织机构，建立健全网络安全管理制度，将网络和信息安全融入信息系统设计、建设和运维的各个环节，建立信息系统全生命周期的信息安全管理机制。先后制定并印发了《信息安全事件管理规范》等 13 项安全管理办法。建立和细化了林业行业规范和标准，形成了指导等级保护定级、建设整改和管理的规范和标准，形成林业行业等级保护管理体系。督导检查全行业运维管理，逐步形成规范化、常态化的等级保护监管机制。坚持日常信息系统运维，实行 7×24 小时值班制度，通过以练带训的形式开展突发事件应急预案的演练，推动了全系统的网络安全。

(三)筹备成立全国林业信息软件测评中心。推进新建信息系统软件测评工作，研究制定林业软件准入标准及林业信息安全等级保护相关标准，建设全行业信息安全等级保护综合管理系统，对全行业信息系统定级、等级评测、安全整改、安全机构、人员、资产等进行准确的分析和管理，使等级保护工作制度化、常态化。

六、集中统一管理，提高电子政务效率

中国林业网在努力实现由服务部门向服务社会转变的过程中，以“整合机构，统一管理，畅通协调”作为建立“服务型政府”的有力抓手，内外结合，上下互动，提高了电子政务工作效率。

(一)整合机构，统一领导做好支撑。成立了中国林业网编辑委员会，全面加强对信息发布工作的监督和管理，保障网站信息内容安全。新建全国林业信息办主任协作组，每年定期召开会议，交流网站建设经验，发布评测和评估结果，通报信息发布情况，努力提高信息发布质量。培养和利用好各地信息化机构，为网站发展注入活力，全国林业系统已有 27 个省区市成立了独立的信息化管理机构，并调整充实了人员。林业信息化管理机构进一步向市、县级拓展，一大批市、县也成立了独立的信息中心。定期举办调研培训，增强沟通交流力度，分层次、分阶段开办网站高级管理者、网站信息员、网站安全员等培训班，并进行主题调研活动，切实提高网站管理者的素质和水平。

(二)创新制度，强化措施提供保障。以制度促管理，以制度促发展，不断完善、创

新相应制度，制定并出台《中国林业网管理办法》等基本制度，建立了全国林业信息化示范市、示范县建设等管理机制，大大提升了建设、应用和保障水平。以评促建，奖惩分明促进发展，按年度开展全国林业信息化发展水平评测和全国林业网站绩效评估，评测和评估的侧重点已不再局限于建站水平，更多的是综合体现出应用系统、信息资源、基础设施、安全系统及制度保障等各个要素发展水平。同时，坚持按年度出版《中国林业信息化发展报告》，探讨热门话题、突出成就和前沿技术，分析发展形势，对网站的未来做出前瞻性和指导性规划。

（三）创建网络文化，主打生态理念营造氛围。中国林业网开辟了森林生态系统、湿地生态系统、荒漠生态系统、生物多样性、林业产业、生态文化等栏目，体现了林业“三大体系”及“三个系统一个多样性”的业务布局，营造了良好的“发展现代林业、建设生态文明、推动科学发展”网络氛围。网站陆续开展的全国生态作品大赛、信息改变林业网络故事征文大赛，弘扬生态文化、倡导绿色生活、共建生态文明，通过中国林业网、各大林业院校网站以及专业论坛网站进行全方位报道，不论是征稿范围、参赛人员、作品体裁还是投稿热情都显示出了人们对林业的支持和关心。加强网络追踪报道，对在全国引起广泛影响的鹦哥岭青年团队等热点和焦点进行专题制作，充分利用网络搭起榜样示范引领的平台，宣扬青春励志故事，唤起社会各界对生态文明建设的重视。开展年度全国林业和林业信息化十件大事、十大关键词、林业信息化十大功勋人物评选以及网络新词、网络事件的整合推出等活动，深度挖掘网络生态文化内涵，体现网络文化的多样性，实现网络的精神创造。中国林业数字图书馆等公益性基础设施建设，为完善公共文化信息服务体系奠定良好的基础。

全球信息化浪潮正加速推进，中国林业网将继续秉承集约理念，以成熟的技术架构、全面的资源整合、全方位的业务涵盖、快速高效的内容维护和多层面的制度建设，使信息存储更加安全可靠，展示方式更加丰富多样，网站应用更加深入扩展，办事服务更加全面快捷。当您进入中国林业网，就能体验集群式的环境、集成化的平台、集约化的管理，享受“一站式服务”。网络世界触手可及，云端生活不是梦想，智慧政府指日可待！

共建林业网站群　共圆美丽中国梦

在全国“两会”胜利闭幕之际，我们在这里举办全国自然保护区、森林公园、国有林场、种苗基地网站群建设培训班，大力推动中国林业网站群建设，以实际行动贯彻落实“两会”精神。首先，我代表国家林业局信息办向为这次培训做出突出贡献的国家林业局保护司、场圃总站、林干院表示衷心感谢！对各位学员的到来表示热烈欢迎！希望大家利用这次培训机会，认真学习子站建设和信息维护相关技术，进一步提高思想认识和业务水平，为发展生态林业和民生林业，为建设生态文明和美丽中国做出新贡献。

一、中国林业网建设取得了重大成就

（一）中国林业网上航空母舰正式启航。中国林业网遵循服务林业大局、服务司局业务、服务基层单位、服务林农群众“四个服务”理念，坚持统一规划、统一标准、统一制式、统一平台、统一管理“五个统一”基本原则，建立了以网站群架构技术为支撑的林业网站群。在开通各司局、直属单位、专题子站等网站群基础上，2011 年，国家林业局保护司、场圃总站、信息办共同开展了全国自然保护区、森林公园、国有林场、种苗基地网站群试点建设，江西井冈山国家级自然保护区等 22 个自然保护区、九寨国家森林公园等 21 个森林公园，河北省塞罕坝机械林场等 21 个国有林场、中国林科院亚热带林业实验中心油茶良种基地等 20 个种苗基地参加了试点建设。子站在中国林业网主页上统一展示，统一页面风格，个性化定制栏目，取得了非常好的效果。2012 年，整合了市县级林业网站群，着手建设主要树种、野生动物、国外林业等专业网站群，初步形成了国家、省、市、县四级林业网站和众多专业网站于一体的中国林业网上航空母舰。

（二）中国林业网成为林业政府信息的第一媒体。国家林业局政府网、中国林业网、国家生态网“一网三名”，具有简体、繁体、英文三大版本，2012 年发布信息量突破 30 万

※ 该文为国家林业局信息办主任李世东 2013 年 3 月 18 日在全国自然保护区森林公园国有林场种苗基地网站群建设培训班上的讲话，收录时略有删改。

条，日均发布信息量100万字以上，具有内容全、速度快、受众广、互动强等显著优势，展示了中国林业建设成就，成为公众了解中国林业的第一窗口。最新资讯栏目及时发布来自国家林业局、各省区市、工作动态和政务信息，及时公布国家林业局的政策法规，相继推出“权威发布”、“林业十年”、“信息化巡礼”、“美丽中国”、“两会热点”等重点信息。围绕林业主体业务，开设“森林生态系统”、“荒漠生态系统”、“湿地生态系统”等多个主题栏目。开辟了50多个专题，全面及时地介绍国家和林业重大活动内容，展示林业特色。打造了中国林业网络博物馆、网络博览会、林业展厅、绿色摄影等多种形式，全面展示林业风采。在新浪微博平台上开通了“林海微报”，创新服务形式，增强信息服务能力。生态文化栏目以诗歌、散文等形式展示林业文化，成功举办了“首届全国生态作品大赛”、“信息改变林业故事网络征文大赛”，新开展了“美丽中国”征文大赛，弘扬了生态文化。

(三)中国林业网推动了政府公共服务的转型升级。中国林业网积极开展网上办事和在线审批，提高了综合服务能力。开设了场景式服务、办事指南、快速通道、林业百科、服务热线、常见问题解答等栏目，增设了政策引导栏目，重点发布了决策解读、发布直播、热点报道和网络舆情信息，为公众提供了更好的在线服务。开设了公众留言、征求意见、在线调查、局长信箱等栏目，改造了在线直播、在线访谈、网络电视、在线信访等栏目，“中国林业网络电视”12个频道生动直观地展示了中国林业发展情况，为公众提供了更多的互动交流渠道。

(四)中国林业网影响力不断取得新突破。近年来，中国林业网不断拓展应用，提升服务水平，打造精品网站。自2010年1月21日改版开通以来，网站访问量不断提升，最高日访问量超过1500万人次，平均日访问量100万人次，2010年11月访问量突破1亿人次，2012年11月访问量突破5亿人次，2013年2月访问量突破了10亿人次。2012年中国林业网取得部委政府网站第四名的优异成绩，实现了历史性突破。中国林业网的影响力不断提升，连续多年被评为优秀政府网站，先后获得了“中国互联网最具影响力政府网站”、“中国政府网站领先奖”、“快速发展型政府网站”等多个奖项，得到了业界人士和社会公众的高度评价，作为中国林业面向社会的第一窗口，中国林业网已经成为现代林业建设的一张靓丽名片。

二、充分认识中国林业网站群建设的重要意义

中国林业网近年来影响力大幅提升，越来越多的人关注林业、重视林业、参与林业。全国自然保护区、森林公园、国有林场、种苗基地网站群是中国林业网的重要组成部分，以文字、图片和视频等形式向人们展示了林业的美丽风光，带领人们走进大自然，对推动林业发展、建设生态文明具有十分重要的意义。

(一)加快建设中国林业网站群是生态文明建设的必然选择。党的十八大从实现中华民族永续发展和为全球生态安全作贡献的战略高度，首次对建设生态文明做出了全面部署，形成了经济建设、政治建设、文化建设、社会建设、生态文明建设“五位一体”的总体

布局。这一认识上的重大飞跃、理论上的重大创新，树立了人类建设生态文明的里程碑，开辟了中华民族永续发展的新征程。党的十八大报告有19处论述信息化，明确把“信息化水平大幅提升”纳入全面建成小康社会的目标，做出了走新型工业化、信息化、城镇化、农业现代化道路，促进“四化”同步发展的战略部署。信息化和生态文明已成为国家建设的重中之重。茂密的森林，秀丽的湿地，梦幻的沙漠，丰富的动植物资源，共同构成了一幅人与自然和谐发展的美好画卷，也构成了一幅“美丽中国”的精彩画卷。传播生态文明、展示祖国的美丽风光是林业工作者义不容辞的责任，也是我们的重要工作任务。建设全国自然保护区、森林公园、国有林场、种苗基地网站群，采用网络方式充分展示祖国天蓝、地绿、水净的美好家园，展示大自然的魅力，使公众足不出户就可以了解林业特色景观、林业产品、生态文化等信息，获得在线服务，对推进生态文明建设具有重要的意义。

（二）加快建设中国林业网站群是推进生态林业和民生林业建设的重要任务。2013年是全国林业信息化加快推进的关键之年，赵树丛局长最近做出重要批示“信息办在建设网络平台、服务林业发展大局上做了卓有成效的工作，取得了优异成绩，望总结经验，再接再厉，推进信息化发展，服务生态林业、民生林业，为生态文明建设做出新贡献。”这为今后一个时期信息化的发展指明了前进方向。自然保护区是我国生态体系框架的重要组成部分，在保护野生动植物和生物多样性，维护生态平衡中发挥着巨大作用。截至2012年年底，全国林业系统已建立了包括森林生态系统、湿地生态系统、荒漠生态系统、野生动植物等多种类型的自然保护区2126处，总面积1.23亿公顷，约占国土面积的12.77%。森林公园是以森林风景资源为依托，开展游憩、娱乐、科研和文化教育等活动的场所，全国共建立森林公园2747处，总面积1700多万公顷。国有林场是我国林业建设的重要组成部分，在培育和保护森林资源、改善生态状况、繁荣林区经济等方面发挥了巨大作用。全国国有林场有4855个，经营总面积6200万公顷，总人口达280万人。林木种苗基地是林业建设的重要支撑，是保障造林绿化，提高营林质量，加速森林资源增长的物质基础。自然保护区、森林公园、国有林场、种苗基地等承担着生物多样性保护、森林湿地等生态系统恢复和重建、国土生态安全维护、林产品及生态产品供给等重要使命，是林业的基础所在。建立覆盖全国自然保护区、森林公园、国有林场、种苗基地的网站群，必将为推进生态林业和民生林业建设做出新贡献。

（三）加快建设中国林业网站群是当前信息化工作的重中之重。林业信息化建设以“四个服务”为宗旨，中国林业网站群建设也是如此。自然保护区、森林公园、国有林场、种苗基地等是林业最基层的单位，在林业建设中发挥着重要作用。为这些单位做好服务，就是落实林业信息化“四个服务”宗旨的具体举措。建成全国最全数量最多的自然保护区、森林公园、国有林场、种苗基地网站群，可以大幅提升中国林业网的影响力、提升公众对林业的关注度，提升林业行业的形象、提升林业对公众的信息服务能力。网站是信息化工作的前台，是信息化建设各项成果统一展示的平台，是林业行业对公众提供在线服务的统一窗口，做好网站建设在信息化工作全局中具有十分特殊的重要地位。网站群是当前网站建设的主流模式，中国林业网站群建设是当前林业信息化工作的重中之重。

三、中国林业网站群建设的主要任务和工作部署

2013 年，我们要以服务生态民生、建设生态文明为目标，按照“拓展建设规模、强化信息服务、提升应用水平、安全稳定高效”的思路，强化“四个服务”，深入推进中国林业网站群建设。要坚持集约理念，着力推进市县林业网站群建设，力争年底前全部市级林业网站、1/3 以上的县级林业网站建成运行。加快全国自然保护区、森林公园、国有林场、种苗基地网站群建设，2013 年力争建成 3000 个以上子站。争取用两年的时间，中国林业网的子站数量达到 1 万个。网站群建设是今明两年全国林业信息化建设的一项重点任务，各省区市要高度重视，立即行动，精心组织，认真部署，确保完成网站群建设的各项任务。

(一)加强领导，专人精心负责。各省区市要高度重视网站群建设工作，将网站群建设纳入本省区市信息化建设的重要日程，务实创新，扎实有效开展工作，在各方面为网站群建设提供支持和保障。各省区市要成立网站群建设专门领导小组，负责网站群建设的组织协调工作，指定专人负责数据上报、培训、技术指导等日常工作，将网站群建设的各项任务落到实处。在今后的全国林业信息化发展水平评测、网站绩效评估和项目建设、示范建设等工作中，将各省区市是否按时组织举办培训班、完成网站群建设、在子站建设中能否发挥好组织协调和技术指导作用等作为重要指标。

(二)认真学习，提高技术水平。参加本次培训班的学员要认真学习，培训结束时，要完成子站建设和信息加载，各子站要达到测试标准并能够上线试运行。不仅自己要熟练掌握操作方法和建站技术流程，回到本省区市后还要起到典型示范作用，当好本省区市的培训老师，肩负起对本省区市其他新建子站单位进行技术指导的光荣职责。

(三)加强培训，加快建设步伐。网站群平台已经搭建完毕，下一步，培训工作是网站群建设中的关键环节。在这次集中培训的基础上，2013 年 3 ~5 月，各省区市要组织完成本省区市的子站建设培训工作，要确保本省区市新建子站维护人员培训率达到百分之百。要明确培训重点，注重培训效果，使参加培训人员能够熟练掌握建站技术和信息维护操作，使新建子站达到正式上线水平。部分省区市如果需要，我办将据情安排教师进行辅导授课。同时我办将成立建站咨询服务组，通过网络、电话等方式随时解答建站技术问题。

(四)及时更新，做好网站维护。建站是基础，维护是保障。新站上线才是万里长征第一步。各省区市要重视子站的信息更新维护和信息安全工作，加强网站信息更新管理，提高信息发布时效性、准确性和安全性。加大信息发布力度和信息安全监督，按照及时准确、公开透明、强化服务的原则，做好子站的内容维护保障。

美好蓝图已经绘就，关键就靠共同奋斗。让我们积极行动起来，做好自然保护区、森林公园、国有林场、种苗基地等网站群建设工作，努力推动生态民生，大力弘扬生态文明，助力圆梦美丽中国！

大数据时代中国林业智慧门户网站建设

2013年，当此起彼伏的信息浪潮扑面而来的时候，大数据时代到来了。数据是21世纪的新石油，是国家、行业和个人竞争力的重要资源。大数据时代的核心是通过大数据启动透明政府建设、引领社会变革。大数据代表着信息技术未来发展的战略走向，将引发技术领域跨越式发展，是继互联网后的又一次信息革命。

大数据是什么？大数据是一个火爆概念、一次信息革命；大数据是一种强劲趋势、一种战略资源；大数据将引领一个透明时代、一个智慧时代。

大数据时代，我们需要什么？大数据时代意味着信息开放，需要信息分析，需要信息流动；大数据时代意味着价值挖掘，需要互联互通，需要变革创新。

大数据时代，我们能做什么？我们可以思考，也可以畅想，但需要实践。

大数据正由技术热词变成一股社会浪潮，影响社会生活的方方面面。牛津大学教授维克托·迈尔·舍恩伯格在《大数据时代》一书中指出：大数据带来的信息风暴正在变革我们的生活、工作和思维，大数据开启了一次重大的时代转型。哈佛大学教授盖瑞·金，以“一场革命”来形容大数据技术给学术、商业和政府管理带来的变化。最近，我国10多位院士向高层建议制定大数据国家战略，有关部门正在积极研究，大数据国家战略或将提上议程。我们有理由相信：在这个数据为王的信息时代，在“数据盛宴”面前，我们都不再是旁观者，一切改变将从大数据开始！

一、大数据之引擎——战略定位智慧林业发展

2013年4月初，国务院副总理汪洋到国家林业局调研，视察了林业信息化建设，并做出了重要指示。2013年8月，第三届全国林业信息化工作会议在长春召开，发布了《中国智慧林业发展指导意见》，我国林业信息化由数字林业跨入了智慧林业的新阶段。智慧林业的到

※ 该文为国家林业局信息办主任李世东2013年10月24日在第三届中国政府门户网站发展论坛上的演讲，收录时略有删改。

来，必将带来林业生产力的又一次深刻变革，林业信息化也将迎来一个新的大数据时代。

（一）迎接大数据，智慧林业绘就蓝图。数据从一开始就是信息时代的象征，大数据实现了继云计算、物联网之后又一次信息革命，并使智慧化成为时代主题。智慧林业是智慧地球的重要组成部分，是未来林业创新发展的必由之路，是统领未来林业工作、拓展林业技术应用、提升林业管理水平、增强林业发展质量、促进林业可持续发展的重要支撑和保障。

智慧林业是在数字林业的基础上，充分利用云计算、物联网、大数据等新一代信息技术，形成林业立体感知、管理协同高效、生态价值凸现、服务内外一体的新型林业发展模式，使林业实现智慧感知、智慧管理、智慧服务。智慧林业具有整合优化、开发利用、创新发展的新型资源观，感知化、物联化、智能化、生态化的新型生态观，优化政务办公、强化生产服务、助力民生建设的新型价值观。智慧林业按照整合资源、共享协同，融合创新、标准引领，统筹协调、管理提升，服务为本、推动转型，循序渐进、重点突破的发展原则，搭建智慧林业"四横两纵"总体架构，形成相互联系、相互支撑的运营体系。

智慧林业更加注重各个环节、各种资源、各项业务的深度整合、集约共享和业务协同。智慧林业的发展目标为：力争到2015年，为全面建成智慧林业奠定基础；到2020年，全面建成智慧林业，有力支撑林业改革发展。

（二）依托大数据，智慧林业实现跨越。建设智慧林业，是林业信息化创新发展的战略举措。大数据已经遍布智慧林业的方方面面，从信息到智慧，从数字林业到智慧林业，大数据使数据采集转变为数据挖掘，使数字技术应用转变为智能决策服务，因为有了大数据，林业真正拥有了智慧。

数字林业阶段以林业各种信息的数字化采集、传输、存储、处理和应用为主要特征，重点是应用计算机、互联网等技术，实现林业数字化、网络化管理。由数字林业迈向智慧林业阶段，是林业转变发展方式、提升生产力水平的内在需要。智慧林业注重系统性、整体性运行，注重运用先进的信息技术和创新的理念，利用大数据技术，通过林业云、智能决策平台等，使各种类型的林业数据库、业务应用系统共享，实现海量数据智能处理、智能决策，人与林、林与林之间相互感知，提供一体化管理和主动化服务，使林业信息资源得到充分开发利用，实现投入少、消耗少、效益大的最优化战略。

（三）应用大数据，智慧林业大有可为。《大数据——战略·技术·实践》一书提出：我们生活在一个数字时代，数据的增长带来了庞大的信息量，新的信息催生了新的应用；继而，新应用又产生了更多的数据。以至于我们已经无法说清，到底是数据产生了应用，还是应用产生了数据。数据与应用就这样周而复始地迭代发展，像滚雪球一样，越滚越大。这表明，大数据的战略意义不在于掌握庞大的数据信息，而在于对这些含有意义的数据进行专业化处理，促进大数据的应用，在海量的数据中探寻并挖掘我们需要的"数据黄金"。

目前，大数据技术已经应用到了许多领域，随着信息技术在林业行业的应用，依托林业信息化打下的良好基础，加强各级林业部门之间的统筹协调，大力推进林业云、林业物联网、移动互联网和大数据等方面的示范应用，广泛用于林业资源监测管理、应急指挥、远程诊断等领域，可以极大提升林业地位和影响力。

智慧林业充分利用大数据等信息资源开发利用技术，按照统一标准、共建共享、互联互通的原则，以高端、集约、安全为目标，建设林业大数据工程、林业智慧门户网站群建设工程、智慧林业决策平台建设工程等智慧林业大数据应用核心工程，使林业资源相互感知化、林业信息传输互联化、林业系统管控智能化、林业体系运转一体化、林业管理服务协同化、林业综合效益最优化，实现全国林业资源透彻感知、互联互通、充分共享及深度计算，输出智慧林业一体化发展模式。

二、大数据之融合——智慧建设林业门户网站

智慧林业的建设首先需要利用大数据理念和技术促进智慧林业门户建设，这是顺应当前加快建设服务型政府新形势的需要。随着中国林业网站群建设规模的深度扩容，功能的不断提升，网络覆盖的扩展，中国林业数据量已经从 TB 级跃升到 PB 级。我们积极整合现有各级、各类资源，构建统一、开放、完整的中国林业网统一数据资源，提升各部门间协同能力，提高为民办事的效率，大幅降低政府管理成本，增强决策效率和服务水平。

（一）一体化的智慧林业网站群。

智慧化建站理念。中国林业网遵循服务大局、服务司局、服务基层、服务林农“四个服务”的服务理念，坚持统一规划、统一标准、统一制式、统一平台、统一管理“五个统一”管理理念，秉承“信息化引领、一体化集成、智慧化创新”的发展理念，全面整合各领域、各渠道的服务资源，扩充功能，完善系统，构建国家林业智慧门户网站群平台。

集群化网站体系。中国林业网站群建设工程的实施，使全国林业系统网站建设从无序到有序、从粗放到集约、从分散到整合，目前已形成上千个国家、省、市、县级子站组成的纵向到底的四级政府网站体系，形成了上千个由森林公园、国有林场、种苗基地、自然保护区、主要树种、珍稀动物等子站组成的横向到边的林业专业网站体系，不远的将来，努力实现由 10000 个子站组成的纵横分布的网站集群，打造中国林业网上航空母舰。

主动化服务模式。我们着力构建智慧林业网站群，实现数据集中存储和智能化调用，实现网站服务对象由内部向外部、由部门向社会的重大转变。按照主动化服务的应用要求，以网站用户行为数据沉淀、分析挖掘为基础，所有网站使用统一的数据管理平台，核心功能统一开发和设定，以统一的方式控制网站的整体形象，逐步实现用户感知、服务供给、效能评价、优化升级，保证中国林业门户网站功能丰富易用，信息内容保障有力，绩效评估科学有效，全面促进中国林业网站群向智慧门户发展转变。

（二）立体化的网站智能感知平台。

物联网感知平台。物联网的兴起、各类传感器的广泛应用可以在短时间内迅速增加人类获取的数据量。2013 年 5 月，首片“中国信息林”落户于北京园博园，8 月，中国信息林网站正式上线。中国信息林引入物联网技术，通过土壤环境因子、微型气象站、电子摄像头、二维码，实现了树木自身状况、林木环境、养护管理等生命全周期的监控与管理。中国信息林的建立，标志着中国第一片“智慧森林”正式建立，随着信息林在全国的推广，为每一棵树木建立电子“身份证”，创建树木电子档案，从采种到育苗、造林、抚育、采伐、运输、木材销售、加工利用及野生动植物保护、休闲旅游等每一个环节，都将置于科学监控之下，进一步加快推动林业实现现代化。

智慧森林平台。基于下一代互联网、智能传感、宽带无线、卫星导航等领域的先进技术和产品，紧紧抓住从“互联时代”向“物联时代”发展的良好契机，组织实施智能林业物联网应用示范项目，科学制定了林业物联网发展规划，构造天网、地网、人网和林网一体化感知体系，对接智慧森林平台，形成国际领先、性价比高、具有重大实用价值的“感知生态，智慧森林”四网一平台大系统，实现对森林火灾、森林经营、森林旅游等的全面、实时和系统监控，提高森林资源安全监管与开发利用整体水平。

应急感知平台。为适应新形势下林业高效、精准的安全管理需要，我们积极打造完善的应急指挥监控感知系统，建设林业灾害监控与应急感知平台，加快林业视频监控系统一体化建设步伐，不断提高林业视频监控资源的共享和协同水平，实现森林防火监控和应急指挥服务、林业有害生物防治管理服务、野生动物疫源疫病监测管理服务、森林资源突发破坏性事件预警服务，为各级林业部门提供高效、精准的应急指挥服务，实现各级林业管理部门应急指挥监控感知系统的应急联动，全面提高应急调度能力和效率，实现可视化、精确化应用与一对多管理，实现林业重大事件应急工作的统一指挥协调，提升管理效能和水平。

（三）统一化的网站智能云平台。

站群建设云平台。在“中国林业云”基础平台上，我们对现有网站群内容管理系统进行调整和优化，提供了支撑网站集群建设的站群云服务平台。站群云服务平台具有自助建站功能，支持多级网站群的创建和集群管理，满足多用户、多并发请求。平台提供模板管理功能，可选择默认模板功能，也可自定义模板，可调整风格。站点可以独立运行、独立管理，分级授权，支持多服务器站点的静态发布。管理员通过简单的设置，不需编写代码即可实现功能强大的网站群建设。

应用访问云平台。借助于中国林业网站群集成化的服务平台，将林业各项业务有机整合，以林业资源综合监管服务体系试点项目建设为依托，开发了森林、湿地、荒漠、生物多样性资源等监管系统，提供准确、实时的数据，实现了生态工程建设、林业资源监管的全过程信息化管理。林业电子商务开发应用也迈出了可喜的一步，在全国相继建立了林产品信息发布交易平台、林业产权交易电子商务平台、生态旅游平台，林农和企业足不出户就可以了解市场行情，实现网上交易，拓宽了销售渠道、减少了流通环节、降低了交易成本，产生了很好的经济和社会效益。

（四）集中化的网站数据服务平台。

林业基础数据服务平台。通过国家自然资源和地理空间信息库等项目，整合了数百个林业数据库，为内外网及专网的100多个业务系统提供数据支持，覆盖了森林资源、荒漠化、湿地和野生动植物、林业生态工程、森林灾害防治等多方面，涉及林业大部分业务，形成覆盖林业领域的综合性信息资源库，为林业和其他部门的宏观管理提供重要的基础信息。

专业数据服务平台。通过林业资源综合监管服务体系试点建设，在试点省范围内对“三个系统一个多样性”数据进行有效整合，建成统一的林业三大基础数据库，将林业资源监管落实到省、市、县及山头地块，搭建了一个面向服务架构的林业数据服务平台，初步形成了集森林、湿地、沙地和生物多样性资源于一体的“全国林业一张图”，实现对林业资源保护和利用的有效监管。

遥感数据应用平台。建成了国家卫星林业遥感数据应用平台，将国产卫星遥感数据批量化引入，提高国家林业遥感监测业务的数据资源自给率与应急监测时效性，整体提高林业遥感应用水平，使年均数据增长量达到200TB。与各地各单位建成的200多个林业数据库结合，为大数据挖掘奠定了基础。

林业数据库和数字图书馆。中国林业数据库和中国林业数字图书馆2013年8月正式上线。中国林业数据库从林业基础数据信息入手，以林业内容管理为基础，以多样信息的采集、存储、分析、定义、展示为过程，对国家林业历年统计数据、林业科学数据、林业区划数据等进行整合，目前已有资源数量5万多条记录。中国林业数字图书馆对各大林业院校、科研院所、有关司局等几万种图书、报纸、杂志等数据资源整合，通过高效、便捷的检索手段提供统一的林业信息数据服务，为辅助决策提供应用支撑。

三、大数据之价值——全面提升网络执政能力

大数据之“大”，不仅仅在于其体量之大、类型之多，更为重要的在于用数据创造更大的公共价值，提升林业互联网治理社会能力和公共服务能力。中国林业网自2010年改版上线以来，不断发展壮大，已经成为信息时代林业发布权威信息、提供办事服务、开展政民互动的重要渠道，把新媒体、自媒体变成官民“互媒体”，形成政民融合、互动的新格局。

（一）完善网站服务功能，实现无缝交流。

信息服务。作为林业面向社会的第一窗口，提供在线服务的综合平台，与公众互动交流的主要渠道，中国林业网丰富信息表现形式、加大信息发布广度，使“隔空喊话”转为线

上线下无缝交流。中国林业网"一网三名"，具有简体、繁体、英文三大版本，加载了100多个国家专题信息，每天约有1万多境外人员访问中国林业网。提供了文字、图片、视频三种内容形式，建设了具有12个频道的中国林业网络电视台(CFTV)，专设了绿色摄影栏目。每月开展2~3期在线访谈，建设60多个热点专题，平均每个工作日发布信息1000多条，每季度采编信息10000余万字，访问量突破10亿人次，平均每月信息被新浪网、光明网、人民网等主流媒体转载约4500次。

搜索服务。中国林业网不断优化搜索引擎服务，升级改造了网站信息全文检索功能，可以方便地进行站内信息搜索。搜索系统检索速度快，对网站信息类50多万条数据搜索平均耗时不到0.1秒。对网站中标题重复的信息进行分组并折叠搜索结果，并将搜索时使用的关键字高亮显示，使得搜索结果更加一目了然。对网站的特殊关键字进行了人工干预，如局领导简介、关联度大的网站系统都可以优先展示，提升了用户体验。高级检索功能提供了更多的检索功能，可以使检索结果更加准确。

监控服务。网站建有智能监管系统，可以随时监控网站每个栏目、每条信息的访问量、访问者来源、访问时长等，每天在网站首页发布排名情况，实现定点监测、定时监测和全方位监测，成为网站管理的高级助手。网站可见性优化项目的建设使中国林业网信息资源利用率明显提升，互联网影响力显著提高。仅今年9月份中国林业网资源被百度收录量62.8万条，高于部委平均水平24.3万条。网站纠错系统及时报警维护，成为网站值勤卫士。聘请网站监督员，每天第一时间浏览网站信息，弥补系统搜索不足。建立网络舆情监控系统，编发《今日网情》。

(二)创新网站服务形式，实现实时感知。

移动应用。2013年8月，中国林业网移动客户端正式上线，扩大了中国林业网服务范围和对象，使人可以更方便地通过移动互联网获取林业政务的应用服务，成为移动电子政务时代推行政府信息公开、服务社会公众、展示林业形象的新渠道。中国林业网移动客户端分为5个板块，用户可以获取最新图片信息，可以定制自己的个性化页面。林业移动超市整合了全国林业系统的移动应用，使用户多渠道了解林业发展情况。

智能互动。我们充分利用云计算技术，将国家林业信息化基础平台提升为云平台，逐步建立起覆盖国家、省、市、县四级服务体系的"中国林业云"；建立网上植树系统，为义务植树、碳汇造林提供了一个新的参与途径；"森林眼"、护林员定位管理系统、移动单兵视频系统等多种高新技术融合在一起，有力提升了森林防火指挥水平；林中漫步系统通过虚拟现实技术，将森林资源等现实景观在计算机上栩栩如生的再现出来，让更多的人足不出户就能感受自然之美和森林之美，有如身临其境，恰似林中漫步；中国林业网络博览会和中国林业网络博物馆，使实体展品在网上永久保留，并可随时在线浏览，形成7×24小时打破时空界限、永不落幕的林业展示盛宴；林权一卡通，做到林农办事轻松一刷即可完成；林业智能服务平台，开展自动化的咨询互动服务，利用即时咨询系统，与用户开展在线实时交流。

微博微信。2013 年 6 月，中国林业微博发布厅正式上线运行，秉持“及时性、真实性、权威性”的原则，广泛倾听民声民意，及时回应社会关切，打造最有影响力的林业微博群。建立微信账号，与林业智能服务平台无缝连接，用户可通过微信随时随地进行自助提问，同时将门户网站重要信息通过平台推送到微信。

（三）提升网站服务水平，实现精准服务。

生态服务体系。中国林业网围绕林业改革发展大局，开辟了森林生态系统、湿地生态系统、荒漠生态系统、生物多样性等栏目，体现了林业“三个系统一个多样性”的业务布局，并充分利用大数据、云计算、物联网等信息技术，不断疏理、整合、优化网站栏目，调整、完善、升级网站功能，加强网站在资源管理、野生动植物保护、营造林、林业重点工程等方面的应用服务，推动林业生态体系发展。

民生服务体系。中国林业网 2013 版围绕建设民生林业的要求，着力解决林企、林农最关心、最直接、最现实问题，整合新增了 80 多项便民服务资源。按照国家和地方两大体系整合了 37 项林业行政审批事项，积极开展网上办事，实行网上受理、网下办理和审批结果网上查询。开设了公众留言、征求意见、在线调查、局长信箱等栏目，完善了在线直播、在线访谈、网络电视等功能。组织有关领导和专家进行林业政策解读、技术解答，使林业大政方针和相关知识深入人心。建设了网络森林医院、野生动物保护救助呼叫等系统，成为网络服务林农的生动实践；林地测土配方平台使林农轻点鼠标，就知道自己的林地适合种什么树、应该施什么肥，享受到网络时代带来的实惠和便利；建设了现代林业产业网，为企业提供了展示交流平台。

网络文化体系。中国林业网开展的两届全国生态作品大赛、首届信息改变林业征文大赛、首届美丽中国征文大赛，以弘扬生态文化、倡导绿色生活、共建生态文明为主旋律，不论是征稿范围、参赛人员、作品体裁还是投稿热情都显示出人们对林业的支持和关心。首届美丽中国征文大赛不到半年的时间征集作品 1500 多件，参赛人数之多、参赛作品质量之高进一步提升了中国林业网的社会影响力。建设了美丽中国网，开展了鹦哥岭青年团队网络追踪报道，“两转变两服务”专题登载到紫光阁网站。开展年度全国林业和林业信息化十件大事、十大关键词以及网络新词、网络事件的整合推出等活动，深度挖掘网络生态文化内涵，体现网络文化的多样性，实现网络的精神创造。

（四）加强网站协同管理，实现安全保障。

抓规范管理。成立了中国林业网编辑委员会，全面加强对信息发布工作的监督和管理。与北京林业大学等签署战略合作框架协议，建立全国林业信息化教育基地、培训基地。新建全国林业信息办主任协作组，每年定期召开会议，交流网站建设经验，发布评测和评估结果，通报信息发布情况，努力提高信息发布质量。林业信息化管理机构进一步向市、县级拓展，一大批市、县成立了独立的信息中心。定期举办调研培训，增强沟通交流力度，切实提高网站管理者的素质和水平。

建制度标准。认真梳理了300多个现行标准，制定并出台《中国林业网管理办法》《关于进一步加快林业信息化发展的指导意见》和《中国智慧林业发展指导意见》等20多项制度、50多项标准。建立了全国林业信息化示范市、示范县建设等管理机制，大大提升了建设、应用和保障水平。按年度开展全国林业信息化发展水平评测和全国林业网站绩效评估，评测评估侧重点不再局限于建站水平，更多的综合体现应用系统、信息资源、基础设施、互联网影响力、用户体验度、安全系统及制度保障等各要素水平。按年度出版《中国林业信息化发展报告》，探讨热门话题、突出成就和前沿技术，分析发展形势，对网站的未来做出前瞻性规划。

重安全运维。国家林业局统一运维平台基本建成，通过不断优化升级，提高了规范化水平，着力开展运维精细化管理，进一步明确了岗位职责、工作范围及操作流程，提升了运维保障能力，坚持日常信息系统运维，实行7×24小时值班制度，通过以练带训的形式开展突发事件应急预案的演练，保证了网络畅通和信息安全，互联网出口带宽由100兆扩至200兆，为中国林业网的有效访问提供了保障。推动等级保护工作制度化、常态化。筹备成立全国林业信息软件测评中心，推进新建信息系统软件测评工作。

总之，我们迎来一个用数据说话的时代，我们已经在不知不觉中享受着大数据的服务，大数据已经开启了一个时代的变革。随着大数据渐行渐近，智慧林业门户网站建设已经开启。以大数据挖掘技术收集舆情、分析数据，实现定制化的网页设计、个性化的信息咨询、数据化的资源服务、主动化的推荐服务和智能化的决策服务为一体的智慧林业门户网站。智慧林业步入了新时代，必将助力生态文明，助推美丽中国和幸福中国。

大数据之上，我们期待智慧林业！

完善林业站群　构建智慧门户

在全国开展党的群众路线教育实践活动之际，举办全国市县级林业网站群建设培训班，全面开展市县级林业网站群建设，大力推进林业信息化发展，对服务生态林业民生林业具有重要意义。我代表国家林业局信息办向各位学员的到来表示热烈欢迎！向为这次培训给予大力支持的林干院表示衷心感谢！

一、中国林业网进入智慧门户新阶段

2013年8月，在吉林省长春市召开了第三届全国林业信息化工作会议，发布了《中国智慧林业发展指导意见》，提出了智慧林业这一林业信息化发展的新目标、新任务，标志着我国林业信息化由"数字林业"步入了"智慧林业"发展的新阶段。智慧林业是在数字林业的基础上，全面应用云计算、物联网、移动互联、大数据等新一代信息技术，使林业实现智慧感知、智慧管理、智慧服务。同时，中国林业网2013版正式上线运行，升级后的中国林业网，智能化水平大大增强，网站效能显著提升，进入智慧门户的新阶段。

（一）建设了智慧林业站群平台。中国林业网按照服务大局、服务司局、服务基层、服务林农"四个服务"的服务理念，坚持统一规划、统一标准、统一制式、统一平台、统一管理"五个统一"管理理念，秉承"信息化引领、一体化集成、智慧化创新"的发展理念，全面整合各领域、各渠道的服务资源，扩充功能，完善系统，构建国家林业系统从上至下的门户网站群平台，把全国林业系统门户网站作为一个整体进行规划和管理，实现林业系统间资源整合、集成、共享、统一与协同，降低建设成本和运营成本，提高效率，方便用户的使用，提高用户满意度。

遵循主动化服务模式，着力构建智慧林业网站群，实现数据集中存储和智能化调用，实现网站服务对象由内部向外部、由部门向社会的重大转变。按照主动化服务的应用要

※ 该文为国家林业局信息办主任李世东2013年11月4日在全国市县级林业网站群建设培训班上的讲话，收录时略有删改。

求，以网站用户行为数据沉淀、分析挖掘为基础，所有网站使用统一的数据管理平台，核心功能统一开发和设定，以统一的方式控制网站的整体形象，逐步实现用户体验、服务供给、效能评价、优化升级，保证中国林业门户网站功能丰富易用，信息内容保障有力，绩效评估科学有效，全面促进中国林业网站群向智慧门户发展转变。

以网站智能服务为目标，构造云服务平台。在“中国林业云”基础平台上，我们对现有网站群内容管理系统进行了调整和优化，提供了支撑网站集群建设的站群云服务平台。站群云服务平台具有自助建站功能，支持多级网站群的创建和集群管理，满足多用户、多并发请求。中国林业网站群建设，实现了数据集成共享、资源交换、业务协同。纵向整合四级政府网站体系，完成主站与子站间数据的上传下达，应用集中、数据集中，真正实现了整体网站资源的统筹规划、协同建设、信息共享。横向建设的统一内容设计的专业网站群体系，站点间可以实现数据的共享、推送、引用，可以与其他系统自动交换数据。

（二）实现了网站数据集中服务。通过国家自然资源和地理信息空间数据库等项目，整合了数百个数据库，形成了覆盖森林资源、荒漠化、湿地和野生动植物、林业生态工程、森林灾害防治等多方面的综合性信息资源库，为林业和其他部门的宏观管理提供林业基础数据服务。通过林业资源综合监管服务体系试点建设，在试点省范围内对“三个系统一个多样性”数据进行有效整合，将林业资源监管落实到省、市、县及山头地块，搭建了一个面向服务架构的全国林业资源基础数据服务平台，初步形成了集森林、湿地、沙地和生物多样性资源于一体的“全国林业一张图”，为林业资源保护和利用的有效监管提供专业数据服务。建成了国家卫星林业遥感数据应用平台，将国产卫星遥感数据资源批量化引入，通过遥感数据应用服务，提高国家林业遥感监测业务的数据资源自给率与应急监测时效性，整体提高林业遥感应用水平。建设了林业数据库和数字图书馆。中国林业数据库从林业基础数据信息入手，以林业内容管理为基础，以多样信息的采集、存储、分析、定义、展示为过程，对国家林业历年统计数据、林业科学数据、林业区划数据等进行整合。中国林业数字图书馆汇聚图书、年鉴、博硕论文等数据资源，通过高效、便捷的检索手段为用户提供统一的林业数据服务，为辅助决策提供应用支撑。

（三）形成了集约式的网站群体系。中国林业网站群按照集群化网站体系模式实施，使全国林业系统网站建设从无序到有序、从粗放到集约、从分散到整合，目前已形成上千个由国家、省、市、县级子站组成的纵向到底的四级林业政府网站体系，形成了上千个由森林公园、国有林场、种苗基地、自然保护区、主要树种、珍稀动物等子站组成的横向到边的林业专业网站体系，形成了以“弘扬生态文化，推进生态文明，建设美丽中国”为主旋律的美丽中国网站和以物联网应用为基础、以展示中国信息林建设成就为主要宗旨的中国信息林网站。努力实现由 10000 个子站组成的纵横分布的四级网站集群，打造中国林业网上航空母舰。

2013 年 3 月，也是在这里召开了全国森林公园、自然保护区等网站群建设培训班，取得了非常好的效果。会后各省区市高度重视网站群建设工作，结合本地实际情况，制定切实可行的培训方案，迅速组织当地森林公园、自然保护区、种苗基地、国有林场等单位进行培训，扎实有效的开展工作，在各方面为网站群建设提供支持和保障，将网站群建设的各项任务落到实处。北京、湖北率先行动，成为全国第一批开展培训班的单位。黑龙江、吉林、福建组织了大规模的培训，成为目前子站建设最多的单位，其中黑龙江完成了三期培训班，培训总人数达500多人。江西、湖南、山东精心部署，注重培训效果，使参加培训人员熟练掌握建站技术和信息维护操作，网站上线率达到100%。重庆、广西、安徽参加培训班的学员认真学习，成为本省区市的培训老师。云南、青海、龙江森工、大兴安岭、吉林森工等也及时组织举办培训班，推进森林公园等网站群建设。通过大家的共同努力，短短几个月时间，中国林业网新增了1000多个子站。

二、全国林业网站群建设具有重要意义

中国林业网近年来影响力大幅提升，已成为公众了解林业的第一媒体。这次市县级林业网站群建设将使中国林业网规模更大、覆盖更广、服务更智能、影响力更强。市县级林业网站群采用云服务架构，依托中国林业网平台统一规划建设，是中国林业网的重要组成部分。

（一）建设林业网站群是提高林业服务能力的重要手段。按照党中央关于群众路线教育实践活动的总体部署和国家林业局党组的要求，要将党的群众路线教育实践活动精神融入到林业信息化建设工作中，把服务基层、服务群众作为我们工作的宗旨。而做好服务工作，网站建设必不可少。随着互联网的日益普及，网站以内容量大、速度快、受众广、互动强等显著优势，已成为服务公众的最有效的平台，是林业信息化工作的前台，是搭载各种应用的重要载体，是林业信息化建设各项成果统一展示的平台。建设市县级林业网站，实现信息发布、政务公开、在线办事、互动交流和网上展示对公众提供服务的统一窗口，可以充分发挥网络舆情引导、解疑释惑的作用，更好地了解社情民意，转变工作作风、提高工作效率，更高效、便捷地为公众提供服务。从而进一步提高林业的影响力，吸引更多的人关注林业、重视林业、参与林业。

（二）林业网站群建设是智慧林业的重要组成部分。以第三届全国林业信息化工作会议和我局印发《中国智慧林业发展指导意见》为标志，我国林业信息化步入了智慧林业建设新阶段。孙扎根副局长要求"各地各单位要高度重视林业信息化工作，扎实推进智慧林业建设，全面提升林业信息化水平，为发展生态林业民生林业做出新贡献"。《国家林业局关于进一步加快林业信息化发展的指导意见》要求"加强林业网站群建设，依托中国林业网，大力推进网站整合，加快地方林业网站建设，打造纵向到底的林业门户网站群。按照业务领域，协同推进各类林业专题网站建设，打造横向到边的林业专业网站群，实现网站服务对象由内部向外部、由部门向社会的重大转变"。

市县林业网站群建设是落实第三届全国林业信息化工作会精神和《指导意见》的具体举措，是智慧林业建设的重要组成部分。市县级林业网站建设将以提升林业管理决策能力和公共服务水平为核心，以实现智慧感知、智慧建站、智慧推送、智慧测评、智慧决策为目标，实现网上服务供给精准化、网站服务效能监测实时化、决策支持可视化，大幅增强对公众需求感知能力，显著提升网上服务效能。市县级林业网站群是首个在云计算模式下建立的林业政府网站群，基于云服务架构，为市县级林业主管部门提供自主建站的平台。平台提供模板管理功能，可选择默认模板功能，也可自定义模板，可调整风格。站点可以独立运行、独立管理，分级授权，支持多服务器站点的静态发布。管理员通过简单的设置，不需编写代码即可实现功能强大的网站群建设。平台还提供硬件设施、软件系统、安全防护措施、域名解析等一系列服务。各市县级林业局网站既是中国林业网的有机组成部分，也能自主管理和维护，利用个性化开发实现各子站点个性化功能。全国市县级林业网站群建设将进一步丰富中国林业网的功能，提升中国林业网的服务水平，在智慧林业建设中发挥重要作用。

(三)集约化建设是林业门户网站建设的最佳途径。一是集约化建设市县级网站群可以大幅节省投资。网站分散建设必将导致国家投资浪费，与中央倡导的厉行节约作风相悖。单独建设一个市县林业局门户网站，服务器、数据库软件、应用软件、安全备份措施等一个不能少，投资少则十几万元，多则几十万元、上百万元。而我们统一建设网站群，平均一个市县网站建设费用只需 1 万元左右，节省投资数十倍。二是集约化建设市县网站群可以有效保障网站安全，提高网站运维能力。相对于国家层面，市县林业信息化基础相对薄弱，入侵检测、网页防篡改、防火墙等安全措施不尽完备，技术人员较少，数据备份等手段不完善，单独建设网站，容易造成网站安全隐患。统一建设的市县级林业网站群有着较为完善的信息安全保障措施，有强有力的运维团队，有可靠数据备份措施，使网站信息安全有可靠的保障。三是集约化建设市县网站群可以实现数据共享和大数据管理。一个统一的网站群平台可以轻松地实现数据共享，可以集成全国的林业网站数据。我们已经进入了大数据时代，大数据意味着价值挖掘、数据资源开发利用，需要互联互通，建设市县级林业网站群统一平台，可以促进大数据技术在林业行业的应用，从而推动智慧林业的发展。所以说以集约化的方式，统一建设市县级林业网站群是最佳途径，也是必然选择。

三、确保市县级林业网站群高效优质建成

市县级林业网站群建设是今年全国林业信息化工作的一项重点任务。我们要以服务生态林业和民生林业，建设生态文明和美丽中国为目标，深入推进中国林业网站群建设。各省区市要高度重视，立即行动，充分调动市县林业局积极性，精心组织、认真部署，确保完成网站群建设的各项任务。各位学员要学好技术，回去后要培训好其他市县网站维护人员，全力做好网站上线后的运维保障工作，用一句话概括就是“自己学好、全面教会、做

好保障”。

（一）珍惜学习机会，确保学好用好。这次培训只有短短的三天时间，大家要珍惜学习机会，静下心来，认真听好每一堂课，要熟练掌握操作方法和建站技术流程，完成子站建设和信息加载。要坐得住，学得进，勤思考，不懂就问，切实提高技术水平。要严守纪律，保持良好作风。培训结束时，各新建市县级网站要达到测试标准并能够上线试运行。回到本省区市后，要起到典型示范作用，当好本省区市的培训老师，肩负起对本省区市其他市县新建网站单位进行技术指导的职责。

（二）抓好培训工作，加快建设步伐。各省区市要加快推进市县级林业网站群建设工作，抓住智慧门户网站建设这个新机遇，指定专人负责网站群建设的组织、协调、培训工作，将网站群建设的各项任务落到实处。争取在2013年底前，最迟在2014年上半年，组织完成本省区市的市县级林业网站群建设工作，使本省区市的市县培训率、网站开通率达到95%以上。未开展森林公园等站群培训的省区市要抓紧时间，将两项培训工作结合在一起，加快推进。完成了森林公园、国有林场、种苗基地、自然保护区等网站群培训任务，但是子站上线未达到100%的省区市，在开展市县级林业网站群建设培训的同时，要加强督促专业子站开通。

（三）做好维护保障，提高网站效能。市县级林业网站是政府的对外窗口，各地要高度重视网站的信息更新维护和信息安全工作，做好网站的内容维护保障，提高信息发布时效性、准确性和安全性，提高网站效能。网站建成开通只是基础，更重要的是网站的信息量、信息更新率、对公众的服务水平等，这些也是我们进行网站测评的重要指标，网站维护人员要以极强的责任心做好这项工作。国家林业局每年将对各市县级网站做一次测评，并根据实际情况进行通报。

我们要进一步贯彻落实好第三届全国林业信息化工作会议精神，紧紧抓住智慧林业建设的新机遇，以更加科学的态度、更加振奋的精神、更加务实的作风，做好市县级林业网站群建设工作，努力开创智慧林业发展新局面，为服务生态林业和民生林业，建设生态文明和美丽中国做出更大贡献！

打造智慧门户　服务生态民生

2013年，在“新四化”同步发展全面推进小康社会的进程中，在以生态文明托起美丽中国的复兴之路上，发展生态林业、民生林业正在为实现中国梦铸就坚实的基础。2013年4月初，国务院副总理汪洋到国家林业局调研，视察了林业信息化建设，并做出了重要指示。2013年8月，第三届全国林业信息化工作会议在长春召开，发布了《中国智慧林业发展指导意见》，标志着我国林业信息化由数字林业跨入了智慧林业的新阶段。在智慧林业的新形势下，我们着力建造中国林业智慧门户六大体系。

一、智慧建站体系——智慧建设网站，打造集群式管理模式

智慧化建站理念。中国林业网秉承“信息化引领、一体化集成、智慧化创新”的智慧化建站理念，全面整合各领域、各渠道的服务资源，扩充功能，完善系统，着力构建智慧林业网站群，实现数据集中存储和智能化调用，实现网站服务对象由内部向外部、由部门向社会的重大转变。

一体化发展体系。按照主动化服务的应用要求，以网站用户行为数据沉淀、分析挖掘为基础，所有网站使用统一的数据管理平台，核心功能统一开发和设定，以统一的方式控制网站的整体形象，保证中国林业门户网站功能丰富易用，信息内容保障有力，绩效评估科学有效，全面促进中国林业网站群向智慧门户转变。

集群式管理模式。中国林业网站群建设工程的实施，使全国林业系统网站建设从无序到有序、从粗放到集约、从分散到整合，目前已形成了数千个由国家、省、市、县级子站组成的纵向到底的四级林业政府网站体系，由森林公园、国有林场、种苗基地、自然保护区、主要树种、珍稀动物等子站组成的横向到边的林业专业网站体系，并将努力实现由10000个子站组成的纵横分布的网站集群，打造中国林业网上航空母舰。

※ 该文为国家林业局信息办主任李世东2013年11月28日在第十二届（2013）中国政府网站绩效评估结果发布暨经验交流会上的主题报告，收录时略有删改。

二、信息发布体系——及时公开信息，提升政务管理水平

政务信息公开高效发布。中国林业网不断丰富信息表现形式、加大信息发布广度，具有简体、繁体、英文三大版本，提供了文字、图片、视频三种内容形式。加载了100多个国家专题信息，每天约有1万多境外人员访问中国林业网。网站及时发布全国林业政务信息，平均每日发布信息100万字、日访问量100万人次，总访问量突破12亿人次，平均每月信息被新浪网、光明网、人民网等主流媒体转载约4500次。中国林业网互联网影响力不断增强，到今年9月份中国林业网资源被百度收录量62.8万条，高于部委平均水平24.3万条，获政务信息公开第二名。

特色防火信息第一时间发布。建设了中国森林防火网，设立了森林防火信息专栏，第一时间发布全国森林火灾信息，追踪最新防火动态，每天发布全国森林火险预报，全年发布火灾信息2232条，发布火险预报712条，为加强森林防火宣传、森林火灾防控和及时采取防护措施提供了支撑。

热点专题信息聚集发布。围绕时事热点、社会热点、林业热点，设置重要会议、重要工作、重要活动和重大事件四类信息，面向广大公众，及时集中发布各类重要事项发生发展全过程，做到一个热点、一个专题、全程追踪、集中发布、一站浏览，提高了访问效率，更好地服务社会、服务林业大局、服务生态民生。

三、民生服务体系——整合服务资源，满足社会民生需求

重点资源服务。中国林业网围绕建设生态林业民生林业的要求，着力解决林企、林农最关心、最直接、最现实问题，整合公众关注度高、办理量大的80多项重点服务资源。按照国家和地方两大体系整合了37项林业行政审批事项，积极开展网上办事，实行网上受理、网下办理和审批结果网上查询。

便民资源服务。提升在线服务质量，拉近服务公众距离，将国家、地方办事服务资源整合，从办事指南、审批流程、结果查询到相关法律为公众提供全周期、场景式服务。开设了公众留言、征求意见、在线调查、局长信箱等栏目，完善了在线直播、在线访谈、网络电视等功能。组织领导和专家进行林业政策解读、技术解答，使林业大政方针和相关知识深入人心。

专业资源服务。建设了网络森林医院、野生动物保护救助呼叫等系统，成为网络服务林农的生动实践；林地测土配方平台使林农轻点鼠标，就知道自己的林地适合种什么树、应该施什么肥，享受到网络时代带来的实惠和便利；建设了现代林业产业网，为企业提供了展示交流平台。

四、平台应用体系——集成数据信息，建设网站应用平台

站群建设云平台。在“中国林业云”基础平台上，对现有网站群内容管理系统进行调整和优化，提供了支撑网站集群建设的站群云服务平台。站群云服务平台具有自助建站功能、模板管理功能，各站点可以独立运行、独立管理，分级授权，支持多服务器站点的静态发布。管理员通过简单的设置，不需编写代码即可实现功能强大的网站群建设。

网站智能感知平台。国家林业局被列为全国首批物联网示范单位之一。2013 年 5 月，首片“中国信息林”落户于北京园博园，8 月，中国信息林网站正式上线。中国信息林引入物联网技术，通过土壤环境因子、微型气象站、电子摄像头、二维码，实现树木自身状况、林木环境、养护管理等生命全周期监控与管理。

网站数据服务平台。对数据资源和数据库资源进行整合，建设了林业基础数据服务平台、专业数据服务平台、遥感数据应用平台、中国林业数据库、中国林业数字图书馆，形成覆盖林业领域的综合性信息资源库，构建了集森林、湿地、沙地和生物多样性资源于一体的“全国林业一张图”。通过林业管理数据的多平台建设，中国林业数据量已经从 TB 级跃升到 PB 级。

网站互动服务平台。网上植树系统，为义务植树、碳汇造林提供了一个新的参与途径。林中漫步系统通过虚拟现实技术，将森林资源等现实景观在计算机上栩栩如生的再现出来。中国林业网络博览会和中国林业网络博物馆，使实体展品在网上永久保留，并可随时在线浏览，形成 7×24 小时打破时空界限、永不落幕的林业展示盛宴。

五、创新发展体系——创新技术应用，引领移动互联新时代

移动客户端。中国林业网移动客户端扩大了中国林业网服务范围和对象，使公众可以更方便地获取林业政务的应用服务，成为移动电子政务时代推行政府信息公开、服务社会公众、展示林业形象的新渠道。用户可以利用移动客户端 5 个板块获取最新图片信息，定制自己的个性化页面。林业移动超市整合了全国林业系统的移动应用，使用户多渠道了解林业发展情况。

微博微信。秉持“及时性、真实性、权威性”的原则，中国林业微博发布厅通过微博集群等栏目，广泛倾听民声民意。建立微信账号，与林业智能服务平台无缝连接，用户通过微信随时随地进行自助提问，并将门户网站重要信息通过平台推送到微信。

智能服务平台。林业智能服务平台开展自动化的咨询互动服务，利用即时咨询系统，与用户开展在线实时交流，提供语音播报、网站向导、接入微博和热线咨询等多种交流途径，解答林业相关政策法规、办事指南、实用知识等问题，方便用户更加及时了解相关问题，极大地提高了网站与社会公众的交流互动效率。

六、生态文化体系——营造文化氛围，构建多元化网络生态

搭建生态文化展示平台。中国林业网开展的两届全国生态作品大赛、首届信息改变林业征文大赛、首届美丽中国征文大赛，以弘扬生态文化、倡导绿色生活、共建生态文明为主旋律。首届生态作品大赛征稿数量近8000份，首届美丽中国征文大赛不到半年的时间征集作品1500多件，参赛人数之多、参赛作品质量之高进一步提升了中国林业网的社会影响力。

创建美丽中国网。美丽中国网以“弘扬生态文化，推进生态文明，建设美丽中国”为宗旨，展示祖国浩瀚林海、秀美湿地、雄浑大漠等壮美自然风光，引人入胜的人文景观，悠扬深邃的文化遗产，种类丰富的动植物资源，构成了一幅人与自然和谐发展的美好画卷，也构成了一幅“美丽中国”的精彩画卷。

开展热点追踪活动。建设了具有12个频道的中国林业网络电视台(CFTV)，专设了绿色摄影栏目。每月开展2~3期在线访谈，建设60多个热点专题。开展了鹦哥岭青年团队网络追踪报道，“两转变两服务”专题登载到紫光阁网站。开展年度全国林业和林业信息化十件大事、十大关键词以及网络新词、网络事件的整合推出等活动，深度挖掘网络生态文化内涵，体现网络文化的多样性，实现网络的精神创造。

智慧林业时代已经来临，智慧林业门户网站建设已经开启，融合云计算、物联网、大数据等新一代信息技术，中国林业网致力于打造管理协同高效、资源统一共享、民生价值凸显的感知化、物联化、智能化、生态化的新型政府门户，为生态林业和民生林业发展，为生态文明和美丽中国梦的实现而做出新贡献！

技术保障

JISHU BAOZHANG

林业信息化
Forestry Informatization

掌握信息网络应用技能
推动现代林业科学发展

按照局里的统一部署，在岁末年初之际，我们会聚国家林业局管理干部学院，共同学习局内外网应用技能。首先，我代表局办公室、信息办，向大家长期以来对林业信息化工作的大力支持表示衷心的感谢！向国家林业局管理干部学院为这次培训班付出的辛勤劳动和做出的周密安排表示衷心的感谢！这次培训班的主要任务是：深入贯彻落实中央林业工作会议、全国林业厅局长会议、首届全国林业信息化工作会议精神，认真学习掌握局内外网应用技能，为提高局信息化建设和应用水平夯实基础，促进现代林业又好又快发展。

一、2009 年林业信息化工作回顾

2009 年是我国林业信息化发展史上具有里程碑意义的一年。在局党组的高度重视和亲切关怀下，在各地各单位的大力支持和共同努力下，全国林业信息化建设快速推进，进入了全面加快发展的新阶段，成为现代林业建设的一大亮点。概括起来，主要开展了以下十个方面的工作。

（一）编制印发《纲要》和《技术指南》。为规范全国林业信息化建设工作，提高我国林业信息化发展水平，根据中央有关推进信息化建设的一系列重要文件和全国林业厅局长会议精神，国家林业局经过深入调研、认真起草和科学论证，于 2 月上旬印发了《全国林业信息化建设纲要(2008 ~ 2020 年)》和《全国林业信息化建设技术指南(2008 ~ 2020 年)》。《纲要》首次明确了我国林业信息化建设的基本思路、建设目标、总体框架、建设内容、行动计划和保障措施等。其中，总体框架为“四横两纵”架构，“四横”分别指基础设施、数据库、应用支撑和应用系统，“两纵”分别指标准规范体系、安全与综合管理体系。行动计划一共有 8 个，包括：林业资源监管系统建设、营造林管理系统建设、林业灾害监控与应急系统建设、林业综合办公系统建设、林业信息化基础平台建设、林业产业发展与林业经

※ 该文为国家林业局信息办主任李世东 2010 年 1 月 26 日在中国林业网和国家林业局办公网应用培训班上的讲话，收录时略有删改。

济运行系统建设、生态文化与教育培训系统建设、林业信息技术自主创新。《技术指南》则从技术层面对《纲要》的建设内容进行了详细阐释。这两个文件是指导当前和今后一个时期我国林业信息化建设的纲领性文件，对促进全国林业信息化建设具有重大而深远的意义。

（二）召开首届全国林业信息化工作会议。2009 年 3 月 24 ~ 25 日，首届全国林业信息化工作会议在北京隆重召开，贾治邦局长亲临会议并作重要讲话。会议全程文字、视频网络发布，群发短信提醒，开创了林业会议先河。举办了首届全国林业信息化高峰论坛、首届全国林业信息化建设成就展，征集并启用林业信息化标识，表彰了先进单位、先进个人、优秀网站和优秀栏目。会议确立了当前和今后一个时期全国林业信息化建设的总体思路，即“以邓小平理论和‘三个代表’重要思想为指导，深入贯彻落实科学发展观，按照现代林业建设总体部署和《全国林业信息化建设纲要》的要求，以全面实现林业信息化为目标，以电子政务建设为重点，以‘四横两纵’为架构，以信息资源开发利用为中心，以资源整合为突破口，以完善体制机制为保障，统一规划，统一标准，统一管理，分工负责，尽快形成布局合理、科学高效、先进实用、安全稳定的林业信息化格局，充分发挥信息化支撑发展、推动改革、引领未来的重大作用，为发展现代林业、建设生态文明、促进科学发展做出新的更大贡献。”概括为一句话，就是“加快林业信息化，带动林业现代化”。会议的成功召开，标志着我国林业信息化建设开始步入全面加快发展的新阶段。为推动会议精神的贯彻落实，国家林业局信息办组织开展了中国林业信息化发展战略研究，举办了全国林业信息化建设管理培训班，与 29 个司局和直属单位开展了信息化建设需求座谈，策划编撰了首部《中国林业信息化发展报告》，在《中国林业年鉴》上开辟了林业信息化专题，创办了《林业信息化》简报等。各地各单位都按时提交了落实会议精神的方案措施。辽宁、江苏等省召开了全省林业信息化工作会议，进行了专门部署。

（三）积极推进外网门户网站建设。局外网门户网站建设取得重大进展，在本月 21 日召开的全国林业厅局长会上，贾治邦局长亲自点击开通“中国林业网”，也就是我们新版外网。新外网实行中国林业网、国家林业局政府网和国家生态网一网三名，构建了信息发布、在线服务、互动交流、林业展示四大板块，把各司局、各直属单位原有的 50 多个网站整合为主题子站，实行统一域名管理下的网站群管理模式，新建了场景式服务系统和行政审批系统，增加了繁体版和英文版，使网站信息发布、公共服务、互动交流等能力大幅提高。随着网站功能的不断完善、网站内容的日益丰富，外网门户网站群在推介林业、促进交流、提高服务能力等方面必将发挥愈来愈大的作用。辽宁、河南等省门户网站群建设也取得了显著成效，成为林业门户网站建设的样板。

（四）快速推进内网建设。按照“小外网、大内网”的建设思路，局内网升级改造工作取得了明显成效，新版内网——国家林业局办公网已在本月 21 日开通。内网门户由办公平台、信息平台、学习平台、生活平台和交流平台等五大板块组成。在办公平台上，整合了综合办公、行政审批等应用系统。综合办公系统构建了领导专区、公文办理、会议办理、事务办理、综合管理等五大功能模块。按照系统设计，国家林业局全体职工及36个省级林业部门都可按权限登录内网系统进行工作、学习和交流，从而大大提高林业信息资源的利用率和办公效率。辽宁、湖南、浙江等综合办公系统建设起步较早的省份正在完善功能、强化应用，有的省已延伸到乡镇林业工作站和国有林场。

（五）扎实推进数据库和应用系统建设。按照统一部署，我局正在加快实施自然资源与地理空间林业基础信息库建设项目，目前已经完成机房、计算机网络等环境建设和项目标准、系统、子系统设计工作，97个专题数据库整合改造工作已全面展开。项目建成后，将实现国家和副省级以上决策层专业基础数据的集中管理和跨部门数据共享。全国森林资源数据库建设试点示范项目一期已经结束，二期扩建项目正在推进。全国林业产业基础数据库已基本建成并上线试用。国家级林业资源综合监管服务体系建设、全国林业资源基础数据库建设和国家卫星林业遥感数据应用平台建设等项目已完成阶段性前期工作，正在积极向前推进。各地各单位结合本地实际，也抓紧推进数据库和应用系统建设。江西省对全省林业网上办证系统进行了完善，继续建设全省边境木材检查站监控系统。山西省完成了全省1∶1万航空影像、1∶1万和1∶5万地形图等基础地理数据的数字化工作，实施了网上办证系统建设项目。辽宁省的数字林业核心平台建设取得重大成果，平台具备门户管理、单点登录、林业业务协同、数据共享与交换、即时通信和GIS地图服务等六大功能，集成了综合办公、网上办证等14个应用系统，保证了数据的准确性、唯一性和安全性，实现了业务、技术、数据、服务和决策支撑的一体化。河南省在不断完善综合办公系统、全省林业视频会议系统的同时，启动了森林资源数据库建设项目。从目前的发展态势看，统一开发、集中管理、平台上移、应用下移已成为林业数据库和应用系统建设管理的发展方向。

（六）大力开展林业信息化基础设施建设。2009年，国家林业局启动实施了中心机房改扩建工程、内外网物理隔离建设工程、林业专网扩建工程等基础设施建设工程，对机房空调、电路容量、服务器、运行环境等进行了全面更新，对内外网实施了物理隔离和增容升级，建设了大屏幕监控及会商系统。通过这些工程，使局中心机房和内外网设施条件大为改善，建设水平在国家部委中居于前列。系统投入运行后，林业专网的节点由原来的37个增至72个，将国家林业局与各省级林业部门和各计划单列市林业局联接成一个网络，实现了文字、视频、语音的一体化传输。同时，国家林业局移动电话虚拟网建立并投入使用。地方林业部门信息化基础设施建设也在快步推进。北京、云南、广西等省区市实施了机房设施及网络设备升级改造项目。江西、湖南、辽宁等省完善了省、市、县、乡四级联网的林业政务内网体系。内蒙古等省区对原有的网络线路进行了带宽扩充和向下延伸。福建等省区对现有网络加装了入侵检测系统、漏洞扫描系统等安全防范软件。这些建设项目有力地促进了林业信息化的全面快速发展。

（七）加快推进林业信息化标准规范建设。2009年4月，国家林业局成立了全国林业信息数据标准化技术委员会，专门负责林业信息化标准建设的组织、计划、制修订等工作。局本级安排了100多万元，编制了林业信息化标准指南、林业信息化标准体系等8个急需的基础性标准。同时，梳理了300多个现行信息化标准，印发了《国家林业局关于推荐使用林业信息化相关标准规范的通知》，加强标准应用工作。自然资源与地理空间林业基础信息库建设、全国森林资源数据库建设以及全国林业产业基础数据库建设等项目，也都编制了项目标准。福建、辽宁、云南等省制定了省级数字林业建设标准。湖南林业信息化建设采用了大量国家标准或行业标准，有效保证了建设质量，促进了互联互通和信息资源共享。

（八）积极推动示范省建设。示范省建设是全面推进林业信息化建设、提高林业信息化发展水平的重要举措。2009年7月，经过深入调研，我们制定出台了《林业信息化示范省（区、市）主要指标》。经初审、现场复审和综合评定等环节，于12月正式确定辽宁、福建、湖南、吉林森工等为首批全国林业信息化示范省。目前，这些省份正在抓紧编制示范方案，信息办正在制定示范省建设考核办法。湖南计划从2010年起，每年投入100万元，用于林业信息化达标县试点示范建设。辽宁省林业厅决定从2010年开始，开展林业信息化示范市创建活动，每年拿出200万元奖励示范市建设，争取把林业信息化水平推进到一个新高度。

（九）积极争取林业信息化建设项目。根据国家有关程序规定，局信息办组织相关技术力量，抓紧开展“金林”工程需求分析报告和项目建议书的编制工作，争取获得立项。按照2010年项目申报要求，积极申报国家级林业资源综合监管服务体系、全国林业资源基础数据库和国家卫星林业遥感数据应用平台建设三个项目，同时，做好其他信息化申报项目的审查工作。根据工信部的核高基项目申报指南，与有关单位联合，递交了《基于国产基础软件的全国林业资源监管基础数据平台建设及产业化推广》项目申请。组织编制《全国林业信息化“十二五”建设规划》，推动各省级林业部门编制本地区林业信息化建设规划，争取列入中央和地方财政投资计划。目前，已有湖北、山东、河南等省以及国家林业局管理干部学院等单位提交了各自的建设规划，《全国林业信息化“十二五”建设规划》编制工作也取得了阶段性成果。

（十）努力加强林业信息化机构队伍建设。为加强对林业信息化工作的统一领导，国家林业局成立了全国林业信息化工作领导小组，各司局、各直属单位、各厅局主要负责同志为领导小组成员。成立了国家林业局信息化建设项目实施领导小组，统一协调指导局本级信息化建设项目。成立了国家林业局信息化管理办公室，负责综合协调、指导监督、组织实施全国林业信息化和电子政务工作。成立了全国林业信息数据标准化技术委员会，负责协助推进林业信息化标准建设工作。各地也纷纷加强了林业信息化机构及队伍建设工作。首届全国林业信息化工作会议结束后，许多省级林业部门补充了领导小组人员，充实了信息化管理机构人员，强化了技术队伍建设。湖南省2009年各级林业部门都成立了信息化工作领导小组，结合实际组建了信息化管理机构，明确专人负责信息化建设。这些举措稳定了人员队伍思想，激发了工作人员爱岗敬业的热情。

二、当前林业信息化建设面临的新形势

当前，我国林业改革发展正面临着千载难逢的大好机遇，承担着十分重大的历史任务。作为支撑现代林业大厦的三大支柱之一，林业信息化既面临着重大发展机遇，也面临着严峻形势挑战。

（一）从全球层面来看，加快信息化已成为时代发展潮流和最显著的时代特征。物质、能源、信息是支撑人类社会发展的三大资源。回顾人类社会的发展历程，可以用“三化”来概括，即农业化、工业化和信息化。公元前 9000 年至公元前 1500 年，人类社会经过农业革命，由游牧社会进入农业社会，人类文明开始了“农业化”进程，这个进程的核心资源是物质资源。1775 年工业革命发生后，人们开始利用蒸汽机、汽车、飞机等工业产品，拉开了人类利用煤、石油、天然气等自然能源的序幕，人类文明开始了“工业化”进程，这个进程的核心资源是能源。1946 年人类社会第一台电子数字计算机的发明拉开了当代信息革命的序幕，随着计算机、信息高速公路、互联网等技术的出现，人类开始有效利用信息资源以促进人与自然的高度和谐、推动生产力的快速发展。根据著名的“摩尔定律”，计算机的处理能力大约每 18 个月就要翻一番，信息化发展速度之快，已经远远超出人们的想象，并以巨大的变革力量将人类全方位引入“信息化”时代。这个时代的核心资源是信息，信息化已经成为 21 世纪最重要的经济发展模式和最显著的时代特征。与农业化、工业化一样，信息化也是一个动态变化的过程。这“三化”的最基本特征是在全社会范围内采用和推广当时最先进的人力工具、动力工具和智力工具。当今社会，信息已成为除自然资源、资本和劳动力以外的最重要的生产要素。信息技术和信息资源相结合，以网络为依托，构成了新的最活跃的生产力，驱动着全球经济增长方式快速转变。信息革命之所以能够导致生产力的飞速发展，其根源在于在机械化、电气化、自动化的基础上实现了数字化、智能化和网络化，使产品更新速度提高了数百倍。信息革命还带来了信息全球化，信息全球化又使金融全球化、生产全球化、物流全球化、经济全球化成为可能。加快信息化发展，已成为世界各国的共同选择和长远发展的战略制高点。认识信息化，驾驭信息化，以信息化推动现代化，已成为每个国家在信息时代必须关注的重大主题。美国高度重视信息化，将其作为国家的一项重要战略，于 1991 年实施了“信息与通信”高新技术发展计划，为其保持全球技术领先地位提供了重要支持；1992 年克林顿政府上台后，其治国理念的重点之一就是打造一个“电子政府”；1993 年开始建设国家信息高速公路，推动了美国“新经济”持续强劲增长；1999 年美国提出了“数字地球”的战略构想；2004 年美国又投入巨资推行包括信息技术在内的、被称为“美国创新的基础”的重大研究发展计划，确保了其在全球信息产业核心技术方面的领先地位。信息产业在 20 世纪 70 年代兴起，80 年代得到高速发

展，90 年代已成为全球发展速度最快、从业人员最多、规模扩展最为迅速、创造财富最多的产业，是全球经济新的增长点。21 世纪初，西方发达国家的信息产业增加值已占国民生产总值的一半或一半以上。美国目前拥有世界上最强大的信息产业，自 2000 年以来，每年以 32% 的速度保持增长，为美国 GDP 增速的数倍。2008 年美国信息产业约占美国 GDP 的 1/3，远远超过了汽车、建筑等传统产业，成为美国经济最大的支柱产业，标志着美国已经进入了信息社会。

（二）从国家层面来看，加快信息化已成为现代经济社会发展的重要动力和鲜明特征。当前，信息化对全球政治、经济、社会、文化、军事等的影响日益深化，发达国家加快向信息社会转型，发展中国家抓住信息化的战略机遇努力实现快速发展。党中央、国务院高瞻远瞩，因势利导，适时提出了一系列信息化方针政策和战略举措，加快推进信息化、以信息化带动工业化已经成为当前经济社会发展的最强音。2009 年以来，国务院发布了《电子信息产业调整和振兴规划》，工信部印发了《政府网站发展评估核心指标体系》，国家发改委印发了《关于加快推进国家电子政务外网建设工作的通知》等文件。工信部最近将 2010 年我国信息产业发展锁定为三大目标：一是以 3G 和 TD 发展为契机，加快推进通信业转型发展。二是规划引导下一代网络发展，加快培育物联网产业，推进国家传感信息中心建设，促进物联网与互联网、移动互联网融合发展。三是加大对集成电路、新型显示器件、专用电子设备和材料、基础软件等领域的支持，实现关键技术自主可控。这些举措对深化“两化融合”战略思想、规范信息化建设发展、进一步增强信息产业服务经济社会能力将发挥重要作用。

在国家一系列方针政策引导下，我国电子政务、电子商务、电子社区等信息化建设快速推进，信息产业已成为国民经济的支柱产业。《第 24 次中国互联网络发展状况统计报告》显示，我国网民规模和宽带网民规模增长迅猛，互联网规模稳居世界第一。国家电子政务外网建设取得显著进展，目前已经具备承载中央政务部门主要业务的能力，到 2010 年底，将基本建成从中央到地方统一的国家电子政务外网。“金药”、“金农”、“金土”、“金水”等“金”字头工程快速推进，成为我国电子政务的骨干工程和样板工程。商务部已经建立了由 1 个中文主站和 341 个子站组成的功能强大的网站群，同时开通了 18 种语言的外文版，网站日均点击量达 6800 万次，2009 年上半年点击量达 125 亿次，名列我国政府网站和全球同类网站之首，有效促进了我国各项经济活动的开展。农业部门户网站中国农业信息网的影响力不断增强，日点击量上千万次，访问量在世界农业网站中排名第二，绩效水平在我国政府网站中也位居第二，在面向“三农”的信息服务中发挥了重要作用。电子社区快速推进，光纤入户、家庭上网已很普遍，正在深刻影响着人们的消费方式和生活习惯。

信息资源整合是当前我国信息化建设的重点和关键环节，也是信息化发展的必然趋势。大家已经认识到，电子政务发展到现阶段，需要突出解决的一个重要问题就是政务信息资源的整合和共享。实践证明，谁先整合，谁发展的就快；谁整合的好，谁的信息化水平就高。随着国家信息化建设正在由各自建设走向整合改造和深化应用，信息资源整合的步伐将进一步加快。我们一定要深刻认识国家信息化快速发展的形势，切实增强加快林业信息化建设的紧迫感。

（三）从林业层面来看，信息化已成为现代林业大厦的重要支柱。发展现代林业、建设生态文明、推动科学发展是当前全国林业工作的主题和方向。发展现代林业，建设好三大体系，必须要用现代科学技术提升林业，用现代物质条件装备林业，用现代信息手段管理林业，实现林业发展的科学化、机械化和信息化。也就是说，现代林业是信息化的林业，是由现代信息技术武装起来的林业，是紧跟时代发展潮流的林业。

在首届全国林业信息化工作会议上，贾治邦局长代表局党组，向全国林业系统发出了“加快林业信息化，带动林业现代化”的号召。这绝不是一句简单的口号，而是在全面深入总结新中国林业60年和林业信息化近30年发展经验教训的基础上得出的科学结论，是对现代林业理论体系的进一步丰富和发展，也是林业围绕中心、服务大局、实现科学发展的战略选择。在6月下旬召开的中央林业工作会议上，全面推进集体林权制度改革被列为当前和今后一个时期林业改革与发展的中心任务。集体林权制度改革离不开技术和市场信息服务，信息化在此过程中大有可为。因此，会议特别强调，要“加快推进林业机械化、信息化、标准化建设，不断提高林业建设的物质装备水平和科学管理水平”。12月15日，贾治邦局长在信息办2009年工作总结及2010年工作要点上做出重要批示：望各部门、各单位继续大力支持这项工作，这是我们最重要的基础工作，又是我们最重要的技术手段，把这项工作搞好了，林业改革发展、现代林业建设、同国际林业水平接轨就有了条件和基础。这一批示充分肯定了一年来林业信息化的建设成绩，深刻阐释了新时期林业信息化的重要地位和作用，为我们进一步全面加快林业信息化指明了方向。在刚刚闭幕的全国林业厅局长会议上，贾治邦局长代表局党组，对林业信息化又提出了明确要求。

与我国先进行业、先进部委相比，林业信息化建设虽然起步较早，但发展速度缓慢，已落后于国家信息化整体发展水平。尤其是近20年来，其他行业或部门信息化发展速度日益加快，我们与先进行业或部门的差距不断加大。我们现在开展的内外网整合工作，商务部等很多部委5年前就已经进行了。农业部已经建立了以门户网站——中国农业信息网为龙头的网站群，实施了“金农”和“三电合一”等重点工程。国家药监局正在组织实施总投资3.6亿元的“金药”工程，届时将对全国药品生产和流通实现全流程信息化监管。而我们才刚刚筹划申请“金林”工程，这与我们林业在经济社会发展全局中的地位是极不相称的，是难以满足林业改革与发展的现实需要的。长期以来，由于信息化水平低，我们林业各项工作都显得比较粗放。随着现代林业建设的不断推进，对信息化的需求日益增加。同时，我们局本级的信息化水平在某些方面还落后于地方，长此以往，我们将难以指导地方林业信息化建设。因此，林业信息化建设责任重大、任务艰巨、形势逼人。

（四）从技术层面来看，日新月异的信息技术正迅速改变着人们的生产生活方式。当前，信息技术领域大规模的研发投入，推动了当代高科技前沿的无尽拓展，在集成电路、超级计算机、新一代通信领域取得了一个接一个、一代又一代的新突破：微电子技术向纳米级、集成系统方向加快发展；计算技术向超高性能、网络化方向演进，信息获取、处理、存储和传输能力持续跃升；网络通信技术的宽带化、移动化、IP化、融合化和智能化变革不断深化，并开始向泛在化方向发展；模拟信息技术正全面向数字信息技术转变。信息技术与生物、空间、纳米等技术深度融合、相互促进，新一轮技术变革蓄势待发。

“三网融合”是当前信息化发展的一个重要趋势，其实质是在同一个网络上同时开展语音、数据和视频等多种不同的业务。它将重绘现代信息产业的版图，给信息技术产业、信息内容产业和信息服务产业带来全新的发展，进一步改变人类工作、学习和生活方式，因此在当代信息技术革命发展史上具有里程碑的意义。目前我国正在积极开展“三网融合”试点，这对林业信息化建设将会产生十分积极的推动作用。

卫星遥感技术目前已经广泛应用于农业、林业、水利、地质、海洋、环境及军事等各个领域。其发展趋势主要有：网络化、集成化、以数学模型和决策分析为支撑、实时三维和虚拟现实技术、标准化和组件式GIS。随着卫星技术的快速发展和应用的不断深化，我国林业保护管理和生产经营方式也将发生重大变革。

总之，我国林业信息化建设正处在发展的关键时期，形势逼人、任务艰巨，不进则退。我们一定要增强紧迫感、责任感和使命感，正视差距，树立信心，把握机遇，全面加快发展。

三、2010年林业信息化工作思路

结合我国国情、林情，2010年全国林业信息化工作的总体思路是：深入贯彻落实中央林业工作会议、全国林业厅局长会议、首届全国林业信息化工作会议精神，紧紧围绕“发展现代林业、建设生态文明、推动科学发展”这个中心，按照“加快林业信息化，带动林业现代化”的总体要求，抓项目，抓应用，抓管理，完善国家林业内外网整合改造，启动林业资源监管体系建设行动计划，强化林业卫星遥感数据应用，大力拓展林业信息化应用领域，全面提升林业信息化应用水平，充分发挥林业信息化的支撑保障作用，为实现2020年发展目标奠定坚实基础。具体地说，要重点抓好以下八项工作。

（一）加大信息资源整合力度，提升共建共享水平。一是加强制度建设和组织协调，对现有信息资源优化配置，建成共建共享的信息资源库，为协同工作提供有力保障。二是按照互联互通的要求，对在建应用系统进行调整优化，整合不同来源、不同层次、不同结构的软硬件资源，打破条块分割、重复建设局面，实现人才、资金、网络、设备、数据资源共享。三是整合现有信息资源，与新项目做好衔接，逐步扩展电子政务业务范围，促进信息共享和信息公开。四是完善项目申报程序，各地各单位向国家林业局申报的信息化建设项目，都须经信息办初审，其他建设项目中如包含林业信息化建设内容，由信息办会同有关部门提出审核意见。五是完善信息安全环境，提高信息安全水平。

（二）科学编制总体规划，认真谋划“十二五”发展大计。一是组织编制省级林业信息化建设规划。按照《纲要》和《技术指南》的有关要求，组织各地各单位认真梳理分析林业信息化建设需求，提出符合当地实际的发展思路，完成省级林业信息化建设规划编制任务，为争取地方政府支持提供科学依据。二是完善全国林业信息化“十二五”规划。在各地规划的基础上，根据国家和我局有关要求，进一步完善林业信息化“十二五”规划。同时，加大与工信部、国家发改委等有关部门的沟通协调力度，力争将林业信息化建设列入国家信息化建设“十二五”规划、国家信息基础设施建设“十二五”规划及全国林业建设“十二五”规划中，最大限度地争取国家支持。

（三）加快新工程立项，持续拓展应用领域。一是做好骨干工程立项工作。紧紧抓住当前正在研究“十二五”规划的有利时机，加大沟通协调力度，力争将林业信息化建设作为重点工程，列入国家和地方信息化总体规划，争取国家和地方政府在政策、资金等方面的支持。二是做好“金林”工程立项工作。加快推进“金林”工程需求分析报告、项目建议书等的编制工作，积极与国家发改委等部门沟通，争取早日立项。三是抓紧审批并启动国家级林业资源综合监管服务体系建设、全国林业资源基础数据库建设和国家卫星林业遥感数据应用平台建设项目。四是积极向工信部、科技部等部门争取信息化建设项目。

（四）加强标准规范建设，确保互联互通。一是完善标准规范的管理机制。理顺管理体制和运行机制，充分发挥各方优势，强化协作与配合，建立健全标准规范动态维护机制。二是加大标准规范的宣贯力度。优先选用国家标准、行业标准，提高林业信息化的建设水平，为深化应用提供条件。三是密切林业专家与信息专家的合作。充分发挥各方专家的才智，加大先进成熟信息技术在林业业务中的应用，设计开发先进适用的应用系统，促进林业各项事业又好又快发展。

（五）扩大交流与合作，增强发展活力。一是建立和完善交流合作机制。密切关注国际、国内信息化发展动向，积极参与国际合作，大力促进行业之间和部门之间的交流与合作。二是积极拓展交流合作领域。充分利用科研院所和 IT 企业的技术力量，加强林业信息技术、信息资源和人才培养等领域的交流与合作。三是积极培育和扶持林业信息产业。优先选择具有研发基础的林业企业，加快林业信息产品的开发和推广应用，带动林业信息产业和电子商务发展。四是做好林业系统内部交流与合作。逐步建立以林区职工群众和林业企业为对象，以多种技术手段为支撑，方便快捷的林业电子政务公共服务体系，最大限度地激活、用活林业资源，增强林业发展活力。

（六）积极开展战略研究，大力推进示范省建设。一是组织开展林业信息化发展战略研究。组织相关专家学者及知名 IT 企业技术人员，开展中国林业信息化发展战略研究，提出林业信息化发展战略内容、战略重点、优先领域和保障措施，为管理部门决策提供科学依据。二是组织编撰林业信息化发展年度报告。通过编写年度报告，系统总结林业信息化发展历程，全面展示林业信息化建设成就，充分借鉴国际国内信息化发展经验，促进林业信息化持续健康发展。三是组织开展林业信息化示范省建设。按照点面结合、各具特色、分期分批、可上可下等原则，在开展第一批示范省建设的基础上，分 1 ~2 批继续开展林业信息化示范省评定和建设工作。四是积极推进电子商务建设。充分利用各种资源，打造林业电子商务平台，促进林业产业持续稳定健康发展。

（七）强化机构队伍建设，提供坚强组织保障。一是进一步加强组织领导。完善各级林业信息化工作领导小组和专家咨询机构，切实把林业信息化作为“一把手”工程，摆在更加突出的位置，统筹规划，精心组织，认真实施。二是建立权威高效的信息化管理机构。理顺林业信息化规划、建设、管理和运行机制，形成各部门共同推进信息化的良好氛围。三是发挥市场机制在人力资源配置中的基础性作用。按照“走出去、引进来”的工作思路，在外派人员学习的同时，吸引其他行业的优秀人才参与林业信息化建设。四是加大培训力度。采取多种方式，提高林业工作者的信息化意识和信息化知识，对林业信息化从业人员，要加强专业技术培训。

（八）召开座谈会，研究落实各项工作。召开全国林业信息化工作座谈会，深入贯彻落实中央林业工作会议、全国林业厅局长会议、首届全国林业信息化工作会议和贾治邦局长重要批示精神，深刻分析林业信息化建设面临的新形势、新任务和新要求，研究部署2010 年林业信息化工作，提出林业信息化“十二五”发展思路，全面加快林业信息化建设。

加快标准化建设步伐　推动信息化健康发展

在当前全国林业系统认真贯彻落实胡锦涛总书记等中央领导同志一系列重要批示和全国林业厅局长会议精神、全面加快推进林业信息化建设的新形势下，我们召开全国林业信息数据标准化技术委员会2009年会，具有十分重要的意义。会议的主要任务是：回顾总结2009年全国林业信息标准化建设工作，研究安排2010年工作，审议2009年编制的6个基础性、关键性的林业信息化标准。

一、关于林业信息化标准工作的简要回顾

当前，林业标准化工作已成为贯彻落实科学发展观、促进现代林业又好又快发展的重要举措。2009年初，全国林业信息数据标委会在北京成立，标志着全国林业信息标准化建设进入了一个新阶段。一年来，在局党组的正确领导、科技司的大力支持、全国林业信息化工作者特别是标委会各位委员的积极努力下，全国林业信息标准化工作稳步推进，取得了较好的成绩，主要表现在以下几个方面：

（一）成立了全国林业信息数据标委会。标委会成立大会于2009年4月14日在北京召开，会议审议通过了全国林业信息数据标委会章程（草案），秘书处工作细则（草案），2009年工作计划等，取得了圆满成功。会后，标委会秘书处对上述材料进行了认真修改，形成了最后印发的文稿，并向各位委员发送了电子版。结合标委会成立，建立了标委会的有关制度。

（二）开展全国林业信息标准摸底调查和清理。这项工作投入大量人力物力，搜集全部林业信息化相关标准规范，并进行认真分析研究。经汇总，林业信息化相关标准规范318个，其中：国际标准41个、国家标准166个、行业标准55个、地方标准27个、相关法律法规29个。

※ 该文为国家林业局信息办主任李世东2010年2月4日在全国林业信息数据标准化技术委员会2009年会上的讲话，收录时略有删改。

经认真研究，并广泛征求各方面意见，在上述标准规范中，推荐使用154个(其中：国家标准135个，行业标准19个)，参考使用117个(其中：国际标准41个，国家标准13个，行业标准36个，地方标准27个)，要遵循的标准编写规则和标准化法律法规47个(其中：标准编写规则18个，标准化法律法规及规章29个)。下发了《国家林业局关于推荐使用林业信息化相关标准规范的通知》(林信发〔2009〕311号)，这项工作得到了科技司和各有关单位的大力支持，在此表示衷心感谢。

同时，按照科技司的安排，开展了本专业领域行业标准的清理工作。划归本专业领域的标准有《林业档案分类与代码》等12个行业标准。经研究，这12个标准都需要修改后执行，纳入“需修改”标准范畴。

(三)编制了多项急需的基础性、关键性标准。根据全国林业信息化建设的实际情况，对近几年急需编制的标准进行了认真分析，共选出数十个急需编制的行业标准。其中，《林业信息化标准体系》、《林业信息 基本术语》等6个标准纳入2009年科技标准编制计划。这6个标准结合2009年林业信息化工程建设项目，经过标准编制组的努力工作，在认真吸收有关意见的基础上，形成了提交标委会审定的送审稿。今天会议的第二项议程就是审定这6个标准。同时，湖南、辽宁等省，在林业信息化标准建设方面，倾注了大量心血，编制了许多适用于本省的林业信息化标准。

(四)组织申报了2010年标准编制项目。经过多次沟通协调，2010年纳入林业科技标准编制计划的标准有《林业信息化网络系统建设规范》、《林业数据库设计总体规范》、《林业信息交换体系技术规范》、《林业信息 WEB 服务应用规范》、《林业信息服务接口规范》、《林业工程管理 信息分类与代码》、《林业信息图示表达规则和方法》等10多个标准。下一步，标委会将尽快组织落实这些标准的编制工作，希望大家积极参与。

(五)积极开展标准宣贯和培训工作。3月份，标委会参加了首届全国林业信息化高峰论坛，引领与会同志解读学习了《全国林业信息化建设纲要》和《全国林业信息化建设技术指南》。9月份，参加了在山西举办的全国林业信息技术培训班。12月，标委会秘书处派人参加了国标委组织的新国标的培训。

二、关于林业信息化标准工作的下步安排

总的来说，全国林业信息数据标委会的成立，为推进林业信息数据标准化奠定了重要基础。林业信息数据标委会2009年的各项工作，基本上按年初计划完成了工作任务。但是，与加快现代林业建设的要求相比，还有很大差距。今后，要进一步提高认识，加大工作力度；加强标准知识的学习，提高自身工作能力；加强制度建设，按标委会章程办事；强化标准应用，力争以用促建。

2010年，我们要在局党组的正确领导和科技司的指导下，认真贯彻落实全国林业厅局长会议和标委会成立大会精神，紧紧围绕“加快林业信息化，带动林业现代化”和“没有林

业的标准化，就没有林业的现代化”的基本思路，开拓进取，狠抓落实，为全面推进现代林业建设做出新贡献。

经初步研究，2010 年主要做好以下 8 个方面的工作：

1. 进一步完善标委会工作制度，建立标委会规范工作程序。
2. 加强对标准编制过程的指导，切实提高新编标准的质量。
3. 完善林业信息标准体系表等总体标准，并尽快颁布实施。
4. 加强标准宣贯和培训工作力度，提高信息化标准的应用。
5. 积极开展标准调研，解决行业标准与地方标准的衔接问题。
6. 加强林业信息数据整合，促进林业信息数据存储的标准化。
7. 组织申报 2011 年标准计划，加快林业信息标准建设进程。
8. 广泛吸收新经验新技术，促进与外部的技术交流与合作。

加强示范建设　树立典型样板

这次会议是在全面贯彻党的十七大、十七届五中全会和中央经济、农村、林业工作会议精神，全面加快推进林业信息化建设的新形势下召开的一次十分重要的会议。昨天上午，贾治邦局长接见了会议代表并发表题为《高度重视林业信息化在现代林业建设中的重大作用》的重要讲话，祝列克副局长作了题为《大力推进林业信息化示范建设，带动现代林业又好又快发展》的报告，会上颁发了首批全国林业信息化建设示范省牌匾，宣布了首次中国林业网子站和各省区市林业厅局网站测评结果、“十一五”全国林业十件大事和2010年全国林业信息化十件大事评选初步结果，并对《全国林业信息化发展“十二五”规划》和《中国林业信息化发展战略研究报告》作了说明和讨论，四个首批林业信息化示范省介绍了第一年的示范成果，各地各单位进行了很好的座谈交流。

一、示范建设会议取得圆满成功

两天的会议，内容丰富，主题突出，衔接紧凑，气氛热烈，达到了预期目的，收到了很好的成效。总的看，这次会议主要取得了四项成果：

（一）统一了思想认识。当前，从全球来看，信息化已成为当今世界经济社会发展的总趋势，人类社会进入了信息化新时代。从国内来看，信息化已成为推动经济社会发展的战略举措，我国进入了以信息化带动工业化的新时期。从林业来看，信息化是做好新形势下林业工作的迫切需要，林业信息化已经进入全面加快发展的新阶段。在新的历史起点上，林业信息化既面临着重大发展机遇，也面临着严峻形势挑战。在这样一个关键时刻，会议审时度势，全面分析了当前林业信息化发展面临的新形势、新任务，以及当前林业信息化发展中存在的突出问题。讨论中大家认为，会议对林业信息化形势的把握十分准确，

※ 该文为国家林业局信息办主任李世东2010年12月28日在全国林业信息化示范省建设工作座谈会上的总结讲话，收录时略有删改。

对突出问题的分析实事求是，让大家既看到了机遇，又认清了挑战，更加明确了自己肩负的光荣使命，进一步统一了思想认识，增强了做好林业信息化工作的使命感、责任感、紧迫感。

(二)完善了林业信息化工作思路。会议明确，林业信息化必须打破条块分割，实行“五个统一”，即统一规划，统一标准，统一制式，统一平台，统一管理。在“五个统一”的前提下，调动各方面的积极性。一定要破除林业部门比较保守的观念，把微观层面和宏观层面的事物结合起来，走出一条有中国特色的林业信息化发展之路，为全面推进现代林业建设做出新的更大贡献。

(三)明确了林业信息化工作重点。这次会议对当前和今后一个时期的林业信息化工作做出了全面部署：力争在编制完成国家和地方林业信息化“十二五”发展规划；做好信息资源整合改造，大力推动物联网应用；加快林业核心业务信息化步伐，争取“金林”工程尽快实施；进一步做好林业信息化示范省建设，引领全国林业信息化迈上新台阶；共同理顺林业信息化投资渠道，为信息化建设提供资金保障；加强林业信息化组织机构和队伍建设，重视信息化标准和信息安全工作等 6 个方面取得新突破。这些工作既紧扣“加快林业信息化，带动林业现代化”的战略部署，又把需要着力强化的重点、难点工作非常鲜明地突出出来，找准了林业信息化发展中的主要问题和薄弱环节，增强了工作的针对性和有效性。

(四)增强了搞好林业信息化工作的信心。国家林业局党组高度重视林业信息化工作，多次对林业信息化工作做出重要批示和指示，这次贾治邦局长在百忙当中接见会议代表并发表重要讲话，祝列克副局长作主题报告。贾治邦局长、祝列克副局长都对林业信息化所取得成绩给予了高度评价和充分肯定，对林业信息化工作提出了新的更高要求。这一切都给林业信息化发展带来了新机遇。通过这次会议，大家感到信心十足，干劲倍增。四个首批示范省的典型发言，各具特色，经验宝贵，充分反映了各地林业信息化发生的深刻变化，让大家看到了希望，坚定了信心。大家认为，只要我们上下一心，团结一致，坚定不移地按照既定的思路抓下去，就一定能够实现林业信息化的快速发展，为全面推进现代林业科学发展做出新的更大贡献。

总之，这次会议的规格高、内容实、形式新、效果好，大家交流了经验，沟通了感情，明确了任务，增进了感情，提出了很多很好的意见和建议，会议达到了预期的目的，取得了圆满成功。

二、认真传达学习汇报落实会议精神

(一)认真传达学习会议精神。各单位要向本单位全体职工认真传达学习会议精神，深刻领会精神实质，充分认识当前林业信息化面临的新形势、遇到的新挑战、肩负的新使命，全面系统地理解和把握当前和今后一个时期林业信息化工作的总体要求，切实把林业信息化建设者的思想认识统一到会议精神上来，按照《全国林业信息化建设纲要》、《全国林业信息化建设技术指南》、首届全国林业信息化工作会议及这次座谈会精神，认真落实各项工作。各地各单位一定要有所作为，勇做林业信息化工作的倡导者、宣传者和推动者，按照会议精神，科学谋划林业信息化工作。

（二）及时向省区市林业厅局主要负责同志汇报。回去以后，要及时将会议精神向本厅局主要负责人和分管负责人汇报，争取各级领导，特别是一把手的支持与重视。从全国各地林业信息化工作来看，凡一把手亲自抓，林业信息化工作就做得好，做得有成效，凡一把手不重视、不支持的单位，林业信息化工作就难有起色、难有发展。当前林业信息化正处在一个十分关键的时期，抓住机遇就能实现更大发展，错失机遇就会越加落后。越是关键时期，越需谋取更加充分的发展机遇。只有这样，才能尽快把林业信息化建设全面推向新的发展阶段。

（三）狠抓会议精神的贯彻落实。各地各单位要在认真学习领会会议精神的基础上，紧密结合各自实际，研究制定贯彻落实的具体措施和实施步骤，将会议的各项部署落到实处，变成广大干部职工的具体行动，要发扬敢拼敢闯，死咬不放的精神，狠抓工作落实，引导各种生产要素向林业信息化建设流动，真正实现以外促内，以上促下，以下促上，全面促进当地的林业信息化工作，并将贯彻落实情况及时报国家林业局信息办。

三、抓好几项具体工作的落实

（一）进一步统一认识。实践证明，统一集中的管理模式是保障林业信息化健康、高效发展的关键。林业信息化必须打破条块分割，实行“五个统一”，即统一规划，统一标准，统一制式，统一平台，统一管理。各级信息化主管部门要树立主人翁意识，切实负起“五个统一”的职责，努力推进林业信息化又好又快发展。

（二）积极开展“十二五”规划编制。认真组织编制当地林业信息化建设“十二五”规划，要提出适合当地发展特点的、有针对性的林业信息化发展思路、建设目标、总体框架、建设内容、保障措施等，最迟于2011年上半年正式出台。

（三）进一步抓好示范省建设。第一批示范省要继续努力，多出成果，快出成果。示范省建设将采取“可上可下”的原则，被确立为“林业信息化示范省”3年后，我局组织有关专家进行现场复查，对复查不合格者将提出警告，警告整改后仍不合格者，将取消其“林业信息化示范省”荣誉称号。2011年上半年将启动第二批示范省建设。各申报单位要对照林业信息化示范省6个条件进行分析，凡符合条件的可积极申报。其中，有无独立机构是申报示范省必须具备的条件，对此将实施一票否决制。

（四）做好信息化工程立项工作。目前，“金林”工程和物联网应用示范工程立项工作已取得积极进展，各地也要结合各自实际，积极开展信息化项目立项工作，稳定林业信息化投资渠道，以大工程带动林业信息化大发展。

（五）加大资源整合力度。各地各单位要采取有效措施，进一步加大机房、应用系统和数据库整合力度，实现资源共建共享，确保有限的资金发挥最大的效益。

（六）积极推进网站建设。国家林业局将开展地方林业网站群、专业网站群、网络博物馆、网络博览会建设以及信息援藏工作。各省级林业主管部门也要支持帮助市县林业主管部门完善网站，门户网站是一个单位的形象和窗口，各级林业主管部门都要建立网站，力争做到全覆盖。通过双域名、加挂统一标识等手段，打造中国林业网门户网站群。各地要加快内网建设，尽快实现无纸化办公，这是服务行业内部，凸显信息化成果的关键平台。各地专网扩建时，要报我局备案，以免 IP 地址冲突。

（七）积极开展网站测评工作。从今年起，我局将按照《全国林业网站绩效评估标准（试行）》和《全国林业网站绩效评估办法（试行）》有关要求，积极开展网站评估工作并定期公布评估结果。在综合评估的基础上，要设立单项奖，包括信息量最大、访问量最大、更新最及时、服务功能最全、互动交流量最大、网页设计最漂亮、数量整合最广、网络覆盖面最广等。在网站测评的基础上，将进行信息化发展水平综合评估，评估指标包括网站建设、管理机构、投资情况和培训工作等。

（八）加强林业信息化培训工作。2011 年我们将与清华大学合作，启动林业信息化 CIO 高级研修班，加大林业信息化高端人才的培养力度。同时各地也要积极举办各类专题班、信息技术应用培训班，努力为林业信息化建设提供强大智力支撑。

（九）加强网络和信息安全。各地内外网必须实行物理隔离，同时要强化安全保密意识，确保网络及信息安全。

（十）加大林业信息化宣传力度。要通过各种渠道和形式，广泛宣传林业信息化的地位、作用、发展远景和建设成效，不断提升林业信息化的影响力，为林业信息化的快速发展营造良好氛围。同时，要大力宣传首批示范省的好经验、好做法，用榜样的力量凝聚人心，振奋精神，鼓舞士气，推动发展。

经过大家的共同努力，全国林业信息化示范省工作座谈会取得了圆满成功。在这里，我代表国家林业局信息办再次向所有为林业信息化事业做出贡献的信息办主任和所有同行们表示衷心的感谢和崇高的敬意！让我们共同努力，再接再厉，深入贯彻落实局党组关于“加快林业信息化，带动林业现代化”的战略决策和“五个统一”的工作思路，不断开创全国林业信息化工作新局面，为发展现代林业、建设生态文明、推动科学发展做出新的更大贡献！

数字林业 “智慧”起步

随着信息技术的发展，充分利用“3S”、物联网、虚拟化技术等开发利用林业信息资源，将全国林地、湿地、沙地和生物多样性等基础林业资源数据落实到山头地块，解决好“资源分布在哪里”、“林子造在哪里”、“治沙治在哪里”等问题，形成对三个系统和一个多样性的全面有效监管，已经成为当前林业信息化的主要特征。

一、三大阶段，步步提升

国家林业局信息办主任李世东对《中国信息化》记者介绍，林业信息化由林业电子政务、电子商务、电子社区三部分构成，三者相辅相成、缺一不可。未来林业信息化将分三阶段向更加智能、智慧的阶段发展：

战略目标第一阶段(2011～2015 年)为数字林业建设阶段。本阶段以提高林业资源综合监管、营造林管理、林业灾害监控和应急响应能力为主线，通过加强移动采集终端、网络基础设施、基础数据库和应用系统建设等，实现林业各种信息的数字化采集、传输、存储、处理和应用。

第二阶段(2016～2020 年)为智慧林业建设阶段。本阶段以提高信息资源共享、业务协同和公共服务能力为主线，不断拓展新一代移动通信网、下一代互联网、物联网、云计算等前沿信息技术在林业重点业务中的应用，通过感知化、物联化、智能化的方式，建设具有中国特色的“智慧林业”。主要体现在六个方面：智慧的流程、智慧的结构、智慧的感知、智慧的管理、智慧的应用、智慧的服务。

第三阶段(2021～2030 年)为泛在林业建设阶段。本阶段以深化信息化与林业现代化的高度融合，全面提高林业的生态、经济、社会服务功能为主线，通过大力加强信息基础设施建设和信息技术应用，建设具有中国特色的“泛在林业”。

※ 该文为国家林业局信息办主任李世东接受《中国信息化》记者姜红德的专访稿，刊于《中国信息化》2011 年 10 月 5 日第 19 期，收录时略有删改。

李世东表示，通过数字技术和智能管理，未来全国主要林区将实现在任何时间、任何地点、任何人、任何物都能顺畅地通信，人们在林区可以高效地工作、自由地学习和快乐地生活。

二、物联网+林业=数字林业?

我国有2000多个森林公园，4000多个国有林场，2000多个自然保护区以及100多个湿地公园，将来每一个地方都要设立一个子网站，而每一个子网站的建设，都意味着向底层数据深度挖掘。在李世东的脑海里，早已设想好了一张完整而实时的中国数字林业翔实地图。

过去主要通过实地调查手段，我国的森林资源数据每5年更新一次，随着GIS和物联网等先进信息技术的应用，可以实现对一些重点区域数据进行年度更新，而对一些重点的国有林场也已经可以实时的监控。随着这些数据的全面补充和完善，在中国数字林业地图上，经过层层的点击深入，可以直接将数据追踪到我国广袤国土上的每一个山头地块，甚至是每一棵树。

通过设置大量摄像头联网，就可以直接察看所关注地方的某些野生动植物的详细分布情况，比如，某些濒危动植物的数量及物种的实时动态数据，珍稀物种的繁育情况。可以吸引更多的社会力量参与到某些极度濒危物种的拯救工程中去。

据介绍，目前中国林业网已经实现了国家林业局所属的50多个司局单位网站的有机整合，36个省级林业部门和5个计划单列市林业门户网站也已初步形成了统一域名管理下的网站群管理模式。目前正在围绕中国林业网建立一系列完整的子网站群，最终将形成以中国林业网主站为龙头，以司局直属单位和省级林业部门网站为两翼，以数百个子站为主体的中国林业网大规模网站群，打造中国林业“网上航空母舰”。

随着后台统一的林业资源监管系统的不断完善，可以实现对森林资源，荒漠化土地资源，湿地资源以及生物多样性资源数据的统一管理，真正将全国林业数据落实到山头地块，提供从宏观到微观的多级林业资源分布信息，及时准确地掌握林业资源历史、现状和动态信息，解决“林业资源分布在哪里”的问题，提高国家对林业资源利用的监管能力。

三、“四横两纵”总体架构

2010年3月，中编办批复成立了国家林业局信息中心。全国2/3的省级林业部门设立了独立的信息化机构，专职人员达295人。资金投入得到加强，经费保障长效机制正在逐步确立。制度和标准规范体系不断健全，梳理、制修订了一批林业信息化管理制度和技术标准。

据李世东介绍，国家林业局先后制定和发布了《全国林业信息化建设纲要》、《全国林业信息化建设技术指南》、《全国林业信息化发展“十二五”规划》，召开了两届全国林业信息化工作会议，明确了林业信息化发展思路，为科学推进林业信息化建设指明了方向。

“在国家林业局的统一规划和部署之下，将现有的资源整合到一个平台”。李世东表示，在林业信息化已经形成“全国一盘棋”的模式下，接下来将统一步调，分步实施，形成一个布局科学、高效便捷、先进实用、稳定安全的全国林业信息化格局。

2009 年初，全国林业信息化发展提出了“四横两纵”的总体架构。所谓“四横”，是指基础设施，数据库，应用支撑以及应用系统，而支撑“四横”的标准规范体系、安全与综合管理体系则构成了“两纵”。这就是《全国林业信息化建设纲要(2008 ~ 2020 年)》的关键内容。《纲要》规定总体框架中所有基础性、公共性、对全局影响起关键作用的内容要进行统一建设，从而形成林业信息化的基础平台。

按照集中加分布式的组织架构，目前全国的林业数据中心已经基本完成搭建。李世东介绍，接下来，全国林业数据中心还将和各地的数据中心实现共享，并形成互为灾难备份的格局。

林业网站系统已经作为一项数字林业的重要应用，经过整合改造，形成了中国林业统一的对外门户网站。局内网升级改造后，开启了国家林业局无纸化办公的新时代。辽宁、湖南、吉林等 16 个省级林业部门也实现了无纸化办公。综合办公系统建设起步较早的省份正在完善功能、强化应用，有的省已延伸到了乡镇林业工作站和国有林场。

抓好等级保护　确保信息安全

今天我们在这里举办信息安全等级保护技术培训班，这是国家林业局信息办举办的第一期信息安全等级保护培训班，希望大家利用这短短的几天时间，对信息安全等级保护工作进行全方位的了解和认识，进一步提高思想认识和业务水平，为保障和推动林业转型升级奠定坚实基础。

一、近年来我国林业信息化和信息安全等级保护成效显著

林业信息化是现代林业建设的重要组成部分，是促进林业科学发展的重要手段，是关系林业工作全局的战略举措和当务之急。近年来，我们认真贯彻落实国家林业局党组关于“加快林业信息化，带动林业现代化”的总体思路，按照“五个统一”的基本原则，大力推动林业信息化工作，取得了显著成绩。

(一)林业信息化工作全面加快发展。

——林业信息化顶层设计首先推出，发布了《全国林业信息化建设纲要》及《技术指南》，制定了首个全国林业信息化发展五年规划，首次将林业信息化在全国林业发展五年规划中单独列章，科学谋划了林业信息化全面加快发展的新蓝图。

——打造了首个中国林业网站群、首个集五大平台于一体的国家林业局办公网，建设了覆盖各地各单位的国家林业专网，建成了高标准的国家林业中心机房，实现了无纸化办公和移动办公，开启了打破时空界限的电子办公新时代。

——国家林业局信息化管理办公室和国家林业局信息中心正式成立，24 个省区市成立了独立的林业信息化管理机构，确立了两批全国林业信息化建设示范省，出台了一系列制度标准，连续发布了林业信息化年度发展报告，为林业信息化又好又快发展打下了坚实基础。

※ 该文为国家林业局信息办主任李世东 2012 年 5 月 7 日在首届全国林业信息安全等级保护技术培训班上的讲话，刊于《林业建设》2012 年第 3 期，收录时略有删改。

——各地、各单位信息化建设取得了重要进展。湖南实施了“测土配方”工程，辽宁实现了省市县三级网上协同办公，福建开发了综合营造林管理系统，吉林森工研发了经济运行系统，浙江研制了服务于集体林权制度改革的“林权一卡通”系统，江西开发了林权交易系统等。

——林业信息化得到了各方面的充分肯定。在2011年中国政府透明度报告中，国家林业局信息公开在中央部委中名列第二。国家林业局政府网在中央部委排名中，由2006年的第23名跃升至去年的第10名，荣获中央部委“优秀政府网站奖”、“中国政府网站领先奖”、“品牌栏目奖”、“精品栏目奖”等十几项奖励。各地、各单位先后获得“全国林业信息化十佳单位”、“全国林业十佳网站”、“国家林业局十佳网站”等数十项荣誉。去年12月，中央政治局候补委员、中央书记处书记何勇同志视察了国家林业局信息中心，对林业信息化工作给予了充分肯定。

“十二五”期间，我国林业信息化与电子政务工作将紧紧围绕“发展现代林业，建设生态文明，推动科学发展”这个中心，按照“加快林业信息化，带动林业现代化”的总体思路和“五个统一”的基本原则，突出建设、应用、运维三个重点，坚持强化基础、提升水平、拓展领域、深化合作、规范管理，推动林业信息化发展阶段由互联网向物联网推进，建设领域由电子政务向电子商务拓展，技术手段由现代信息技术向下一代信息技术提升，应用服务由局部向整体延伸，努力使林业信息化实现新的突破。

（二）信息安全等级保护工作扎实推进。为了确保国家信息安全，国家等级保护监管力度不断加大，正在以行业为主线全面推进。我局紧紧顺应形势要求，结合林业行业实际，加强了林业信息安全工作，初步形成了林业行业信息安全保障体系。公安部近两年对我局信息安全等级保护工作检查后认为，我局高度重视信息安全工作，能够按照国家信息安全等级保护制度要求，认真组织部署开展等级保护工作，有关工作措施得力，为深入开展等级保护工作打下了良好基础。

——加强制度建设，建立和落实了信息安全保护责任制。先后制定并印发了《中国林业网管理办法》、《国家林业局办公网管理办法》、《全国林业专网管理办法》、《信息安全事件管理规范》等13项安全管理办法。2011年又对《国家林业局安全保密与数据备份运行维护管理制度》、《国家林业局办公网运行维护管理制度》等9项试行制度进行了修订。这些制度规定的实施，对林业信息安全保护工作发挥了重要作用。

——狠抓顶层设计，切实保障林业信息安全。2009年起我局对局机关及直属单位的信息系统进行整合，改造了国家林业中心机房、建设了与互联网物理隔离的国家林业局办公网及与互联网逻辑隔离的中国林业网。两个网已经完成了等级保护备案工作，按照等级保护的标准及要求，在物理安全、网络安全、主机安全、应用安全、数据安全等技术层面完善了所需基础设施和必要的安全策略配置。

——着力系统运维和应急演练，为林业信息安全保驾护航。一是坚持日常信息系统运维，实行7×24小时值班制度。二是定期开展信息系统安全情况检查，加大了监督检查力度。三是抓好应急演练。模拟中心机房突发事件、网络中断等突发事件，通过以练带训的形式开展突发事件应急预案的演练。培训和演练取得了较好的成效，达到了预期目的。

——加大督导力度，促进全行业信息安全等级保护。在做好局机关和直属单位信息安全工作的基础上，对各省级林业主管部门等林业系统信息安全等级保护以及其他方面的信息安全工作，适时进行了重点督导、检查，推动了全系统的信息安全工作。

今后，我局将进一步建立健全林业等级保护管理体系，有效提升林业信息安全保障水平。完成国家林业局信息安全等级保护建设项目。出台林业信息系统等级保护定级工作指导意见。开展省级及地市级信息安全、等级保护监督检查工作和林业行业信息系统安全及等级保护培训工作。建设全行业信息安全等级保护综合管理系统，实现等级保护工作制度化、常态化。

二、充分认识加强林业信息安全等级保护工作的重要意义

党中央、国务院高度重视信息安全工作，将其作为加强信息化建设的战略举措和重中之重，近年来先后制定了一系列方针政策和重要措施。有关法律法规也对信息安全做出了明确规定。国家发改委、工信部、公安部等有关部门也专门发布了相关的规定，对做好信息安全工作进行了重点部署，并组织开展各项检查工作。我们对此必须进一步提高认识，切实采取有效措施，把这项工作抓紧抓好。

（一）加强信息安全等级保护是提高全行业信息安全保障水平的重要基础。随着全国林业信息化的快速发展，行业内互联互通和信息共享已越来越广泛，行业性信息系统和数据面临的威胁越来越大。这些信息系统既关系林业改革发展，也关系国计民生，一旦遭到外部攻击或内部破坏，将导致无法提供顺畅的关键服务或者泄露敏感数据，可能产生十分严重的后果和负面影响，甚至直接威胁到林业建设和改革发展。这就要求我们必须提高安全保障意识，充分考虑各种安全风险，切实做到常抓不懈，有备无患。

（二）加强信息安全等级保护是重点信息系统和基础信息网络保护的关键环节。信息安全等级保护是我国信息安全保障的基本制度、基本策略、基本方法，其目的就是保护我国基础信息网络和重要信息系统等信息化基础设施的安全。其核心是对信息系统分等级、按标准进行建设、管理和监督，按照其重要程度和实际安全需求，综合平衡安全成本和风险，优化信息安全资源的配置，合理投入，确保重点，保障并促进信息化建设健康发展。

《国民经济和社会发展第十二个五年规划纲要》明确指出，要确保基础信息网络与重要信息系统的安全。工业和信息化部也正加紧制定《互联网信息服务市场秩序监管办法》，将采取措施切实维护网络安全、加强网络与信息安全管理、加强技术手段的力量建设、增强公众安全意识、提升用户安全能力。

《全国林业信息化发展“十二五”规划》将安全与综合管理体系建设作为全国林业信息化建设“四横两纵”总体框架的一纵，安全与综合管理体系将成为应用系统和数据库推广应用的重要保障，信息安全建设已经提升到了战略的高度。同时，《全国林业信息化发展“十二五”规划》还要求我们按照国家有关要求，在对各级林业内外网安全域划分的基础上，按照等级保护有关要求进行相应的安全保护。

《2012年全国林业信息化与电子政务工作要点》中也着重强调了要着力开展林业信息安全等级保护工作。只有按照这些要求，狠抓林业信息安全工作，才能确保我国林业重点信息系统和基础信息网络的安全，也才能真正为现代林业建设保驾护航。

（三）加强信息安全等级保护是信息安全保障工作规范化的必然要求。林业行业的等级保护不是一个简单的具体安全措施，而是贯穿于行业信息安全保障各环节工作的大过程，能为行业信息系统的安全建设和管理提供系统性、针对性和可行性的指导，长期支持林业行业信息化持续发展，最终形成一套按照等级保护标准建立的适合林业行业自身发展的信息安全体系。这既是一项基础性工作，更是一项涉及未来长远发展的关键工作，要始终将其作为重点与其他工作一起谋划，一起落实。

与世界领先的信息化大国相比，我们在信息系统安全建设方面，还存在工具手段使用不足、安全评估不够、缺乏审计和集中管理手段等问题，比较突出的问题主要涉及以下几个方面：

一是网络架构存在缺陷，安全域划分不合理。没有一个结构清晰、可靠实用、扩展灵活的网络架构，各套信息系统的安全建设自成体系、分散单一。即使选用最先进的安全设备，也无法从根本上减弱信息系统所受到的安全威胁和隐患。我们在等级保护工作中要重视这一问题，在安全策略的统一指导下，根据信息系统的工作属性、组成设备、所携带的信息性质、使用主体、安全目标等，将网络划分成不同的域，将不同信息系统中具有相近安全属性的组成部分归纳在同级或者同一域中。采用这种方式来划分的安全域，只需要在不同安全域之间，在安全域内部有针对性的集中部署一些安全设备，不但节约投资，而且可以明显提高信息系统的整体防护效能。

二是安全审计能力不足，设备管理混乱。安全审计设备的缺失，将不能对网络行为进行记录。如系统内遭受攻击、木马、病毒事件，不能对攻击事件进行事后追查。网络和安全设备如果没有配置固定的管理主机，没有使用加密协议进行设备管理，容易造成非法管理设备存在安全隐患。防火墙的管理账户如果没有实施分权管理，在出现安全事故后不能很好地明晰责任。

三是主机管理存在缺陷，终端入网难以管理。服务器系统补丁安装不及时，服务器本身安全策略、审核策略、密码策略未能启用，服务器、数据库内置用户存在弱口令等。门户网站无网站防篡改相关产品及网站服务器未安装防病毒及恶意代码相关产品。在办公区域内，用户上网没有安全认证机制和上网行为管理机制，办公人员可以在网络内使用非办公终端进行操作，容易造成信息泄露、病毒传播、网络宕机等不可估量的后果隐患，甚至存在个别的终端不在防火墙内使用，得不到防火墙的保护，直接暴露在互联网中，存在巨大的安全隐患。

四是管理框架不够完善，全员安全意识亟待提高。信息安全框架分为安全管理框架和安全技术框架两大部分。管理对信息安全等级保护的实现有十分重要的意义和作用。信息安全管理是指在实现信息安全的全过程中，人应该做什么、如何做，通常用“三分技术，七分管理”来形容管理对信息安全的重要性。安全管理框架的核心是制定安全策略，它是安全工作的标准和依据。管理是贯穿信息安全整个过程的生命线，作为实施信息安全重要途径的等级保护的管理，这种生命线的作用体现的就更为充分。同时，信息安全没有所有工作人员的切实参与，就不能有效实施安全管理，并对其信息资产进行保护。只有通过提高安全意识，把握住信息安全工作中最重要的“人”这一环，才能真正意义上实现信息安全工作的目标。

以上只是信息安全工作中存在的部分问题，但也能体现出我国信息安全保障工作尚处于起步阶段、基础薄弱、水平不高。只有通过深入开展等级保护工作，提高信息安全意识和安全防范能力，才能从根本上解决以上的问题。

三、我国林业行业信息安全等级保护的主要任务

今后一个时期，林业行业需形成自上而下、条块结合的等级保护工作模式，包括建立等级保护的体系、规范和标准；组织和指导等级保护工作实施，加快推进等级保护定级备案、建设整改和等级测评等工作开展；统一部署等级保护监督和检查工作，确保等级保护工作的具体落地。这是今后一个时期我国林业行业信息化保障工作的主要任务。

（一）建立林业行业等级保护规范和标准。依据国家信息安全等级保护管理、技术规范和标准，建立和细化林业行业规范和标准，形成指导今后等级保护定级、建设整改和管理的具有林业行业特点，符合林业行业实际的指南、规范和标准。

（二）加强林业行业信息安全管理体系建设。完善林业行业信息安全组织机构，建立健全信息安全管理制度，将信息安全融入信息系统设计、建设和运维的各个环节，建立信息系统全生命周期的信息安全管理机制。

（三）加快林业行业信息系统定级备案工作。按照国家和行业信息安全等级保护规范和标准，加快林业行业信息系统定级备案工作。对已定级的系统进行梳理，对定级不准确的系统进行重新定级；对已运营（运行）但尚未定级的重要信息系统要立即进行补充定级和备案工作；新建、扩建和升级改造信息系统在规划设计阶段要同步完成系统定级工作。

（四）大力推动林业行业信息系统建设整改工作。根据林业行业信息系统安全保护等级和信息安全风险评估结果，对系统安全隐患、漏洞和薄弱环节，有针对性地开展等级保护建设及整改工作，完善和加强安全防护体系。对已经建设整改的系统，我局将采取抽

查的方式组织测评，推动整改工作切实落到实处。

（五）强化林业行业信息安全等级保护监管和检查机制。我局将每年开展信息安全等级保护监督、检查工作，检查信息安全状况及信息安全制度和措施的落实情况，对各地、各单位的建设进行指导。各地要认真组织开展年度自查工作，并将自查情况及时报我局，我局将据此组织抽查，逐步形成规范化、常态化的等级保护监管检查机制。

今年，公安部组织的等级保护检查工作重点包括信息安全责任、信息安全组织、信息安全制度等方面。各地、各单位要积极配合国家各级信息安全监管部门组织的年度信息安全检查工作，使林业行业的信息安全工作逐步迈入全国先进行列。

四、加强林业信息安全等级保护的具体要求

林业信息安全等级保护工作是一项复杂的系统工程，涉及全行业及各有关部门、有关单位和广大从业人员，必须严格要求，认真对待。

（一）加强领导，明确责任。各地、各单位要进一步加强对林业信息安全工作的领导，主要领导主动抓，分管领导亲自抓，并纳入本地、本单位信息化建设的重要议事日程，为等级保护工作的开展提供有力的组织保障。同时，各地、各单位要按照“谁主管、谁负责”、“谁运行、谁负责”的原则，建立健全等级保护协调机制和工作程序，明确各部门的职责，分清各级信息化管理、运行部门的任务要求，切实做到各司其职，各负其责。

（二）完善制度，强化落实。各地、各单位要高度重视，在制度、人力、资金方面提供有力保障，确保等级保护工作顺利开展。各地、各单位要成立各自的等级保护协调机构，安排专人负责等级保护工作的日常协调。特别是在信息系统规划、建设整改和运维阶段，为等级保护建设工作提供可靠的资金保障。

（三）强化意识，做好培训。各地、各单位在开展等级保护工作过程中，要充分注重强化培训和安全意识教育，要建立内外部培训机制，明确重点培训内容，分级分层，按照技术领域和管理领域每年至少开展一次信息安全培训，不断提高广大从业人员的信息安全意识和管理水平。

（四）定期总结，按时报送。各地、各单位要定期总结等级保护工作开展情况，每年及时将新建信息系统、已运营和运行信息系统、扩建及升级改造信息系统的等级保护建设、组织机构和人员配备、信息安全事件、日常安全管理工作、自查等情况报送我局信息办。我局将其纳入信息化评测工作的重要内容，并据此做好林业信息安全的宏观指导。

林业信息安全等级保护工作事关林业信息安全，事关林业改革发展大局，责任重大，使命光荣，任务艰巨。我们要以这次培训为契机，进一步增强信息安全意识，理清工作思路，提高业务技能，抓好制度建设，改进完善工作，不断把全行业信息安全工作提升到一个新的水平，为促进林业信息化建设，推动现代林业又好又快发展做出积极贡献。

FIVE YEARS 2009~2014

政策指导

ZHENGCE ZHIDAO

林业信息化
Forestry Informatization

认真落实全国会议精神 全面加快辽宁信息化步伐

辽宁召开全省首届林业信息化工作会议，是落实全国会议精神的重要行动，对全面加快辽宁林业信息化建设步伐具有重要意义。两天来，我们参观了朝阳、本溪两市三县，看了不少信息化建设的成果，很受启发，收获很大。在此，我代表国家林业局办公室和信息化管理办公室向辽宁林业信息化建设取得的突出成绩表示热烈祝贺，向支持林业信息化和从事林业信息化工作的全体同志表示崇高敬意！下面，我结合贯彻落实全国林业信息化工作会议精神，讲三点意见。

一、关于当前信息化发展面临的形势

贾治邦局长在全国林业信息化工作会议上从时代、全球、全国、发展现代林业、服务林农群众等多角度讲了林业信息化工作的重要意义，站得角度很高，讲得非常深刻。我们要深刻体会贾治邦局长的讲话精神，深刻认识当前信息化发展的紧迫形势，切实加快林业信息化发展步伐。

（一）从全球来看，信息网络已经成为人类不可或缺的重要内容，人类社会进入了信息化新时代。回顾人类社会的发展历程，主要经历了“三化”，即农业化、工业化和信息化。公元前9000年至公元前1500年，人类社会经过农业革命，开始了“农业化”进程，最终进入农业社会，在这个进程中主要依靠的核心资源是土地等物质资源。1775年工业革命发生后，人们开始利用蒸汽机、汽车、飞机等工业产品，开始了“工业化”进程，最终进入了工业社会，在这个进程中主要依靠的核心资源是煤、石油、天然气等自然能源。1946年人类社会第一台电子数字计算机的出现，拉开了人类社会信息革命的序幕，开始了“信息化”进程，也引导人类进入信息化社会，在这个进程中主要依靠的核心资源是信息。信息化与农业化、工业化的相同之处，都是在人类社会广泛采用了当时最先进的人力工具、

※ 该文为国家林业局信息办主任李世东2009年5月20日在辽宁省林业信息化工作会议上的讲话，收录时略有删改。

动力工具和智力工具。不同之处，在于信息化在机械化、电气化、自动化的基础上实现了数字化、智能化和网络化，以数百倍、数千倍的速度加快了经济社会发展。从全球信息化发展的历程来看，基本经历了三个重要阶段：一是单机应用阶段。自20世纪50年代起至80年代末，这时的计算机主要是用于简单的数字计算和数据处理业务。二是互联网阶段。20世纪80年代末，美国国家科学基金会资助建立了FSF网，形成了今天互联网的骨干网，90年代初，在美国信息高速公路计划的刺激下，互联网在全球的普及和应用得到了爆炸性的发展。互联网的成功发展使人们的自由交流和共享信息的梦想开始成为现实，把人类带进了一个全新的互联网时代。三是数字地球阶段。1998年1月，美国副总统阿尔·戈尔在加利福尼亚科学中心的演讲中提出“数字地球”的概念，将遥感技术、地理信息系统、计算机技术、网络技术、多维虚拟现实技术等高新技术引入人类社会发展各个领域。进入新世纪后，“数字地球”得到快速发展，为人们以全局观点认识与把握我们这个世界提供了重要工具。当前，信息化已经成为21世纪最重要的经济发展模式和最显著的时代特征。信息产业已成为全球发展速度最快、从业人员最多、规模扩展最为迅速、创造财富最多的产业，成为全球经济新的增长点。美国自2000年以来，信息产业每年以32%的速度保持增长，2008年占到美国GDP的1/3，远远超过了汽车、建筑等传统产业，成为美国最大的支柱产业。同时，根据著名的“摩尔定律”，计算机的处理能力大约每18个月就要翻一番，信息化发展速度之快，已经远远超出人们的想象。不远的将来，信息化就会和空气、水、食物一样，成为人类生活生产的重要内容，成为人类社会进步发展的重要基础。

（二）从国内来看，信息化成为推动经济社会发展的战略举措，我国进入了以信息化带动工业化的新时期。回顾我国政府信息化建设的历程，大体经历了三个阶段。一是20世纪70～90年代初的起步推进阶段。中央和地方党政机关开始实施办公自动化（OA）工程，建立纵向和横向的内部信息办公网络。1992年，为推进政府机关的办公自动化，普及推广计算机的使用，国办下发了《关于建设全国政府行政首脑机关办公决策服务系统的通知》。1993年，为适应全球建设信息高速公路的潮流，国务院信息化工作领导小组拟定了《国家信息化“九五”规划和2010年远景目标（纲要）》，国务院要求抓好几项重大的信息工程，启动了国民经济信息化的起步工程：金桥（经济信息通信网）、金关（海关联网）和金卡（电子货币）工程。在“三金”工程推动下，政府部门的网络建设、电子化的深度应用取得了发展，积累了经验，形成我国政府信息化的雏形。二是世纪之交的快速发展阶段。1999年，40多个部委的信息主管部门共同倡议发起了“政府上网工程”，通过启动“政府上网工程”、“企业上网工程”、“家庭上网工程”等，提供政府信息资源共享和应用项目，使政府站点演变为便民服务的窗口，各行各业、千家万户联入网络，通过网络实现信息共享，网络建设取得长足进展。十多年来，我国政府相继实施的金桥、金关、金卡、金财、金盾、金审、金质、金土、金宏、金保、金农、金水等“十二金”工程，使这些行业的行政能力显著提高，提升了国家公共事务领域的信息化水平。上海、深圳、广州、天津等沿海开放城市纷纷提出建设数字化城市或数码港的概念，初步建成体系完整、结构合理、高速宽带、互联互通的电子政务网络体系。三是2002年至今的整合改造阶段。从2002年开始，国家不断培育政府信息化发展的宏观环境，进入了从“割据”向“统一”的整合改造阶段。2002年国家信息化领导小组第二次会议明确了“十五”期间我国电子政务的目标以及发展战略框架，将政府信息化建设纳入一个全新的整体规划、整体发展阶段。党十六大做出了“坚持以信息化带动工业化，以工业化促进现代化”的战略决策。党的十七大做出了推动工业化、信息化、城镇化、市场化、国际化的战略部署。2006年，国家信息化领导小组对信息化发展重点进行了全面部署，做出了推行电子政务、加强信息安全保障等一系列重要决策，促使我国电子政务快速发展，目前各级政府网站建设的数量已经超过2万个，网上银行、网上交易等电子商务几乎覆盖了百姓生产生活的各个方面。我们深信，通过对现有信息资源的整合改造，建成共建共享的信息资源库，最终一定能够实现全面网上交互式办公和电子商务应用。

(三)从林业来看，信息化是支撑现代林业大厦的三大支柱之一，林业信息化已经进入全面加快发展的新阶段。我国林业信息化建设起步较早，迄今已走过了20多个春秋，经历了三个发展阶段：一是起步探索阶段，20世纪80年代初至90年代初。这一时期以单机应用为特征，主要应用于森林资源清查、专项调查等方面，应用范围和程度都比较小。二是拓展应用阶段，20世纪90年代初至“十一五”初。这一时期以局域网技术和互联网技术在林业部门的深入应用为特征，以林业电子政务建设为中心，现代信息技术在林业重点业务领域的应用不断被拓展和深化。三是全面加快发展阶段。以《全国林业信息化建设纲要》和《全国林业信息化建设技术指南》的正式发布以及首届全国林业信息化工作会议的胜利召开为标志，我国林业信息化建设进入了统一规划、统一标准、统一管理、分工负责、全面加快发展的新阶段，“加快林业信息化、带动林业现代化”成为我国林业行业的时代强音和实现林业科学发展的重大战略举措。今年3月召开的首届全国林业信息化工作会议，吹响了全面加快林业信息化建设步伐的号角，明确了今后一个时期我国林业信息化建设的目标任务和努力方向。会议结束后，全国林业系统认真落实会议精神，切实加大工作力度，有力地推进了林业信息化工作。国家林业局目前正在着手实施数千万元的林业信息化建设项目；积极推进“金林”工程立项工作；成立了林业信息化标准委员会，加快相关标准的制定工作；对已有的工作制度进行了修订完善，并正在制定行业管理办法；着手推动各省制定林业信息化建设中长期规划。各地各单位结合实际，也在强力推进信息化工作。目前，各省区市大都成立了以主要负责同志任组长的领导小组，真正把林业信息化建设作为“一把手”工程。贵州、海南等省林业厅(局)正在积极申请成立林业信息化管理机构。北京市园林绿化局完善了信息中心主任列席局党组、局长办公会的会议制度，申请批复了森林采伐管理系统升级改造等7个项目。湖南省林业厅决定从今年起，每年拿出100万元，开展林业信息化达标县试点示范。辽宁省从4月1日起，厅机关各处室、厅直各单位和各地市林业局的文件一律采取网上传输。国家林业局各司局、各直属单位也都提出了明确的工作思路和工作计划，掀起了新一轮林业信息化建设高潮，形成了全面加快发展的新局面。

二、关于全国林业信息化建设的总体思路和工作重点

全国林业信息化工作会议提出了当前和今后一个时期林业信息化工作的总体思路：以邓小平理论和“三个代表”重要思想为指导，深入贯彻落实科学发展观，按照现代林业建设总体部署和《全国林业信息化建设纲要》的要求，以全面实现林业信息化为目标，以电子政务建设为重点，以“四横两纵”为架构，以信息资源开发利用为中心，以资源整合为突破口，以完善体制机制为保障，统一规划，统一标准，统一管理，分工负责，尽快形成布局合理、科学高效、先进实用、安全稳定的林业信息化格局，充分发挥信息化支撑发展、推动改革、引领未来的重大作用，为发展现代林业、建设生态文明、促进科学发展做出新的更大贡献。概括为一句话，就是“加快林业信息化，带动林业现代化”。

这个总体思路是指导当前和今后一个时期林业信息化建设的总要求。把握这个总体思路，做好林业信息化工作，重点是抓住六个关键，做好六项工作，强化六项保障。

（一）抓住六个关键。也就是总体思路中的六个“以”。一是以全面实现林业信息化为目标。到 2020 年，建立起覆盖全国林业系统的信息化体系，建成国内领先的信息化平台，基础设施明显改善，信息安全保障能力大幅增强，林业信息化发展制度、标准体系基本形成，资源共享和应用水平全面提升，实现林业决策科学化、办公电子化、服务便捷化，为建设现代林业提供强大支撑。二是以电子政务建设为重点。根据国情林情，针对电子政务、电子商务、电子社区等信息化建设的重点内容，目前必须以电子政务为重点，才能快速推进林业信息化发展。三是以“四横两纵”为架构。“四横”分别是指基础设施、数据库、应用支撑、应用系统，“两纵”分别是指标准规范体系、安全与综合管理体系，这是全国林业信息化建设的蓝图和依据。四是以信息资源开发利用为中心。林业信息资源开发利用是当前的薄弱环节，必须对已有的信息深度加工、挖掘改造，发挥信息资源的应有价值。五是以资源整合为突破口。着力解决目前林业信息资源分散、加工程度低、标准差异大、难于互联互通的问题，基于林业信息化基础平台，整合已有的信息资源，完成数据的标准化改造，实现信息资源共享。六是以完善体制机制为保障。没有完善的体制机制作保障，林业信息化建设目标就不能实现。

（二）做好六项工作。一是搞好统一规划。以《全国林业信息化建设纲要》和《全国林业信息化建设技术指南》为指导，认真研究并抓紧制定各地林业信息化建设规划。二是加大整合力度。重点是基础平台整合、外网整合、内网整合、数据库整合等。三是加强基础建设。尽快形成完善的内外网物理隔离的全国林业网络基础设施。四是加快应用系统建设。着力抓好森林资源监管系统、营造林管理系统、林业灾害监控与应急系统、林业综合

办公系统、林业产业与林业经济运行系统、林业信息化基础平台建设、生态文化教育培训系统、林业信息技术自主创新等8大行动计划。五是强化教育培训。下大力气提高务林人的信息化应用水平，抓紧开展计算机基本知识、技能培训和信息化从业人员培训。六是抓好标准和安全工作。做到统一标准，确保互联互通，全国形成一盘棋。强化保密管理，保证信息安全。

(三)强化六项保障。一是建立健全组织机构。包括信息化工作领导机构、管理机构、科技咨询机构等。二是加大资金投入力度。包括国家投资、地方投资、部门投资、社会投资等。三是建立健全相关制度。坚持“建、管、用”并重，建立健全项目建设制度、网络管理制度、应用推广和运维制度，确保网络高效有序运行。四是加强工作检查督导。确保工作进度和质量。五是抓好典型带动。根据实际情况选择一批示范点，积极扶持，发挥好典型的辐射作用。六是领导带头做好表率。领导干部都要带头学、带头用，带领大家提高信息化意识和水平。

三、关于辽宁省林业信息化建设的几点意见

辽宁省林业厅对林业信息化建设非常重视，特别是近年来，辽宁省林业厅在省委、省政府的正确领导下，坚持以科学发展观为指导，紧跟时代发展潮流，按照建设现代林业的目标要求，积极争取有关部门支持，科学谋划林业信息化工作，在较短的时间内取得了显著成效，走在了全国前列，发挥了带头表率作用。机构和队伍建设取得明显成效，信息化基础设施建设取得明显成效，为辽宁深化林业管理体制改革，转变林业管理方式方法，提升林业管理服务水平提供了重要支撑。根据省林业厅的工作介绍和这两天的所见所闻，我们深深体会到，辽宁省林业信息化建设有以下几个突出的特点。

(一)领导高度重视，周密部署，整体推进，为全国做出了表率。林业信息化建设的成败关键在领导，这在辽宁得到了充分体现。曹元厅长、侯喜丰副厅长对林业信息化工作十分重视，对林业信息化的认识很深刻，看得很长远，亲自研究、谋划和部署，为林业信息化工作快速推进提供了根本保证。2002年辽宁省林业厅就组建了信息中心，专门负责全省林业信息化建设的具体工作，共有14个编制，这样的编制规模在各省信息中心中，也是比较多的一个。辽宁省林业厅不等不靠，迎难而上，想方设法，积极筹措建设资金。仅2007~2008年，就争取到了5874万元的建设投入，为林业信息化建设提供了有力的经费保障。为了有效解决市、县级网络运行资金的困难，辽宁实行了下管一级的做法，大大减轻了市、县级的经费压力，使全省林业信息化得到了整体推进。

(二)建设起点高、速度快、成效大，走在了全国的前列。辽宁林业信息化建设起步并不早，但起点高，速度快，做到了后来居上。一是坚持科学规划，以规划统领全局工作。2006年，省林业厅组织编制了辽宁“数字林业”建设总体规划和6个子规划，明确提出“统一规划、统一标准、统一设计、统一建设、统一管理”的建设原则和5年内完成“一

个网络、两个中心、三个体系、五个层次、六大数据库、十大平台”的建设任务，这对统领和规范全省林业信息化建设发挥了重要作用。二是建设速度快。经过两年的建设，基本形成了“三网一库”和“四横两纵”的整体建设框架，初步实现了高起点建设、高标准管理、高效率应用的目标，取得了良好效果。三是标准先行。辽宁林业厅十分重视林业信息化标准建设工作，先后制定了辽宁“数字林业”系列标准 21 个，保证建设的系统具有良好的扩展性和灵活性。四是顶层设计、集中管理也是辽宁始终坚持的重要建设理念。实践证明，这种理念有效克服了条块分割、互不兼容、难以共享、纵强横弱等弊端，避免了信息孤岛，促进了全省资源共享，节约了大量建设及运维成本。

（三）坚持突出应用，强化服务，重在实效，取得了重大阶段性成果。信息资源开发利用是林业信息化建设的关键。服务管理、服务社会是林业信息化建设的出发点和落脚点。不重视这一点，信息化建设将失去根基、失去动力。辽宁省在林业信息化建设过程中，始终秉持“以需求为导向，以应用促发展”的指导思想，通过几年的建设，探索出了一条“低成本、集约化、见实效”的林业信息化发展道路。一是突出办公系统应用。建设了文件上报系统、公文流转管理系统、公文起草审核系统、档案管理系统等，实现了办公自动化、无纸化和现代化。二是突出森林资源管理系统应用。建立了以规划院为主的森林资源数据维护中心和以信息中心为主的森林资源数据应用中心，有效解决了建设与应用的矛盾，实现了“资源在哪里”的动态监测。三是突出社会公众服务系统应用。林业外网门户网站涵盖了省、市、县三级，由 1 个主站和 100 余个子站组成，形成了信息整合与服务的多元化综合平台，实现了外网受理、内网办理、外网反馈的现代办公模式，提高了林业部门的公共服务水平。四是突出视频会议系统应用。实现了国家与省、市、县视频相连，使基层可以直接收看国家林业局的会议，降低了工作成本，提高了工作效率。

辽宁省林业信息化建设取得的成绩令人可贺，描绘的林业信息化发展前景令人可喜，加快林业信息化建设的决心和信心令人可敬，我相信，在辽宁省林业厅党组的领导下，在曹元厅长、侯喜丰副厅长等厅领导的高度重视和大力推进下，辽宁林业信息化一定能再创新佳绩，跃上新台阶。在此，我提几点希望。

第一，继续全面推进，争做全国林业信息化建设的排头兵。要根据《全国林业信息化建设纲要》总体要求，结合辽宁省林业信息化建设实际，完善落实好辽宁林业信息化建设相关规划，积极抓好各项工作落实，继续保持走在全国前列，努力为全国林业信息化建设探索路子、积累经验。我们今后将进一步加大对辽宁林业信息化的支持力度，争取将辽宁作为全国林业信息化试点示范单位，在政策、资金、技术上予以倾斜，积极宣传推广辽宁的经验和做法。

第二，进一步加强领导，为林业信息化建设提供资金保障。辽宁在财力并不宽裕的情况下，筹集了数目可观的林业信息化建设经费，非常不容易。但随着林业信息化的快速推进，这方面的资金需求量将很大，如果缺乏稳定的资金投入渠道，信息化建设、推广、运维都将会面临很大的困难。要积极沟通协调，将全省林业信息化建设和运维资金列入各级政府经常性财政预算，为林业信息化建设创造良好的条件。

第三，下大力气强化基础建设，确保网络良好运行和网络安全。要进一步改变现有硬件设备配置较低，设备老化的状况，提高系统的稳定性、安全性和可靠性。要想方设法实现双机热备，重要的数据实现异地备份，消除数据安全隐患。要按照信息安全等级保护和网络安全有关要求，配备防火、防盗、防雷、防辐射、防泄密等硬件设施，配置防火墙和部署安全网关，加强防病毒、防入侵、防篡改等网络安全设施建设，切实做到安全防范设施齐全，网络运行良好安全。

第四，积极开展系统研发，提升林业信息化应用水平。目前，辽宁林业信息化已经在森林资源监测、政务办公等方面得到初步应用，下一步，要加大系统研究开发力度和推广应用，扩大信息化应用的覆盖面。特别要结合辽宁实际，抓紧完善和研建林业资源监管系统、营造林管理系统、林业灾害监控与应急系统、林业产业发展与林业经济运行系统，要紧密结合集体林权制度改革，开发适于林农的信息化产品，提升应用和为林农服务的水平。

第五，加强人才教育培养，努力建设一支稳定的林业信息化队伍。总体来看，我们的林业信息化从业人员业务水平偏低，市县两级大都还没有信息化专门机构，信息化建设队伍不稳定，难以满足实际工作需要，这对于全国来讲也是一个主要问题。要通过发现人才、调整岗位，充实林业信息化建设队伍。要采取多种形式，有计划、有步骤地对开展短期或中长期教育培训，提高素质和技能。要完善人才使用机制，努力使林业信息化人才进得来，留得住。

做好林业信息化工作使命十分光荣，任务十分繁重，希望大家认真落实全国林业信息化工作会议精神，紧密结合辽宁实际，认真谋划好林业信息化工作，加快推进林业信息化，为发展现代林业、建设生态文明、促进科学发展做出新的更大的贡献。

积累示范省建设经验　推动全国信息化发展

今天，辽宁省林业厅在这里隆重召开第二次全省林业信息化工作会议，充分体现了对林业信息化工作的高度重视，展示了全省上下加快推进林业信息化建设的坚定决心。借此机会，我代表国家林业局办公室、信息办，对会议的召开表示热烈祝贺！向所有关心、支持、参与林业信息化建设的同志们，表示衷心的感谢！

一、辽宁省林业信息化工作取得了新进展

辽宁省一直高度重视信息化工作，去年3月首届全国林业信息化工作会议之后，立即组织召开首次全省林业信息化工作会议，对林业信息化工作进行了全面安排部署。一年来，省委、省政府将林业信息化建设纳入工作重点，省林业厅推动了地级市林业信息化管理机构的建立，省、市、县林业信息化建设投资不断加大，门户网站第三次改版，实行了统一域名管理下的网站群管理模式，形成了全省林业信息发布、在线办事和互动交流的统一平台，建成了政务、商务一体网站群。建设了业务协同、数据共享与交换、即时通信和GIS地图服务等系统，形成了数字林业核心平台和森林资源管理基础平台，应用领域不断拓展，管理和服务能力大幅提升，林业信息化工作成绩显著。辽宁作为全国首批4个林业信息化示范省之一，在外网和基础平台建设方面，为全国林业信息化建设发挥了很好的示范带头作用。国家林业局将一如既往地对辽宁省林业信息化建设，在政策、项目和资金方面给予支持。

二、把握林业信息化面临的新机遇

回顾我国信息化发展历程，尤其是计算机的普及应用，大体分可为三个阶段。第一阶段，计算机单机应用阶段。自20世纪80年代第三次技术革命浪潮以来，信息技术发展迅

※ 该文为国家林业局信息办主任李世东2010年6月1日在辽宁省第二次全省林业信息化工作会议上的讲话，收录时略有删改。

猛，直到1994年前，我国计算机以单机应用为主。第二阶段，互联网应用阶段。1994年4月，以中关村地区教育与科研示范网络工程进入Internet为标志，从此中国被国际上正式承认为有Internet的国家。之后，多个网络项目在全国范围相继启动，网络开始进入公众生活，1997年以来，在中国得到了迅速的发展。第三阶段，物联网阶段。早在1999年，中科院上海微系统与信息技术研究所副所长刘海涛就开始着手研究传感网技术，研发了几年后，将"传感网"这个新名词应用于大众，他想让大家知道，我国并没有跟随外国的脚步，这是我们的原创，我们的创新品牌。2009年1月28日，美国工商业领袖、IBM首席执行官彭明盛，在接受刚刚上任的美国总统奥巴马会见时，首次提出"智慧地球"的概念，建议新政府投资新一代的智慧型基础设施。物联网和新能源便成了美国用以摆脱金融危机的两大利器。2009年8月7日，温家宝总理在江苏无锡听完我国传感网发展和运用的汇报后，决定将推进传感网发展列入国家重大科技专项，尽快建立中国的传感信心中心（"感知中国"中心）。2010年1月13日，国务院常务会议决定，加快推进电信网、广播电视网和互联网三网融合，并明确提出了推进三网融合的阶段性目标。温家宝总理在第十一届全国人大三次会议上明确要求：积极推进新能源汽车、"三网"融合取得实质性进展，加快物联网的研发应用，加大对战略性新兴产业的投入和政策投入。以此为标志，物联网纳入我国未来发展规划，物联网技术正向国际一流水准靠齐。

在计算机普及应用的前两个阶段，我们都是追随信息技术发达国家，受制于人。在物联网发展阶段，世界各国处于同一起跑线，谁能把握机遇，谁就能成为世界IT的领跑者。在信息技术日益全球化、智能化、虚拟化的今天，现代林业要构建国家生态安全体系、发达的林业产业体系和繁荣的生态文化体系，建设和保护森林生态系统，保护和恢复湿地生态系统，治理和改善荒漠生态系统，全面保护生物多样性。管理如此庞大的林业资源，依靠传统的管理手段，无法准确及时了解其现状及动态，远不能满足指导现代林业全面协调可持续发展的要求，必须借助先进的信息管理手段来实现。因此，林业信息化也面临着重大机遇和挑战，必须奋起直追，让人们更直观地看到物联网的价值，感受到物联网的魅力。

三、推进全国林业信息化迈上新台阶

落实《全国林业信息化建设纲要》和首届全国林业信息化工作会议精神，今后一个时期，全国林业信息化重点在六个方面取得突破。一是大力推动物联网的应用。在互联网基础上，通过射频识别、红外感应、全球定位、激光扫描等信息传感设备，应用IPv6技术，将林业监管的任何物品与互联网相连接，并能进行实时的信息交换和通信，实现智能化识别、定位、跟踪、监控和管理。二是推动林区三网融合。按照国家统一部署，争取2010～2012年广电和电信业务能在林业部门双向进入试点，2013～2015年，总结推广试点经验，全面实现林区三网融合发展。林业部门有三网融合成功的案例，力争在体制上取得突破。

三是争取“金林”工程立项。根据《国家发改委办公厅关于开展国家重大信息化工程建设规划编制工作的通知》精神，结合林业实际，国家林业局正在组织编制“金林”工程一期项目建议，建设林业资源监管和林业灾害监控与应急管理系统，充分利用国产卫星提供的数据，建立全国林业资源基础数据库，带动全国林业信息化快速发展。四是整合信息资源建立林业门户网站群。2009 年国家林业局已将各司局、各单位的 52 个网站作为子站整合至中国林业网，将 16 个应用系统分别嵌入国家林业局办公网。下一步，要把各省区市林业厅局的网站，整合为中国林业网的子站，真正实现中国林业网统一门户，全面提升林业信息资源共享水平。五是建设中国林业网上博物馆。目前，中国野生动物博物馆已有雏形。要逐步收集、整理全国所有的动物资源、植物资源的物种介绍、生长习性、图片信息、视频信息、三维动画、实时录像等内容，真正把中国林业网上博物馆办成一个老少皆宜、喜闻乐见的品牌专栏。六是建设中国林业网上博览会。现实各种物理的林业博览会，无法跨越时间的约束。建设中国林业网上博览会，不受时间限制，免费参展，全年运营，提供各种林产品市场交易信息，启动互动营销模式，发挥网络营销倍增器作用，发展林业电子商务。努力将其建成门类最全、影响最深、规模最大、最具权威、7 ×24 小时、365 天永不落幕的林业网上博览盛会。

林业信息化工作任重道远，大家还需要不懈努力。我衷心祝愿辽宁省林业信息化建设，以这次会议为新的起点，在省信息产业厅的悉心指导和省林业厅的坚强领导下，抓住机遇，加快发展，继续为全国林业信息化建设积累经验，树立样板，为支撑现代林业科学发展做出新的更大贡献。

牢牢把握重大机遇　努力实现重大突破

湖南省林业厅隆重召开全省林业信息化工作会议，充分体现了湖南对林业信息化工作的高度重视，展示了全省上下加快推进林业信息化建设的坚定决心。借此机会，我代表国家林业局信息办，对会议的召开表示热烈祝贺！向所有关心、支持、参与林业信息化建设的同志们表示衷心的感谢！

一、湖南省林业信息化工作取得了显著成绩

湖南省林业厅一直高度重视信息化工作，2009 年首届全国林业信息化工作会议之后，立即组织召开会议，按照“加快林业信息化，带动林业现代化”的基本思路，对林业信息化工作进行了全面安排部署。湖南省作为全国林业信息化建设首批示范省，认真贯彻落实《全国林业信息化建设纲要》及《技术指南》，编制了《湖南省林业信息化建设规划方案》和《林业信息化示范省建设实施方案》，以林业信息资源整合和内网建设为重点，综合运用“3S”技术、计算机网络技术，举全厅之力，建成了全国首个林木测土配方营造林信息管理系统，使全省 3000 万林农享受到网络时代和技术创新带来的实惠和便利，得到了省委省政府的充分肯定和社会各界的广泛赞誉。建立了各类林业资源数据共享机制，数据库的属性因子达 298 项，率先在全国实现了林业资源数据的实时更新和动态管理，基础数据库应用不断深化。建成了省市县乡四级林业专网，无纸化办公取得了突破性进展。湖南省林业厅网站建设卓有成效，2010 年被国家林业局评为全国林业系统十大优秀网站，被湖南省政府评为“2010 年度湖南省优秀政府网站”。首次全国林业信息化发展水平评测名列前茅，林业信息化示范省建设取得了显著成效，管理和服务能力大幅提升，为全国林业信息化建设树立了样板，也为实现林业资源管理信息化奠定了良好的基础。

※ 该文为国家林业局信息办主任李世东 2011 年 8 月 17 日在湖南省林业信息化工作会议上的讲话，收录时略有删改。

二、牢牢把握林业信息化面临的重大机遇

信息时代使人类面临的劳动对象和劳动工具都发生了深刻变化，以数字化、智能化和网络化为特征的信息革命，代表着先进生产力，引起全球范围网络文化的大变革。信息化发达国家重视电子政务建设与政府业务重组相结合，实现业务流程网上再造。世界各国领导人纷纷通过网络发表政策、与网民互动，了解民意，汇集民智，各种政治组织借助网络力量主动、广泛、深入传播。电子商务迅猛发展，信息产业已成为全球发展速度最快、从业人员最多、规模扩展最迅速、创造财富最多的产业，成为全球经济新的增长点。网络成为社区现实生活中重要的学习工作以及休闲娱乐必不可少的工具。

今年"两会"刚刚通过的我国国民经济和社会发展"十二五"规划，单章详细描绘出"全面提高信息化水平"的路线图，加快建设宽带、融合、安全、泛在的下一代国家信息基础设施，推动信息化和工业化深度融合，推进经济社会各领域信息化。构建下一代信息基础设施，实现电信网、广电网、互联网三网融合，促进网络互联互通和业务融合。加快经济社会信息化，大力推进国家电子政务建设，推动重要政务信息系统互联互通、信息共享和业务协同，建设和完善网络行政审批、信息公开、网上信访、电子监察和审计体系。强化信息资源的整合，规范采集和发布，加强社会化综合开发利用。加强网络与信息安全保障，完善信息安全标准体系和认证认可体系，实施信息安全等级保护、风险评估等制度，确保国家网络与信息安全。单章论述"培育发展战略性新兴产业"的重要性，以重大技术突破和重大发展需求为基础，促进新兴科技与新兴产业深度融合，在继续做强做大高技术产业基础上，把战略性新兴产业培育发展成为先导性、支柱性产业。推动重点领域跨越发展，新一代信息技术产业重点发展新一代移动通信、下一代互联网、三网融合、物联网、云计算、集成电路、新型显示、高端软件、高端服务器和信息服务。实施产业创新发展工程，培育一批战略性新兴产业骨干企业和示范基地。同时强调培育壮大高技术服务业，加强信息服务，提升软件开发应用水平，发展信息系统集成服务、互联网增值服务、信息安全服务和数字内容服务，发展地理信息产业。近日，中共中央办公厅、国务院办公厅联合印发了《关于深化政务公开加强政务服务的意见》，明确要求加强信息化建设。推广电信网、广电网、互联网等现代科技手段在政务服务中的应用，提高政务服务信息化水平。云计算与物联网将会成为变革人们生活、生产方式的新技术，信息化将为建设更高效、透明、负责任的政府提供新的思路，为社会公众提供普遍和便捷服务。

今年5月9～10日在辽宁沈阳召开的第二届全国林业信息化工作会议，是继2009年首届全国林业信息化工作会议之后，国家林业局又一次组织召开的林业系统最高规格的信息化工作会议，对林业信息化工作进行全面总结和部署，围绕"发展现代林业、建设生态文明、推动科学发展"这个中心，按照"加快林业信息化，带动林业现代化"的总体思路，明确了林业信息化"五个统一"的建设原则，即统一规划、统一标准、统一制式、统一平

台、统一管理，强化了“五大措施”，即坚持工程带动，强化应用服务，推进资源整合，拓展工作领域，完善体制机制。这充分体现了国家林业局党组对林业信息化工作的高度重视和全力推动这项工作的坚定决心。

第二届全国林业信息化工作会议召开以后，国家林业局积极协调国家发改委，推进“金林”工程、国家云计算平台林业试点示范建设项目、森林物联网、等级保护项目、卫星应用、林业资源多层次时空信息服务平台研究与示范应用项目立项。加大林业信息化投资政策突破工作力度，争取将林业信息化建设纳入本级信息化总体规划，并在发改、财政部门设立林业信息化建设专项，形成长期稳定的投资渠道。在现有林业建设项目总投资中，力争拿出1%左右的经费，集中用于信息化建设。加大现有林业建设项目中信息化投资整合力度，实行统一管理，统筹安排，专款专用，确保资金落到实处。加快信息资源整合，对已建的数据库、应用系统和网站，年底之前必须整合到局内外网统一平台上；今后新建的各类信息化项目，必须建在统一平台上，否则项目一律不予批复、不予投资、不予验收。同时要求省级林业部门也要打破条块分割，加大整合力度，确保明年底前完成整合。强化协作配合。要求各级林业部门加强与有关部门的沟通协调，积极争取支持，密切协作配合，不断优化林业信息化建设环境。国家林业局在搞好顶层设计的同时，加大对省市县政策和技术指导服务力度。地方林业部门要主动配合，按照“五个统一”的要求，抓好贯彻落实。积极开展林业信息化示范省建设，加强动态化管理，积极组织开展林业信息化示范市、示范县建设，及时总结示范省、示范市县建设中的好经验、好做法，强化推广应用，整体推进林业信息化工作。

全国各地林业系统迅速行动起来，采取强有力措施，加大工作力度，层层学习传达，层层贯彻落实，层层推进工作，掀起了全面贯彻落实会议精神的新高潮，林业信息化呈现出快速推进的良好发展态势。

一是深入宣传发动。会议的召开，引起了各方面的强烈反响和高度赞扬。中国政府网、中国林业网、辽宁省政府网、新华社、中央人民广播电台、中央电视台、《人民日报》、《经济日报》、《科技日报》、《光明日报》、《中国绿色时报》等500多家媒体连日撰文报道林业信息化建设成果及会议精神落实情况，共40000多条。中国林业网的访问量同比增加40%以上，网站点击数成倍增加。各地各单位通过网络、电视、报纸、杂志等媒体，大力加强会议盛况、会议精神及贯彻落实情况的宣传力度，努力为林业信息化的快速发展营造良好的舆论氛围。

二是强化组织领导。各地各单位明确提出，按照这次会议精神要求，尽快建立完善林业信息化工作领导机制。河南省林业厅、黑龙江专员办、福州专员办、西安专员办、乌鲁木齐专员办等及时调整林业信息化工作领导小组。山西、广东等成立林业信息化示范省建设工作领导小组。辽宁将信息化纳入干部考核体系，实行一票否决，强力推进林业信息化建设。西北院将信息化建设列为“一把手”工程，确立了信息化工作在全局工作中的重要地位。西安专员办加强信息化绩效考核，切实提高信息化管理水平。

三是加强机构建设。第二届全国林业信息化工作会议之后，省级林业信息化组织机构取得突破，山东省、内蒙古自治区、四川省林业厅经省(区)编办批准，新成立了信息化管理机构。信息技术正在成为促进现代林业发展最强劲的驱动力量，林业信息化建设呈现出快速发展的良好态势。据不完全统计，北京、河北、河南等2/3以上的省级林业部门设立了独立的林业信息化机构，专职人员达到295人。湖南14个市级林业部门全部成立了信息化工作领导小组，组建了专门管理机构。广东、海南、重庆、云南、新疆等相继成立信息化机构建设领导小组，积极协调省编办，大力推进信息化机构建设，争取两年内建成。江西等及时充实了信息化工作人员，进一步加强林业信息化力量。中国林科院积极推进信息化机构建设，切实加强对全院信息化工作的组织、协调，指导院属各单位信息化工作。

四是完善发展思路。按照会议精神及《全国林业信息化发展“十二五”规划》要求，各地各单位进一步完善和调整林业信息化发展工作思路，明确工作目标、工作重点和工作措施，确保林业信息化快速、健康、有序、协调推进。江西、河南、云南、东航中心等编制或完善了《林业信息化发展“十二五”规划》。浙江明确了“统一规划、统一内容、统一标准、分步实施”的林业信息化发展思路。天津将信息化建设列入天津林业的核心工作之一。沈阳确立了“三实”的指导思想，即：实际——符合当地实际，凸显当地特色；实用——外网、内网和专网一定要做到真正有用；实效——在服务林农、服务自身、服务决策方面有显著的实际效果。黑龙江加强顶层设计，高起点建设，高标准实施，努力打造一站式黑龙江数字林业。北京起草了《加快首都园林绿化信息化建设的实施意见》。昆明院明确提出将信息化与资源调查等核心业务相融合的工作思路。森防总站提出以完善国家森林网络医院为重点，全面加强信息化建设，实现1000个国家级林业有害生物中心测报点和750个国家野生动物疫源疫病监测点的联网动态管理。东航中心积极推进信息技术应用。

五是加快工程建设。各地各单位纷纷成立林业信息化项目建设工作领导小组，编制项目建设实施方案，争取尽早取得一批建设成果。第二批全国林业信息化示范省都在积极按照各自的示范主题，大幅增加信息化建设资金投入。江西在被确定为第二批林业信息化示范省后，认真编制了《江西省林权交易电子商务平台建设实施方案》，积极推动示范省建设工程。北京建立绿化林业综合数字指挥中心，提高应急处置能力。黑龙江开通了新版网站，打造涵盖森林资源、造林绿化等16个部门子站的网站群。浙江启用省、市、县办公系统，全面推进无纸化办公。广东大力推进核心业务信息化，力争尽早实现核心业务信息化覆盖率80%。重庆建立和完善林业资源信息库，为全市林业全面进入数字化、可视化、动态化管理奠定坚实基础。上海积极建设林业综合数字指挥中心，提高应急处置能力。三北局以“三北工程营造林管理信息系统”建设为重点，努力构建局—省—县三级营造林信息管理网络体系，实现对工程区林地、沙地一体化管理。林干院积极开展行业现代远程培训体系建设，为拓展林业远程教育基地奠定基础。华东院认真抓好数据库、网络及运行环境和安全系统建设等工作。濒管办完善审批流程，积极开展 CITES 电子政务系统建设，为履约工作提供优质高效服务。贵州充分利用林业信息化核心平台和林业专网，实现贵州林业政务商务一体化。

六是落实配套政策。各地各单位加大与发展改革、财政等部门的沟通协调力度，争取林业信息化发展的资金支持。浙江积极拓展资金筹措方式，加大林业信息化资金投入力度。新疆积极落实“在现在林业建设总投资中，拿出 1% 左右的经费集中用于信息化建设”的要求，同时已在 2011 年资金计划中按比例划出相关费用用于信息化建设，并已停止其他部门自行开展的信息化项目资金拨付。云南整合林业信息化工程，着力解决制约林业信息化发展的突出问题。

七是狠抓业务培训。许多单位决定，适应林业信息化全面加快发展的新形势和新要求，全面加强信息化知识和技能培训，并将其作为今后一个时期亟需加强的重点工作常抓不懈，不断提升干部职工应用信息技术服务于现代林业建设的能力和水平，真正实现以林业信息化带动林业现代化。西安专员办要求尽快熟悉和掌握相关信息技术，并将其纳入综合素质及能力大提升活动的评价体系。武汉专员办、福州专员办、海口专员办、云南专员办、大兴安岭专员办抓紧开展信息化技术应用培训工作。中南院充分利用现有人才和技术优势，进一步强化信息化人才队伍建设，全面提升信息化技术实力。

三、努力实现林业信息化的重大突破

信息化是实现现代林业和林业产业优化升级的关键环节。今后一个时期，希望湖南省林业厅要按照现代林业建设的总体部署，各处室、各市、县林业部门要立即行动起来，认真落实《全国林业信息化建设纲要》、《全国林业信息化发展“十二五”规划》、两届全国林业信息化工作会议精神，按照林业信息化建设“五个统一”的原则，把推进林业信息化放在优先位置，采取切实有效的措施，力争有所突破、有所创新，以林业电子政务建设为重点，以资源整合、信息共享为突破口，以完善体制机制为保障，尽快形成布局科学、高效便捷、先进实用、稳定安全的林业信息化格局，为加强林业资源监管，优化森林生态系统结构，增强林业灾害监测预警和应急能力提供手段，为现代林业推进经济社会持续发展提供强有力的支撑。突出抓好五个方面的工作。

（一）切实加强信息化工作的组织领导。林业信息化是现代林业建设的重要组成部分，是推进林业科学发展的重要手段，是关系林业工作全局的战略举措和当务之急。各市、县切实要把林业信息化作为带动林业现代化的关键和突破口，加强对林业信息化工作的领导，信息化建设涉及的范围很广，必须作为“一把手”工程，同时要明确分管领导，明确本单位的信息化工作部门，确保组织落实，扎实有效推进。

（二）进一步推动市县机构队伍建设。林业信息化建设情况复杂、难度很大，必须有专门的机构和健全的队伍来推进。各市县林业局要加强林业信息化管理机构的组建，切实承担起林业信息化的具体职责，积极推动林业信息化示范市、示范县建设。没有成立信息化管理机构的，应抓紧成立，已经成立的，要通过发现人才、调整岗位，进一步充实机构和人员，加大信息化人才的培养引进力度，大力开展信息知识的普及和推广应用工作，提高从业人员业务水平，稳定队伍，尽快形成省、市、县林业信息化管理网络。

（三）进一步加大信息资源整合力度。信息资源的整合与共享是信息化建设的一个重点和难点。省林业厅应将各处室、各直属事业单位、各地市、各县林业局的网站作为子站整合到一起，真正实现湖南省林业网统一门户，已建的数据库、应用系统，必须整合到省林业厅网站的统一平台上，确保林业信息资源的有效整合，消除和预防重复投资、重复建设造成新的信息孤岛和资源浪费，全面提升林业信息资源共享水平。要牢固树立开放合作、共建共享的一盘棋理念，各级林业部门信息办（中心）要做好统一牵头管理，赋予信息办（中心）对业务应用信息化的协调权力，加快林业核心业务信息化步伐。

（四）创造性地理顺信息化建设投资渠道。林业信息化是一项长期的系统工程，随着林业信息化的快速推进，资金需求量很大，迫切需要研究制定林业信息化建设经费投入和使用机制。加快建立和健全以政府投入为导向、企业投入为主体，社会资本和外资广泛参与的信息化投资机制。各市县林业局要主动协调，积极争取将林业信息化建设纳入本级政府信息化总体规划，并在同级发改、财政部门设立林业信息化建设专项，研究申报急需的信息化建设项目，努力形成长期稳定的投资渠道。加大现有林业建设项目中，信息化投资整合力度，实行统一管理，统筹安排。

（五）注重新技术在林业信息化建设中的应用。湖南省林业厅已有较好的信息化建设基础，希望下一步要积极引入新的云计算、物联网、IPv6 技术，与国家林业局中心机房互联互通，在全省范围内统一标准规范，加快推进林区电信网、广播电视网和互联网三网融合，打破业务应用瓶颈，加强新技术应用培训和信息安全保障工作，进一步强化林业主体业务的在线办理功能，简化办事流程，为需要解答问题的林农提供及时的互动交流，树立湖南林业网站面向公众服务的良好形象，为全国林业信息化建设提供新的有益借鉴。

信息化本质上是一场管理思想、理念和方式的变革，是一场破除等级文化、改变信息不对称、实现信息共享的自我革命。信息化建设又是一项复杂的系统工程，不仅涉及信息技术应用，而且触及方方面面的管理工作。林业信息化工作任重道远，大家还需要不懈努力。衷心祝愿湖南省林业信息化建设，以这次会议为新的起点，在省林业厅的坚强领导下，抓住机遇，密切协作，加快发展，争取实现更好更多的信息化建设示范成果，为支撑现代林业科学发展做出新的更大贡献。

深刻认识面临形势　全面加快建设步伐

甘肃隆重召开全省林业信息化工作会议，并现场直播到全省林业系统，深入贯彻落实第二届全国林业信息化工作会议精神，对全省林业信息化工作进行全面部署动员，这充分体现了甘肃对林业信息化工作的高度重视，凸显了全省上下加快推进林业信息化建设的坚定决心。借此机会，我代表国家林业局办公室、信息办，对会议的召开表示热烈祝贺！向所有关心、支持、参与林业信息化建设的同志们表示衷心感谢！

一、立足省情林情，甘肃林业信息化逐渐成为发展现代林业的重要推手

经过多年的建设和发展，甘肃省林业信息化取得了长足发展，正逐步成为推动甘肃林业科学发展的重要推手。目前，信息技术广泛应用于全省森林资源清查、荒漠化监测、野生动植物调查等核心业务领域，已建成一批信息管理系统和数据库。完成了厅机关局域网、机房建设工作，正在开发设计林业门户网站、视频会议系统和防火指挥系统。省林业厅及全省 14 个市州林业局，43 个厅直属单位以及 86 个县市区林业局中 80% 成立了信息化领导小组。特别是第二届全国林业信息化工作会议之后，甘肃省认真分析林业信息化面临的新形势、新任务和新要求，全面梳理林业信息化建设中存在的突出问题，有针对性地提出林业信息化的发展思路和建设路径，并将林业信息化建设作为全省林业五大重点工作之一，明确由一把手亲自抓，分管领导具体抓，整合资金，抽调人员，采取有力措施，狠抓工作落实，全面推动林业信息化向纵深发展，开局良好，进展顺利，对全国林业信息化发展具有重要的借鉴意义。

※ 该文为国家林业局信息办主任李世东 2011 年 10 月 26 日在甘肃省林业信息化工作会议上的讲话，收录时略有删改。

二、深刻认识林业信息化建设面临的新形势，切实增强责任感和紧迫感

当今世界已进入信息社会。信息技术发展日新月异，正以人们难以想象的速度，深刻地改变着人们的思维方式、行为方式和生活方式，成为人们日常生活、工作、学习不可或缺的重要组成部分。电子政务迅猛发展，成为提升政府执政能力的核心力量。电子商务迅速推进，信息产业成为全球发展速度最快的新的经济增长点。电子社区逐渐成熟，网络成为现实生活中越来越重要的工具。

信息化已成为我国现代化建设的五大战略举措之一。今年“两会”通过的我国国民经济和社会发展“十二五”规划，用一个整章篇幅详细描绘出“全面提高信息化水平”的路线图，决定加快建设宽带、融合、安全、泛在的下一代国家信息基础设施，推动信息化和工业化深度融合，推进经济社会各领域信息化。单章论述“培育发展战略性新兴产业”，新一代信息技术产业重点发展新一代移动通信、下一代互联网、三网融合、物联网、云计算等。同时，另章强调“培育壮大高技术服务业”，加强信息服务……刚刚闭幕的十七届六中全会要求“发展健康向上的网络文化”，将信息网络作为传承文明、弘扬文化、提升素质的重要途径和载体。信息化已上升到一个前所未有的国家战略高度。

我国林业已进入“加快林业信息化，带动林业现代化”的新时期。今年5月召开的第二届全国林业信息化工作会议，是继2009年首届全国林业信息化工作会议之后，又一次最高规格的全国林业系统信息化工作会议。会议紧紧围绕“发展现代林业、建设生态文明、推动科学发展”这个中心，按照“加快林业信息化，带动林业现代化”的总体发展思路，明确了统一规划、统一标准、统一制式、统一平台、统一管理等“五个统一”的基本原则，强化了坚持工程带动、强化应用服务、推进资源整合、拓展工作领域、完善体制机制的“五大措施”，提出了全面加快业务系统建设、着力推进支撑系统建设、突出抓好基础建设三项重点工作，对林业信息化进行再动员再部署。

第二届全国林业信息化工作会议召开以后，国家林业局积极协调国家相关部委，推进“金林”工程、云计算、物联网、等级保护等项目立项。加大林业信息化投资政策突破工作力度，努力形成长期稳定的投资渠道。加快信息资源整合，已建的数据库、应用系统和网站年底之前整合到局统一平台上，今后新建的各类信息化项目，全部建在统一平台上。加强与有关部门的沟通协调，积极争取支持，密切协作配合，不断优化林业信息化建设环境。国家林业局在搞好顶层设计的同时，加大对省市县政策和技术指导服务力度。积极开展林业信息化示范省建设，着手筹备示范市、示范县建设，整体推进林业信息化工作。全国各地林业部门迅速行动，采取强有力措施，加大工作力度，掀起了全面贯彻落实第二届会议精神新高潮，林业信息化呈现出快速推进的良好态势。

甘肃地处我国西北地区。从信息化建设的基础条件和应用水平来看，东部较为发达，

西部较为落后，信息化建设如逆水行舟，不进则退，如不采取过硬措施，东西差距将逐步拉大。信息化是现代林业建设的重要支撑。没有林业的信息化，就没有林业的现代化。历史已经将信息化推向了前台。抓住机遇就能有所作为，错失良机就会被动挨打。我们要用世界眼光和战略思维，切实增强做好林业信息化工作的责任感和紧迫感，顺应潮流，迎接挑战，抢抓机遇，采取措施，加大力度，全面推进甘肃林业信息化快速发展。

三、突出重点，全面加快甘肃林业信息化建设步伐

今后一个时期，希望甘肃省按照现代林业建设的总体部署，认真落实《全国林业信息化建设纲要》、《全国林业信息化发展“十二五”规划》和全国林业信息化工作会议精神，坚持“五个统一”的基本原则，把推进林业信息化放在优先位置，有继承，有发展，有突破，力争尽快形成布局科学、高效便捷、先进实用、稳定安全的甘肃林业信息化格局，为发展现代林业提供强有力的支撑。

（一）加强组织领导，健全林业信息化机构与队伍。全省各级林业部门要将林业信息化作为“一把手”工程，进一步加强领导，同时要明确分管领导，确保组织落实，扎实有效推进。要加强林业信息化管理机构的组建，切实承担起林业信息化的具体职责。没有成立信息化管理机构的应抓紧成立；已经成立的，要进一步充实人员。要加大信息化人才培养引进力度，大力开展信息知识的普及和推广应用工作，提高从业人员业务水平，稳定队伍，尽快形成省、市、县林业信息化管理体系。

（二）搞好顶层设计，加大信息资源整合力度。要牢固树立一盘棋的思想，进一步做好顶层设计工作，通盘考虑、科学谋划全省林业信息化工作。当务之急，是要抓紧编制、尽快出台全省林业信息化发展“十二五”规划。省林业厅要将各处室、各直属单位、各市州林业局的网站作为子站整合到一起，建成甘肃林业统一门户网站，已建数据库、应用系统，必须整合到省厅统一平台上，实现信息资源共建共享。

（三）稳定投资渠道，打牢信息化发展基础。全省各级林业部门要主动协调，积极争取将林业信息化建设纳入本级政府信息化总体规划，并在同级发改、财政部门设立林业信息化建设专项资金，研究申报急需的信息化建设项目。加大对现有林业项目中信息化投资整合力度，实行统一管理，统筹安排，努力形成长期稳定的投资渠道。要加快建立健全以政府投入为导向，社会资本广泛参与的林业信息化投资机制。

（四）强化标准制度安全工作，提升信息技术应用水平。严格贯彻国家信息化标准体系，优先选用国家标准、行业标准。结合本省实际，研究制定一批具有地方特色的林业信息化标准。要不断强化林业信息化制度建设，进一步提升林业信息化规范化、科学化管理水平。加强安全设施建设和保密管理，确保信息安全。要加快推进云计算、物联网、IPv6 等新技术在林业建设中的应用，尽快探索出一批成果。

信息化是一场技术变革，更是一场思想革命。林业信息化工作任重道远，还需大家的

不懈努力和共同奋斗。衷心祝愿甘肃林业信息化建设，以这次会议为新的起点，在省林业厅的坚强领导下，抓住机遇，密切协作，加快发展，为实现现代林业科学发展做出新的更大贡献。

后 记

回顾人类社会发展历程，先后经历了农业革命、工业革命和信息革命三次重大的技术革命，也先后出现了原始文明、农业文明和工业文明三个阶段，目前正在向生态文明迈进。每一次文明的更迭，都是一次生产力的飞跃，而每一次生产力的飞跃，又都缘由一场深刻的技术革命。迄今为止，人类经历了语言的产生、文字的发明、造纸印刷术的发明、电话电视的产生、计算机互联网的广泛应用五次信息革命。以信息技术和信息资源为核心，以数字化、智能化和网络化为特征的信息革命，产生的巨大生产力远远超越了工业革命，特别是解决了工业革命造成的恶果，成为推动生态文明建设的主要技术力量。我们必须深刻认识这一社会发展规律，顺应人类社会发展趋势，加快推进信息化，充分发挥其在生态文明建设中的独特作用。

以 2009 年初《全国林业信息化建设纲要》颁布实施和首届全国林业信息化工作会议召开为标志，中国林业信息化建设进入全面加快发展新阶段。5 年来，经过顶层设计、动员部署、组建机构、项目建设、建立制度等 5 个环节，始终坚持把林业信息化作为创新发展的重要平台、提升效益的重要抓手、服务基层的重要途径、展示形象的重要窗口，各级林业部门按照“加快林业信息化，带动林业现代化”的总要求，坚持“融合、创新、服务、提升”的发展理念，全国林业信息化不断取得突破性进展。

本书以《全国林业信息化建设纲要》、历届全国林业信息化工作会议主题讲话为开篇，从战略角度介绍了信息化建设是当前社会的发展大势，通过解读顶层设计、综合政策、网站建设、技术保障、政策指导等多个方面内容，解读梳理了从 2009 年到 2014 年全国林业信息化发展的重要政策文件，既是对“十二五”以来的林业信息化工作的一种总结，也便于进一步理清思路、明确方向，力争为发展生态林业、民生林业做出新贡献。

编者

2014 年 6 月